拥江发展
钱塘江历史文化散纪

Along-the-river Development:
Reflections on the Historical Culture
of Qiantang River

丁贤勇　管庆江
徐　杨　曹　岚　等著

中国社会科学出版社

图书在版编目(CIP)数据

拥江发展：钱塘江历史文化散纪 / 丁贤勇等著.—北京：中国社会科学出版社，2019.4
ISBN 978-7-5203-4291-9

Ⅰ.①拥… Ⅱ.①丁… Ⅲ.①钱塘江–流域–文化史–研究 Ⅳ.①K295.5

中国版本图书馆CIP数据核字(2019)第065970号

出 版 人	赵剑英
责任编辑	宫京蕾
特约编辑	李晓丽
责任校对	李 莉
责任印制	郝美娜

出　版	中国社会科学出版社
社　址	北京鼓楼西大街甲158号
邮　编	100720
网　址	http://www.csspw.cn
发 行 部	010-84083685
门 市 部	010-84029450
经　销	新华书店及其他书店

印刷装订	北京君升印刷有限公司
版　　次	2019年4月第1版
印　　次	2019年4月第1次印刷

开　　本	710×1000　1/16
印　　张	24.25
字　　数	413千字
定　　价	98.00元

凡购买中国社会科学出版社图书，如有质量问题请与本社营销中心联系调换
电话：010-84083683
版权所有　侵权必究

主要采写人员合影

目　　录

钱塘江：浙江的母亲河（绪论） …………………… 丁贤勇（1）

第一编　新安如画境

屯浦遥想五百年 ………………………………… 许智清（53）
渔梁坝外守妹滩 ………………………………… 许智清（63）
青溪最忆是狮城 ………………………………… 胡晨曦（74）
武强溪旁隐中洲 ………………………………… 戚梦颖（81）
淳安山水育雅韵 ………………………………… 方　安（88）
独行仙江白沙间 ………………………………… 李志光（96）
千年古府半梅城 ………………………………… 杜诗雨（105）

第二编　兰江蕴芬芳

洞天福地烂柯山 ………………………………… 周萍爱（113）
遍地龙游盼跃腾 ………………………………… 郑佳芸（121）
山哈漫舞围柳城 ………………………………… 贾珍艳（129）
俞源太极星象村 ………………………………… 梅辉煌（136）
老街浮桥古佛堂 ………………………………… 王添翃（143）
婺江侧畔八咏楼 ………………………………… 徐梦园（152）
一城一水一枯荣 ………………………………… 徐　杨（159）
药屉江湖满兰江 ………………………………… 徐佳艺（166）

第三编　富春美如许

美丽乡村依分水 ………………………………… 胡译匀（179）

云溪缥缈深澳里	胡晨曦	(187)
桐君仙山草药情	胡译匀	(194)
隐于桐枝烟水间	杜诗雨	(207)
骨伤古隘东梓关	陈天宇	(214)
鹳山花树探春江	袁林岐	(221)
富春双山与九姓	陈天宇	(227)
富春山居数痴翁	袁林岐	(234)
浣纱溪畔西施影	傅白雪	(241)

第四编　钱塘道古今

梦回临安一千年	张雯心	(253)
七层八面六和塔	徐璐	(260)
时光碎影大码头	张兑雨	(268)
薪火相传庆余堂	陈竹	(276)
跌宕人生胡雪岩	叶雨涵	(284)
热土古韵西陵渡	曹岚	(294)
新湾沙地留不住	黄欣怡	(302)
古今重影湘湖水	李轶莹	(310)
浦阳江口话渔浦	施界媛	(318)

第五编　大湾迎海潮

且听海宁潮歌声	鲁雅雯	(327)
潮起潮落漫尖山	赵斯瑶	(334)
因海因盐话海盐	虞天添	(343)
城有目兮唤若耶	李霖	(351)
曹娥江头孝德情	王诗怡	(361)
海塘守护成乐土	黎宁	(367)
奔流到海的回响	胡译匀　李霖	(374)

后记		(383)

钱塘江：浙江的母亲河
（绪论）

丁贤勇

流域是由分水线所包围的河流集水区，是一个水系的干流和支流所流过的整个地区。钱塘江流域分水线包围的山脉，主要有天目山、黄山、怀玉山、仙霞岭、大盘山、天台山、四明山，流域内部有白际山、千里岗、龙门山、会稽山等，穿插其间，海拔均在1500—1800米。钱塘江流域面积55558平方公里，其中浙江省境内面积48080平方公里，占浙江省陆域面积的47%；干流总长668公里。以河口流量排名，钱塘江位居全国第24位（年平均1280立方米/秒）。①

流域是以山脊（坡地）线为界的一个独立的自然区域。因山水相隔，流域往往成为人类活动的基本范围，在区域历史发展进程中具有独特作用，形成一个相对独立的交通圈、经济圈、贸易区，甚至是婚姻圈、文化圈、信仰圈。在漫长的历史发展进程中，钱塘江就形成为一个独特的社会、经济、历史、文化区域。

钱塘江，是浙江省八大水系之一，浙江省第一大河，是浙江的母亲河。它位于安徽省、浙江省，古称"浙江"，民国《重修浙江通志稿》地理篇载"钱塘江总名浙江"。亦名"折江"或"之江"。自古以来，钱塘江是浙江的交通要道，自然条件和航运条件最为优越。历史上，钱塘江水运之价值不仅在于下游地区与大运河相连接，还在于上游与皖、赣、闽的联通。据1934年《第二次申报年鉴》载："帆船通行线路尤多，通外省者，除与江苏交通极便外，并由徽江以达安徽屯溪，由衢江以达江西（和福建）边界。"（第968页）从而成为中国东部地区沟通华北、华东与

---

① 相关数据，参见新编《钱塘江志》（方志出版社1998年版）《安徽省志·自然环境志》（方志出版社1999年版）及各地方志等。

华中、华南、西南的最为重要的内陆通道。

钱塘江，是越文化的发源地，江南文化的核心区域。是宋明理学产生发展及至顶峰的区域，明清以来中国十大商帮中有新安、龙游、宁波三大商帮产生于此，也是今天中国新经济最为活跃的区域。钱塘江，流经明清时期的徽州（今黄山）、衢州、处州（今丽水）、金华、严州（今并入杭州市）、杭州、绍兴七府，还可加上进入杭州湾的宁波、嘉兴、松江（今并入上海市）三府及今天的舟山市。

钱塘江分为上游新安江与兰江，中游富春江，下游钱塘江，自杭州湾注入东海。钱塘江，每一段有每一段的精彩，每一段有每一段的惊喜。一山一水，一城一镇，以水系城，蜿蜒向东。

一　新安如画境

钱塘江有南、北两源，均发源于安徽省休宁县。

北源新安江，又称徽港、青溪、歙港，发源于休宁县西南冯村乡东南，与江西省婺源县交界怀玉山脉主峰六股尖的东坡，海拔1629.8米。另说为休宁县冯村乡南部与婺源县交界处的五股尖山，海拔1618.4米。徽州（今黄山市）境内江道长242公里，流域面积6500平方公里，占新安江流域面积一半以上，占钱塘江流域面积的11.9%。新安江干流全长373公里，流域面积1.1万多平方公里，经淳安县至建德市梅城镇——原严州府治所在。

徽州，在安徽省的南部，长江南侧。其地理格局，中间徽州盆地，四面群山环绕。东为天目山，主峰清凉峰，海拔1787米；南为白际山脉即歙县的发祥地，主峰搁船尖，海拔达1481米；西边是牯牛绛（为国家地质公园、国家自然保护区），最高峰牯牛大岗海拔1728米；北为黟山即黄山，绵亘于歙县、黄山区、休宁、黟县之间，最高峰莲花峰海拔1864米。中间有黟县盆地（长20公里、宽8公里）与屯溪盆地（长60公里、宽10—20公里）。

徽州，古称歙州、新安。先秦为古越所在地，秦时设黟、歙二县。魏晋时期，北方战乱，"中原衣冠"世家大族纷纷南迁，有部分来到徽州山间，"依阻山险，不纳王租"，后被孙权称为山越。隋开皇九年（589）设歙州。宋宣和三年（1121），方腊起义被镇压后，朝廷为炫示武功并警戒

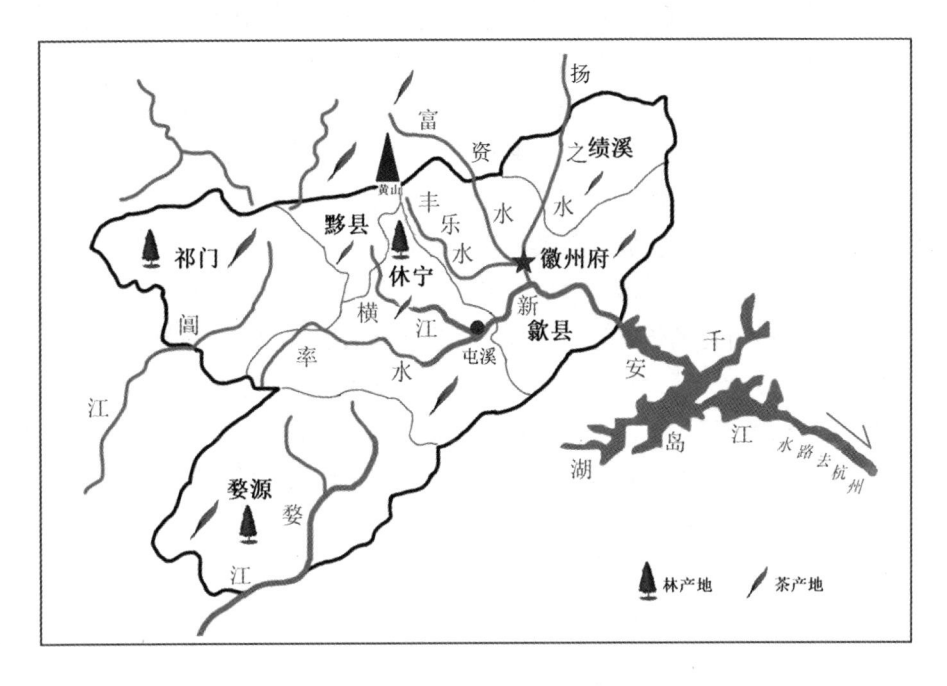

徽州水系、物产与水上交通示意图

严管"首恶之地",改歙州为徽州(另改睦州为严州),取"绳索、捆缚"之意。有趣的是,南宋绍兴五年(1135)赵佶客死金地,庙号徽宗。明清时期为徽州府,府治在今歙县徽城镇。徽州一府六县,即歙县、黟县、休宁、祁门、绩溪、婺源。今前四县属黄山市,绩溪属宣城市,婺源属江西省上饶市。1988年4月,地级黄山市正式成立,下辖上述四县,另加屯溪、黄山、徽州三区。传承800多年的府地市级名称不复存在。

徽商,即徽州商人、新安商人,俗称徽帮。明代《徽州府志》载:"徽州保界山谷,山地依原麓,田瘠确,所产至薄,大都一岁所入,不能支什一。小民多执技艺,或贩负就食他郡者,常十九。"徽商开始活跃约在宋代,明代后期到清代中期达到全盛,太平天国运动以后开始衰落。徽州人虽"寄命于商",却"贾而好儒",可称儒商,称雄中国商界500年。徽商对儒学的尊崇,祖训门风,可谓先天素养。特别是南宋新安理学兴盛后,崇儒重学的风气日炽,仁、义、礼、智、信也作为徽商的基本准则,"不取不义之财""达则兼济天下"。衣锦还乡后,除求田问舍,定会输金捐银,进行公益建设,修桥、铺路、立祠、兴学,并置桥田、亭田、祠田、学田等，以保证公共建筑永续不断。于是，徽州有了"十户之村，不废诵读"的重文风气，"一村之中不染他姓"的村落镜像，"千年之冢，不动一抔；千丁之族，未尝散处；千载之谱，丝毫不紊"的宗族秩序。"无徽不成镇""徽商遍天下"，徽商的崛起不仅涵养了徽州这一方水土，而且新安理学、新安医学、新安朴学、新安画派、新安篆刻以及吃（徽菜）、穿、住（徽派建筑、徽派盆景、徽雕）行、娱（徽剧）等生活方式，亦随着徽商的经营活动顺流而下，传播江南，并走向大江南北。在江南地区，到处可见的传统建筑中的粉壁黛瓦马头墙，就是传承徽文化最重要的载体。今天，博大精深的徽学，与敦煌学和藏学一起被誉为中国走向世界的三大地方显学。古徽州文化旅游区为国家5A级旅游景区，包括徽州古城、牌坊群·鲍家花园、潜口民宅、呈坎、唐模五大景区。

黄山秀色（2005年，丁镠音摄）

因为群山四围，在传统时代里，水路是走出徽州的最好选择。新安江，横贯徽州，山环水绕，吸纳徽州大部分的地表水系，将一府六县紧紧揽入怀中。当地自古流传着一句话"不慌不忙，三日到余杭"，凭一叶扁舟，从仅及腰深的山溪出发，顺流而下，一路到达钱塘，然后渗入富庶江南的角角落落。"一滩复一滩，一滩高十丈。三百六十滩，新安在天上。"如果是逆水行舟，有所谓"十日上徽州"之说。当然，也有从陆路走出大山的。徽州府城，就有九条驿道通往四方，俗称九龙出海。全徽州主要有府城—绩溪—安徽宁国（今慈张公路）、绩溪—泾县、府城—青阳、黟县—太平甘棠、府城—安庆，府城—江西浮梁、府城—休宁—饶州（鄱阳），府城—浙江开化、休宁—遂安龙山街、休宁—淳安、府城—昱岭关—昌化（今杭徽公路）、绩溪—昌化（今杭徽古道），杭州—徽州间翻山越岭陆行，少不了要近10日的旅程。

新安江干流为率水（南港），主要支流有横江（东港）、练江等。

北源从六股尖而下，至凫溪口，始称率水（因上游有古率山得名），又称南港、渐江，至屯溪桥与横江汇合进入新安江，长159公里，流域面积1512平方公里，占新安江（徽境）流域面积的23.4%。

休宁，是黄山市下辖县，三国时设县治在鹈山（又名灵鸟山，今凤凰山）之南，取名休阳县；因避吴景帝孙休名讳，改名海阳县，晋又改海宁县；隋开皇十八年（598），取休阳、海宁各一字，改名休宁县。县城海阳，距屯溪18公里。民国四年（1915），胡开文墨店生产的药墨，万安"方秀水元记""吴鲁衡""胡茹易"罗盘店生产的日规，汪声潮监制的红茶，均获巴拿马万国博览会金牌奖。自宋嘉定十年（1217）至清光绪六年（1880），休宁出19名文武状元，称中国第一状元县。也是"乡村旅游福地""中国有机茶之乡"。

休宁溪口是率水上游与中下游的分界线，也是率水最重要的水陆码头、第一重镇。在传统时代，新安江木帆船可达溪口，溪口水埠作为率水往来杭州的起点和终点，故有"杭埠"美称。东距县城近25公里，南过龙湾可达浙江开化，西经板桥可到江西婺源，北达黟县、祁门，故有皖、苏、浙、闽、赣、湘、鄂"七省通衢"之称。

横江，发源于黟县漳岭的白顶山（在洪星乡联光村东部边缘，与际联乡交界，海拔1130米），又称东港、吉阳水、白鹤溪，是新安江较大的支流，过去一直将横江作为新安江之正源。从源头漳水开始，到渔亭折向东南始称横江，至屯溪老桥下，汇入新安江。全长65公里，流域面积997平方公里，占新安江流域（徽境）面积的15.4%。

渔亭，《太平寰宇记》载，商旅至此，"舍舟登陆止此东水"，是新安江水运中最西的码头，也为陆路宁国府至池州府的宁池古道（官路）所经，为商家必经之地，是华中与华东货运的中转站之一，也有"七省通衢"之称。渔亭距屯溪41公里，黟县县城碧阳镇12公里，黄山风景区49公里，世界文化遗产地西递11公里、宏村24公里。

世界遗产宏村（2017年，丁镠音摄）

　　黟县，是黄山市下辖县，因黟山（黄山）而得名，居黟县盆地中。县城碧阳镇，距屯溪54公里。茧丝绸产业为皖省第一，素称"竹木之乡村"，为全国重点产茶县，有塔川国家森林公园。历史上名人荟萃，有张小泉（明崇祯年间）、俞正燮（1775—1840）、赛金花（1870—1936）、黄士陵（1849—1908）、汪大燮（1859—1929）、舒绣文（1915—1969）等。徽州"八山一水半分田，半分道路倚庄园"，青山绿水，粉墙黛瓦，云雾低荡，桃源景象，跃然眼前。黟县又被称为"中国画里乡村"。有世界文化遗产西递、宏村古村落。西递，距县城8公里，保存有完好的明清古民居建筑124幢、祠堂4幢、牌楼1座，有"明清古民居博物馆""桃花源里人家"之美誉。2000年，联合国教科文组织专家评曰："中国古村落的杰出代表，徽文化和典型地方文化特色的具体体现，中国民间建筑艺术的宝库。"宏村，位于黄山南麓，以其田园风光、古村落形态、工艺精湛的徽派民居和丰富多彩的历史文化内涵而闻名，教科文组织专家评曰："像宏村这样美丽的乡村水街景观可以说是举世无双。"

　　黄山，位于安徽省南部黄山市境内，为世界文化与自然双重遗产、世界地质公园、国家5A级旅游景区、国家森林公园。因峰岩青黑，遥望苍黛，得名黟山。后因传说远古黄帝曾在此炼丹，故名黄山。有"三十六大峰，三十六小峰"，共72峰，主峰莲花峰海拔1864米，与光明顶（1860米）、天都峰（1810米）并称三大黄山主峰。其代表性景观有"四绝（奇松、怪石、云海、温泉）三瀑（人字瀑、百丈泉、九龙瀑）"及黄山松。徐霞客赞叹："薄海内外之名山，无如徽之黄山。登黄山，天下无山，观止矣!"后人将其概括为："五岳归来不看山，黄山归来不看岳。"

世界遗产黄山（2005年，丁镂音摄）

横水上最重要的水埠码头就数万安镇了。万安，西距休宁县城4公里，万安老街依江而建，绵长2.5公里，旧时为休宁九大街市之首，也是古徽州最长的一条街，为徽州四大名镇之一，有所谓"小小休宁县，大大万安街"之说。

横江主河道上游流经齐云山，它距休宁县城海阳镇15公里，因"一石插天，直入云霄"而得名，是有"黄山白岳"连称的中国四大道教名山之一，有36奇峰、72怪岩，乾隆题为"天下无双胜境，江南第一名山"；而且，齐云山还是国家森林公园、国家地质公园。

练江，发源于黄山东麓黄花尖（海拔974米）西麓，又名徽溪、西溪、练溪，是新安江上游较大的支流之一。以扬之水为正源，为一扇形水系。扬之水、丰乐水、富资水、布射水四条河于歙县汇合后始称练江，至浦口入新安江。全长65公里，流域面积1576平方公里，占新安江流域（徽境）面积的24.4%。

其中，扬之水（又名扬之河、练水、练河、东河）有三源。正源出绩溪龙耸山，绩溪境内长42公里，中经绩溪县城华阳镇。华阳镇，为皖南腹地的南北通衢，自古就有"左接金陵右拉杭"之誉。西源大源，古称芦水，源于上金山南麓，长46公里。东源登源，源出古杭徽古道"江南第一关"大鄣山逍遥岩，长55公里。三源于临溪汇合，经江村环入歙县境，歙县境内18公里。临溪，西临登源河，北倚扬之河，距绩溪县城11公里，为黄山与浙赣要冲，历史上是著名的水陆码头、商品的集散转销口岸，今有京福高铁、皖浙铁路和215省道贯穿南北。有"蚕乡"之美誉。

绩溪，现为宣城市下辖县。位于黄山与天目山连接部，有海拔千米以上高峰40多座，重峦叠嶂，称"宣歙之脊"。山谷相间，呈"多"字形延展。唐永泰二年（766），平息旌德县王万敌起义，刺史长孙全绪奏置绩溪县。胡开文墨庄所制"地球墨"，获1915年巴拿马万国博览会金奖。由绩溪民间乡土菜肴演变形成的徽菜，跻身于中华八大菜系，因此绩溪有"徽厨之乡""无徽不成镇，无绩不成街"之称。绩溪森林覆盖率达到76.5%，为联合国绿色产业示范区、国家级生态示范县，国家历史文化名城。主要名人有胡舜陟（1083—1143）、胡宗宪（1512—1565）、胡雪岩（1823—1885）、胡适（1891—1962）等。

丰乐水（西河），源于黄山兴岭，长64公里，流域面积392平方公里，沿河有岩寺、潜口、呈坎、唐模、篁墩、棠樾等著名村镇，是徽墨的主产地。

岩寺，东距歙县县城11公里、西距屯溪15公里，位于徽州区东部，处皖南山区最大的盆地，历为皖南重镇，今为区委、区政府所在地，是徽州区的政治、经济、文化中心，皖南主要的交通枢纽和商贸重镇，也是徽文化的重要发源地之一。这里交通四通八达，有徽杭高速、合铜黄高速、芜屯公路、205国道和皖赣铁路过境。向北54公里，为世界旅游胜地黄山，有"黄山南大门"之称。过去商品运输以丰乐水运为主，人们便在水上做盐商木客。当地有"养七不养八，养八就要杀"，指孩子长到8岁，就要帮助分担家务，或外出学艺谋生，这也推动了徽商发展。明代汪道昆《太函副墨》说"岩镇什七贾而什三儒"，重商重文，蔚然成风。流传着"书声喧两市，一镇四状元"的佳话，南唐及宋明清各有一人状元及第。唐末以来，这里还是徽墨主产地，有"天下之墨推歙州，歙州之墨推曹氏"之说。今天这里依然有曹素功墨厂，曹墨远销各地。这里还是新四军军部所在，有"北有延安，南有岩寺""江南小延安"之称。

潜口，古称阮溪、潜川。地据黄岳、天马之间，为黄山南面万山之出口，距屯溪21公里、岩寺5公里。"潜"有两义，一为纪念陶渊明（名潜）在此隐居，二指当地为众山之口，万峰潜伏于后。交通便捷，205国道、黄千旅游公路、呈歙旅游公路、合铜黄高速公路对接口于潜口；京福、杭黄、皖赣高速铁路途经。当地迁建形成的潜口民宅（紫霞山庄），是全国重点文物保护单位。

呈坎，原名龙溪，已有1800多年历史，朱熹称之为"呈坎双贤里，江南第一村"。现有国家重点保护文物21处，被誉为"国宝之乡"，称"锦绣江南第一村"。村落按《易经》的"阴（坎），阳（呈），二气统一，天人合一"八卦风水理论布局，依山傍水，有二圳五街九十九巷，宛如迷宫。龙溪河犹如玉带，呈S形由北向南穿村而过，形成阴阳鱼的分界线；村四周有八山矗立，构成天然八卦图。人文八卦与天然八卦巧妙融合，称为"中华八卦村"，是中国古村落建设的奇迹，也是全国保存最完好的明代古村落之一。当地还有传承千年的"游呈坎一生无坎"的过坎文化。刘海粟曾说"登黄山不可不去呈坎"。

唐模，距徽州区岩寺镇10公里，距屯溪26公里，为唐朝越国公汪华的太曾祖父叔举创建，逐步形成了一个聚族而居的村落。后唐时，汪氏子孙不忘唐朝对祖先的恩荣，决定依盛时规模建立村庄，取名"唐模"（一说以唐时的模式、标准建立）。迎村驿道穿檀干园（取《诗经》"坎坎伐檀兮，置之河之干兮"之意）而过，水口以桥堰为关锁，以亭庙坊为镇物，以古树山峦为背景，将山水、田畴融为一体，形成独特的皖南古村落的水口园林风格，有"中国水口园林第一村"之誉。并模拟西湖景致，修筑亭台楼阁、水榭长桥，湖堤植檀花和紫荆，园内有三潭印月、湖心亭、白堤、玉带桥等胜景，故又称"小西湖"。汪华（586—649），绩溪登源里汪村人，隋末割据一方，"镇静地方，保境安民"，促进山越与中原文化的融合；唐武德五年（622）归唐为臣，受高祖封上柱国、越国公、总管六州诸军事兼歙州刺史，贞观二年（628）入朝为臣（左卫白渠府），以使徽民得以休养生息，文教随之发展，死后谥"忠烈王"。百姓奉其为神，有"汪公大帝""太阳菩萨""太平之主"之称，成为当地的汪王信仰。徽州庙会"以祭祀汪华为最"，在其生日正月十八举办的"花朝庙会"，成为当地最久远、最重要的一项民俗活动。汪氏宗族在唐开元

（713—741）间成为名门望族世家。其后裔人丁兴旺，有"四门三面水，十姓九家汪"之说，自唐至清有807人中进士，其中8人中状元。

棠樾，为中国"牌坊之乡"，歙县城西5公里，谐音"棠"为"唐"，"樾"为"越"，为纪念唐代越国公汪华，也寓意甘棠树枝叶繁茂、利及后人。为鲍氏村落，历代以经商为生。以牌坊群而闻名于世，七座牌坊依次排列，明三清四，勾勒出传统社会"忠孝节义"伦理道德，体现"以商入仕，以仕保商"的基本信念。牌坊群以质地优良的"歙县青"石料为主，坚实挺拔、高大恢宏、华丽轩昂。其中有两座为贞洁坊。歙县现存82座牌坊中，贞节牌坊占到37座。新南街有座建于光绪三十一年（1905）的孝贞烈坊，上刻：徽州府属孝贞烈节六万五千零七十八名，诉说着"饿死事极小，失节事极大"（语出《二程遗书》卷二十二）的残忍与悲凉。

富资水，源出黄山黑门尖、上扬尖等山峰南麓，有丰、防二源。丰源出绩溪县南界之上扬尖金坑，至小石门纳白蛇溪，再经岩源、上丰，到丰口与防源汇合；防源出黑门尖，至许村纳前溪，经跳石，至下蒲田纳塔山水，到丰口与丰源汇合。流经富竭至沙溪，纳白沙河，流至歙县县城附近。长38公里，宽30余米，流域面积212平方公里，河床多积砂卵石。

许村，位于歙县县城西北20公里，源于汉唐。南宋徽商兴起后，依托安庆府和徽州府之间的徽安古道（箬岭官道，徽北要冲）走向繁荣。明清时期，村落因徽商发达而迅速发展。许村有"三代不读书，不如一窝猪"之谚，是历史上有名的"进士村"，曾出1名状元、27名进士；现在仍有"一村四院士""一门四博士"的佳话。至今保存有元明清和近代徽派建筑100余座，保持"临水而建、双龙戏珠、倒水葫芦"的风水态势。为国家重点文物保护单位，被列入中国传统村落名录。

布射水，源出绩溪南界黄山上扬尖东南麓，流经大谷运至双河纳跳岭河水，再经歙县双河、黄村、宋村、岑山至县城附近，与扬之、富资、丰乐等水汇合而注入练江。河道长35公里，宽25—40米，流域面积100平方公里，河床多砂卵石。

歙县，是黄山市下辖县，旧徽州府治所在地，治所今徽城镇，是徽州府政治、经济和文化中心。有中国歙砚之乡、徽墨之乡（曹素功）、徽剧（徽班）之乡、徽文化之乡、牌坊之乡，及"徽商故里""东南邹鲁""程朱故里"等美称，是国家历史文化名城，有徽州国家森林公园。明清两代有542个进士，1531个举人，并因"父子尚书""同胞翰林"流誉乡里，"连科三殿撰，十里四翰林"成为美谈。歙县有毕昇（约971—1051）、方腊（约1076—1121，一说睦州青溪人）、陶行知（1891—1946）等历史名人。

渔梁，出歙县南门，从西干山下沿练江走新安古道，下行3里处，曾是徽商出入徽州府的咽喉要道，最盛时码头上时常停靠着300余艘大小船只，是徽州最繁华的水运商埠和商业街区之一。因其形态似鱼称鱼（渔），梁即为水坝。渔梁坝是隋末地方首领汪华所建，以徽式风格榫头，将块块重达数吨的花岗岩巨石牢牢锁住，有"江南都江堰"之誉。

练江，沿歙县东南下行15里，至浦口，汇入西来之新安江。

屯溪，处白际山—天目山、黄山之间的休屯盆地，"两江交汇，三省通衢"，扼横江、率水与新安江汇合处，是皖浙赣结合部及古徽州最重要的商埠，为休宁县首镇。历史上，屯溪以其水运优势而成为皖南物资集散中心和经济中心，孕育产生了明清中国十大商帮之首的徽州商帮（新安商人）。明嘉靖年间（1522—1566），已是中国著名茶市之一。抗战期间，大批商贾和难民涌入，人口骤增，经济繁荣，有"小上海"之称。中华人民共和国成立后，曾为省辖市建制，数撤数设。1988年，省辖黄山市成立，屯溪改为市辖区。是徽（新安）文化的中心，孕育了享誉中外的徽商、徽菜、徽剧、徽派建筑、徽派盆景、新安医学、新安画派等，影响了江南人们的生活、文化；产生于屯溪的程朱理学，更是成为宋明时期中国主流思想的核心内容。屯溪老街，北依华山，南傍新安江，坐落在屯溪中心地段，距今已有数百年历史，全长1272米，宽5—8米，由1条直街、3条横街和18条小巷组成，由不同年代建成的300余幢徽派建筑构成的整个街巷，呈鱼骨架形分布，西部狭窄、东部较宽，是目前中国保存最完整的，有宋、明、清时代建筑风格的步行商业街，又被称为流动的"清明上河图"，为全国重点文物保护单位、国家级历史文化保护区。另有戴震纪念馆、程大位故居、程氏三宅、老大桥等重点文物保护单位。

屯溪而下，沿江有篁墩、雄村、深渡、街口等乡镇。

篁墩，位于屯溪东北郊4公里处，在新安江畔慈张公路与王小公路的交会处，为屯溪东大门，现为屯光镇驻地，已有近2000年的历史，依山傍水，风光秀丽，村中民宅多徽派建筑。理学奠基者洛阳程颢、程颐是篁墩人，理学集大成者婺源朱熹的祖籍也在篁墩，朱熹母亲为歙县县城人，父亲朱松曾在城南紫阳山老子祠读书，故称"程朱阙里"。最值得关注的是，类似洪洞的大槐树，篁墩是迁居全国的新安程氏的始祖居住地。1000多年来，历经战乱，通过程氏宗谱把篁墩与各地程氏后裔联系在一起。篁墩程氏祠堂为统宗祠，约1940年统宗祠下共有108派，每年均在篁墩举行隆重的祭祖仪式，进行寻祖活动。由各派安排人员参加，每年确定几派别负责从联络到祭祀的全程活动，十年一轮流，分工细致，安排周密，令人惊叹。

雄村，原名洪村，元末曹姓人入迁，取《曹全碑》中"枝分叶布，所在为雄"，而改称。距歙县县城7公里，依新安江傍，被誉为"新安第一岛，徽州最雄村"。有桃花古坝、竹山书院及大中丞功名牌坊。小南海是新安江中的第一个岛屿，又称岑山，与普陀山"大南海"遥相呼应。春天桃花盛开，形成十里红云的盛景。

深渡，《读史方舆纪要》称："浦口东南四十里，亦曰深渡。盖自严州界溯流而上，穿山峻流，峰峦掩映，萦纡旋绕，清深若一，故皆以深渡为名。"是歙县南部的商业中心，徽州通往浙江的水上咽喉，有"九省通衢"之称，现在是黄山市最大的水陆码头。

从深渡顺江下行20公里，即为街口。街口因街源之口得名。因地处皖浙两省交界之口子，又叫界口。依山傍水，风景秀美，"水因山青，山以水秀，深潭浅滩，万转新安"。它是歙县的南大门，也是歙县南乡街源地区的物资集散地。

1930年歙县民船概况表

	大帆船	中帆船	小帆船	大木驳	中木驳	小木驳
数量（只）	500	300	600	100	400	100
吃水（尺）	4—5	3.5	2.5	2	1.5	1
载重（担）	200	100	60	50	30	10
航行区域	新安江 朱家村—杭州	新安江、潮江、练江 屯溪—杭州				渔梁及绩溪之临溪、西乡岩寺
时速（天）	上行，大水70里，小水20—30里。下行，大水160里，小水40—50里					
主载货物	以木材、布匹、药材及杂货为大宗			以粮食、药材及杂货为大宗		
备注	各船均本地帮，专载货					

资料来源：铁道部财务司调查科编：《京粤线安徽段经济调查总报告书》（1930年），调查科印年不详，第79—80页。

历史上，黟县渔亭、休宁屯溪，一苇直达杭州。到了近代，在中水位以上，小型轮船也可行至屯溪。新安江水库建成后，航线中断，航运停顿。

淳安，是杭州市下辖县，位于浙江省西部，距杭州151公里，面积4417.48平方公里，是浙江省面积最大的县。东汉建安十三年（208）孙权击败当地山越，设始新县、新定县。西晋太康元年（280）改新定为遂安县。唐开元二十年（732）改新安县为还淳县，永贞元年（805），避宪宗李纯名讳，改称青溪县。1958年10月，因新安江水库建设撤销遂安县并入淳安县。是今天千岛湖所在地，也是革命老区。历史上有进士308名，其中状元3名，榜眼、探花各1名，武进士9名。名人有陈硕贞（620—653），唐高宗永徽四年（653）聚众起义，称"文佳皇帝"，为"中国历史上第一个称帝的农民起义女领袖"（翦伯赞语）；方干（836—903），晚唐著名诗人，每见人设三拜，曰礼数有三，时称"方三拜"，后人赞其"身无一寸禄，名扬千万里"；明朝状元商辂（1414—1486），在乡试、会试、殿试中皆第一，称"三元及第"，历仕英宗、代宗、宪宗三朝，称"三元宰相"。为中国最佳自然生态魅力名镇、国际花园城市、中国旅游强县等。

原淳安贺城，今没入湖中（淳安县档案馆提供）

新安江在浙江境内主要有新安江水库和寿昌江。新安江水库，位于新安江主流上，淳安境内。当水库在正常水位108米时（黄海），面积在3亩以上的岛屿有1078个，故又称千岛湖。新安江水库大坝，位于从屯溪下行200公里的铜官峡，设计高度105米（海拔115米），于1957年破土动工，1959年9月建成蓄水。千岛湖集水面积约10442平方公里，水面积580平方公里，总库容216.26亿立方米，有效库容102.66亿立方米。

在水位 108 米时，平均水深 34 米，库容 178.4 亿立方米。大坝即为新安江水电站，是我国第一座自行设计和自制设备的大型水力发电站，于 1960 年建成投产。千岛湖是全国重点风景名胜区、国家 5A 级景区、国家森林公园，中国十大魅力休闲旅游湖泊。

新安江下游最主要的支流为寿昌江。寿昌江，又名艾溪，因流经旧寿昌县（1958 年 11 月并入建德县）境得名。源于建德、淳安、衢州交界处之三井尖，海拔 1283 米。由西南向东北，在罗桐埠汇入新安江。主流长 64 公里，平均河宽 55 米，流域总面积 689 平方公里。在上游李家镇乌龟洞，发现 10 万年前的"建德人"，是浙江迄今发现的最早的人类繁衍生息的遗址。

古严州，位于浙江省西部，为中山丘陵区。唐武德四年（621），改遂安郡为睦州，府治最初在今桐庐旧县街道，武周万岁通天二年（697）迁往建德县梅城。下辖淳安、建德、桐庐、分水、寿昌、遂安六县。经合并成今天杭州下属的桐庐县、淳安县和建德市。宋宣和三年（1121）因方腊起义改睦州为严州，明清均为严州府。在明清以来的府州地市中，严州是浙江省唯一不再保留地市级建置的。

建德，杭州市下辖县级市。三国吴黄武四年（225），分富春始置建德县、新昌县，县城在今梅城、大同。晋太康元年（280），新昌县更名寿昌县。1958 年，撤销寿昌县，并入建德县。为中国优秀旅游城市、最具影响力旅游名城、最佳休闲旅游胜地、特色魅力城市 200 强、和谐城市绿色环保示范城市、碳酸钙产业基地、五金工具产业基地、可再生能源建筑应用示范市，全国绿化模范城市、十大世外桃源、生态文明先进市，国家卫生城市，中国草莓之乡、有机茶之乡、优质柑橘之乡、高山蔬菜之乡，有富春江国家森林公园。历史名人有宋兴（三国时人，生卒年未详）、李频（818—876）、戴不凡（1922—1980）等。新安江镇（街道），位于新安江水库大坝下游 6 公里处，原为江边小村——白沙村，因建设新安江水库而兴起的山水旅游城市。1960 年 8 月，县城由梅城镇移此。是中国优秀旅游城市。因大坝下游 10 公里为冷水恒温区，水温常年保持在 14℃—17℃，水质清澈，是饮用水、饮料和啤酒行业绝佳的原料，也是理想的避暑胜地，有"清凉世界"的美誉。也因坝底下泄水温底，特别是在早晨，与空气温差大，凝成了水汽，产生平流雾，形成了从大坝到白沙大桥一带迷人的"白沙奇雾"景观。

千年古府严州——大南门新城墙（2019年，马鹏摄）

二 兰江蕴芬芳

衢江，是钱塘江的南源，古称瀫水，又称信安溪、信安江、衢港。自休宁县发源至兰溪市婺江（金华江）汇流处止，衢江主河道流程233公里，流域面积11138平方公里。源头为休宁县龙田乡板仓村附近的青芝埭尖北坡（一说开化县之莲花尖），海拔1441米。上源称马金溪，下接常山港，与江山港汇合后称衢江，沿途接纳乌溪江、芝溪、灵山港等溪流。

寿昌江注入新安江之罗桐埠（2015年夏摄）

  常山港，是衢江两大干流之一，为衢江北源，是钱塘江的南源，因主要流经常山县而得名，主河道流程176公里，流域面积3210平方公里，属山溪性溪流。上游马金溪，又名金溪，是开化县最大的河流，钱塘江南源，发源于安徽省休宁县龙田乡青芝棵尖，干流长104公里，流域面积1068平方公里。经岭坑、龙田、桃林到西坑镇进入开化县，过齐溪水库，经霞山、马金，在徐塘汇入何田水，再经底本、音坑、城关镇、青山底，在华埠镇纳入北来的池淮溪和西来的龙山溪，称常山港，在溪口进入常山县。又经文图、何家、辉埠、湖东（上埠），纳龙绕溪水，经常山县城天马镇，在三里滩有南门溪水汇入，流经青石、阁底、汇虹桥溪、芳村溪，经招贤镇，在官庄村下游进入柯城区沟溪。经航埠、万川，在双港口汇入衢江。

  开化，是衢州市下辖县级市。北宋乾德四年（966），吴越王钱弘俶分常山县西境的开源、崇化等七乡设开化场，各取开源、崇化一字而得。太平兴国六年（981）升场为县。地处浙、皖、赣三省七县交界处，是连接浙西皖南和赣东北的交通要冲，有浙江"西大门"之称。是重要的生态功能保护区，主要有钱江源国家森林公园、古田山国家自然保护区（因深山中有田，有古森林，林中有古田庙，故名）等，出产名茶开化龙

马金溪流经开化县城（2016年夏摄）

顶。因处浙西中山丘陵，温暖湿润，年均气温 16.4℃，年均降雨量 1814 毫米，无霜期 252 天，有"中国的亚马孙雨林"之称。位于何田乡的福田山，地势险要，景色秀丽，是土地革命时期浙皖特委所在地。根宫佛国文化旅游区为国家 5A 级景区。历史名人有程宿（971—1000，18 岁状元及第，是中国科举史上最年轻的状元之一）、张瑞荣（1852—1930，孝廉方正）等。

华埠，位于县城西南 15 公里，为开化南大门，马金溪、池淮溪、龙山港三溪汇流之地，始建于唐朝末年，清代曾在此设华埠营。是开化南部的经济重镇和交通枢纽，历来是浙皖赣边境木材及林特产品的集散地，是衢屯（205 国道）、衢婺、衢淳公路的中转站，水路终年可通航。是浙江通往皖南、赣西的水陆交通要道，乃兵家必争之地，被称为"钱江源头第一埠"，自古商业发达，素有"浙西小上海"之美称。

常山，是衢州市下辖县，东汉建安二十三年（218）建县，称定阳县，设治于原定阳乡三冈（今何家乡钱塘村）。唐咸亨五年（674），另置常山县，因治所南有常山（又名长山，即今湖山，招贤镇之古县、古县畈）。位于金衢盆地西部边缘，以丘陵为主，耕地 23.3 万亩，称"八山

"东南锁钥"仙霞关（2016年夏摄）

半水分半田"。与江西省玉山县接壤，有"四省通衢，两浙首站"之称。据《常山县志》载，"常山两浙上游，水陆之会，赣闽、楚粤、滇黔、川蜀之运，上达京师，与夫自上而下者，无不到经于此"，故有"八省通衢"之称。白石镇曾有乾隆亲笔所书的"八省通衢要隘"坊，为由浙赴赣的主要通道。常山，生态环境优良，森林覆盖率达到75%，空气质量常年在II级以上，出境水质为II类水标准，有"千里钱塘江，最美在常山"之美誉。是全球低碳生态景区、国际慢城、国家重点生态功能区、中国最美乡村旅游目的地、全国百佳深呼吸小城、中国胡柚之乡、油茶之乡（浙西绿色油库，有30万亩油茶）、食用菌之乡和观赏石之乡，浙江省重要生态屏障。三衢山为国家地质公园、国家森林公园。

江山港，古名须江，为衢江南源，发源于双溪口乡，浙闽交界处仙霞岭北麓之苏州岭与龙门岗（龙井坑），由西南向东北贯穿江山市中部，上游众小溪汇入峡口溪峡口水库（1973年建成），流经峡口、凤林、淤头、贺村、清湖、过市城、大溪滩、后溪、前河等，在双港口与常山港汇合而成衢江。全长134公里，流域面积1970平方公里。

江山市，是衢州市下辖县级市，居浙、闽、赣三省交界处，是浙江省的西南门户。唐武德四年（621），始建须江县，因城南有须江得名。吴越宝正六年（931），钱镠因县南有江郎山，改称江山县。1987年撤县设市。浙赣铁路复线和京台（黄衢南）高速公路贯穿全境。先后被命名中国猕猴桃之乡、白鹅之乡、白菇之乡、蜜蜂之乡、水泥之乡、村歌之乡、幸福乡村、木门之都，国家卫生城市、国家森林城市、江南毛氏发祥地等。历史上有9位尚书、240多名进士。曾有著名的"三毛一戴"（毛人凤、毛森、毛万里、戴笠），现有院士5名。有仙霞国家森林公园。世界自然遗产江郎山，俗称三爿石，称"神州丹霞第一峰"，为国家5A级景区，有"雄奇冠天下，秀丽甲东南"美誉。有全国唯一保存完整的黄巢起义遗址仙霞关。唐乾符五年（878）义军经仙霞岭（海拔1413米）直趋福建建瓯，开辟仙霞古道，设仙霞关，雄关险峡，为浙、闽、赣要冲，有"东南锁钥，八闽咽喉"之称。古道所经廿八都，地处浙、闽、赣三省交界，历史上是边区的重要集镇，素有"枫溪锁钥"之称，专家誉之为"文化飞地""方言王国""一个遗落在大山里的梦"。

衢州，浙江省地级市，距省会杭州250公里，居浙江省西部，钱塘江上游，金衢盆地西端，福建、江西、安徽、浙江四省交界处，史称"居浙右之上游，控鄱阳之肘腋，制闽越之喉吭，通宣歙之声势"。古属百越之地，《汉书·地理志》载，"百越杂处，各有种姓"。东汉初平三年（192），设新安县，为建县之始。唐武德四年（621），置衢州，以州内有三衢山而得名，州名始于此。明清为衢州府，1979年复称衢州市。有围棋仙境、"青霞第八洞天"烂柯山，有邹鲁流韵的南孔氏家庙。2017年，全市森林覆盖率为71.5%，地表水环境功能区达标率为100%、全市区空气质量（AQI）优良天数比例86.8%，PM2.5浓度平均值为每立方米42微克。有紫微山国家森林公园、乌溪江国家湿地公园。为国家历史文化名城，中国特产之乡、特色魅力城市、优秀旅游城市、国家卫生城市、园林城市、森林城市。

衢江，上源由常山港、江山港至衢州双港口汇合而成。干流东南经衢江区、龙游县境，至兰溪市汇入金华江（又称婺江）后称兰江。河段干流长83公里。流域面积11138平方公里。衢江在衢州市区绕城而过，在北地藏寺附近有大头源（柘溪）汇入，在航头街有庙源汇入，南岸有乌溪江（东溪）水汇入。乌溪江，又称东溪、周公源，为衢江一级支流，

世界遗产江郎山（2016年夏摄）

发源于仙霞岭山地，主源为浙江省龙泉市龙镇住溪村与宝溪乡高山村青井自然村的披云山（海拔1680米，浙江省第三高峰，又名天狮山），曾为粟裕将军办公地、中共处属特委驻地。经遂昌县，流入衢州。主流长161.5公里，流域面积2632平方公里。所经崇山峻岭之间，山清水秀，局部高山还保存了较大面积的原始森林，有湖南镇水库（仙霞湖）、黄坛口水库（九龙湖）等大小景点30多处，有"乌溪江风景甲富春"之誉。乌溪江汇入后，衢江再分南北两道，北有邵源、铜山源汇入；南有上山溪、下山溪汇入。合流后，经安仁、篁墩，北有芝溪汇入，东折入龙游县，经马叶、团石、詹家，流经县城，在虎头山有塔石溪汇入，在驿前有灵山港水穿龙游县城汇入衢江。经七都、士元，北纳模环溪南收社阳港，流2公里后进入兰溪市境内。

龙游，是衢州市下辖县，居金衢盆地中部，有"四省通衢汇龙游"之称。商周时为姑蔑国，秦王政二十五年（前222），设太末县，为建县之始。唐贞观八年（634），更名龙丘县。吴越宝正六年（931），吴越王钱镠以"丘"与"墓"近义不吉，又据县邑丘陵起伏如游龙状，遂改龙丘为龙游。龙游英才辈出，素有"儒风甲于一郡"之誉。主要历史名人有徐伯珍（414—497）、传灯（1553—1627）、余绍宋（1883—1949）、华岗（1903—1972）等。龙游商帮是中国明清十大商帮之一，是唯一以县域命名的商帮。明人徐复初说："邑当孔道，舟车所至，商货所通，纷总填溢。"主要经营珠宝业、垦拓业、造纸业和印书业等，发轫于南宋，活跃于明中叶，乾隆年间达到鼎盛。明万历时，"龙丘之民，往往糊口于四方，诵读之外，农贾相半"；天启间，"远行商贾，几空县之半"。万历《龙游县志》称，商人们"挟资以出守为恒业，即秦晋滇蜀，万里视若比舍，俗有遍地龙游之谚"，自古即有"东游西游不如龙游"的说法。今有大竹海国家森林公园。龙游石窟被称为"千古之谜"。竹林面积近40万亩，为中国竹子之乡、黄花梨之乡、乌桕之乡。

衢江在洋埠进入兰溪市境，经罗埠、游埠、张坑，在上华（马公滩）纳金华江，至兰溪城区。

金华江，又名婺江、东阳江，是金华市的主要河流，由义乌江、武义江汇合而成。全长195公里，流域面积6782平方公里。主源北江发源于磐安县尚湖镇岭干村（婺江源头第一村）的龙乌尖，自东向西流至史姆（今双溪）称西溪，经横锦水库，在东阳境内通称北江，流入义乌后称义乌江。东阳江在义乌佛堂镇北纳入南江。南江，又称画溪、南马江，发源于磐安县大盘山西南仰槽尖附近山谷。流经磐安县城安文镇、南江水库、湖溪、横店、南马、黄田畈、画溪，入义乌市境。长72公里，集雨面积952平方公里。东阳江在金华城东接纳最大支流武义江。

磐安，是金华市下辖县，处浙江省中部大盘山区，是浙江地理中心所在地，有"浙江之心"之称。大盘山主峰海拔1245米，有"群山之祖，诸水之源""万山之国"之称，是钱塘江、瓯江、灵江和曹娥江四大水系的主要发源地,为国家自然保护区。1939年在抗战烽火中设县,县名出自《荀子·富国》"国安于盘石",1983年复置。被誉为"浙中盆景,天然氧吧",全县森林覆盖率75.4%。是中国药材之乡、香菇之乡、生态龙井之乡、名茶之乡、茶文化之乡、香榧之乡,中国舞龙发源地、国家生态县。是江南最大的孔氏聚居地,榉溪孔氏家庙为全国重点文物保护单位。有历史名人王霆(1180—1245)、周师锐(1182—1231)等。

东阳,是金华市下辖县级市,东汉兴平二年(195)建县吴宁,取"吴地安宁"义。唐垂拱二年(686)建东阳县,因"在金华山之阳水之东"义。有"三山夹两盆、两盆涵两江"的独特地貌,文化悠远,有"婺之望县""歌山画水"之美称,被誉为著名的教育之乡、建筑之乡、工艺美术之乡、文化影视名城(三乡一城)。自古就有勤耕苦读之风,英才辈出,历史上累计进士有305人,其中武状元6人,曾任正、副宰相的5人。据统计现有东阳籍博士和博士后300多名,具有教授、研究员等高级职称的东阳籍人士2100余人。历史名人有乔行简(1156—1241)、蒋雪舫(1841—1926)、邵飘萍(1886—1926)、金佛庄(1897—1926)、严济慈(1900—1996)等。横店影视城是全球规模最大的影视实景拍摄基地、国家级影视产业实验区,国家级文化和科技融合示范基地。是国家5A级景区,有"中国好莱坞"之称。是中国优秀旅游城市、中国恐龙之乡、香榧之乡、国家卫生城市、世界木雕之都。东阳火腿有1200多年的历史,有"金华火腿出东阳"之称。"雪舫蒋腿"1915年在巴拿马万国商品博览会获一等金质奖。

义乌,是金华市下辖县级市,秦始皇二十五年(前222)建县乌伤,传说秦人颜乌,事亲至孝,父死后负土筑坟,一群乌鸦衔土相助,结果乌鸦嘴喙皆伤,故称。唐武德七年(624),改名义乌县,其义与乌伤同。地处金衢盆地东部,物产丰饶,红糖、火腿、南枣被称为义乌三大宝。为国家卫生城市、环保模范城市、园林城市、森林城市和中国优秀旅游城市等。义乌是全球最大的小商品集散中心,被联合国、世界银行等确定为世界第一大市场。有历史名人黄初平(约328—约386)、骆宾王(约626或627—684后)、宗泽(1060—1128)、朱丹溪(1281—1358)、陈望道(1891—1977)、冯雪峰(1903—1976)、吴晗(1909—1969)等。

武义江,是婺江最大的支流,干流长129公里,流域面积2520平方公里。发源于武义县项店乡千丈岩,源头董源坑(新建溪),经缙云县新

磐安高姥山（2017 年初夏摄）

川（谷川）、新建，至东川称南溪。北流经永康县前仓、新店至石柱纳杨溪，至永康县城纳华溪后称永康江。西折至武义县城壶山镇东北，汇入熟溪后称武义江。在临江纳白沙溪。西北至范村，进入金华市区，经江东、雅畈、东湄（汀村），与东阳江汇合，始称金华江。再经板桥进入兰溪市境，在上华（马公滩）汇入兰江。

武义，是金华市下辖县，唐天授二年（691），始置武义县。传武则天执政时新设县须冠"武"字，又以县东有百义山，故名。萤石储量居全国之首，温泉资源"华东第一、全国一流"，有"萤石之乡，温泉之城"的美誉。所产宣莲为国内三大名莲之一。有牛头山国家森林公园。有机茶产量居全国之冠，是中国有机茶之乡、中国天然氧吧。历史名人有徐邦宪（1157—1233）、汤恩伯（1898—1954）、千家驹（1909—2002）等。

永康，是金华市下辖县级市，三国吴赤乌八年（245）孙权母亲因病到此进香，祈求"永保安康"，病愈赐名。每年农历八月初至九月重阳节前后，方岩庙会俗称胡公庙会，声势之大，持续时间之长，为浙中之最。永康是国家卫生城市。历史名人有胡则（963—1039）、陈亮（1143—1194）、胡长孺（1240—1314）、王崇（1496—1571）、吕公望（1879—1954）等。

金华，浙江省地级市，位于浙江省中部，秦王政二十五年（前222）建长山县，梁武帝天监元年（502）至普通五年（524）间，改名金华郡，明清为金华府所在。因《玉台新咏》中"地处金星与婺女（即织女）两星争华之处"得名，古称婺州。地形为"三面环山夹一川，盆地错落涵三江"。入围大陆创新能力最强25个城市之一，第一批智慧城市试点城市、国家历史文化名城、国家森林城市、中国十佳宜居城市、G60科创走廊中心城市。金华火腿为最著名的土特产，北山双龙洞为道教第三十六洞天、国家森林公园，八咏楼史称江南第一名楼。有历史名人辩机（619—649）、吕祖谦（1137—1181），现代金华"何氏三杰"之何炳松（1890—1946）、何德奎（1896—1983）、何炳棣（1917—2012），施复亮（1899—1970）、施光南（1940—1990）父子及艾青（1910—1996）等。

兰溪，是金华市下辖县级市，位于浙江省中西部，钱塘江中游，金衢盆地北侧，距杭州132公里。唐咸亨五年（674）建兰溪县。自古有"六山一水三分田"之称。光绪《兰溪县志》载："邑虽褊小而实当四冲。踞杭严之上游，职衢婺之门钥，南蔽瓯括，北捍徽歙。定职方者，谓为浙东之要区。"婺衢两江在兰阴山麓汇成兰江。自古有"三江之汇""六水之腰""七省通衢"之称，兰溪港是浙江五大内河港之一。明清时期有"小小金华府，大大兰溪县""小小兰溪赛苏杭"之誉，民国时期人称"小上海"。为中国杨梅之乡、兰花之乡、毛竹之乡、乌桕之乡、蜜蜂之乡，中国织造名城、国家卫生城市、中国优秀旅游城市。游埠，为龙游县下游的商埠，故名，商业繁荣，自古以来就是金兰龙三地毗邻地区的农副产品和手工业产品的集散地，有"濲西重镇""钱江上游第一埠"之誉。诸葛八卦村，城西18公里，是中国诸葛亮后裔最大聚居地。村落按九宫八卦图式而建，以村中钟池为中心，全村房屋呈放射性排列，向外延伸八条弄堂，将全村分为八块，为国家级重点文物保护单位。有历史名人贯休（832—912）、舒元舆（791—835）、金履祥（1232—1303）、赵志皋（1524—1601）、李渔（1611—1680）、诸葛韵笙（1871—1942）、郎静山（1892—1995）、曹聚仁（1900—1972）、赵一荻（1912—2000）等。

兰溪至梅城称兰江，自南向北流，至建德三河乡入杭州市境，经麻车、大洋、洋尾、南峰，在梅城与新安江汇合。全长45公里。兰江流域面积19350平方公里，主流长300公里。其中在建德境内的流域面积419平方公里，河段长23.5公里。

20世纪30年代，浙赣铁路开通，一改以水路为中心的运输格局。1930年3月9日，浙赣铁路在萧山举行开工典礼，1933年11月30日全线竣工，1934年1月1日萧山江边至江西玉山全线正式通车营业。这对钱塘江流域社会经济发展、城镇分布等影响极大。

三 富春美如许

南朝梁文学家吴均（469—520），在《与朱元思书》中，用144字生动逼真地描绘出富春江沿途的绮丽风光：

> 风烟俱净，天山共色。从流飘荡，任意东西。自富阳至桐庐一百许里，奇山异水，天下独绝。水皆缥碧，千丈见底。游鱼细石，直视无碍。急湍甚箭，猛浪若奔。夹岸高山，皆生寒树，负势竞上，互相轩邈，争高直指，千百成峰。泉水激石，泠泠作响；好鸟相鸣，嘤嘤成韵。蝉则千转不穷，猿则百叫无绝。鸢飞戾天者，望峰息心；经纶世务者，窥谷忘反。横柯上蔽，在昼犹昏；疏条交映，有时见日。

这就是富春江。

富春江，从梅城三江口至东江嘴三江口河段。在梅城三江口，南源、北源汇合。桐庐境内长39公里、富阳境内长63公里，全长102公里。

梅城，处建德市东部，富春江、新安江、兰江三江汇合处。北枕乌龙山，南临三江口。因古城墙临江一段筑成梅花形而得名。三国吴黄武四年（225）置建德县，即为县治。唐神功元年（697），睦州州治由雉山（今淳安）迁至梅城，直至1959年一直为州、府、路、专署驻地。严州人有俗话说：梅城人一天不见乌龙山就会哭，表达出浓郁的恋乡之情。在传统时代它是钱塘江上最重要的水陆码头之一，因近代铁路公路兴起，受到交通运输条件改变的冲击，日渐衰落，今天仅为建德市下辖镇。

七里泷，是富春江起始段，全长23公里，分为"一关三峡"即"乌石关、乌龙峡、子胥峡、葫芦峡"，沿途有梅城镇、双塔凌云、子胥野度、葫芦飞瀑、七里扬帆、子陵钓台等名胜古迹。"天下佳山水，古今推富春"，山青、水清、史悠、境幽，是富春江上风光最美的一段，有浙西唐诗之路、小三峡之誉，是富春江国家森林公园的主体。

桐庐，是杭州市下辖县，地处钱塘江中游。《严州府志》："上古桐君，不知何许人，亦莫详其姓字。尝采药求道，止于桐庐县东隈桐树下。其桐，枝柯偃盖，荫蔽数亩，远望如庐舍。或有问其姓者，则指桐以示之。因名其人为桐君。"相传桐君老人为黄帝大臣，古代最早的药学家，

富春江七里扬帆乌石滩至子胥渡段（2016年，马鹏摄）

后世尊其为中药鼻祖，称其地为药祖圣地。山名桐君山，县称桐庐。始建于吴孙权黄武四年（225），1958年分水县并入。有"钟灵毓秀之地、潇洒文明之邦"之美誉。北宋名臣范仲淹感慨于这片土地的奇山异水，赞之为"潇洒桐庐"，并写下了《潇洒桐庐郡·十咏》的传世名篇，其后裔生活在今瑶琳镇范村，是浙西地区经济实力第一强县，全国第一个实现"农村淘宝"全覆盖的县域。有中国民营快递之乡、诗歌之乡、优秀旅游名县、国际花园城市、全国文明城市、国家森林城市、中国长寿之乡、民间艺术之乡（剪纸）、制笔之乡（分水镇）、针织名镇（横村镇）等。有大奇山、瑶琳两处国家森林公园。历史名人主要有章八元（743—829）、喻兰（1742—1809）、濮振声（1844—1907）、袁昶（1846—1900）、叶浅予（1907—1995）等。

分水江，因流经旧分水县得名。又称天目溪、紫溪、桐溪、学溪、横港，是富春江的最大支流。从临安紫溪村上溯有昌化溪、天目溪两支源流。西源昌化溪，发源于安徽省绩溪县荆洲岭饭蒸尖（海拔1349米），在新桥乡西舍坞之西流入临安境内，经龙岗、昌化、河桥等。主流长72公里，流域面积1430平方公里，其中在临安境内面积1376平方公里。东源天目溪，发源于临安与安吉交界的桐坑岗（海拔1506米）东关溪，流经於潜、堰口、塔山等乡镇，主流长57公里，流域面积788平方公里。

从江南远眺桐君山（2015 年，邵亦乐摄）

昌化溪、天目溪在紫水乡紫溪村汇合后称分水江。在印渚乡贺州村进入桐庐境内，经过分水、毕浦、元川、浪石、横村、旧县等地，沿途接纳后溪、琴溪、前溪等支流来水，至桐君山脚、浮桥埠汇入富春江。分水江干流长 165 公里，流域面积 3430 平方公里。河道曲折、滩多流急、暴涨暴落，是较为典型的山溪性河流，水力资源丰富。分水江曾为旧时桐庐、分水、於潜、昌化四县水路运输要道，溪流虽小却串连起四个县城。近代以来，因水土流失严重，特别是 1969 年 "7·5" 特大洪水后，河床抬高，今天除桐庐至横村尚通舟楫之外，其余已不能通航。2001—2005 年间，在分水江五里亭（分水镇上游 2.5 公里）峡谷处建起一座以防洪为主，辅以发电、灌溉、供水等综合性的大型水利枢纽工程——五里亭水库，分水江水患得以根治，水景资源也得到开发利用。

临安，是杭州市辖区，位于杭州市西部。汉武帝元封二年（前 109）置丹阳郡，领县有於潜，东汉更名於潜县。东汉建安十六年（211）分余杭设临水县，晋武帝太康元年（280）更名临安县。唐垂拱二年（686）析於潜置紫溪县。北宋太平兴国三年（978）紫溪改名昌化县。1958 年、1960 年临安、於潜、昌化三县合并成临安县。1996 年设市，2017 年撤市

《风正一帆悬》（伯洲摄）

钱塘江中游"桐庐附近之江景。白云、春树、水光、山岚，画境不如也"。

（上海《中华图画杂志》第33期，1935年4月）

设区。境内东苕溪，属太湖水系；分水江主源昌化溪，主要支流天目溪，属钱塘江水系。是全国综合实力百强县（市）、绿色发展百强区，中国竹子之乡、山核桃之都、竹笋美食之都，中国优秀旅游城市、山地户外运动基地，国家森林城市、园林城市、卫生城市、环境保护模范城市，中国天然氧吧创建地区等。素有"大树华盖闻九州"美誉的天目山，主峰仙人顶海拔1506米，是韦陀菩萨的道场。有"世界活化石"之称的银杏树200多株，最大的树龄在千年以上；有胸径2米以上，高40多米的林柳杉群；在开山老殿前有浙江最高的古树，高58米的金钱松王（树龄660年，胸围3.22米）。素负"大树王国""清凉世界"盛名。为国家森林和野生动物类型自然保护区，1996年加入联合国教科文组织人与生物圈保护区（MAB）网络。境内另有清凉峰国家自然保护区、青山湖国家森林公园等。历史名人有钱镠（852—932）、方克猷（1870—1907）、骆耕漠（1908—2008）等。

莪山畲乡野山一景（2006 年春摄）

富阳，是杭州市下辖区，位于杭州市的西南角，秦王政二十六年（前 221）设县富春，东晋太元十九年（394）为避简文帝生母宣太后郑阿春讳更名富阳。地处丘陵，两山夹江，是一个"八山半水分半田"的半山区。富春江横贯全境，达 52 公里。有三国吴帝孙权（182—252）、许敬宗（592—672）、晚唐诗人罗隐（833—910）、清代书画家董邦达（1696—1769）、现代大文豪郁达夫（1896—1945）、缪凤林（1899—1959）、孙晓梅（1914—1943）等一批名人。富阳有黄公望结庐和创作《富春山居图》的隐居地，周雄孝道文化发祥地等。它也是中国造纸之乡、书法之乡、白板纸基地、球拍之乡、赛艇之乡，为中国工业百强县区，全国综合实力百强区、投资潜力百强区、科技创新百强区、绿色发展百强区。龙门古镇，为孙权后裔聚居地，因东汉名士严子陵畅游龙门山时留下"此地山清水秀，胜似吕梁龙门"而得名，是江南地区明清古建筑群中保存较为完整的山地古镇。

浦阳江，发源于浦江县花桥（盛田畈）乡天岭岩南麓岭脚，由花桥东流经安头（今通济桥水库），经浦江县城浦阳镇、黄宅、郑宅、白马（傅宅），入诸暨境内，经安华、牌头，经诸暨城关的茅渚埠，分东西两

富阳区万市浮云岭（2019年，江城摄）

江。主流西江北流至祝桥，经姚公埠至三江口与东江汇合。从三江口，经萧山尖山、临浦、义桥，流至闻堰镇南侧小砾山注入钱塘江河口段。干流长150公里，流域面积3452平方公里。在浙赣铁路及公路修筑之前，浦阳江水道是浙江中部金华、永康、义乌、诸暨通往东部、北部萧山、杭州的主要运输线之一。

浦江，是金华市下辖县，处浙江中部、金华市北部，东汉兴平二年（195）建丰安县，唐天宝十三年（754）置浦阳县，因境内浦阳江得名。五代吴越天宝三年（910）改浦阳为浦江。浦江名人辈出，有元代文学家柳贯（1270—1342）、元末明初文学家宋濂（1310—1381）、中国花鸟画大师吴茀之（1900—1977）等。传统工艺品中花边、竹编、草编、麦秆贴画和绒绣，称为"五朵金花"；绗缝制品、自行车产业成为新的经济增长点；水晶、挂锁占有全国70%以上的市场份额，并且是原材料的最大集散地之一，是中国水晶玻璃之都、挂锁星火特色产业基地、绗缝家纺名城。素有文化之邦、书画之乡之称。郑宅郑义门，为郑氏后裔生活起居之地，历经宋、元、明三代，十五代人，同财共食，人数最多时达3000余人，以孝义治家名冠天下，明太祖赐名"江南第一家"，为国家级文保单位，是中国古代家族文化的缩影。境内有浦阳江国家湿地公园。

诸暨，是绍兴市下辖县级市，位于浙江省中北部，境内四周群山环抱，浦阳江纵贯其中。是西施故里，为古越民族聚居地之一，秦王政二十五年（前222），设诸暨县。庆隆《诸暨县志》载，"禹会计而诸侯毕及也"，诸为众，暨者及也，故名。是中国袜业之都、珍珠之都、香榧之都，中国无公害茶叶之乡、名品衬衫之乡、民间文化艺术之乡。中国百强县市、福布斯中国最富有的10个县级市排名第2位、福布斯中国大陆最佳商业城市。是全国文明城市、卫生城市、园林城市、环保模范城市，中国工业百强县市，全国综合实力百强县市、绿色发展百强县市、科技创新百强县市、新型城镇化质量百强县市。有历史名人良价（807—869）、王冕（1287—1359）、陈洪绶（1598—1652）、杨维桢（1296—1370）、戴思恭（1324—1405）、蒋尊簋（1882—1931）、何燮侯（1878—1961）、蒋鼎文（1895—1974）、金岳霖（1895—1984）、金海观（1897—1971）、宣中华（1898—1927）、俞秀松（1899—1939）、姚文元（1931—2005）等。诸暨是中国优秀旅游城市，浣江—五泄风景区是国家级风景名胜区，有白塔湖国家湿地公园、五泄国家森林公园和香榧国家森林公园。在赵家镇榧王村西坑自然村马观音山有中国香榧树王，树龄1360多年，胸围9.26米，平均冠幅26米，树高18米，2米左右处分为12条粗壮的树枝，覆盖面积近1亩。生长旺盛，年产鲜蒲 600 公斤。枫桥，距县城东北 19 公里，唐代大将尉迟恭在枫溪渡口架桥设驿，称枫桥和枫桥驿，故名。地处"婺越驿道"隘口，桥埠为

全国重点文物保护单位东阳卢宅（2012 年春摄）

枫溪江航运起点，婺越山货土产的集散地，有"婺越通衢"之称。枫桥香榧，以壳薄、肉满、松脆、香酥而名闻大江南北，枫桥是中国香榧之乡。诸暨还是全国重点镇、浙江省首批历史文化名镇、浙江省中心镇。也是毛泽东批示的"枫桥经验"诞生地，陈洪绶、王冕、杨维桢被称为"枫桥三贤"，周恩来曾在枫桥大庙进行抗日演讲。

四 钱塘道古今

富春江流至东江嘴，揽入浦阳江后称钱塘江。经滨江区、江干区，至萧山区新湾镇（北岸入海口为盐官东十里亭），向东汇入东海（杭州湾）。三江口至新湾镇，长 81 公里。闻家堰河宽 500—600 米，至杭州闸口河宽约 1000 米，盐官河宽约 2500 米，低潮水深仅 1—2 米。富春江水电站坝下至入海口全长 282 公里的河段是感潮河段。

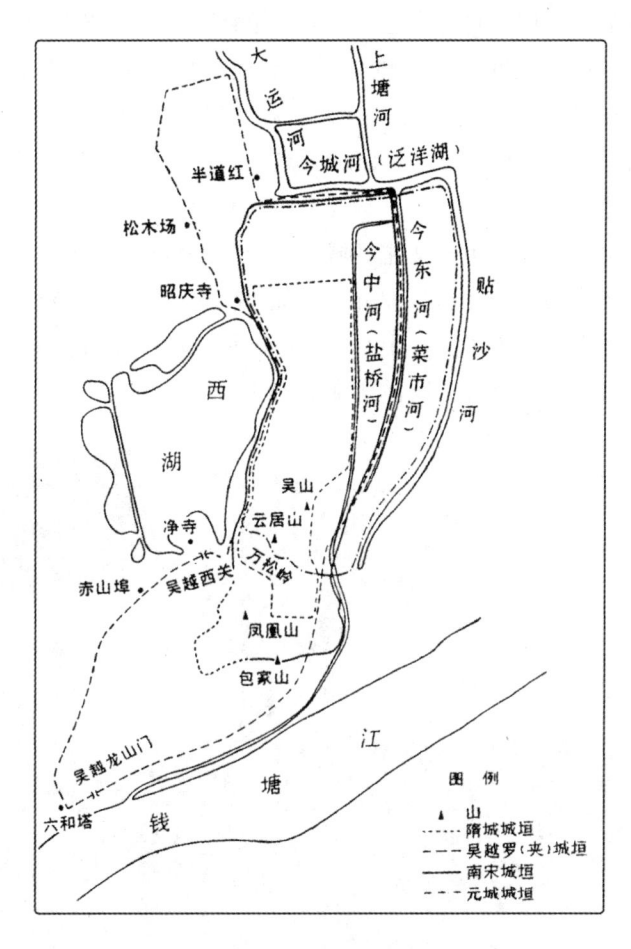

杭州历史城址变迁图

(新编《杭州市志(第一卷)》,中华书局1999年版)

杭州市,位于中国东南沿海、浙江省北部、钱塘江下游、京杭大运河南端。浙江省省会、副省级市,是浙江省的政治、经济、文化、教育、交通和金融中心。截至2018年,杭州下辖10个区、2个县、代管1个县级市,总面积16853.57平方公里(包含钱塘江水域面积,钱塘江河海分界线采用海盐澉浦—余姚西三闸连线)。秦统一六国后,在灵隐山麓设县治,称钱唐。隋开皇九年(589)设杭州。大业六年(610),杨素凿通江南运河,拱宸桥成为大运河的起讫点。杭州一跃为"咽喉吴越,势雄江海",确立起了它在整个钱塘江下游地区的交通枢纽地位。后为吴越国和南宋的都城。明清以来为省城及府城(市)所在。得益于京杭大运河和钱塘江交通条件,加上自身发达的丝绸和粮食产业,历史上曾是重要的商业集散中心,有"人间天堂"的美誉。近代以降,又因沪杭铁路等及上海的带动,现代工业迅速发展。今天,随着阿里巴巴等高科技企业的带动,互联网经济成为杭州新的经济增长点。人文古迹众多,西湖及其周边有大量的自然及人文景观遗迹,具代表性的有西湖文化、良渚文化、丝绸文化、茶文化。为国家历史文化名城,是长江三角洲城市群中心城市、环杭州湾大湾区核心城市、杭州都市圈核心城市、沪嘉杭G60科创走廊中心城市、国际重要的电子商务中心,居中国百强城市排行榜第7位。2017年,常住人口946.8万人,城镇化率76.8%。

20世纪30年代从吴山俯瞰杭城,一片白墙黛瓦马头墙景象

杭州历史上名人辈出。有写下"妾乘油壁车,郎骑青骢马,何处结同心?西泠松柏下"的南齐歌伎苏小小,初唐四大书法家、唐朝宰相褚遂良(596—658),唐代大诗人贺知章(659—744),北宋政治家、科学家、《梦溪笔谈》作者沈括(1031—1095,被誉为"中国整部科学史中最卓越的人物"),南宋四大家之一、山水画家夏圭(生卒年不详),南宋四大家之一绘画大师马远(1140—1225或1227),写下《咏石灰》(千锤万凿出深山,烈火焚烧若等闲;粉骨碎身浑不怕,要留清白在人间)的民族英雄于谦（1398—1457），明代高僧莲池（1535—1615），明代科学家李之藻（1565—1630），明末辽东抗击后金总兵毛文龙（1576—1629），清初经学家、文学家毛奇龄（1623—1716），清代戏曲家、诗人、《长生殿》作者洪昇（1645—1704），"扬州八怪"之一金农（1687—1763），清代著名诗人、学者厉鹗（1692—1752），清代诗人、文学家和美食家"随园先生"袁枚（1716—1797），近代民族英雄葛云飞（1789—1841），清代思想家、诗人、文学家龚自珍（1792—1841），晚清重臣王文韶（1830—1908），著名画家任伯年（1840—1895），清末"四大奇案"之一的举人杨乃武（1841—1914），衙前农民协会领袖李成虎（1854—1922），近代政治家思想家汤寿潜（1856—1917），晚清著名篆刻家、书画家、西泠印社创设者之一厉良玉（1865—1940），晚清外交家、北洋政府总理孙宝琦（1867—1931），近代民主革命家、思想家、著名学者、国学大师章太炎（1869—1936），政治活动家、爱国民主人士陈叔通（1876—1966），历史演义作家蔡东藩（1877—1945），中国民进创办者马叙伦（1885—1970），杰出电影艺术家夏衍（1900—1995），著名文学家梁实秋（1903—1987），诗人、翻译家戴望舒（1905—1950），古建筑园林艺术专家陈从周（1918—2000），历史小说家许晏骈（1922—1992，笔名高阳），等等。

滨江区，杭州市下辖区，位于钱塘江南岸，滨临钱塘江而得名，距杭州市中心约7公里，原属萧山市，1996年12月12日由原萧山市西兴、长河、浦沿三镇设立而成。2017年工业百强县区、2018年列中国百强区第84位。是杭州实施"沿江开发、跨江发展"战略的中心腹地。2016年，浙江省首次发布的县域经济30强，杭州滨江区成为三冠王，经济竞争力全省第一，发展潜力全省第一，创新力全省第一。有西兴古镇、长河古镇。西兴，初名固陵，因其位于会稽郡西端，遂易名西陵，后梁乾化二年（912），以"陵"非古语，更名为西兴。民国《萧山县志稿》称"据钱塘要冲，两浙往来一都会"，为钱塘江渡口，隔岸与杭州相对，又为浙东运河起点，水陆交通便利，浙东唐诗之路的入口。古代在此设渡置驿，元代萧山学官赵子渐描述道，"西陵通南北之商，古驿候往来之使；亭灶课煮海之程，乡民羡湘湖之利，或蚕丝以资生，或力田以输赋"（《萧山赋》），为商旅聚集之地，称为萧山最古老的集市。长河，为萧然文化的发源地，乡谚有"三石六斗芝"之称。北宋太平兴国三年（978），这里称夏孝乡，以三国时吴孝子夏方命名。清末民初，因境内有一条长河（又叫槐河），遂以河名镇，沿用迄今。方言口语"萧山长河头"被说书人写进了"莲花落"，因此长河头在浙江乃至全国，也曾是小有名气的。

因钱塘江与浙东运河水位差，过往需人力翻坝（20世纪20年代）

萧山区，杭州市下辖区，与杭州主城区一江之隔，北濒杭州湾。唐天宝元年（742），以萧然山为名，改永兴县为萧山县。《汉书·地理志》载，越王勾践被吴王夫差打败，率剩下兵卒曾在此停留，四顾萧然，故称萧然山，亦名萧山。为中国城市投资环境第一名、大陆极具投资地第一名、最令人向往的城市十强，全国十强县、农村综合实力十强县（市、区）、明星县（市）、百强县（市、区）第七名、十大财神县（市）、百强区前三、工业百强县区、科技创新百强区、新型城镇化质量百强区、投资潜力百强区，国家卫生城市，中国园林绿化产业基地、纺织生产基地、羽绒之都、钢结构之乡、中国伞乡、中国镜乡、中国化纤名城、中国制造业十佳投资城市、汽车零部件产业基地、中国淋浴房之乡、卫浴配件基地、花边之都、花木之乡、纸业之乡、民间文艺艺术之乡等。湘湖位于萧山城西，被誉为杭州西湖的"姊妹湖"，是浙江文明的发祥地。钱江潮是天下第一奇观。钱江观潮城，位于南阳街道钱塘江畔、美女山下，离市区10公里，每年农历八月十八日，钱江国际观潮节在这里隆重开幕。"奔竞不息、勇立潮头"是萧山精神的集中体现。

西湖区，杭州市下辖区，位于杭州市区西部，平原、山地约各占半，有"五地四山一分水"之称。1927年为杭州市第四区，1949年5月30日建立西湖区人民政府。是杭州市区五个老城区中面积最大、人口最多的一个城区，也是著名的风景旅游区。辖区内西湖为世界遗产，有西湖、西溪湿地两个国家5A级景区，还有西山国家森林公园、午潮山国家森林公园、之江国家旅游度假区、宋城等知名景区景点；是著名的文教区，拥有浙江大学等名校和小和山高教园区等众多科研院所和高等院校。为全国综合实力百强区、投资潜力百强区、科技创新百强区、绿色发展百强区。

上城区，杭州市下辖区，位于杭州市中心偏南，东临钱塘江，西贴西湖，南枕玉皇山。南有吴山，传为春秋时吴国界山，海拔98米，为区内制高点。其是杭州中心城区之一，南宋皇城所在地（因南宋时建皇城于城南，杭州一些地名习惯称南上北下，故名），隋唐至民国时期州治所在地，是杭州商贸旅游中心、文创中心。上城区也是浙江省面积最小、单位GDP最高的城区。国家智慧城市、中国工业百强县区、中国城区发展100强。

下城区，杭州市下辖区，位于杭州城区中部。因地处南宋皇城北，习惯上以北为下，故称。唐宋以来，一直是杭州丝绸业和文化教育中心；元明清时期为仁和县所在。现在成为杭城新的商贸中心、金融中心、新闻中心、文体中心。国家可持续发展实验区、中国现代服务业十强区、中国商业名区、中国最具竞争力中央商务区、中国最具投资价值CBD，中国总部经济发展实践研究基地等。

江干区，杭州市下辖区，位于杭州城东部。江即钱塘江，干即岸，故名。清宣统二年（1910），设钱塘县江干乡和仁和县江干乡、会堡乡。民国16年（1927）10月江干区建区。是杭州的交通枢纽中心，上海进入杭州、连接浙东、浙西交通网络的Y型支点，拥有铁路、公路、水路、空运、地铁等各项便捷的交通，城站火车站、火车东站、汽车客运中心、旧笕桥机场均在区内。是全国唯一集工业园区、高教园区、出口加工区于一体的国家级开发区杭州经济技术开发区，浙江省最大的高教园区下沙高教园、杭州CBD（钱江新城）的所在地。是全国科技工作先进区、卫生先进城区、社区建设示范区等。

拱墅区，大运河的最南端，是运河杭州段运河古迹保存最完整、文化底蕴最深厚、旅游资源最丰富的一段。因境内有最古老的拱桥——拱宸桥和最繁华的湖墅地区，而各取一字得区名，1949年5月杭州解放，设立拱墅区。有半山国家森林公园。为国家知识产权强县（区）、全国"幸福百县榜"。

余杭区，位于杭嘉湖平原和京杭大运河的南端，西依天目山，南濒钱塘江，是长江三角洲的圆心地。处杭州市区西、北部，从东、北、西三面成弧形拱卫杭州中心城区。公元前21世纪，大禹南巡，大会诸侯于会稽（今绍兴），乘舟航行经此，并舍其杭（即舟）于此，故名禹杭，讹禹为余，得名。秦王政二十五年（前222），置钱唐（含杭州城区）、余杭两县，钱唐几经变更，至民国为杭县，余杭区系由原余杭县和杭县大部地域合并而成。2001年，撤市设区。是"中华文明曙光"——新石器晚期良渚文化的发祥地，有鱼米之乡、丝绸之府、花果之地、文化之邦等美称。为中国百强区、工业百强县区，全国投资潜力百强区、综合实力百强区、绿色发展百强区、科技创新百强区、新型城镇化质量百强区，全国大众创业万众创新示范基地、农村社区建设示范单位等。境内径山，位于杭城西北50公里处，主峰凌霄峰海拔769.2米，为杭州市内海拔最高点，有径山（山沟沟）国家森林公园。有唐代古刹径山寺，宋时盛时有3000余僧众，居江南"五山十刹"之首，被誉为"东南第一禅寺"。径山是日本临济宗的祖庭，日本"茶道"源于径山"茶宴"。

五　大湾迎海潮

钱塘江离开杭州，就进入杭州湾。杭州湾，西起海盐县澉浦和上虞区间的曹娥江口收闸处，东至扬子角到镇海角连线，是中国最著名的海湾之一。南岸为宁绍平原上的绍兴市、宁波市，北岸为长江三角洲南缘的嘉兴市、上海市，东为舟山群岛。南岸有曹娥江注入。

杭州湾为喇叭形海湾。湾口宽近100公里，自外向内逐渐收狭，至澉浦为20公里，至海宁宽仅3公里。而且湾底形态独特，从湾口至乍浦地势较为平坦，金山卫与乍浦间沿岸海底有一巨大的冲刷槽，最深处达40米；但从乍浦起，以0.1‰—2‰的坡度向西抬升，在乍浦至仓前、七堡至闻家堰江底形成巨型沙坎，长、宽、厚约为130（公里）×27（公里）×20（米）。尽管钱塘江是浙江通航里程最长、最主要的天然河流航道，但受泥沙沉积影响，船只无法出海，航运价值受到极大影响。目前，杭州湾已有嘉绍大桥（全长10.1公里）、杭州湾跨海大桥（全长36公里）连通南北。

钱江潮。因湾面收窄的喇叭形态及湾底逐渐抬升的沙坎，外宽内窄、外深内浅，加上天体引力和地球自转的离心作用，杭州湾常常出现涌潮或暴涨潮，形成著名的钱江潮。海潮来临，远远出现细小白点，转眼即成银线，伴随阵阵闷雷般潮声，白线翻滚而至。瞬息间，潮水呼啸而至，宛如银带，后浪赶前浪，层层相叠，排山倒海。以每年农历八月十五至十八日，涌潮最大，潮头可达三四米，历史上最大潮差近达9米。苏东坡有诗："八月十八潮，壮观天下无。鲲鹏水击三千里，组练长驱十万夫。红旗青盖互明灭，黑沙白浪相吞屠。"钱江潮是世界三大涌潮之一，自古以来被誉为"天下奇观"，以其"滔天浊浪排空来，翻江倒海山为摧"的壮观景象，吸引无数人前往观潮。因捍潮防浪之需，在钱塘江下游及杭州湾两岸形成独特的海塘景观，高6—7米，全长300多公里，犹如海上长城，是中国古代最为伟大的水利工程之一。

杭州湾南岸宁绍平原有曹娥江与萧绍运河水系等河流。

曹娥江源于磐安县境的城塘坪长坞，上游称澄潭江，向北流与支流长乐江、新昌江、黄泽江等呈扇形状，汇集于嵊州县城附近，均属山溪性溪流。从嵊州县城关附近向北流经三界、上虞，入杭州湾。全长182公里，流域面积5931平方公里。三界以上，黄沙淤塞严重，流水含沙量每平方公里约400吨，为全省之冠。三界至上浦，枯水期仍会出现徒涉之处。上浦至入海口，宽90—200米，常水位与枯水位水深2.2—2.8米、0.5—1.8米。入海口受涌潮冲积，淤塞严重。曹娥江下游，将宁绍平原割裂成东、西两个部分。

萧绍运河从钱塘江南岸西兴镇开始，经萧山城区，到衙前镇后进入绍兴县钱清镇与西小江汇合，经绍兴过上虞县，到达曹娥江，长78.5公里。由于它横贯萧绍平原，萧山、绍兴一带的人们习惯称其为萧绍运河。再与曹娥江以东运河、姚江等连接，直达宁波，成为著名的浙东运河，全长200多公里。历史上运河的渡、河、塘、站四项工程均纳入官办范畴，呼名为官渡（浙江渡）、官河（运河）、官塘（纤道）、官站（驿站）。河宽约30米，并与绍兴的鉴湖水系连贯，西与湘湖、白马湖、小砾山输水河相连，南与南门江、西小江相通，进而形成了一个以运河为东西主干、沟

浙东运河萧山钱清段

通大小湖泊与众多河渠为南北网络的运河水系。近代鉴湖被逐渐垦废后,其蓄水除残留部分形成新河湖网外,大部分通过运河逐步转入北部平原水网,促进运河为主干之水系发育。浙东运河被钱塘江、曹娥江、姚江、甬江等几条大河切割,各段水位高低不等,只能分段翻坝,也影响到了其通航能力。

杭州湾南岸绍兴市、宁波市,北岸嘉兴市、上海市,东侧舟山群岛简介如下。

绍兴市,浙江省辖地级市,浙江第四大城市,处杭州湾南岸,是环杭州湾大湾区核心城市、杭州都市圈副中心城市。是越文化的中心地,唐以前一直是浙江的政治、经济、文化中心。史载，大禹治水成功，在境内茅山会集诸侯，死后葬于此山，故改茅山为会稽山；春秋时期，越国成为春秋五霸之一；秦王政二十五年（前222）以吴越地置会稽郡，治吴县（今苏州）；东汉永建四年（129），分会稽郡置吴郡，改今钱塘江以南为会稽郡，治山阴；唐武德四年（621）改会稽郡为越州。宋建炎四年（1130），高宗驻跸越州，以"绍奕世之宏休，兴百年之丕绪"，下诏次年正月起改元绍兴，并升越州为绍兴府。明清均为绍兴府。下辖越城区、柯桥区、上虞区、新昌县、嵊州市、诸暨市。地貌为"四山三盆二江一平原""六山一水三分田"，以"水乡泽国"享誉海内外。绍兴是越剧的发源地，首批国家历史文化名城、联合国人居奖城市，中国优秀旅游城市，国家森林城市、文明城市、卫生城市，是著名的水乡、桥乡、酒乡、书法之乡、名士之乡。有兰亭、五泄、南山湖、香榧国家级森林公园4处，绍兴纺织业、小电机、节能照明、生物酿造业极发达，纺织业出口产品占世界纺织面料交易额的60%。另外，绍兴出产的黄酒更是闻名遐迩，成为国宴专用酒。有兰亭国家森林公园、嵊州南山湖国家森林公园和四明山国家森林公园（含宁波市海曙区、奉化区、余姚市，绍兴市上虞区、嵊州市），新昌硅化木国家地质公园。绍兴不仅风景秀丽并且人才辈出，有"卧薪尝胆"越王勾践（前520—前465），古代四大美女之首西施，铸剑的鼻祖、汉代唯物主义思想家和教育家王充（27—约97），水利专家马臻（88—141），晋代"竹林七贤"之一嵇康（224—263），大书法家王羲之（303—361）、王献之（344—386），名士军事家谢安（320—385），晋代山水诗人谢灵运（385—433），才女谢道韫（约349—409），宋代爱国诗人陆游（1125—1210），元代画家王冕（1287—1359），明代思想家、文学家、哲学家和军事家王阳明（1472—1529），明代文学家徐渭（1521—1593），近代教育家蔡元培（1868—1940），近代民主革命志士秋瑾（1875—1907），民主革命家陶成章（1878—1912），中国现代文学的奠基者鲁迅（1881—1936），当代经济学家、人口学家马寅初（1882—1982），近代地理学奠基人竺可桢（1890—1974），中国函数论研究的开拓者陈建功（1893—1971），历史学家范文澜（1893—1969），党和国家主要领导人之一周恩来（1898—1976），著名电影导演谢晋（1923—2008），等等。

宁波市，简称甬，副省级市、计划单列市，地处东南沿海，位于中国大陆海岸线中段。七千年前这里有先民创造了河姆渡文化，夏代这里为

1911 年的余姚县城

"鄞",唐开元二十六年(738)设明州。明洪武十四年(1381),为避国号讳,取"海定则波宁"义,改明州为宁波。以后一直为宁波府州,近代五口通商城市之一,宁波商帮所在地。是大运河南端出海口、"海上丝绸之路"起始港、中国经济最具活力的城市。下辖海曙区、江东区、江北区、北仑区、镇海区、鄞州区、奉化区、余姚市、慈溪市、象山县、宁海县。是世界第四大港口城市,长三角南翼经济中心。国家历史文化名城、环保模范城市、园林城市、卫生城市、森林城市、最佳旅游休闲城市、首批创新型试点城市、中国文明城市、最具幸福感城市、特色魅力城市、公众首选宜居城市、最具安全感城市、品牌之都、文具之都、紧固件之都、十大最佳会展城市、创业先进城市、物流节点城市、十大智慧城市、电子商务最具创新活力城市、再就业先进城市、最具投资潜力城市、综合改革试点城市、大陆创新能力最强城市、国际形象最佳城市、外贸百强城市,等等。有天童国家森林公园、溪口国家森林公园、杭州湾国家湿地公园。

宁波历史上人才辈出。南宋时"一门三宰相,四世两封王,五尚书,七十二进士"的鄞县史氏家族。被誉为"天下读书种子"的明代名臣方孝孺（1357—1402），还有四位内阁首辅沈一贯（1531—1615）、张煌言（1620—1664）、熊汝霖（1597—1648）和沈宸荃（1615—1652）以及多位尚书等。宁波商帮兴起于明代中晚期，以创办同仁堂的乐显扬（1630—1688）为代表。近代开埠以后，宁波商人登陆上海，有李也亭（1807—1867）、镇海方氏家族、严信厚（1828—1906）、叶澄衷（1840—1899）、虞洽卿（1867—1945）等。二战以后，宁波商帮转移到中国香港、北美等地，其代表为王宽诚（1907—1986）、包玉刚（1918—1991）、邵逸夫（1907—2014）等。文化名人有黄宗羲（1610—1695）、万斯大（1633—1683）、万斯同（1638—1702）、全祖望（1705—1755），文学家姚燮（1805—1864），戏曲家周信芳（1895—1975），书法家梅调鼎（1839—1906），学者陈布雷（1890—1948），作家柔石（1902—1931）、殷夫（1910—1931）、唐弢（1913—1992），书法家沙孟海（1900—1992），国画大师潘天寿（1897—1971），近现代教育家蒋梦麟（1886—1964）、地质学家翁文灏（1889—1971）、生物学家童第周（1902—1979）、遗传学家谈家桢（1909—2008），等等。出生宁波和祖籍宁波的两院院士总数超过百名，是著名的院士之乡。

河中舟楫往来，岸上牛拉水车（20世纪30年代）

嘉兴市，地处长江三角洲区域中心、浙江省东北部、钱塘江北岸，是浙江省地级市，上海都市圈重要城市、杭州都市圈副中心城市、杭州湾湾区核心城市、沪嘉杭 G60 科创走廊中心城市。下辖南湖区、秀洲区、海宁市、平湖市、桐乡市、嘉善县、海盐县。春秋时，名长水，为"吴根越角""吴头越尾"之地。秦设由拳县、海盐县。黄龙三年（231）"由拳野稻自生"，孙权以为祥瑞，改由拳为禾兴，赤乌五年（242）改称嘉兴。后晋天福五年（940），在嘉兴置秀州。明清为嘉兴府。明宣德五年（1430）析嘉兴西北境为秀水县、东北境为嘉善县，析海盐县置平湖县，析崇德县置桐乡县，称一府七县。自古为繁华富庶之地，素有"鱼米之乡""丝绸之府"美誉。弘治《嘉兴府志》载"嘉兴为浙西大府""江东一都会也"，成为江南地区的核心发展区。西塘与乌镇成为江南水乡古镇的代表。有九龙山国家森林公园。嘉兴块状经济发达，形成海宁皮革、桐乡羊毛衫、嘉善木业、平湖服装、海盐标准件、秀洲丝织、南湖建材等传统优势产业集群。同时，电子信息等高新技术产业集群、能源等的临港产业集群、标准件等的装备制造业集群发展迅速。是一座具有典型江南水乡风情的国家历史文化名城、园林城市、卫生城市，全国文明城市、绿化模范城市、科技进步先进县（市），中国优秀旅游城市、特色魅力城市、皮衣之都、最安全城市外贸百强城市、童车生产基地，西瓜之乡、瓜灯之城、纽扣之乡、服装名城等。

嘉兴名人辈出，涌现出顾欢（南朝齐）、褚无量（646—720）、顾况（唐，生卒年不详）、朱淑真（约1135—约1180）、吴镇（1280—1354）、倪瓒（1301—1374）、姚绶（1422—1495）、钱士升（1574—1652）、柳如是（1618—1664）、吕留良（1629—1683）、朱彝尊（1629—1709）、李善兰（1811—1882）、沈曾植（1850—1922）、张元济（1867—1959）、王国维（1877—1927）、李叔同（1880—1942）、蒋百里（1882—1938）、张宗祥（1882—1965）、陆费逵（1886—1941）、沈钧儒（1875—1963）、丰子恺（1898—1975）、徐志摩（1897—1931）、张乐平（1910—1992）、茅盾（1896—1981）、谭其骧（1911—1992）、陈省身（1911—2004）、朱生豪（1912—1944）、程开甲（1918—2018）、孙道临（1921—2007）、金庸（1924—2018）等名家大师。

嘉兴自然风光潮湖河海并存，是典型的江南水乡。有南湖、乌镇、西塘三个 5A 级景区。有中共一大胜利闭幕中国共产党诞生地嘉兴南湖、钱江潮观潮第一胜地海宁盐官。乌镇成为世界互联网大会（乌镇峰会）永久会址。杭州湾两座跨海大桥均在境内。杭州湾跨海大桥，北起海盐郑家埭，南至慈溪水路湾，全长36公里，是世界第四长桥梁；嘉绍大桥北起市海宁，南接上虞，全长10公里，是世界上最长最宽的多塔斜拉桥。

上海市，地处长江入海口南岸、长三角东角、杭州湾北侧，是中国共产党的诞生地，为直辖市、国家中心城市、超大城市，下辖黄浦、徐汇、静安、长宁、普陀、虹口、杨浦、浦东新区、闵行、嘉定、宝山、金山、松江、黄浦、奉贤、崇明16个市辖区。其中金山区、奉贤区、浦东新区，濒临杭州湾。是国际经济、金融、贸易、航运、科技中心和交通枢纽，是长江经济带的龙头城市、G60科创走廊核心城市。上海是国家历史文化名城，春秋战国时期，是楚国春申君黄歇的封邑，故别称为申。晋时，因渔民创造"扈"作为捕鱼工具，又称江流入海处为"渎"，因此这里被称为"扈渎"，后改"扈"为"沪"，成为上海简称。唐置华亭县，宋设上海镇，元至元十四年（1277），华亭县升为府，次年改松江府；至元二十九年（1292）始设上海县，明清均属松江府。1843年，上海开埠后，迅速发展成为远东最繁华的港口和经济、金融、文化中心，并将江南吴越文化与西方的工业文化融合形成独特的海派文化。有崇明长江三角洲国家地质公园，佘山、东平、海湾、共青四家国家森林公园。上海GDP居中国城市首位、居位亚洲第二。上海是全球著名的金融中心，被GaWC评为世界一线城市第六位，位列福布斯"中国大陆最佳商业城市排行榜"第一位，上海港集装箱吞吐量居世界第一。

上海市主要历史名人有陆逊（183—245）、黄道婆（1245—1330）、徐阶（1503—1583）、董其昌（1555—1636）、徐光启（1562—1633）、孙元化（1581—1632）、陈子龙（1608—1647）、夏完淳（1631—1647）、钱大昕（1728—1804）、黄炎培（1878—1965）、杜月笙（1888—1951）、顾维钧（1888—1985）、"宋氏三姐妹"［宋霭龄（1889—1973）、宋庆龄（1893—1981）、宋美龄（1898—2003）］、宋子文（1894—1971）、张闻天（1900—1976）、陈云（1905—1995）、傅雷（1908—1966）、胡蝶（1908—1989）、阮玲玉（1910—1935）、钱学森（1911—2009）、顾准（1915—1974）、张爱玲（1920—1995）、程十发（1921—2007）、高锟（1933—2018）等。

舟山市，为浙江省的地级市，也是中国第一个以群岛建制的地级市。位于浙江省东北部，居杭州湾东侧东海海域。四面环海，为舟山群岛所在。春秋时称"甬东",唐开元二十六年(738)设翁山(今定海)县。宋熙宁六年(1073),应原鄞县令王安石奏请,析鄞县富都、安期、蓬莱三乡,置昌国县。清康熙二十三年(1684),开海禁,建舟山镇。康熙二十六年(1687),以"山名为舟,则动而不静",诏改"舟山"为"定海山"。次年建定海县(原定海县改为镇海县)。1953年设舟山专区,改称舟山地区,1987年撤地建市,下辖定海、普陀两区和岱山、嵊泗两县。

舟山桃花岛之悬鹁鸪岛远眺(2015年夏摄)

舟山背靠上海、杭州、宁波和"长三角"腹地,面向太平洋,地处中国东部黄金海岸线与长江黄金水道的交汇处,是长江流域和"长三角"对外开放的海上门户。舟山是中国最大海产品生产、加工、销售基地,舟山渔场是中国最大渔场,有"东海鱼仓""海鲜之都"的美称。2017年底,宁波—舟山港成为全球首个年货物吞吐量超10亿吨大港,连续九年位居世界第一。另外,位于嵊泗县,由大洋山、小洋山等众多岛屿组成的洋山深水港,2005年开港,是中国最大的集装箱深水港;在2017年,其货物吞吐量是美国全国港口吞吐量总和,占世界总量的1/10。

舟山为国家森林城市、卫生城市、节水型城市、全国双拥模范城、中国特色魅力城市。其普陀山、朱家尖、嵊泗列岛为国家级风景名胜区。其中,普陀山为中国佛教四大名山、观音道场、国家5A级旅游风景区。舟山群岛，是中国第一大群岛，有1390个岛屿，占我国海岛总数的1/5，海域面积22000平方公里，陆域面积1371平方公里。舟山港湾众多、航道纵横，是中国屈指可数的天然深水良港，适宜开发建港的深水岸段有54处，长280公里，占浙江省的55.2%，全国的18.4%。

近代以来，舟山产生了黄式三（1789—1862）、黄以周（1828—1899）、朱葆三（1848—1926）、周祥生（1895—1974）、王启宇（1883—1965）、叶友才（1888—1952）、刘鸿生（1888—1956）、金维映（1904—1941）、袁仰安（1905—1994）、董浩云（1912—1982）、安子介（1912—2000）、丁光训（1915—2012）、乔石（1924—2015）、三毛（1943—1991）等名人。

六　拥江谱新篇

2017年7月，在杭州市委十二届四次（扩大）会议上，杭州市委市政府决策部署了杭州"六大行动"战略，第一战略即"拥江发展"战略。2017年11月30日，正式出台《中共杭州市委、市政府关于实施"拥江发展"战略的意见》《杭州市拥江发展四年行动计划（2018—2021年）》，2018年1月24日《杭州市拥江发展战略规划（草案）》公示，《钱塘江文化保护与发展规划》也在编制之中。与此同时，2018年6月11日浙江省人民政府《之江文化产业带建设规划》、2018年7月《浙江省大花园建设行动计划》出台。

"拥江发展"的提出是为适应国家、浙江省、杭州市之社会经济发展需要的。比如杭州社会经济的发展（如2017年杭州人均GDP超过2万美元；其中滨江区达5.28万美元、上城区为4.27万美元，超过或接近香港的4.6万美元）、生态文明建设、城市空间格局、城乡统筹发展，以及国家省市战略而产生的。包括国家的"一带一路"倡议，"长三角"经济带、"长三角"城市群建设；浙江省杭州湾大湾区、大花园、大都市区建设，全域旅游推动；杭州都市圈建设，杭州市的世界名城、世界级滨水区域建设等。

"拥江发展"现有的基础条件主要有三大方面。一是钱塘江流域独特的奇山异水的自然条件。流域内自然山水，"天下独绝"，生态资源丰富，生态系统多样，生态水平达到最顶级的状态，被赞誉为"天下第一秀水"的千岛湖水质为Ⅰ类水标准，不用加工处理可达到国家饮用水标准。杭州市森林覆盖率（66.83%），在省会城市中居首，与日本66%相近。二是诗情画意的人文底蕴。流域内有世界顶级风景长卷：三江（钱塘江、富春江、新安江）串三湖（西湖、湘湖、千岛湖），大海（东海）大湾（杭州湾）连二山（黄山、江郎山），加上南北连延的大运河，它是华东地区最为秀美的山水画廊。这里是十大名画之一"富春山居图"诞生地，也是最具江南神韵的诗画长廊、文人创作的"人间天堂"，留传下来千余位历史名人的3000多首诗词佳作。三是弄潮实干的精神活力。杭州，2017年人均GDP超过2万美元，在六项国际性榜单中稳步上升，全球化与世界级城市研究组织（GaWC）排名由261位升至140位；是中国新一线城市的领军者；杭州是"互联网+"领域中的"领跑者"。2017年全国85%的网络零售额、70%的跨境贸易额和60%的B2B交易额是在杭州的电子商务平台上完成，全国1/3的综合性电子商务平台和专业网站落户杭州，"电商之都""数字经济第一城"之称可谓名副其实。杭州城区产业，以金融、创新为主；在外围县市，是新经济的萌芽（大健康等生态休闲经济、创客、生态+、文化+）；在实施乡村振兴过程中，已建成一大批美丽乡村、特色村，网红村，如东梓关（以骨伤科名闻遐迩）、文村（"乡村城市化"的社会实验）、环溪村（北宋理学家周敦颐的后裔聚集地）、芦茨（方干故里，全国首个慢生活体验区）、合岭村（莪山畲族乡《富春大岭图》实景地）、下姜村（受到四任省委书记重视而脱贫）、天坪村（淳安最偏远、海拔最高的村落），等等。

"拥江发展"发展规划（2018—2049）主要分为三阶段。一是近期（到2021年，即2022年第19届亚洲运动会前）。这一时期钱塘江中上游区段生态环境质量持续改善，下游城市中心区段两岸地区功能品质显著提升。以钱江新城、钱江世纪城为中心的城市新核心基本建成，奥体博览城和亚运村全面建成，大江东新城核心区、下沙新城、钱塘江国际金融科技中心、萧山科技城、杭州高新开发区（滨江）、湘湖新城、望江金融科技城、之江新城、富阳江南新城、桐庐富春山健康城、建德高铁新区、淳安高铁新区等重点功能区建设取得重大突破，流域地区基础设施和功能配套进一步完善，"拥江发展"展现新貌。二是中期（到2035年）。这一时期基本形成以钱塘江为中轴的市域"拥江发展"格局，基本建成钱塘江生态带、文化带、景观带、交通带、产业带、城市带（六位一体），成为杭州建设独特韵味别样精彩世界名城重要展示带。三是远期（到2049年）。这一时期是战略深入推进阶段，钱塘江世界级自然和人文生态魅力进一步彰显，"世界级滨水区域和三个示范区"战略定位全面实现。

钱塘江流域有其独特的历史文化内涵。

首先，它是美好的江南文化的重要组成部分。这里是中国社会经济文化最发达地区。江南是一个面海的扇形区域，以山为分界线，以水为中心区，可划分为四大流域（水域）。一是太湖—运河流域，包括明清时期的苏、松、常、镇、杭、嘉、湖七府，还包括松江所属的上海，太湖流域及江南运河两岸，具像形成一为"01"形态，这是江南的核心区，是吴文化区；二是狭义的长江下游沿江区域，从江西九江、安徽芜湖开始，经南京、镇江，到上海，这是个沿江的狭长地带，构成为江南的北翼，是长江文化区；三是东部沿海及东海海域，从福建宁德，经浙江温州、台州、宁波、舟山，至崇明、上海，大致上这是江南的东翼，这是海洋文化区；四是钱塘江流域，从徽州、衢州两个源头开始，经金华、严州，到杭州、绍兴等，这是江南的次核心区或南翼，是越文化区。历史上的江南，就是一个由上述四大区域共构形成的山地、平原、河湖、大海相嵌的整体，钱塘江流域是其最重要的组成部分。

其次，钱塘江有其丰厚的历史文化底蕴。主要有三方面。

一是自然形成的，"老天爷"赐予我们的文化，主要是钱塘江流域秀美的山水文化。这里"奇山异水，天下独绝"，有无限的春江花月，出产农夫山泉，有千岛湖，到处是天然氧吧。在这里大自然带给人的是一种绿色、宁静、祥和之美。在下游有"八月十八日，壮观天下无"的海潮文化，并孕育出弄潮儿、勇闯天下、勇立潮头的时代精神；有利用自然、战胜自然的海塘文化等。中上游山地与下游平畴，动静结合，相得益彰。

二是人文历史的，是"老祖宗"留传下来的文化。如远古时期的河姆渡文化、良渚文化；在进入文明社会后，这里是越文化的发祥地，它充满了奋发向上、卧薪尝胆、入世情怀等精神内涵；明清时期则有博大精深的新安（徽）文化，涵养江南500年。越文化与徽文化是区域内最具有张力的两大历史文化。又如商儒文化。先秦以来，中国的文明中心长居于北方，所谓"逐鹿中原""问鼎中原"即为明证；及至唐宋，随着大运河的开通，文明中心开始移至大运河两岸；南宋至明清时期，文明中心移至

"上有天堂，下有苏杭"的江南地区。钱塘江即为其核心区之一，并长时间主导了中国的经济与思想。如中国十大商帮中，有"无徽不成镇"的新安商人（徽商）、"遍地龙游"的龙游商人和"无宁不成市"的宁波商帮。三大商帮均出自钱塘江流域，这是绝无仅有的。徽商自宋朝及至近代，主导了长三角地区及全国经济命脉。在思想文化上，宋明理学之程朱三位大哲均生于斯（徽州）长于斯；余姚王阳明是心学之集大成者。理学与心学，主导中国思想约500年。另外，讲求"经世致用""实学"的浙东学派，源历宋明，至黄宗羲发展至顶峰，它对浙江人精神世界的型塑，作用至巨。又如隐逸文化，如从黄帝时代的桐君、汉时严子陵、宋代林逋、元代黄公望等，一脉相承，缥缈于山水之间；它是一种与世无争、回归自然、放飞自我、出世自觉的精神境界，展示的是一种人的宁静之美，人与自然的和谐之美。还有生动的民族文化，如华东地区的"高山族"畲族、九姓渔户。有瑰丽的诗画文化，诗的朗朗上口与画的栩栩如生相结合，声形兼备，一江春水一江诗，钱塘江就是一条"唐诗之路"。有国医药文化，如著名的医码头兰溪、诸葛八卦村、桐君老人、东梓关骨伤科、久负盛名的胡庆余堂等。有革命年代与建设年代的红色文化及地灵人杰的名人文化等。

　　三是自然与人文交融文化。有特定的生产与生活方式，包括了吃、穿、住、行、劳作的方方面面，诸如这里有无与伦比的茶文化、丝绸文化，还有饮食文化、居住文化、交通文化、耕读文化等。

　　最后，认识钱塘江的历史文化的当代价值。地方历史文化是祖国灿烂文化的有机组成部分，做好习近平总书记指示的"保护好、传承好、利用好"三篇文章，将无形的历史文化资源物化、固化、活化与转化。梳理历史文化与当下社会的传承脉络，探求地域文化之当代价值所在。比如隐逸文化与当下休闲文化，国医药文化与大健康产业、康养旅游，自然山水与生态文明，海潮文化的勇立潮头、创新发展……钱塘江流过这一片神奇的土地，钱塘江文化魅力随着时代的发展而愈加丰厚，愈加诱人。

　　2049年，中华人民共和国建国百年，中国将全面实现小康社会，并将最终实现中华民族的伟大复兴，中国社会将会是国家富强、民族振兴、人民幸福。新时代的大学生将在第一个百年的后30年施展才华，成为建设国家的主力军。经过30年的奋斗，伟大的"中国梦"必将实现！

第一编
新安如画境

第一章

绪论

屯浦遥想五百年

许智清

从未想到，一条异乡的街巷日后能在我心底温存如此多的回忆。

初到屯溪时，听当地人亲切地唤他"老街"，那样熟稔亲切的称呼，就像是爷爷提起好友时的口吻，未曾谋面却早已让我对屯溪老街魂牵梦萦。

终于，穿越都市的高楼大厦，于屯溪公园旁的牌坊往里行至岔口，顿足间向左望去，青砖黛瓦、白粉灰墙，身着古朴的老街早已在东端的门楼处静候。四柱三门的牌坊式门楼隔开了街边的喧嚣，将门里门外分成两个世界。

老街微笑示意，探寻着他呼吸的脉搏朝深处走去，沿街泛着古韵的店铺里飘来阵阵翰墨、草药和徽菜的香气，原来老街早已备好了故事和酒菜迎接远客的到来。当地人说，以礼待客、热情诚信，这是徽商已传承百年的经营理念。

踏上石板路，岁月悄然将记忆拉得很长很长。

一　江畔溯源

古时人们将横江、率水与新安江汇聚之处，名为"屯溪"。《广雅》称："屯，聚也。"诸水汇聚，屯溪因此得名，亦由此兴起。

从高空俯瞰，屯溪盆地似乎是白际、天目与黄山合手捧起的一汪碧滩。俗话说："屯溪美，屯溪美，一半是街，一半是水。"溪水洒落恰似珠落玉盘，是谁将两地清弦挑起，引得江畔千帆竞发，百舸争流？江水连通阡陌，舟楫日夜不息地传送着各处的信息和物资，在三江口聚合形成一个顶峰，屯溪便借着水埠码头的地势之利逐渐发展起来。

说来，"老街"这个名字已是后话了。

街市依埠沿江而起，后来人们也就习惯地称他——"屯溪街"。和所有纯真的孩童一样，老街年轻时亦是位头脑灵活的大方少年，见到疲倦旅客便想邀至家中歇脚。后来老街老了，经此远游的商旅越来越多，人们已记不清老街是何时伫立在这江畔，也渐渐淡忘了他原来的名字，换上了一个更亲密的称呼——"老街"。

　　一条老街的记忆能有多长？我自是不敢轻下论断。

　　翻开史卷，抹去时光缝隙中的尘埃，小心翼翼地寻找，一丝线索逐渐浮现于眼前。明弘治四年（1491）刊行的《休宁县志》中记载："屯溪街，在县东南三十里。"清康熙年间的《休宁县志》中又载："屯溪街，县东三十里，镇长四里。"从明清到现世，500多年来，"屯溪街"便是这样走进了码头人家的生活，又不知不觉温暖了一代又一代人的灵魂，变成了人们记忆里最深爱的"老街"。

　　不由得惊叹："500多年啊！"

　　沧海桑田，朝代更迭。居住此地的人老了死了，迎来送往的旅人聚了散了，岁月匆匆，而老街竟已如此跨越了五个世纪，也唯有他仍一如既往伫立江畔，目送着远行的商旅。流水不腐，老街不朽，我不由得好奇起老街最初的模样。

　　走到上街头时，听人说这里就是老街的发祥地了，而且至今还保留着当年"八家栈"的名字。站在街口，我的思绪已跨越时空，开始回望老街起初的容貌。

　　明初战乱频仍，少年程维宗科举及第的梦想因此破灭，而工商为末的观念对于困于生计的人来说，也终是不堪一击。在父亲的指点下，程维宗改仕为贾，开始从事自徽州各地到下游富庶地带间的长途贩运生意。

　　得益于天然山水的滋养，屯溪优质的茶叶、木材和中草药深受下游苏杭地区人们的喜爱。屯溪位于三江汇流处，江面宽阔，水系四通八达，由此上行可通休宁、黟县各镇，下游又经淳安、富阳直达杭州，是货物周转的好地方。程维宗便借此将屯溪的茶叶、木材、中草药运售他处，再运回此地欠缺的粮食、食盐等货物。随着生意慢慢做大，1385年，程维宗率先在屯溪建造起4所店房，共计47间屋子。除去营业和货物分类存放的占用，其他屋子均被用来招徕商旅，成为此处的第一家客栈。

　　好的商机如一星火花，风一吹，便将周围点燃，绽放耀眼的光芒。有

屯溪老街

了程维宗的第一家商栈,其他商户便接踵而至,纷纷效仿。八家客栈连成一片,得名"八家栈",老街便有了最初的模样。

当时陆路交通尚不发达,而屯溪处于新安江、横江、率水三江汇流处,又有着优越的水埠码头,凭借这些,屯溪一跃成为徽州地区的物资集散中心,屯溪老街也随之兴起。

清代茶叶紧俏,徽州茶商迅速崛起,屯溪街也因此发展为远近闻名的

"茶务都会"，规模日益扩大，以至近人刘锦藻曾在《清朝续文献通考》中描述道："屯溪镇为茶市聚处，东下杭州，西达九江，北至芜湖，每岁输出可百万箱，而祁门红茶尤著。"

到了近代，公路交通迅速发展，打破山地的阻隔，传统的水路交通风光不再。但屯溪却抓住机遇，站在了皖南公路网的中心点上。大量商业机构的驻入，屯溪在当时俨然成为一个"小上海"似的存在，保持住了皖南经济重镇的地位。

再到后来，战火绵延，老街虽是几经战火洗礼却依然不倒，重修后依然尽力保存着原貌，将战争留下的疮疤沉淀成了一种气定神闲、淡然从容的气质。

细细品读，老街一如身畔蜿蜒流淌的小河，历经百载，流淌不息，且又历久弥新，既留下了韵味深厚的传统元素，又能与时俱进，融入时代特色，把一身风韵、繁华与辉煌展示给世代旁居的人们，在新安江涛声依旧的长韵里吟咏出自身的极致。

二　老街拾忆

因为一些人与事，我们和一座城市产生联系，形成回忆。当第二座城市出现时，心里便架起了一座桥。桥下澄澈的溪水载着小船流淌进我们的梦里，留给每个人不同的韵味。

刚下车，一阵惬意的江风将车旅之后略显困倦的身心唤醒。微风泛起，倒映着蓝天白云的新安江水，不经意间流淌进了我心里。

这座城市有很多江河，其中又数屯溪的母亲河——新安江，美得最动人心魄。她容貌清秀，丰盈的江水如她乌黑浓密的秀发，掬起一捧来，清凉的江水沁润手心，浣洗了心脾。江畔上老人和孩子悠闲走过，她微笑着，随时间在一代代人的记忆中静静流淌。

走至屯溪公园附近问路时，听下棋的老人们亲切地唤他"老街"，心中一软，想来这个城市确是温暖的。即便阅尽世间百态，历经沧桑，屯溪老街仍如一位人们口中交情甚好的老友。他就住在巷口，你来，他便是有酒有菜有故事。

虽已是历经沧桑的老者，初见他时，我仍能领略到老街的活力与风姿。远望时，翘首静候的他并未起身相迎，可一当走近，老街的热情便再隐藏不住了。

老街北依华山、南伴新安江，呈山、城、街、水平行的带状结构。上、中、下三条马路和18条巷道，犹如鱼骨，将老街景致与自然山水相勾连，构成了城市街景与山水的完美组合。相较自然山水，老街是这结构中最活跃的部分，而自然山水也因街上来往的行人沾染了人情味，变得愈加温柔可爱起来。

20世纪50年代著名文学家老舍走进老街，一首《赞屯溪》颂出了他对老街的留恋：

热爱江南鱼米乡，屯溪古镇更情长。
小华山下桃花水，况有茶香与墨香。

老街承袭了传统的徽派建筑风格。当年宋高宗移都临安（杭州）后，大量的徽州商人、工匠和木材商顺江而上，被征调至杭州修建都城。他们中的一些人返乡后，也模仿宋城的建筑风格在家乡大兴土木，宋城的建筑风格便在老街身上传承了下来。

依山傍水，顺势成型，青砖黛瓦，白粉灰墙。历经岁月的洗礼，老街成了中国保存最完整、最具有南宋和明清建筑风格的古代街市。街道两旁鳞次栉比的店铺别致有序，昂首着的是屋宇间高高的马头墙。平眺时，他是一抹淡雅古朴的色彩，低头看，窄窄的麻石板蜿蜒于首尾不相望的街衢，两侧店铺风姿各异。老街似是一本厚厚的史书，从不同角度去看，每一个切面都有着不同的韵味。

屯溪古时属徽州，程朱故里的文化熏染，使徽州商人积淀了特有的儒雅的气质。街上，风格各异的茶楼、墨庄、书场、药店散发着古朴清香，清一色墨底的招牌上挥洒着书法名家们的金色墨宝，未走多远便觉自己步入了中国传统文化的艺术长廊。

果真，沉迷于此的不只我们一行人，环顾周遭，街上尽是悠闲的人们。浏览徽州风情，品味绿茶清香，研究"徽墨""歙砚"，观赏竹木砖雕……只觉老街每一处都是景，任一铺尽是情。

在一家竹雕店铺门前，我们突然意识到这街上的店铺竟都是没有门的，只是大方敞开着，店内景致一览无余。

听当地人说，这是老街的一个传统，由来已久。以前，临街店铺为了使内部更加宽敞明亮，店门就采用了一种灵便可装卸的竹漆木板大排门，早上卸去可充当货架，晚上装上便是门，方便实用。虽然现在时代进步了，有的店换上了玻璃橱窗，可徽州人做生意讲究一个"信"字，坦诚待客，所以店门开敞的传统是不会变的。

虽未进店，它们精致的外观即使已浸染了岁月的印痕，却仍吸引着不少目光。临街的店铺多是两层的砖木结构，以梁柱为骨架，屋子多为单开间，面积不大却处处显露巧妙构思。店外墨底金字招牌许是出自哪位名家之手，连门楣上刻着的民间故事、戏曲角色和徽州山水景观的徽派木雕都精致生动，让人想要上前一探究竟。二楼方形的窗棂边，伸出檐外的"飞来椅"或"美人靠"边恰巧坐着位把玩街景的人儿，虽未登楼，店铺的外观及层次感欣赏来倒是同样妙趣横生。

老街店铺内部有沿街开敞式和内天井式两种结构。大多数店铺采用前店后居或者下店上居的模式，前店营业，内厢用于加工或储存货物。店铺通往二楼或内厢处常设屏风，毕竟内厢属于私人空间，想要观赏应需同主人商议。

老街东入口处，有一家名为"美食人家"的徽菜馆却是两层营业，四周的走廊连接成天井，寓含"四水归堂"和"肥水不外流"的敛财之意，品味徽菜之余尽可欣赏其结构布局。

老街不长，1公里左右，但仅在几家老店门前抬首驻足，暮色已悄然降下。夕阳的余晖映照在屋宇间的马头墙上，老街昂首的造型在金色的阳光下显得更加壮观。太阳渐渐隐去，沿街灯火亮了起来，老街又展现出新时代特有的魅力。街灯下，老街肩背上的每一条岁月沟痕都渗透着徽商兴盛时的遗风余韵。

三　百年徽商

500多年来，从江边数幢建筑的"八家栈"发展到闻名海内外的"茶务都会"，再到今天的历史文化名街，我不禁好奇，屯溪老街历久弥盛、老而不朽的原因到底是什么呢？

老街因徽商而兴起，历经百载，徽商的经营理念在新安江畔亦洗尽铅华，流芳于百年老店，成为徽商文化珍贵的展示平台。

以前徽商为招徕顾客，老街上各商号、各店铺都在经营中力求推陈出新、与众不同，其礼貌待客之道尤其让人印象深刻。惯常是，客来敬茶欢迎，客去送到门口，道声"慢走""再来"。

如今徽商礼貌待客的传统在老街上同样保留了下来。走进一家老店，老板不会主动向你推销产品，可若你对产品或店铺的历史文化感兴趣，他倒是不吝言语，会向你娓娓道来背后的故事。这样的老街倒更像是一个开放式徽州文化博物馆了。

徽商在经营中始终坚持着诚实守信、以人为本的理念，如今"同德仁"和"胡开文"等百年商号仍在老街上践行着徽商的这一理念。

同德仁创办于清同治二年（1863），现在药店进门右边的墙上最显眼的位置悬着一幅题有"架上丹丸长生妙药，壶中日月不老仙丹"的梅花鹿挂画，介绍的正是当年药店的招牌——补药"全鹿丸"。

程燮卿是当时药店的经理，在他主持药店事务时，用高价聘请了有经验的中医师，制出了当时远近闻名的冬令补药"全鹿丸"。为了展示自己的药品货真价实，程燮卿在宰鹿前张贴广告，命伙计抬着鹿沿街敲锣打鼓，并且当天邀请当地名医前来鉴定，当众将鹿宰杀入药，以示货真价实。这种方法赢得了观众和客商的信任，也为同德仁药店赢得信誉，增加了药店收益。虽然这不失为一种广告宣传，但究其背后，支撑的确是徽商对诚信经营的坚守和价值理念。

就如同中医治疗讲究药理，徽商经营同样讲究经商理念，核心的东西经得起考验，老店自然经久不衰。

同德仁药店向前走，不远处就能看到胡开文墨店的玻璃橱窗。

店内没有过多的装饰，唯有一块块造型方正的墨块夺人眼球。好奇打量着的我们引起了店主的注意。他来到店内侧梁柱边，指着梁柱上悬挂的一块"起首胡开文墨店"的牌匾说："从1765年开始创办，你们算一算有多少年了呀？"

接着，他领我们到店内西墙的玻璃橱窗边，像是为孩子们讲解家族历史的长辈，为我们讲解了一张张奖状背后的故事。

胡开文是墨业的创始人，当年就是在这屯溪码头边闯荡出来的。胡开文起初在墨店当伙计，做事诚实勤劳，经常为销售奔波于码头、商埠，为创业积蓄了不少资金。在接手墨店后，胡开文集各家之长，坚持按易水法制墨，并加以创新，着力保证并提高墨的质量。

这在屯溪老街还流传着一个"墨池"的佳话。为确保商品质量的信誉，胡开文曾追回一批质量未达要求的"苍佩室墨"，将其集中在城郊的一个池塘销毁，池塘因此变成了"墨池"。也正是这样，胡开文墨业的坚持得到了最好的褒奖，商号诚信的理念被他守护了下来，店铺墨品也得到了人们的认可。1910年，胡开文墨获南洋劝业会金牌奖章；1915年，胡氏所制之墨在巴拿马国际博览会展出并获金质奖章。

徽商百载，坚守诚信经营理念的同时，他们行动中也无不散发着秉承优秀传统文化的儒者风范。

从墨店走出，我们又被对面店门前的小摊吸引。眼前一位中年男人正挥着刻刀在一块竹子上作画。原以为艺术家会忙着自己的创作，留我们自己在一旁看看罢了，谁知他竟主动抬起头来。

他是安徽省旅游商品创作奖《竹黄烙画月沼》的创作者陈锡铭。见我们对眼前的东西很感兴趣，陈师傅便主动为我们演示。相比较讨价购买作品的顾客，显然他更期待遇见有耐心了解技艺的欣赏者。

眼见着，一块碳化后黑色的竹子在陈师傅刻刀下慢慢露出本色，余下的黑色部分又慢慢呈现出灵动的徽州山水风景。不同于机器制作，陈师傅的桌上没有草稿，也从不涂改，画在随性发挥的笔端方能更显灵气。

陈师傅是竹黄烙画技艺的传承人，5岁开始就跟随父亲学习绘画，之后再练习写生、雕刻还有选材取料。他说道："从选材取料、碳化制作到最后的雕刻成品，每一个环节、每一分寸力道都能掌握方称得上传承。"

虽然有了自己的工作室，但他却乐于在街上摆摊，更期待来自游客的好奇目光。陈师傅提到自己经常和大学研学组织打交道，自己更是乐于为我们讲解这方面的文化。我们虽算不上陈师傅的学徒，却是他守护、宣传传统工艺文化的见证者。从这位初次相见便乐于倾囊相授的师者身上，我们感受到他已将传承、宣传这项优秀传统技艺文化视为自己的使命。如此高风亮节之士，不由让我们敬佩，商人竟也可以如陈先生这般。

坚守、诚信、热情，徽州商人们传承着同一份理念，在这新安江畔，屯溪街口守护着百年来不曾改变的承诺，维系着百年老街不朽的传奇。

屯溪老街西面出口连接着一座七孔桥——镇海桥，始建于明嘉靖十五年（1536），当地人叫它老大桥，又将这一带称为"屯浦"。

伫立桥头，西侧的现代商业街区，已沉入灯红酒绿之中。转身回望，在苍茫的暮色里，老街像是一位人情练达的老人，于这闹市间浅吟低唱着过往的歌谣，守护着百年来诚信为本的经商理念，令人感怀，更令人

胡开文墨店传承人讲解商号历史

敬佩。

清代诗人查锡恒站在桥上,望着夕阳下的老街,写下《屯浦归帆》:

碧水潆洄最上游,垂杨夹岸舣归舟。
渔歌远近从风递,帆影高低带月收。
飞倦剧怜投树鸟,长闲终羡傍滩鸥。
村烟起处楼台好,一片波澄万顷秋。

陈师傅的竹黄烙画小摊

傍晚，挂着风帆的木船远航归来，有几艘已经落帆停泊在桥边。密集的白帆、长虹卧波的拱桥、粉墙黛瓦的老街，共同构成了一幅和谐温馨的画面。

这是归帆，那徽州载梦远行的风帆呢？

渔梁坝外守妹滩

许智清

在杭州汽车站等候时，恰巧播放的一部徽州宣传片吸引了我。

"回去吧！"船上那位肩背单薄包袱的青年转身朝江畔连连招手。

是谁在岸边等候？一丝好奇涌上心头。车子要发动了，我眯起眼，将头探了老远，着急地想要看清荧屏上的那抹身影。

纤瘦的身板，腰间的裙带在风中飘着，只见她将手放在胸口，不时用衣袖拂去脸颊的泪珠，想来就是那位前来送别的姑娘。船渐行渐远，她凝望着，伫立在江畔，一动不动，眼睛里似乎藏着一汪冰冷的深潭。

长亭古道，渡口扁舟，离别时分总容易让人触景生情。可船上的徽州青年是要去哪里，何时归来？为何岸上的姑娘悲悲戚戚，惹人如此心疼。

一　徽商故土

你能想象吗，黄山脚下有一方人迹罕至的山间贫穷村落，仅仅因为一条江，和从江上迈出群山的一群商人而闻名天下，成为当时人们心中的财富源地，而它就是徽州。那条江是徽州的母亲河——新安江，那群徽州走出来的商人正是因财富量曾居于中国明清十大商帮之首的商人群体——徽商。

说来此次徽州之行倒有几分巧合。在杭州去黄山的汽车上和司机聊了起来，因为屏幕上那名徽州女子江畔送别的场景久久在脑海萦绕，便和师傅提了两句，谁知他竟激动了起来。

师傅是黄山人，他知道车站里放映的那部宣传片，就示意我朝窗外看。那便是新安江了，它从休宁怀玉山脉起源，从徽州一直流入浙江，也正是因为这条水道，徽商才得以大规模地走出群山，才会有我看到那幕徽州女人在江畔送别丈夫外出经商的场景。

新安山水画廊（2018 年摄）

  许是好奇心作祟，又或是忘不掉新安江畔的那个身影，在去爬黄山的途中临时改变行程，把目光投向了山脚下的徽州乡土。

  徽州，古称新安，又名歙州，宋徽宗宣和三年（1121）改歙州为徽州，共一府六县。一府即徽州府，六县即歙县、黟县和休宁、婺源、绩溪、祁门县，现已分属于安徽和江西两省。

  新安江水间的转合，碧水悠悠处载来的一叶扁舟，粉墙黛瓦马头墙，云烟深处一片古村落，伴着隐隐飘来的一缕茶香，得益于一方清净水土，徽州成为现今许多人修养身心的一片净土。

  追溯徽州山水脉络，竟发现其美景早已传唱千古。"新安大好山水"，黄山、白岳奇观耸立其间，南北朝时梁武帝萧衍虽未亲临新安，却对此地绝美的山水风光早已有耳闻。除了奇山，当然还有异水——新安江，南朝谢灵运在《初往新安至桐庐口》云："江山共开旷，云日相照媚。"沈约、李白、孟浩然、范仲淹、苏轼，以及明清和近现代一大批文人墨客，在如此纯净的山水间激情澎湃，感怀自然之兴胜，转而又感慨自身之渺小、命运之浮沉，自古便不是什么稀奇事了。

但即便是世外桃源，人一旦住了去，也逃不过要保障基本的生存需要。在当时的社会，土地是最重要的生产资料，但对处在万山回环之间的徽州人来说，土地却是奢侈品。

皖南新安江边山村（2018 年摄）

明清时期的徽州流传着这样一句谚语："前世不修，生在徽州；十三四岁，往外一丢。"意思是说，大凡是生在徽州的孩子，待他十三四岁的时候就不得不外出谋生了。这是环境逼出来的，恶劣的农耕条件迫使徽州人外出谋生。

据明代嘉靖《徽州府志》记载，徽州地区常年"岁收仅不给半饷"，人们"多仰山谷，甚至采薇葛而食"。万历《休宁县志》写道："邑中土不给食物，大都以货殖为恒产。"万历《祁门志》又载，祁门"服田者十之三，贾十七"。

读了这些疏疏落落的官方记载，我不禁对徽州商人深深地敬佩起来。身处群山，又有险滩拦路，面对贫瘠的土地他们该怎么办呢？是靠山吃山，是霸山拦路，还是揭竿而起？一府六县的徽州人都做出了完全不同于以上的任何选择。在那个"万般皆下品，唯有读书高"的时代，徽州人却能够像重视科举般重视商业，这也是徽商满天下的重要原因。

徽州人感受到了生存压力，承认命苦，却又不甘堕落。明万历年间的兵部右侍郎汪道昆，他是徽州人，认为"商何负于农"？甚至就连徽州妇人叶氏都说："贾何负儒"？可见经商在徽州人心中的地位。

"居深山者每有竹木之利，居大川者必有鱼盐之饶。"徽州多山，当地的茶、竹子、木材、香菇、桐油和各种土特产深受下游富庶地区人们的喜爱，同时当地人的生活又主要靠江南平原的盐、米补给。特别是南宋定都临安后，大量的物质文化需求为徽州人带来了商机。

但过去进出徽州的陆路，多为翻山越岭的羊肠小道，阻险四塞几类蜀之剑阁，行人至此尚需排成一队谨慎通过，挑运山货经此贩卖的困难程度自是不必多说的。而新安江是钱塘江的正源，有横江、率水两大支流居徽州境内南北两侧，自西向东贯穿徽州全境，流入浙江，成为古徽州通往外界的主要通道。

于是他们将目光投向下游更加宽阔的富庶地区，企图踏浪新安江，闯出摆脱贫穷的一条生路。

二　渔梁启程

翻阅资料时，看到《天下路程图引》中的"徽州府至杭州府的水程歌"对徽商经新安江下杭州的路线有具体的描述：

> 一是渔梁坝，百里至街口。八十淳安县，茶园六十有。
> 九十严州府，钓台桐庐守。潼梓关富阳，三浙拢江口。
> 徽郡至杭州，水程六百走。

旁边几张新安江的老照片上，几个纤夫在浅滩低伏着，一起拼力往前拖拽着竹筏；还有几张是在激流处，船上的人正弯着腰用身子将竹篙抵牢江底的石滩；夜幕时江面的乌篷船升起了缕缕囱烟……一幅幅画面在脑海闪现，前路漫漫，我时常在想，这些将生意做到火遍大江南北的人们，你们是如何闯进历史的呢？

或许我应该顺着徽州商人的足迹，从起点开始追溯。

徽州到杭州，600里水程的起点正是今天歙县城南的渔梁镇。一眼望去，这里不似寻常乡间，也并非村头小桥流水、远处卤烟人家的画面。这里很热闹，有种繁忙感。朝前面的巷子走去，隔着老远，"渔梁古街"四个字就闯进了我的视线。

还未走几步就已被渔梁古街的气势所压倒，两边朴素又不失风骨的民居紧密排列着足有1公里远，悠悠的鹅卵石街巷倒像是他为行人礼让出来的通道。虽自唐朝形成街市起，古街已历经千年风雨，处处显露着斑驳和苍老，但其风骨仍在，并未显得破败和萧瑟。

渔梁街号称"徽商之源"，是徽商外出的必经之路，无数徽商押送着货物从街边的渡口辗转各地。大量的流动人口带来了各种需求，沿街兴起了酒馆旅社、货物运输行业和各种摊铺，当年渔梁街很是热闹繁忙。

可似乎江水也不甘静默，每一处似乎都暗藏着危机。清人黄景仁《新安滩》中写道："一滩复一滩，一滩高十丈，三百六十滩，新安在天上。"江水从高山向下一路飞奔，身后卷起的浪花能轻松地将船只打翻；等到中间哪一段路她跑累了，水路像是她干得冒烟的嗓子，只能苦了下到浅滩中拖行竹筏的纤夫们。

沿着朝江一面的鹅卵石小路向前走，从石级顺坡而下，横在那练江中的便是渔梁古坝了。从高处看去，古坝像是一个巨型的鱼脊背，一条条紧锁的石块在用力着，默默地拦截着练江奔泻的水流。眼前的坝上碧波如镜，鱼翔深潭，远处的紫阳桥宛若彩虹横卧清波，原本怪石嶙峋、浪峰咬石的练江水被渔梁古坝拦在了身下。"水路坐船过坝，须要把稳耽心，摇橹拽桨背纤，伞雨袍褙裋裢，货物过关报税，早夜宿店安身。"激流既已驯服，西岸码头边聚集着的上百条木船也启程了。

许是江水孕育出独有的弄潮精神，徽州男儿下到这江水中，来到了新安江下游的江南富庶地带，进而遍及了全国各地。康熙《休宁县志》中记载："居贾则息微，于是走吴、越、楚、蜀、闽、粤、燕、齐之郊，甚者逊而边陲，险而海岛，足迹几遍禹内。"从长途贩运，再到盐、典、茶、木等各类行业中，徽州商人刻苦耐劳，累积资金，逐渐发展成富商大贾，以致后来形成了一个地域性的商人群体。

一代代徽州人迈出群山的同时，那首《前世不修》的民歌便像风一样在这群山间和江边码头上久久未曾飘散：

新安江木排放运（淳安县档案馆提供）

前世不修，生在徽州；十三四岁，往外一丢……
前世不修今世修，苏杭不生生徽州；
十三四岁年少时，告别亲人跑码头。
前世不修来世修，转世还要生徽州；
十三四岁年少时，顺着前辈足迹走。
徽州徽州梦徽州，多少牵挂在心头；
举头望月数星斗，句句乡音阵阵愁。

余音袅袅，眼前连绵的群山、冷峭的石桥、曲流的江水，这一切都留存着徽商的记忆。

细细品读这些惆怅的歌词就会明白，这是令他们悔恨的乡土，又是令他们牵肠挂肚的乡土。少年不甘、女子不愿，可那又能怎样呢。前世不修今世修，来世还要修，既然命运选择来到徽州，那就只能拼尽全力闯出一片天地来。

三　妹滩守望

　　唐代孟云卿《新安江上寄处士》诗"深潭与浅滩，万转出新安"，新安江面上有很多石滩，只有一处并不凶险却最让远行的人儿牵肠挂肚——妹滩。

　　自渔梁向新安江下游行船，峰回水转，新安江弯曲处一眼便能望见的那个巨型石礁就是妹滩了。因徽州女人，特别是新婚的妻子，经常来此送别远行的亲人，常依依不舍，泪洒江畔。妹滩上她们久久凝望的眼神，早已成为新安江上行船者共同的回忆。

　　做生意不可能一帆风顺，而对需要远途经商的徽州人来说，经商前途更是不可预知。从十四五岁外出学习经商，到衣锦还乡，少则不足10年，多则二三十年，更有一部分经商失败宁愿流寓他乡的人。

　　来到徽州前，我就听说过这样一个故事：婉容在15岁时乘着一顶花轿成了别人家的媳妇，新婚燕尔，自然是百般恩爱，只是这样的日子加起来不过七八天。七八天后，丈夫就该外出经商了。新婚的婉容目送着丈夫离去，站在妹滩边，一站就是一天。尽管丈夫的身影早已远去，但她依旧在眺望，因为她知道，丈夫这一去不知何年才能归来，或许之后将会是一辈子的等待。

　　徽州民谚说："一世夫妻三年半，十年夫妻九年空。"婉容离世后的第三年，丈夫回来了。22年的漫漫长夜，无数次想象着丈夫在外经商的不易，独自支撑起家庭的大小事务，婉容真的在等待中耗尽了她的一生。

　　不止婉容一人，人们都说，那张火红的盖头揭开了徽州女人的一生，也埋葬了她们的一生。

　　徽州山水绵长，却远不及徽州的女人。徽州女人故事之悠长，是一辈子都说不尽的，她们为徽州而生，也是为徽州而死。倾尽一生演绎了一幕幕如梦如幻的话剧，而她们的谢幕却丝毫不华丽，静得像一汪水，一汪徽州的水。

　　徽州男子十四五岁便要外出学习经商，之前家里便会为他安排上一门亲事。从父母的角度而言，让儿子成婚后再去经商，似乎使在外的游子多了一些挂念，促使儿子不忘返里省亲；多了一重责任，也可鞭策儿子奋发图强，拼搏商场。

妹滩水电站大坝下方（2018 年摄）

学者王廷元、王世华在《徽商》一书中说，从男子的角度而言，商路漫漫，前途难测，什么时候能够回来，实在难说。而且血气方刚的男子一旦踏上商途，总希望赚得大钱，像模像样地回到家乡。由于短期内是不可能衣锦还乡的，那么侍奉双亲的责任由谁来承担？一旦结了婚，侍奉双亲的责任自然交给了妻子，商人也就可以安心远游，肆力于商事了。

在经商的起步阶段，徽州的男人往往面临着资金筹备的难题。一些大户人家的子弟会有家族的资助，而一般的人家除了向大户人家借贷外，很多时候需要靠妻子的资助。

说来，徽州女人的思想还是很开明的。她们在思想上会劝导丈夫和子女重视商业，另外在丈夫筹集资金时，她们首先想到的就是典卖自己的嫁妆，助夫经商。歙县《许氏族谱》记载："东井微时，未尝治商贾业，孺人脱簪珥服麻枲以为斧资。"又如歙县《潭渡黄氏族谱》中："宋氏，黄惟文室人也……乃尽出簪珥衣饰为资斧，附托营生殖。"此类徽商妇助夫经商的记载，在徽州的各种文献材料中比比皆是。

在徽州，女人是水，默默地延续着家族的繁衍不息；女人更是山，坚忍扶持着漂泊异乡的男人们；她们集中华美德于一身，温柔贤惠，外柔内刚。

丈夫外出经商，留守家中的徽州女人便成了家庭的中流砥柱。从嫁入婆家起，她们肩上便承载了妻子、媳妇、母亲三重身份的重任。

徽州重视教育如同重视商业一般，他们具有良好的文化素养，外出返乡的徽商也多会在家乡兴建书院，希望子女能够通过科举走上仕途，助力商业。

抚育子女是徽州女人的第一要务。徽州中上层的妇女也同样接受着良好的文化教育，以便她们能承担起丈夫外出经商时辅导和监督子女读书的责任。

徽州女人也是家庭主要的劳动力，饲养、收割、纺织、砍柴、采茶等一系列家庭劳动都要由她们承担，勤俭持家的徽州女人是徽商后方家庭的坚强支撑。康熙《徽州府志·风俗》中记载："女人犹能俭，居乡者数月，不占鱼肉，日挫针治缝纫锭。黟、祁之俗织木棉，同巷夜从相纺织，女工一月得四十五日。徽俗能积蓄，不至厄漏者，盖亦由内德焉。"

中原世家大族迁到徽州后，自然也带来了封建礼仪文化。徽州是理学名家朱熹的故乡，徽州人对程朱理学尊崇有加，妇女的贤淑贞洁自然被格外看重。

除了干活，徽州女人平时不能随便出门。不知你是否曾注意过徽州民居的窗户。它们总是高高的，小小的，一眼望去，高高的屋檐间透露着女人们日夜牵挂的远方。

经常听人说"徽州素多牌坊"，可我们中又有多少人能体会到这背后的心酸。或许我们应该到歙县的棠樾牌坊群寻找答案。走近一座座散发着清冷但又坚定的气息的青石牌坊，我们能感受到这些功德荣誉背后铭刻的是先人们曾承受的责任与苦难。

就如鲍文龄的妻子江氏。江氏是棠樾人，26岁守寡后独自把儿子培养成了歙县的名医。因为寡妇守节为家族培养后嗣、为宗族延续血脉是当时最大的孝行，所以在江氏80岁高龄时，族人向朝廷请旌，于清乾隆四十九年（1784）建成了这座宛如其化身的"鲍文龄妻江氏节孝坊"。"矢贞全孝"和"立节完孤"写照了江氏的一生。

鲍氏妣祠坐落在牌坊群旁，作为女祠，它打破了"女人不进祠堂"

旧历，足见对这些在徽商背后坚守付出的徽州女人的肯定。

对于徽州女人而言，苦和累都不算什么，最怕的是寂寞。凄冷的月光透过狭小的窗户洒在空荡荡的房间里显得格外刺眼。辗转反侧，秋雨拍窗，点点滴滴，数不完的是徽州女人的思念。徽州民歌《前世不修》中写道：

徽州徽州梦徽州，做个女人空房守；
徽州徽州梦徽州，举头望月怜星斗，夜思夫君泪沾袖……

"从一而终，无怨无悔"，短短八个字，徽州女人用尽了一生来诠释。如果说徽商是个传奇，那么徽商背后的女人，便是那传奇中最美、最动人的一抹色彩。每一个徽商的成功史里，都有徽州女人那无穷无尽的等待、寂寞与哀伤。仿佛世间女子沾上"徽州"二字，便注定了她们一生的守望和一世的孤独。

走出牌坊群，岭下的山峦葱绿依然，山间的溪水清亮如常，阡陌间的书院似乎还能听到学子的琅琅书声。一切的奔波，到这里获得了休憩；一切的喧嚣，到这里重归安宁。

如今走在徽州也已全然看不到当年哀怨的"徽州女人"了，那些阴暗的岁月，对于她们来说已经是昔日的旧梦，而她们早已从梦中醒来。

四　一江两岸

历经几百年风雨，徽商故里虽早已洗尽铅华，但乡间清雅宁静之气息从未消散，有关徽州的记忆也早已随着徽商的足迹走出了这一府六县之地。

一个"徽"字，有山有水有人文；又一"浙"字，之江曲折通江海。徽州地处万山回环的闭塞之地，一条新安江曲折绵延，似是一把推开山门的钥匙，将两地的人们联系在了一起。

沿新安江来到歙县的东部，从深渡港坐船而下，沿江经街口进入浙江淳安。一程水路，两岸高山林、山中茶、低山果、水中鱼的立体格局与掩映其间的粉墙黛瓦的古村落和古民居相映成趣。青山绿水、粉墙黛瓦，江中行船有置身山水画境的诗意体验。行至街口，客船缓缓向浙江淳安境内驶进。两岸成片紧致的徽派村落民居，曾经繁忙的古渡口，还有掩映在山水间的书院和带有浓郁徽州特色的民居，我们可以明显感受到，周围的这些徽派文化印记并没有因为行政区划界线的改变有丝毫的减少。

正如诗人残虹所说："这世界无所谓远方，每一个你的远方，其实都是他人的故乡。"凭栏回望，我在思考这一脉江水对于两岸的人来说意味着什么？是商人和诗人在冒险经营与纵情山水间的互不相干；还是山货和粮食在顺流而下与逆流而上之间的交流互需；又或是今天游船与货船在乐享生态与经济开发间的取长补短……

随着徽商逐渐淡出近代历史的舞台，人们有关徽商的直接记忆在逐渐退却。加上徽杭高速、铁路等近代化交通工具的出现，水运在徽杭两地的地位大不如前，原本江面上停靠的上百条往来于徽州与杭州的船只也不见了。时代变化得太快，只有跟上潮流不断转型升级才能不被浪潮所淹没。一川江水沟通了上下游人们间的交往，江畔的渡口、码头边还留存着的大量回忆值得我们去寻觅。

值得庆幸的是，近年来黄山—千岛湖—富春江—西湖黄金旅游线的开通又将徽杭两地通过这一水路联系起来。如果说这其中有什么在牵引着，我想应该是两岸人民在钱塘流域上下游间勇于开拓和艰苦奋斗的精神。

一脉江水，沟通浙徽两地。不管是溯源而上还是顺流而下，两岸的人民都在这条江水里奋斗出了今天的幸福！

青溪最忆是狮城

胡晨曦

新安江水库烟波浩渺,峰峦叠嶂,1078座岛屿更是以其优美清丽的姿态广为人们赞叹。这一汪碧水中的千余座岛屿犹如一块块色彩清丽的翡翠镶嵌在明镜之上,其绮丽的美景着实令人惊叹。然而更为惊叹的是,在其平静的水波之下,安静地坐落着一座千年古城——狮城。

狮城有着最为古老的城墙,有着大规模的浙西徽派建筑,有着独具特色的方言。然而自沉落库底起,随着老一辈移民的逐渐逝去,关于狮城的记忆正在慢慢消失。作为淳安人,实在不忍狮城销声匿迹,特来找寻记忆中的狮城,找寻那段狮城的文化,以纪念老人们心中念念不忘的狮城。

一 印象狮城

不论是日出朝霞,还是落日余晖,行走在千岛湖畔,极目远望,景致煞是好看。狮城仿若传世的仙阙,凌驾于一汪秀水之上,又若隐若现于山峦岛屿之间。湖面宛如晶莹剔透的翡翠,或渲染上微醺的阳光,又或沾染上潮湿的雾气,浩渺的湖面,烟波荡漾着山形塔影,光影形色之间,气象万千。

这里的好山好水自然不需要我用过多的言语修饰了,真正地来过,你便会沉浸于此。一个人如若只有好看的皮囊,看久了也便淡而无味,山水亦然,纵使它有千变万化的百态千姿,缺乏有趣的灵魂,也是索然无味的。

曾有亲临千岛山水间的游客惊叹于这青山秀水,也有游人评价说"好山好水好无聊"。千岛湖真的如他所说的无聊吗?我想,沉睡在千岛湖水库底下的千年古城——狮城可以告诉你答案。

如果说千岛这清丽俊秀的山水是好看皮囊的话,湖底的狮城便是在皮囊之下深沉而厚重的灵魂。平静的一汪秀水下,涌动着历史的波涛,1955

千岛湖一角（2016 年，丁镠音摄）

年那场轰轰烈烈的水电事业所导致的文化断层与我们仅一水之隔，过去的历史与现在的文明也仅仅是一水之隔。迁出狮城的移民或遇花甲，或逢古稀，或即耄耋，但他们对水下的那座古城却是念念不忘。

在这次探寻狮城印象的历程中，有幸探访到了水下狮城原居民杨德生老人。在他的回忆里，那时的狮城是这样的："我是在 13 岁的时候离开的狮城，现在，我已经 72 岁了，但是狮城在我的印象里依旧很深刻。狮城的城墙真的很高，有四五米吧，城墙把城内围了起来，而且城墙上很宽，有些农户甚至会在城墙上种些小菜。狮城的街道呢，两边商铺很多，但是主要是卖果脯、麻饼、布之类的物品，最为热闹的当属北大门和大西门。那时出行可不像现在这么方便，我们都很少远行，平日里的交通主要是靠步行，富足点的人家会用轿子代步。水上交通主要依靠竹筏，那时汾口等乡镇沿着溪流撑竹筏顺流向下可以直接到狮城哩……"

老人一讲起狮城来就滔滔不绝，50 年仿佛也就弹指一挥，撕开那一水之隔，他们还是可以回到当初，很自然地继续那怀念了 50 年的儿时生活。

二　追忆狮城

东汉建安十三年（208），东吴威武中郎将贺齐置新定县，县治在安定里木莲村溪北，后于西晋太康元年（280）易名遂安县，后又在唐武德四年（621）迁县治于五狮山下。据说，出于风水的考虑，县治迁置于五狮山，《遂安县志》载："婺峰环其前，五狮拥其后，襟带武强，龙渡诸溪，肘臂六星，文昌诸阁，虽不通大驿，实严胜壤也。"此乃古代理想环境下的风水宝地，或许这也是狮城日渐繁华的精神寄托吧。

遂安县的县城名为"狮城"，坐拥其后的"五狮山"，不难看出，它们之间存在着密切的联系，狮城这一名字便是取自巍峨的"五狮山"。对于五狮山，民间还流传着这样一个传说："相传，东海里千年乌龟精叼走了龙王的夜明珠。逃至遂安县城上空时，眼见龙王追来，慌乱之下不慎将夜明珠掉入凡间。龙王制服乌龟精后，转身看到五只凶猛的狮子在争夺那颗宝珠，老龙王担心五狮的争夺可能会危及遂安百姓的安危，便施法将五狮定住，宝珠也就定格在了五狮之间，而且五只狮子始终保持着争夺状。于是，五头狮子形成了五狮山，那颗遗落凡间的夜明珠则形成了圆珠墩。"所以古狮城便一直有"五狮围城赶一珠"之说。后人又在五狮山头建造了五座庙宇，其庙宇取名于五头狮子的不同姿态，分别为：跃狮庙、踞狮庙、伏狮庙、蹲狮庙和卧狮庙。现在因为新安江水库建设中的蓄水工程，五狮山因只有顶部裸露在外面而成为五狮岛，其圆珠墩名为狮球岛。

古狮城是古严州六县中唯一一座有城墙的县城。据当地的老人回忆，当时城内城外，随处可见的是巧夺天工的建筑。这里的建筑独具特色，既区别于徽派又不同于皇城的浙西古建筑。在当时移民上来的遂安居民回忆中，狮城是一个非常繁华、错落有致的县城，雄伟的城墙，古老精致的宅院、寺庙，北门的汽车站，南门的水码头……城门五座，在民国24年（1935）重修时，又添碉楼八座，其时，还辟有东街、北街、西街、南街、直街、横街以及张家路等街道和巷弄。街道两旁是鳞次栉比的各色商铺，所供之物的数量和种类完全可满足当时城中人所需。

在当时，狮城的交通也是极为便利的，县城东通淳安县、寿昌县；南达衢县、常山县；西去开化县、安徽省休宁县；北连安徽省歙县，都有大路可通。水运则以竹筏维系，可是其名不彰。

对此竹筏，民国《遂安县志》中记载："武强溪水浅滩高，运输仅恃竹筏，制始于清。上游溯至十三余家止，下则直达淳安港口，冬间水涸时可通至建德乌石滩；凤林港支流，上达七都山后。筏户以殿边村人为多，余为田里、沈家、赵姜家等；南则田蓝村、寺前岩村、山后村、琅水村；西北则溪边、项家等处，亦有营此业者。"

狮城的文教卫生及娱乐设施，可谓十分完善。古有书院，民国初年，始有贞文女子小学、台鼎小学、简易师范、县立初级中学、县立医院、县立通俗教育图书馆、狮山公园、公共体育场等。周末，狮城的人们可以去图书馆学习，也可以去湖边钓钓鱼；平日里，早晨和傍晚可以去狮山公园散散心；有重要县级比赛时，随着人潮去公共体育场看看比赛……在没有手机的年代，狮城的生活仿佛并没有那么枯燥，反而真实又淳朴。

三　续探狮城

老人回忆里的狮城与湖底的狮城是交织在一起的。

自从50年代被水淹没后，狮城便活在了老一辈移民的回忆中，沉默在水底下的狮城才是他们回不去的梦中故乡。其实早在2002年9月18日，淳安县有关部门就进行了"库底世界"的勘探，潜水员在距千岛湖约40公里的茅头尖水域下水，找到了原遂安县城所在地——狮城。2002年10月14日，潜水员又进行了五次水下勘探，明确了千年古城狮城正位于水下约25米处。勘测中发现一块明代的石碑，清朝、民国时期记载重修城墙事件的城墙砖，砖上还刻有"遂安县""县长张宝琛"、建造城墙的时间"1935年"等字样。

潜水员在勘探中发现，古城的城墙大部分保存完好，威武的城门，象征着贞洁的牌坊还屹立在25米以下的水中。城内部分民房的木梁、楼梯、砖墙依然立着，并没有腐烂，甚至发现一截被锯断的百年大树也依旧躺在水底。大宅院的围墙也依旧是完好无损，保持着原来的格局，甚至房内的家具都照样摆放着……

狮城，在水底一躺就是半个世纪，像一个不骄不躁的老人，静静地等待着被洗去一切的浮华与铅尘。当秀丽壮阔的千岛湖闻名世界之时，它隐去千年的脉络与纹路，不强求于世人，因为记住它的人自会铭记，记不住的也让历史慢慢将之镌刻。水底古老的城墙依旧是完好无损，小西门楼顶的"万历"字样也依旧是斑驳可见，仅仅不同的是，那时的威严和宏伟，现在更加增添了几重肃穆和沧桑。

原遂安狮城（淳安县档案馆提供）

四　寻根狮城

　　或许是现在的生活太过安逸，年轻的一辈中，深入知晓狮城历史的人屈指可数。除非是老一辈移民还健在的家庭，会有老人在闲谈或是回忆时向下一辈讲述那时狮城的生活，在更多的淳安人的记忆中则对狮城那段文化呈现出断层的尴尬局面。随着拥有狮城记忆老人的逝去，或许再也没有后代人真切地了解狮城了吧？那将会是20世纪淳安人民最大的遗憾！

　　年轻一辈的胡建明先生从小就听大人们讲述过有关狮城的故事，但一直令他好奇的是：为什么他们总是念念不忘那座水下的古城？

　　庆幸的是，他在一次次探访水下古城的历程中，逐渐找到了答案。

　　已有八年潜水经验的胡建明，在初次对水底狮城的湖域的探索中，他感觉到，水底下的一切仿佛静止了一样，在看到狮城肃穆庄严的样子的那一刻，仿佛经历了一场时隔50年的穿越。北大门附近姚氏牌坊上有威武的龙头砖雕，大户人家民宅里破损的拐角楼梯，一排完整的"美人靠"等待着不归的良人……在那一刻，水下无言的古城深深地震撼了他，他也寻到了答案。

　　水底的一切仿若已被尘封了千年，然则仅是50年弹指一挥间。作为年轻一辈的淳安人，对胡建明，我深表敬佩。已有八年潜水经验的他在初次探访水下古城后，便开始苦心学习摄影技术，因为他想把水下古城的面貌用照片的形式记录下来，分享给那些对狮城深刻眷恋的人。他不再像原来那样安逸地生活，肩上的责任是给予他前进的动力，因为在面对遗留在湖底的文化时，他清楚地知晓淳安文化明显断层的境况，只希望尽自己的力量，抢救那些狮城的记忆。在他的规划里，他希望给淳安人民拍一部纪录片，让更多的人知道千岛湖不只是千岛湖，在千岛湖底下原来还有江，有田，有巍峨的古城，还有那深深烙印在20世纪的岁月中淳安人民的奉献和艰苦奋斗的精神。

　　年轻的胡建明这般如此，更何况是对狮城念念不忘的老人呢？千年的古城，儿时的记忆，又岂是现在安逸的生活所能冲淡和抹去的呢？

　　在老一辈移民者的心里，时间可以冲淡他们的伤痛和经历过的磨难，但是冲不散他们记忆中狮城的味道，冲不断那段文化的根。值得深思的是，在今日千岛湖旅游经济逐渐发展起来的情境下，人们的生活越来越好，后代子孙离那段文化的距离也越来越大了。已到耄耋之年的余年春老人开始害怕那段记忆的丢失，于是拿起他的笔，走访于各家移民之间，找寻那段关于狮城的回忆，埋头于古典文献等各类典籍，花费多年的苦心绘制出了《遂安老县城狮城示意图》，这幅图经15次修改，才得以面世。

　　画卷中的山川、河流、城墙、村落、街道和庙宇尽在其中，哪怕是古城中一口井的位置也是经过走访移民、明确位置细节后才画上的。图上的每一座建筑旁都有余年春老人用蝇头小字标注的历史沿革和说明，每一户人家的象征——门牌号码也被他详细地记录下来，为那些寻根的人找回记忆中完整的狮城。

　　如果说它仅仅是一张绘制精美的地图的话，我觉得这太委屈它了，也辜负了余年春老人走访600多户县城移民的良苦用心。年迈的余年春老人退休后并没有选择安逸的生活，从未出过远门的他多次自掏腰包到安徽、江西等地调查，在绘制地图时为确保古城地标建筑、街道名称的准确性，不辞辛劳地跑去图书馆查阅资料，中途因图书馆有些典籍不能外借，但为了资料的严密完整，他曾手抄了五部县志，共计160多万字。

　　这幅图可以说是余年春老人用自己的心血把移民心中狮城的记忆拼凑交融在一起的，还原的狮城的样子也是老人们记忆里儿时的样子，它映射的那段时光也就是老人们依旧念念不忘的时光。拥有这段记忆的人，看到这幅画时，从不害怕是否与自己记忆有所出入，怕只怕这段记忆会被新安江水慢慢洗去，随着时间慢慢消逝，之后再也没人记得那巍峨的城墙。

江南好，风景是否如昔？依旧是日出江花，依旧是春来江水，红胜火的是城墙上飞舞的旌旗，绿如蓝的是五狮山上的林荫，记忆里的狮城飘来万户千家的袅袅炊烟，更有干柴跳跃的声音"噼里啪啦"地一阵阵传至耳边。

　　水下的是历史，水上的是未来，那段文化的根是任我们谁也斩不断的，时光里剪下的一段段的记忆将随时代延续着，我们仔细聆听着，只为有充足的动力与信念为故乡砥砺前行！

武强溪旁隐中洲

戚梦颖

古云："中者，不偏也，天下之大本，故君子务本，本立道生。"

"中洲"之名大气磅礴，貌有山河却不露，山灵水秀，胸有丘壑而不显。如今的世界熙熙攘攘纷扰不绝，有时候倦怠于这尘世昏昏，不如去中洲武强溪旁小坐——并非从此脱离尘世，只是让这文化浸润一番，内心平静后再度出发。

隐逸，从来不是结束，而是新生活的开始。

一　中洲归隐地

中洲不大，只是淳安县辖下一个小镇，处于二省四县交界的地方，毗邻安徽休宁县及浙江开化县，再往前倒个几十年，不过是个村落罢了。

中洲不名，一不是寸土寸金八街九陌的都市，二也没有王侯将相曾将其定都为政治中心，只有几个颇有些功名的名将王侯曾选择在这儿颐养天年，后世子孙也就在这片土地上世世代代繁衍了下去。

中洲不战，历史上兵家倒是来过几次，却大都只是把这里作为屯兵之所，未曾见过伏尸百万、流血千里。富商巨贾也好，王侯将相也罢，似乎都敏锐地感知到这片土地独特的气质，不约而同地选择守护这片土地千年的平和气氛。

而这些大概就是中洲于平凡中最不平凡之处。

中洲是个依山傍水的好地方，走在路上，一拂袖就能挽起一手湖光山色。山是武强山，水是武强溪。水自山中而生，合了山间百汪清泉之灵，泠泠淙淙由西北向东南穿过中洲镇，最终汇入千岛湖之中——武强溪便是淳安境内的千岛湖源头。这里山明水秀，溪流两岸蒹葭苍苍，芦苇开花时似漫天飞雪，水流清澈，瑶池明净，白练垂空，间杂绿茶翠竹，山风中漫溢清香——是江南惯有的仙姿昳貌。

狮城武强溪（淳安县档案馆提供）

"中洲"得名亦是沾着仙气。传说很早以前，有一个仙人乘一叶扁舟来到临川河中洲之处，不料搁了浅，推了很久推不动。他就在头上扯下一个荆簪，吹了一口仙气，立即变成一根扁担。他用扁担撬，也还是撬不动，仙人索性驾起祥云返回洞府。以后，这叶小舟便变成中洲，扁担变成金扁担，永远抬着中洲。后来每逢河水暴涨，中洲水涨却永不浸洲。

除此之外又有一说，说有一程姓商人挑着担子经过武强溪中间的一片沙洲，便用柱棍插入土中借力歇脚，歇息够了原想拔棍离开，却没想到这根柱棍好似舍不得走，插入土中拔不出来。商人就同这根柱棍约定，若来年这柱棍能发芽成活，他便举家搬迁来这片沙洲定居。想不到，第二年这根柱棍真的抽了枝条长了嫩叶——竟然活了！程商人惊讶不已，认为此乃天意，这片沙洲是福地，遂遵守诺言举家搬迁，并给此地定名为中洲。

这些故事终究难辨真假，我却愿意相信——它奇异地渗透着中洲独特的气质和吸引力。一根已死的枯木，却能在这片土地生根发芽、再现生机；从繁荣的西子湖畔到巍峨的黄山脚下，往来客商络绎不绝，不知几何，这棵枯木却偏偏长在了中洲——是巧合吗？我想绝非如此。

或许由于五柳先生"不为五斗米折腰"的盛名，后世之人大多觉得陶渊明是隐士之始，默认了"归隐"便是遁入山林，从此在"云深不知处"每日"晨兴理荒秽，带月荷锄归"，闲时模山范水，刻雾裁风。这当然不失为一种境界，但以此来概括所有的隐逸大才就显得狭隘了。所谓"大隐隐于市"，即心怀平静——身披过锦缎金甲，也乐于重换一身白衣；见识过最大的富贵，最盛的权势，也能过最普通的柴米油盐，说最烦琐的家长里短。

中洲就是这样一个大隐的地方，它位于"杭州—千岛湖—黄山"的黄金旅游圈，却奇异般地没沾染上铜臭与功利，保持了它最本真的那份平和与质朴，迎来送往一批又一批来此处追寻内心宁静的人。在这里可得享山水深处的静谧，也可留恋红尘凡俗的喧闹；山养人，水也养人——所以枯木也能逢春。

中洲就像静静坐在那儿浣纱的江南美人，静静地朝你笑，告诉你：你慢慢地来，来了就在这儿住下，自然有风来拂你肌肤，有水来润你心肺，有山来做你依靠。然后你便褪下染血的华服或者满心的疲惫，换了粗布麻衣，溺于山水吧！千年的时光里，这儿迎来过将，迎来过士，迎来过王侯，若迎来了你，不也是幸甚至哉？

二　归隐谢浮名

有历史专家和地理学者著文称，中洲便是那个华夏文人墨客追寻了一千年的世外桃源的原型。想来也是如此，山水如画，钟灵毓秀，名字里还有一个相同的"武"字；更有甚者，陶渊明先生的姑丈洪绍大将军，确实是在功成身退后选择了这里作为颐养天年的居所，作为他这刀光剑影、戎马倥偬一世的最后归宿。

陶渊明给其姑丈洪绍公的墓志铭中写道："……晋室日微，裕势益盛，以公不附己，欲中伤之。于义熙十三年（417）由京口挂冠，隐于新定郡武强之木连村。夫人太原王氏，生五子：泰、楷、舒、勋、纂；继配夫人陶氏，乃陶侃公之孙女，生三子：荣、诞、举。公享年八十有三，卒偕王夫人同葬武强山脚洪塘坞圩乾山巽向焉。铭曰：繄谁幽宫？曰前进士。始为太守，继除尚书。及其老也，潜德不仕。隐于武强，以明厥志。考卜于斯，山川所萃。宜尔子孙，式承弗坠。"

墓志铭中"新定郡武强之木连村"一句，或许是现今仅见的遂安旧县的文字记载了。

洪绍其人，东晋义熙元年（405）为建威将军、东莱（今山东）太守；后随刘裕讨伐南燕慕容超并建功，后紧接着平广州刺史卢循之乱，升为明威将军、东南镇尉大使；随后一路青云直上，升兵部尚书、金紫光禄大夫。此时皇室日衰，刘裕势盛，他不愿依附刘裕，左右为难，最后毅然于义熙十三年（417）辞官归隐到新定县木连村——现在的中洲镇徐家村月山底。

从木连村遗址往北望，就是武强溪；岸北，就是淳安县境内最早建成的新县——新定县城的遗址。东汉建安十三年（208），吴主孙权派遣威武中郎将贺齐平定黟歙，歙东叶乡、歙南武强，贺齐上表孙权，分别将叶乡、武强乡改置为始新、新定二县。始新就是后来的淳安。

洪绍征战半生，见过那么多富贵荣华，那么多利欲熏心，那么多金戈铁马，那么多如草芥一般的人命——他大概比大多数人更懂得什么是生死，什么是大义。他忠于君上，不愿依附刘裕，睿智地在诡谲多变的乱世朝局中急流勇退，保全了洪氏子孙的安稳——这绝不是懦弱，而是华夏归隐之士的大智慧！

中国2000多年的封建王朝孕育了一个独一无二的群体——隐士，这些隐居的名士用他们的智慧、笔墨和生命酿造出中国特有的隐逸文化。所谓"隐"，即内心平和，不为名利和他人的认同而汲汲营营；所谓"逸"，即安守本心，自得其乐，与自然为友，与天地同乐。真正的隐逸从来不是指一种消极的人生态度，而是一种坚守本心的风骨，一种历经世事后的释然，一种静水流深的智慧。大隐者隐的是心，是心志经千锤百炼后豁然开朗的人生态度，不拘于深山老林人迹罕至之处，而是在寻常巷陌间选择做个身陷红尘的平凡人。

洪绍是有隐士的大智慧的。当年刘裕势盛，他忠于东晋皇室，若是誓死不愿依附，史书工笔必有他忠臣之名，只是代价十有八九就是满门抄斩，九族全灭。他选择了归隐，是看到东晋皇室气数已尽，历史的车轮到了向前走的节点，不进则退，改朝换代不可避免；也是看尽了世态炎凉，放下了权势争夺，保全家人身家性命，保全洪氏百年基业。他不曾背叛东晋皇室，无疑做到了忠孝两全，他的归隐也成为一桩美谈。

《淳安县志》中有记载，洪绍退隐十数年后，洪绍排行第五的儿子洪纂，还当过始新县的县令。从此，洪氏子孙的血脉在中洲的洪塘村和木瓜村代代相传，像一棵长势极旺的常青树，枝繁叶茂。而据广东省花县官禄土布村的清代洪氏修编的洪氏《万派朝宗》记载："洪氏家族不断繁衍扩大，后部分后裔南迁到闽粤一带，使洪氏后代子孙昌盛，家运兴旺。"著名的"太平天国"起义领袖洪秀全就是洪绍的第十六世孙，可见其为将的天赋并未随时光被洗去，而是随着血脉传承给了他当年保全的子孙。

三　此心归隐计

除了洪绍这样的大贵之人归隐山林，中洲还隐了余德明这样的大义之人。除去木连村，中洲还有一个叶村。

叶村如今是整个中洲镇方圆几十公里的第一大自然村，可它当年却被戏称为"野村"。当年元兵攻入大宋，文天祥保护皇帝撤到定海，兵败后誓死不降为国捐躯，一句"人生自古谁无死，留取丹心照汗青"震慑了元军，震撼了天下，也震碎了多少华夏世子骨血里的趋炎附势、奴颜媚骨。生命贵重，以身殉道，世人皆赞其气节，叹其忠心，可是有几个人记得余德明？

余德明与文天祥同中进士，文天祥为钦点状元后任右相，余德明则被封为翰林院编修。南宋国破后，余德明当即离京逃到遂安，坚辞元世祖的高官利诱，随后来到武强县凤凰岭叶村隐居。此后数年，元世祖多次遣人来请，面对锦衣玉食高官厚禄，余德明不为所动，也不愿与元朝的地方官多费半句口舌。他从不当自己是元朝的臣民，南宋既灭，他便称自己居住在"野村"，而不是元朝"十三都"的叶村；他给生前为自己选择身后安居之所时，亲自定名为"野家陵"——故国已破，何以家为？灵魂也无处皈依！每年清明，他还要登上凤凰岭，在苍穹之下，凤凰山巅，面向定海遥遥跪拜，祭奠他早逝的故友和君主。

不是只有舍生忘死才值得流传千古，终其一生坚守本心，于平淡清苦中不改其志的隐士亦是真正的义士！当年一脚踏入金銮殿时有多春风得意、踌躇满志，今日面对粗茶淡饭、山河破碎就有多不甘和痛苦。何谓"士"——有才、有志、有德。壮志难酬，报国无门，满腹才华却无用武之地的愤懑，在中国的文学史上留下了多少浓墨重彩的痕迹。要熬过这种痛苦，该需要多么坚定的心志！难道不值得敬佩吗？

余德明还有那般情致调侃这座村落的名字，调侃自己的陵寝，这又更令人敬佩。显然，他已经达到了安守本心的境界，他在用清淡如风的笑谈告诉他的故友、他的国君："放心，我都记着。从此我不再谈起什么志向，什么河山。就让作为臣子的那个我，随着我那破碎的故土，我那身死的国君，一同沉在定海的千尺海底。留下的只有一介布衣平民，一个找不到归处的孤魂野鬼。"

他的子孙，世世代代生存在这个村落，如今还在这片土地上繁衍。所以这个村子虽名"叶村"，却有绝大多数人姓余，相当一部分就是余德明的后代。

四　往往归隐沦

有了将，有了士，接下来便说王侯了。

中洲有个古老的李家坞村，建于宋元时期，距今有1000多年的历史，就隐在重峦叠嶂的山坳里。那山坳九曲十八弯，被层层山岗遮着，掩在小峨眉山的西山麓，一不小心就被人遗忘了。但就在这个不起眼的偏僻至极的小山沟里，当年却隐匿着大唐王朝的血脉。

晚唐时代，唐昭王为躲避王仙芝、黄巢的义乱之军的追杀，也为了保留李唐皇族的一支血脉，让才登基为帝一年的儿子唐懿宗李京化名"京幺子"，逃往南方偏僻的山野之中。"京幺子"先是躲到安徽歙县（中洲曾隶属于此），后又躲到群山环绕难觅踪迹的界田，虽说东躲西藏狼狈不堪，但最终李京安全生下了三个儿子：仲皋、仲安、仲亨。仲皋生下三个儿子，长子德鹏迁居祁门新田，次子德鸾迁居江西婺源的严田，三子德鸿仍居浮梁界田，史称"三田"李氏。

不久，次子"严田"李氏德鸾便带领家眷迁到浙江中洲的乘凤源（后改名乘风源），其后，乘风源中的"严田"李氏又有相当一部分迁居到了现在的李家坞——这里成了盛世大唐皇室后裔的一个归宿。曾经极致绚烂地盛开在亚洲东方的这朵牡丹，经受了最极致的盛世繁华和最残酷的血色洗礼后，最终凋谢在山谷里，不欲引人问津，而是沉寂于深山静林之中，复归平民。

时光流逝，千年转瞬，如今李家坞的人依然会在每年除夕与新岁之时，来到村中的李氏宗祠祭拜祖先的画像——并不为从高贵的皇室变为普通的平民而不甘，只是追念先人的风采，感叹世事的无常。

中洲很小，但就是这样小的一个地方，却这般的美，这般的好。古往今来，这里留住了多少隐逸的皇族、大将、名士的脚步！这些不同时代，不同身份的贵人们，不约而同地被这里的沉静和宽博所吸引，选择在这里落脚，将中洲山水作为最后的栖身之所。

　　中洲又很大，能容出世之心，有挚诚之性；有莽莽苍苍的山，有清清凌凌的水；有梅妻鹤子的高洁，有车尘马足的喧闹——你来，便有一席之地，可随心；你走，也无挽留之意，守己志，足矣。

淳安山水育雅韵

方 安

生于千岛湖，朝夕与其相伴。只懂得其绝美，却不识其文韵。今潜心探寻，为寻得心底缺失的那份如湖面般的宁静。千岛之秀美，山川之秀丽，孕育出敬水拜书的新安雅韵。新安古韵便在这山高水长处传流不绝，化作山歌、水调与生活。

一 新安诗词存古韵

一汪碧水，是千岛湖。而奔流不止，是为新安江。

古来的新安江之于现今的淳安县或许早已变了模样，1959年的新安江水电站工程将那些繁华与文韵淹没在了水底，留下的是平滑如镜的千岛湖。我们或许无法再亲身感悟古时的新安文化，然而千岛湖却带着其独特的文化韵味展现在我们的面前。

"钱塘江诗词之路文化带"的建设是对于"钱塘自古繁华"最好的赞颂，而新安文化同样也令人拍案叫绝。通过在淳安图书馆、档案馆、博物馆等地方的探寻查阅，最终浮现在我眼前的是新安江古时的俊美与风采，我也亲身体悟到了千岛湖的幽美与静谧。

透过千岛湖我们无疑可以想象出之前新安江的样态。而当我们看到那秀水之时，心中不禁感慨万千。这种难以言表的激动与赞美之情变成了一句句诗词传颂千古，它们汇集起来，正如新安江一样绵延不绝。新安文化如同星辰一般闪耀在钱塘江诗词之路上。触碰着古籍中的文字，朗诵着与淳安、新安江、千岛湖有关的诗词，我仿佛看到了新安文化历史的传承与发展，看到了那一条江、那一泊湖散发出的文化魅力。

翻阅《淳安县志》，映入眼帘的部分诗词便是对新安江的赞美。南朝沈约有《新安江至清浅深见底贻京邑游好》："眷言访舟客，兹川信可珍。

千岛湖中心湖区（2016年，丁镠音摄）

洞澈随深浅，皎镜无冬春。千仞泻乔木，百丈见游鳞。沧浪有时浊，清济涸无津。岂若乘斯去，俯映石磷磷。纷吾隔嚣滓，宁假濯衣巾。愿以潺湲水，沾君缨上尘。"朗诵完这首诗，心中早已有了那山高水长、俊美秀丽的新安图景。虽然淳安县城早已化作了千岛湖，但这样美丽的诗篇还是令我内心为之触动。那是何样的光景能够如此俘获人心，这些诗篇或许正承载了新安江旧时的记忆，只有它们能给我们答案。文人墨客将新安江的动态之美化作笔端文墨的静态之美，使之能够以一种新的姿态展现在我们的面前。李白的《青溪二首》，清代萧彦立的《灵岩瀑布》，都向我们展示并诉说着新安江的独特魅力。

谈到新安江，那必然提到现今的淳安县千岛湖，这样的一汪碧水有着丝毫不逊于旧时新安江的风貌。而对于这样的一湖秀水，赞美之言更是不胜枚举。如《淳安县志》中的杜宣的《千岛湖纪行》、于冠西的《咏千岛湖》等，或许正如美人配英雄一样，秀美的千岛湖也有诗歌与它相配。生活在千岛湖畔的我已经与这秀美的湖泊生活了二十载光阴，领略了它别致的风光。无论是现实的光景里自己所见的还是在文献中读到的别人眼中的，都让我对千岛湖的了解，更进了一步。之前的新安江和现在的千岛湖，它们所携带的那种文化底蕴浸润了一方山、一方田、一方人，又深深地将这份文化如水一般渗在了诗词里面，这或许才是诗词之路的灵魂所在。

我在狮城博物馆、淳安博物馆、淳安县档案馆、图书馆等资料室所了解到的，在现实中看到的美景，都是我对于这一片热土的进一步的拥抱。对于诗词之路，其实有自己的一点小小的体悟。之前的我了解的可能只是诗词，然而这样一条"钱塘江诗词之路"又该是如何壮观和令人惊叹。它对于钱塘两岸的人民或许有些陌生，但是却如一缕清风吹拂了钱塘乡民。人们眼里的诗词或许是拘泥于形式的五言绝句或者是七言绝句，而我对于这样的诗词之路有些不同的理解。诗词之路不仅仅是文人雅士的代言词，它其实更多是来源于最平常人民的生活：他们生活劳动中的歌谣谚语，茶余饭后的闲聊绕口令，乡间坊间的流传故事，这些其实都是构成钱塘江诗词之路的部分。这才是最真实的诗词之路，是一条有血有肉有气有魂的诗词之路。

浙西淳安县所在的诗词之路，是作为钱塘江诗词之路的一部分所构建的。但是我在这次的探索中更迫切地想去寻找的不仅仅只是诗词之路的瑰宝，我想去寻根探源，去寻找新安文化与钱塘文化的爱恨情愁。

二　淹不没的文化脊梁

当水漫进淳安的那一刻，所有人的记忆都埋进了水底，这样的一场剧变带来的是旧元素的革新与新元素的萌芽。

我听家里的外婆提起："家里的四叔是新安江大坝的建造者，现在移居在江西。"我的确被这些话所触动。平静的湖面，勾起了我在新安江移民纪念馆的那些记忆。淳安人民舍小家为大家，背井离乡，做出了巨大的牺牲与奉献。淳安县从富裕县变成了贫困县，然而这种淳安精神却随着淳安人民一直保存了下来，一直延续在我们的生活中，隐匿在我们的风骨里。逛完移民展厅，看完纪录片，我的眼眶已经湿润了。我无法想象当时的人们是下了多大的决心进行了如此大规模的移民，背弃故土，重建家园。这样重大的牺牲才造就了新安江水电站，奠定了我们新中国发展的重要的基石。我对于淳安、新安江与大移民有了更深的了解，这使我更热爱这片土地，更爱这片土地的人民。

现在早已不见诗词中所见的"千仞泻乔木，百丈见游鳞"，有的是"碧水明澈平似镜，绿岛如洗万木荣"，"尘嚣难得有此境，堪爱斯湖净静

新安江水电站（2018年摄）

清"。悠悠江水奔流汇聚变成现今千岛湖的平滑如镜，之前的新安江样貌在影视资料里或许可以窥见，但是品诗词似乎更有韵味，它给了我们更大的想象空间，更能引人遐思。诗词不仅留住了人们对于旧时新安江的记忆，也使新安江水库建立得以铭记。杜宣在对联里写道："拦江筑坝聚水成湖造出了万顷波光千岛树影，重塑遗像再造新祠为的是一生刚正百世流芳。"诗词是对那段历史的永远的记忆，是整个淳安人民的精神系结。这些诗篇以及历史记载是维系淳安人民的精神纽带。无论是那些之前为了大家舍弃小家的迁去其他省份的淳安人民，还是生活在淳安这片土地上的人民，看到这些文字也不免会引起触动。这样的触动、这样的感叹是淳安人民最真挚、最切实的联系。

曾偶然看到一句话："一个城市需要记忆。"而这种记忆，只有用文化才能得以长久地流传。淳安县有文化，并且早已有千余年的历史，然而特殊的则是这样的文化底蕴却深藏在千岛湖底。一个城市需要寻找它的根源，而寻找淳安县的根源却是不易。其根源或许只能来自史实的记载，而寻找不到、触摸不到的是我们这座城市曾经生活过的地方，哪怕是一砖一瓦。

提到根源，提到记忆，或许这就是古书的意义所在。淳安遗留的历史痕迹，让每个人能找到回家的路，知道自己来自一个怎么样的地方，知道自己的祖祖辈辈为了国家、为了人民又做出了多大的牺牲。这是一种文化，更是一种精神。

还记得自己的童年都是在乡村度过的，那是依水而居、闲情偶寄的生活。不经意间想起从小到大奶奶给我说的、唱的许多的类似于诗词之类的句段，掺杂着方言，简简单单的描述中却透露着农村人民最朴实的那颗心。他们的所说所唱大多数是对生活的描述，对自然与人的关系的描述，甚至有一种天人合一的味道在里面。对于旧时新安江的人民和现在千岛湖的人们来说，脚踏黄土，他们便是辛勤的农民；乘上扁舟，他们又是掌舵捕鱼的能手。他们与自然共生，耕地的歌噪，渔夫的号子，满载而归时唱的小曲，夏夜树下的歌谣……这些其实都是诗词之路构建时需要的东西。它们没有华丽的辞藻，但是却真切地表现了那种拥江而居、伴水而活的状态。

作为新安江水库移民的淳安百姓，跨越了时间的桥梁，现在必然已是白发苍苍，那些新安文化只存在于他们的记忆以及档案馆、图书馆冰冷的书架里。而我们今天提到的、写到的、看到的和听到的，是能够让淳安的文化重新散发出它的光芒。这不仅是对之前的文化延续，更像是一种新生，这个年代给予我们的正是我们所需要的那份文化积淀。

新安文化，淳安县的文化的确消失在了人们的视野里，不像西安的古城墙，也不似埃及的金字塔。它的文化被深深地藏进了湖底。但是它总是以它的方式潜移默化地影响并滋润着这一方水土，一方人民。它就像埋藏在土地里的幼苗等待着春雨的滋润，而诗词之路让这棵幼苗焕发生机破土而出。

新安文化生于钱塘江，它的一切都在为这一条大江歌颂。它是透过妙笔生花的词句让我们以不一样方式去感受、去体悟。

三　低头寻找文化踪迹

在人生的道路上总要想一想，我们的内心深处是不是缺少了些什么。

在这样的飞速发展的时代，我们的心态似乎失去了以往的那种平淡与安逸，变得忙碌而急躁。千岛湖、淳安县亦是如此，着重于旅游发展的同时，却逐渐忘记了一座城市所需要的文化根基。忘记了在这样的忙碌的时代，也需要一个阳光明媚的下午，静静地看看诗词，品品香茗，了解这个城市的文化，寻寻自己的根源。

千岛湖畔千岛湖村之晨曦（2016年夏摄）

在档案馆的时间里，大厅里除了工作人员，来查阅资料的人寥寥无几，我们可以想到那些关于淳安文化和新安文化的知识又该蒙上多少尘埃，这座城市的文化的延续或许只是纸张的慢慢变黄，而人们的记忆里、思想里可能不会再有关于新安文化、淳安文化的记忆。这次选择诗词之路主题其实也有自己的小私心，诗词历经千年而为人们所熟知，必然有其独特的魅力所在。借钱塘江诗词之路，寻新安文化，探淳安古韵，是想在新的天地中以诗词为笔写出新安文化的不一样的篇章。诗词之路在向"拥江发展"的今天让传统文化焕发新的生机，而这对于新安文化、对于淳安来说更是珍贵。

在《钱江晚报》上看到一篇报道《新安何处》，有一处吸引了我的目光。"千年新安，潮涌钱塘。一脉而长，生生不息。"千年新安，孕育了多少文人雅士，多少侠客义士。它的文化正如那新安江一样滔滔不绝，源远流长。虽是新安江化作千岛湖，可那份对于文化的热爱却从古至今深深地烙印在淳安人的骨子里。

作为浙西的淳安县，文化交融是其独特的文化魅力所在。徽文化与吴越文化的交融擦出了不一样的火花，这是从古至今吸引各朝各代文人雅士来此的原因。正是绝美的风景与瑰丽的文化，才有了朱熹的："半亩方塘一鉴开，天光云影共徘徊。问渠那得清如许，为有源头活水来。"才有了李白的"青溪清我心，水色异诸水"。

文化吸引了诗人文者，而文人却用诗歌丰富了新安文化，二者的关系恰似一种高山流水遇知音的意境。这样的诗歌千百年来汇聚成诗词之路，并行在历史的轨道上，而今天的我们只需沿着它的轨迹寻找我们的文化根基。

经历了千年的积淀承载，也经历了历史剧变，这样的故事在淳安或许更令人动容。我们又何尝不用敬畏虔诚的心去琢磨所保留下来的点滴，哪怕只是一句诗也好。

四 向钱塘，奔未来

站在千岛湖畔，我看到一条穿越时空的文化"丝绸之路"贯穿钱塘两岸。我们需要着眼的地方不仅仅是过去所带给我们的启示，更重要的是展望未来。

我是一个淳安人，我未曾看见汹涌奔腾的新安江，却只看见宽阔清澈的湖面。水是淳安人的代言词，也是淳安人赖以生存的根源。这种人与自然相互依存的关系是世世代代未曾改变过的。新安文化是淳安人的根，它不是具体的，也没有什么形象化的代表，但是它存在于每个淳安人的生活里。我们的一言一行、一举一动都或多或少饱受着它的熏陶。我是一个淳安人，重要的不仅仅是我出生、生活在这个地方，更重要的是我能用我的言语，能用我的笔墨为它做些什么。而诗词之路是能让新安文化以更好的形式展现在我们面前，以文化带动文化、文化推动文化，或许才是开启文化宝库的那把钥匙。

钱塘江水浩浩荡荡，自新安江汇入钱塘江，作为上游源头的新安必然有独特的文化活力。而新安文化其中所包含的诗词与诗词之路的交流与碰撞又会产生怎么样奇妙的化学反应呢？

新安文化重人文，重学教，重天人。在与自然和谐共处的同时奋起拼搏，勇于奉献牺牲。这样的文化究竟有怎样的色彩？而放眼未来，在钱塘江向现代发展的同时，文化的延续也需并重。新安文化是如此，钱塘江亦是如此。

将我们了解但是不熟知的新安文化更好地呈现在大众视野之中，不是晦涩难懂的文言文，而是激情洋溢饱含深情的诗词。这样的文化解读更像是烈日下的甘泉，更让人能动容和醉心。这样的文化对于淳安人民来说或许更为弥足珍贵，当新安文化逐渐淡出淳安视野的时候，这样的思路与方向又是否会是一个转折点？答案是肯定的。

经过这些日夜对新安文化的咀嚼和揣摩，我对于这片土地、这片山水有了不一样的认识。我不仅仅痴迷于它的景色，更懂得它所蕴含的文化同样有着不逊色于其美景的魅力。

因为千岛湖慕名而来的人数不胜数，然而又有几人是为了新安文化，为了它内在的文化宝藏而来的？答案是显而易见的。人们沉醉于千岛美景，品千岛美食，却不曾有过对于这座城市、这片土地文化的任何追问。

我领略了西安的古色城墙，感受了洛阳的古都文韵，只希望在我的故土也能寻觅到文化的踪迹。诗词之路给了我这个契机，拥江给了我这个机遇。我无法潜入湖底去探寻新安文化的秘密，但是我在每一寸土地上寻找文化的脚步。诗词之路带给我们的是一种与诗人比肩，站在江岸吟诗作对的文化的渴望，是一种宁静与平和，而这样的文化魅力可能和轰轰烈烈的爱情一样让人刻骨铭心。这一条诗词之路是钱塘江最为珍贵的文化瑰宝。

新安文化很漫长，在日益被人遗忘的今天，我们需要为它开辟一条更为宽广的道路。在钱塘江发展的今天，我们需拥江而行，而诗词之路会给我们满意的答卷。经济发展的今天，文化越发的干枯和人们对文化越发的迫切需求，都让我们立志必须为钱塘江文化之路注入新的活力。而我所记述的新安文化是对于我的所看所听进行的思考与探索，希望能够为新安文化的蓬勃新生贡献自己的一份微薄之力。

望着寂静的湖面，身后是城市的喧嚣。我想，能否将这片宁静带给这座城市，让它浮躁的心澄净，找回它最初的文化记忆。

独行仙江白沙间

李志光

小时候就对江南有极深的印象,虽然那印象是在诗中,在老师"江南好,风景旧曾谙,日出江花红胜火,春来江水绿如蓝,能不忆江南?"的讲解中。这是白居易诗中的江南,在他的描述中,江南秀丽明媚的形象便深深镌刻在我的脑海中,来杭求学,终于有机会能亲自体会江南风光。

清秋十月,天气分外清爽。一个在北方生活了20多年的人,来到了这座江南小城——建德,去了解她的历史,品味她独具一格的美!

一 一江秋水

新安江缓缓地流淌着,平稳,安静,就像一位经历了时间磨砺的老人,看穿了世事,不显一丝愠气,处处表现出平和。建德这座城市就坐落在江边,新安江为其城市建设构建了框架。从上游罗桐九姓渔村到白沙一段,是现在建德最繁华处。建德,古属严州,取威严肃重之意,亦与"睦州"交错使用。历史积淀深厚,"云山苍苍,江水泱泱""严陵之风"所在,并且传留后世,成为当地人宝贵的精神财富。江水静静地流淌在这片土地上,默默地见证着这方土地上的荣辱兴衰、世事变迁,仿若有了张可久的境界:"兴亡千古繁华梦,诗眼倦天涯",不留声息,只是静静流淌。

她不仅仅是见证者,她还是哺育者,她用她的无私哺育着孩子们,人们在江中打鱼,在江边生活,他们修建房屋、建造市镇,娶妻生子、繁衍生息。

白沙、罗桐就是其中的代表。白沙,古称白沙渡,现在成为新安江街道,原来是一个渔村渡口,临江而建,这里的人们靠打鱼、摆渡为生,刚开始也只是一个人口稀少的地方,因为交通便利、土地肥沃,沿江有不少

从梅城东湖远眺乌龙山（2019 年春，马鹏摄）

平地，因而人口不断增加，在 20 世纪 50 年代末 60 年代初，由于新安江水电站的修建需要，水电站周围的居民迁移安置，此时的白沙已为镇制，作为其中的一个安置点，人口迅速增加。由于交通便利，地理位置优越，人口增多，且环境优美，白沙逐渐繁荣起来。1960 年建德县城由梅城迁至白沙镇，1992 年撤县置市，仍为治所。

罗桐埠，也叫罗桐九姓渔村，最初也是一个渔村渡口，位于白沙上游不远处，居寿昌江与新安江交汇处。说到九姓渔村，却有一段令人心酸的过往。九姓者，陈、钱、林、李、袁、孙、叶、许、何等。九姓渔户，又称"船上九姓人""江山船户"，与浙东"堕民"、金华"小姓"相似。船是他们的一切，他们的妻子是在船上迎娶过来的，他们的孩子包括他们自己也都是在船上出生。陈寅恪先生曾经说过，看待历史事件，要抱有"同情之理解"，我无法用自己浅薄的见识去任意评价，也不能单从道德的高度去指责，我不了解究竟为什么使他们如此选择，是生活，是社会，是官府，还是他们自己？只是感到一种无奈，些许伤感，历史的隔膜感便存在于此。

历史如同江河一样，永不停息地向前推进，在历史的长河中，有太多故事发生，不论是王朝更迭，还是渔家晨暮，都将作为记忆留传下去。而新安江边发生的故事，不论城镇兴衰交替，还是人们生死荣辱，也都已成为过去，成为历史，而现在还在行进，未来还将继续！

　　第二天起了个大早，走到江边，雾气迷蒙，轻轻薄薄，隔岸相望，那山上的一片绿色变得浅淡了，沿江而望，水天极目之处，灰蒙蒙的远山，展开一卷朦胧的山水画卷。这就是著名的"白沙奇雾"景观。水电站百米高坝底的水常年保持在14℃—17℃，喷涌而出，绕城东去。它给这座城市带来了独特的冬暖夏凉的小气候，温差产生水汽，形成"白沙奇雾"的奇观。新安江蒙上一层层曼妙的白纱，更平添几分神秘，是不可亵玩的美。太阳渐渐升起，雾气也慢慢消散。新的一天开始了！

　　新安江的美不仅在"白沙奇雾"，还在于水清，李白诗曰：

> 清溪清我心，水色异诸水。
> 借问新安江，见底何如此。
> 人行明镜中，鸟度屏风里。

　　江水可见其底，足见其清！秋水静静流淌。当地人念"新安江"为"仙江"，水清见底，白雾飘飘中她也确称得上为仙江了。

二　一架老桥

　　在白沙，有一座老桥架在新安江上——白沙大桥，桥栏上斑驳的痕迹与开裂的石狮雕像，显示出它悠久的历史。查询之后，果不其然！白沙大桥，"自1959年建国十周年纪念日破土奠基，至1960年'七一'建成，9月正式交付使用"。如此算来，再过两年就是这座桥的甲子年了，到了这个年纪，确实也是老年迟暮了。

　　来到建德，我的第一站就来到了白沙大桥边，拎着电脑，背着包，只是在远处匆匆看了一眼，当时并没有特别的感觉，甚至都没有注意到它的沧桑斑驳已布满全身，随后便先找地方住下，又再次去桥上，近距离地去观察了解它。

　　说到桥，我想到了许多有关桥的印象，而白沙大桥，却有独自的风格，它没有康桥的朦胧抒情，也不似"小桥流水人家"的温柔多情，同样也没有武汉长江大桥那样的雄伟豪情，而是自成一派的傲然挺立。从远处望去，桥较为平直，石质桥身有六个拱洞，以支持大桥，有两个主孔、四个边孔。走近桥头，桥东有一对大石狮子矗立在桥头，高大威严，注视着桥上过往的行人过客。

沿着桥走，时间在每一条桥栏上都留下了灰暗斑驳的印记，有的甚至还能看到一些蛛网。每一根桥栏上头都雕刻了一只小石狮子，形态各异，生动活泼，人们常说"卢沟桥上的狮子——数不清"，白沙大桥上的狮子如果要数的话，怕是也需要等待一位有耐心的人吧！走至桥的另一头，旁边有一座白沙女的塑像，一袭白裙随风舒展，手舞白纱，媚而不妖，美而不艳，楚楚动人。下有碑记，讲述了善良的白沙女救黄巢的故事。传说黄巢率军攻打睦州，在途中被伏击，突围到白沙渡口，而无法过河，万般焦急，而此时在江边浣纱的白沙女听到黄巢的哀叹，用白纱化作一座白石桥，使黄巢得以渡江逃去。然而白沙女由此惹下祸端，被官兵杀害。人们为纪念她的善良，代代相传她的故事。白沙大桥，由地而名，亦为人而名，它会承载着这份记忆，继续留存下去。

白沙大桥（2018 年夏摄）

桥头另一旁有一个小公园，在这个小公园的一座小山丘上有一座小亭隐蔽其中，亭中立着一块石碑，刻着郭沫若先生的题字：白沙桥。石碑后面为白沙桥碑记，记述了白沙大桥的修建历史，同时介绍了白沙的过往："白沙渡，是新安江流域的交通孔道，'大跃进'以来，随着工农业生产建设的高速发展，运量巨增，人力舟渡，不能适应需要……"

是的，白沙渡更加繁荣了，人口也显著增加，尤其是在50年代末60年代初。我在江边独自散步时，遇到一位老奶奶，她向我讲述了这段历史。当我问到这桥是什么时候修建，她对我说，"已经很久了，小时候就在那儿了"，然后向我讲述了她的老伴，他13岁时由淳安迁到白沙，桥就是在那时修建的。"哦，已经有60年了，他今年73岁。""为什么会迁过来呢？""水电站修建，迁过来的，上游建坝，下游建桥，已经60年了呀！"是啊，老人也在感慨时间的流逝，岁月催人老！尽管老人的记忆有误，但无疑水电站对于白沙、对于白沙桥都有不可磨灭的重要的影响。

城由人繁，桥由货通，新安江水电站的修建对于白沙的繁荣发展有很大的作用，也是白沙桥修建的重要因素之一，它的修建为白沙带来了大量的安置居民，同时运输需求也更加急切，白沙桥应时而建。

一架老桥，连接着往来交通，承续着历史记忆，默默地期待着明天！

三　一座大坝

当地人说，桥由城建，城由坝兴。

来到水电站，还未走进园区，远远看到大坝如同一堵高墙与隔江的两山连接在一起，巍然矗立。进入园区，路旁两片草坪各栽一排树，安静整洁，不像一些北方厂区的杂乱。在导游的带领下，我一点一点地了解它。自1957年始建至1960年建成，只用了三年时间，1965年完全竣工，是我国第一座"三自"水电站，所谓"三自"即自行设计、自制设备、自主建设。在当时有很大的影响，第一嘛！谁不希望是第一呢？导游在介绍这个"第一"时表现得十分自豪，但讲到如今的发电量时，无奈地说已经没法和其他水电站比了。其实也无须感时伤怀，这不正说明了我们历史在不断地进步吗？不正是经济发展、社会进步，不断出现新的事物吗？园内的发电机只有三台在工作，电机工作处，江水喷涌而出，欢腾拥抱，击起水雾波涛。

离大坝越来越近，远处的大坝也显得越发雄伟，仿佛我想象中的古代神话中南天门的形象，高大、庄重、威严！只是颜色更加朴实，更加深沉。跟随导游走入大坝里面，我们先到大坝内部参观了发电机组，虽然只能在二楼的参观走廊上远远观看，但其内部景象也足以令人震撼，其内部硕大的七台发电机组整齐地坐落在这里。坝外就是70多米高的湖水，虽然与新建的其他大型水电站如三峡水电站比要小得多，谈不上宏伟，但也称得上壮观！但最令我感动的是我们的前辈们的伟大创造。他们曾付出过多少汗水，又经历了多少磨难，才能完成这样的事业，中华人民共和国成立初期，经济基础还极其薄弱，他们又是做出了多大的牺牲去实现一个属于那时中国的梦！第一个"三自"工程啊！当它建成之后，中国人民该是多么高兴，又该是怎样的欢呼雀跃啊！

电站的建设受到中央领导的高度关注。修建期间，周恩来总理曾亲自到水电站视察。在走廊两侧，挂着一幅油画和周总理的题字。油画记录了当时周总理在大坝修建现场，指挥大坝建设的场景，在修建水坝的第一现场，周总理不辞辛劳仔细聆听身旁工程师的介绍，而在他们的身前身后，是工人们热火朝天的建坝景象，此时坝身已初具规模。另一侧的题字是"为我国第一座自己设计和自制设备的大型水力发电站的胜利建设而欢呼"，这是周总理为大坝成功修建的贺词。可以想象，若他得知水电站顺利建成的消息，该多么欣喜啊！

新安江水电站自始至终都没有被忘记，周总理心系这里，全国人民也都关心这里，历史更不会遗忘这里。在今天它仍然发挥着重要的作用，白沙村的繁荣离不开它，白沙桥的修建离不开它，"白沙奇雾"源于它，17℃恒温也始于它，千岛湖也因它而形成！

之后我们登上坝顶，这一次它巧夺天工的美惊艳到了我！乘电梯到达8层楼高的坝顶，一片开阔蔚蓝的湖水出现在眼前，远山朦胧，近山翠绿，偶尔几只水鸟飞过，轻快欢乐，这原来就是千岛湖啊！原来千岛湖的形成也是由于新安江大坝的建成，水坝的修建，将江水拦截蓄积，从而形成了今天我们看到的千岛湖。农夫山泉的水就来源于此。千岛湖对于大多数人都不陌生，可是也并不熟稔，虽然她的美早已闻名遐迩，然而要想真正体验她的美，还是需要亲身体验，尤其是在坝中感受更是独特。一道坝将江隔断，一边江水宛转北流，一边湖水荡漾，而两者竟能相差70多米的高度！视觉的冲击使人无法忘记这样的景象！

新安江大坝，这一座水上巨人，稳稳地挺立在江上，默默地付出，旋转的电机，不只为我们提供电力，它为我们做出的贡献要远远超过我们的想象！不论桥还是城，都因它而生长！

在从园区走出来时，专门去另一侧门口，看望周恩来总理的铜质塑像，总理双目向前，右手因旧伤一直弯曲，而左手指向远方，仿佛在为我们指向前方的道路！周总理殷殷期盼着民族的未来，为这座大坝，留下了历史的使命，而它也不负众望，为我们贡献了太多太多！

四　一座新城

江南处处是景，沿路望去满眼绿意，是北方的这个时节所体会不到的。

刚来到这里时就被这里的景色所吸引，青山绿水，典型的江南风格。同时在这里我也找到了一种熟悉的感觉，那就是同上千个中国县城一样，人们有着属于自己、属于这座小城的生活节奏，说着自己的方言或是不标准的普通话，使我想起了在家乡县城生活的那一段时间。

然而初到建德时还有一个令人印象深刻的，是在这座城里老人特别多，简直就是老人的世界，一辆公交车上，除了有两三个年轻人，其他的都是上了年纪的人。

难道这座城已然进入暮年？在去水电站的路上，司机师傅和我讨论了这个问题，确实前些年年轻人去杭州的比较多，老人也就多了，但是最近几年，年轻人也慢慢多了起来，看到那些正在修建的楼了吗？他指给我看，这些就说明了这座城还在建设，仍然年轻。

我不得不承认它不但年轻，而且日新月异，沿路看到许许多多建德的高楼，仍在作业，虽然有些隐于山峦遮蔽之处，但只要沿着路走，顺着江看，总能找得到。且它不仅修建新楼，而且还迎来新人，有许多外地人来到这里生活，一对回族夫妻开着一家"兰州拉面"面馆；一位河南大哥开着出租车，与客人交谈建德的见闻；还有许多外地打工者，带着他们的妻儿来到这座城，在这里工作生活，他们来自全国各地，这座城以它宽广的胸怀接纳了他们，使他们能够在这里更好地生活。同样，游人们也纷至沓来，杭州—千岛湖已成为黄金旅游线路，龙舟漂流、白沙奇雾、江边夜游、千岛湖美景、下涯风光都是人们向往的地方！人们在这里欣赏美景，品尝美食，尤其到夏季，江边公园的舒适惬意，是其他地方所不能比的！

新安江边新修的公园也可以证明。从这个公园的地砖、木椅中就能知道，这砖是新铺的，这椅子是新放的，一切都是新的，一切都充满了活力。在公园里，能看到喜爱运动的人，在这里晨跑或夜跑，能看到跳广场

旧桥新城

舞的不仅有阿姨大妈们，在早上还有一群小朋友在练习时兴的鬼步舞，也有一位老者在江边悠然垂钓。

建德，一个有理想的名字，与我的家乡大同一样，这拉近了我与她的距离。当我得知原来这里也有一个大同，是一个镇，我不由得想笑，原来我们有如此缘分。这座新城，会继续成长，继续繁荣下去。

没错，江上又建了几座桥。与白沙桥隔桥相望，一座名为彩虹桥，一座为建德大桥，桥的一边楼房林立，而另一边是一片树林茂密的山丘，隐约能看到一些建筑，隔江相望显得很是神秘。这让我想到了一个很古老的问题：山的那边是什么？有人回答，山的那边还是山。但如果以后我的孩子要我回答这个问题的话，我会不假思索地告诉他（她）：山的那边，你要自己去看看。几座大桥联结了这座城与外面的世界，我们都在渴望走出去的时候，有的人却想着回来。

在去大坝参观的时候，有一位长者，在参观回程时和我聊了起来，他问我是哪里人，现在做什么，之后便讲起了自己。他是一位华侨，在国外打拼了20多年，而今他最思念的还是祖国，每年都会回国几次。说到我的家乡，他说两年前还去过大同，有些事情真的是很奇妙，两个陌生人竟会在不同时空会因一个地方而发生联系。这位长者就像外出的游子，仍想念着他从小生长的地方。思乡之情也许就是我们中华的文化基因吧。身处异地，夜里在江边独行的时候才想到，已经有很长时间没有给家里打电话了，是该给家里打个电话了……

入夜在江边独自漫步，不远处的公园里传来一声声越剧的吟唱，声音婉转动人，江南之美也尽在这戏曲唱颂之中吧，古往今来，多少人事变迁在历史的舞台中上演，而又有多少人事黯然落幕。

仙江静静流淌，白沙桥、新安江大坝依然挺立，建德城将继续繁荣，城市记忆总会在一个人的内心深处保留，总会有人去寻找属于她的记忆。

千年古府半梅城

杜诗雨

新安江，发源于怀玉山脉最高峰六股尖，雨水丰沛，浩浩汤汤，奔流而下，江水碧绿，清澈见底。两岸青山峙立江边，高低起伏，连绵不断，昼夜交替深入浅出，波浪般向远处涌去。

孟浩然的《宿建德江》应是在赞美新安江诗篇中最令人交口称誉的："移舟泊烟渚，日暮客愁新。野旷天低树，江清月近人。"短短二十字，既抒发了自己的羁旅之思，又用自然清新、不加粉饰的语言展示了新安江的清美。而诗仙李白的《清溪行》则是从另一种角度点出了新安江水色清丽的公认程度："清溪清我心，水色异诸水。借问新安江，见底何如此。人行明镜中，鸟度屏风里。向晚猩猩啼，空悲远游子。"虽然描摹之物非新安江，却别出心裁地将新安江作为水色清澈见底的参照物，在我看来，这对它是一种更高的赞美。

越过几百年的历史阶梯，淌过时间潮的阻隔，再次走在沿江路上的我，望断长江，入目之景似乎依然是从前那些诗人看过的景致。

一 三江意韵

沿着浩浩汤汤的江水肆意漂荡，穿过时间的藩篱，跨过空间的屏障，我终于来到了这接纳翠绿诸水的三江汇聚地——建德市三都镇三江口村。作为一个在富春江江边长大的桐庐人，自诩见惯了青山碧水，望遍了蓝天白云，来到"有家皆掩映，无处不潺湲"的建德，心中还是不由得惊叹。

带着山泉凉意的清风微微拂过，化去我们的仆仆风尘。这是一块天选之地，上苍对它是厚爱的，兰江、新安江、富春江这三条各自具有独特魅力的河流在这里合为一处，自然和谐。三江汇一处，不仅汇聚了三条风光旖旎的江水，更是凝聚了附近的山川精华、日月灵气。有人说，严陵山川的秀美在于原始风貌,在于胜景天然,在于生态平衡,在于环境和谐,更在于千百年来农耕时代积淀下来的深厚的文化内涵。

一点点地靠近这座城,似乎是在一点点地拾起有关于它的历史碎片,即使有些东西正在慢慢被人淡忘,它们依然在那里默默闪着光。

在我看来,这些历史碎片中,最富有人文韵味的一块便是当地的风俗习惯。它不像那缥碧的三江水,长年不断滔滔流淌,也不像那挺拔峻秀的深绿群山,能够从容应对岁月对它的消磨。或因受重视程度不足,或因与现代生活严重脱节,许多有地区特色又有历史韵味的传统风俗已经随着历史的尘埃一同湮没。

在物质文化飞速发展、文化不断创新的当今,我们仍然有必要去研究、探索那些风俗文化,取其精华,去其糟粕,去触摸承载过无数生命的土壤,去感受生命存在过的遗迹的余温,去倾听感受世事变迁的白叟记忆,再从他们的记忆角落中拾取一些古事陈迹,编纂成文,这本身也是一段有趣的文化之旅。

二 千年古府

有一座古镇,历经千年风雨,遗世独立;孕育严州文化,古色古香。它隶属建德,北靠乌龙山,南临三江口,山清水秀。在这里埋藏着丰富的历史遗存,潜伏着不可数的历史文脉。它有一个美丽的名字——"梅城"。

历史上她获得的赞誉不可计数:"天下梅花两朵半,北京一朵,南京一朵,还有半朵在梅城","潜龙之地""京畿三辅""唐诗之路"。但历经沧桑,繁华褪尽,知晓她魅力的人越来越少,许多人甚至从未听说过这座略显苍茫的城。

"梅城实在只能算是个小城,新的是几道牌坊。这些牌坊,按理不该这么新的,然而据说原物已毁于'文革'浩劫。这有什么办法呢?让人徒然叹息罢了。"近日,流连于梅城的作家甫跃辉如是说。

从梅城归来,我看到了美景,也看到了梅城对发展的渴望。不管怎样,梅城,从来都不应该被人淡忘。不论是人文历史,还是自然风光,梅城都应是钱塘江沿岸的一颗璀璨的明珠。论历史意义,梅城自周王朝封皖国以来,历代郡、州、府、县治多设在这里,自古就是兵家争夺之地,历史上

清末严州府街景

赫赫有名的严州府便立足于此。谈山水好景,乌龙山下的梅城也早已扬名在外。"梅城山水佳,风景独现秀",清潭碧水,锦峰秀岭,野旷天低,江清月明。马头墙,青石路,木雕栏,粉墙黛瓦;思范亭,六眼井,飞檐坊,七里扬帆。这些时间的信物仿佛带我们走进那商铺林立、车水马龙的梅城往昔,每一块城墙都有它的灵魂,每一座牌坊都有着自己的故事。

说到牌坊,在近日的考古发现中,有一块带有"清"字样的牌坊吸引了人们的注意。它是严州衙门桥楼前的第一座牌坊——清朝耳目坊，意为要做朝廷的眼睛和耳朵，倾听百姓的心声，传达百姓的心愿，艺术价值与文化价值不可估量。梅城的每一处都散发着历史的幽幽遗香。

新的时代梅城也将要迎来它新的改变。"对这么一座古城，我们一直心怀敬畏之心，保护优先，注重文化挖掘和传承。"建德市梅城镇党委书记何瑞洪说。2017年以来，建德市已全面拉开了古城综合保护开发建设的框架，立足打造"全国知名活态府城和杭州拥江发展示范区"的总体定位，坚持山水城区一体规划，产城人文融合发展。

"梅开二度"不再只是一个美好的幻想，"千年古府"的历史韵味正在慢慢地从这片古老的土壤中飘出、扩散，闪耀过荣光的建德已经在归来的路上。

三　一叶渔舟

落日余晖，缀遍秀峦叠嶂；明月清辉，洒满一江碎金。

朦胧月色中，一叶渔舟缓缓归来，一蓑衣老翁站立船尾，轻摇二橹，划出一道道清波，从过去的记忆中向我们慢慢靠近。三江口村是一个拥有得天独厚的胜景的小渔村，在这里还有着九姓渔户的神秘传说。我们有幸拜访了一位九姓渔户的后代，从他口中，我们对一直以来十分神秘的"九姓渔户"有了更进一步的了解。

所谓"九姓渔户"是指常年漂泊在新安江、富春江、兰江的渔民，有说法称这些渔民分别是陈、钱、林、袁、孙、叶、许、李、何九家姓。他们世世代代生活在水上，受制于四大禁令：不准上岸居住，不准与岸上居民通婚，不准读书应试，不准穿鞋上岸。诸如此类的禁令限制了他们的生活范围，却没有给他们热爱生活的心套上枷锁。关于九姓渔户的来历一般有三种说法：

第一种说法是九姓渔户是陈友谅的子孙九族。相传，元朝末年，人民生活在水深火热之中，群雄并起，反抗腐朽的蒙元统治，渴望建立自己的政权。经过几轮的角逐，九州天下的所有者，即将于穷苦农民出身的朱元璋与同样悲惨的渔民后代陈友谅在鄱阳湖决战后产生。最终朱元璋赢得了胜利，俘虏了陈友谅的子孙九族并将他们变为"贱民"，流放到新安江流域。从此他们失去了与读书应试、与岸上通婚等的机会，生活范围被限制在了水上。

第二种说法与第一种类似，但是对象从陈友谅的子孙后代改为了陈友谅部属的后裔。《浙江通志稿》称，其祖先是陈友谅的水军统领。明初，朱元璋将其水军将帅及部属贬为贱民，世代舟居，以渔为业。

第三种说法则是说九姓渔户是南宋亡国大夫的遗族。相传元兵南下，打下杭州，一些不愿受蒙古人蹂躏的士大夫和百姓，带着自己的亲眷移居浙西水上，终日捕鱼为生。

旧时水上人家

相对说来，第一种说法人们的接受度最广。由于时代久远，具体的事情真相我们也无从考证。据这位"渔户"后代说，大约是因为被贬至水上，祖父辈们甚少提起自己的祖先。这位已接近花甲之年的老伯只记得自己11岁之前一直生活在江水之上，亲友们若是有事需上岸，也必会在腰间系一带子。此外他印象最深刻的风俗，便是极具"九姓渔民"特色的水上婚礼。在受限环境下，他们依然热爱着生活，努力创造生活的美好。

因不被允许与岸上通婚，九姓渔民及其后代只能相互婚配，繁衍生息，久而久之便渐渐产生了一些与岸上人不同的风俗习惯，被称为"水上吉普赛人"。风俗中最具特色的便是他们的水上婚礼。水上婚礼主要有九项程序：两船相抵，鸣炮奏乐，发嫁妆，请新娘，吃离娘饭，抛新娘，拜天地，入洞房。其中最吸引人的一项应该是抛新娘。新娘在吃完由利市娘喂的一口"离娘饭"后，要端坐在一个红色木盆中，由其叔父或兄弟抬起，抛到男方船上，并由男方派出的几个青年接住，一抛一接，是谓"抛新娘"。这一极具特色的水上婚礼习俗已经在2008年被列入浙江省非物质文化遗产项目。三都镇政府也对该地区文化进行了重点保护，充分利用当地山水生态资源，挖掘"九姓渔民"民俗文化。

村民们依傍渔业打造了特色渔家乐。在每个金秋时节，三都渔村都会举办独具特色的三都渔家风情小镇民俗节。当地组建了一支由18个九姓渔民后裔组成的水上婚礼表演队，在这里游客们可以看到具有"九姓渔民"特色的水上婚礼表演，可以品尝可口的灰汤粽和现打的糯米麻糍，可以享受九姓九菜的渔家宴，可以亲自去春江源的万亩橘园采摘皮薄多汁的新鲜柑橘。值得一提的是有趣的渔家宴，清冽的江水中现捕的雀跃鲜鱼便是"九姓"渔家宴的主菜品。"九姓佳肴"的设计巧妙地融合了九姓渔户的历史：陈坛鱼跃（陈）、钱江飞燕（钱）、双木鱼排（林）、一叶编舟（叶）、许愿鱼头（许）、何缘鲜烩（何）、桂李芙蓉（李）、袁味酥鱼（袁）、福孙满腹（孙）。一口咬下去，滑嫩的鱼肉和文化融合的鲜香从每一个人的齿间流出。三江口村将渔业从过去延续到了现在，并根据现状赋予了它新的文化内涵，在以它谋生的同时，又将过去的"九姓渔民"文化以及木偶戏等文化内容传承至今。

他们上岸的自由或许被无情的禁令限制了，他们热爱生活的心却无法被任何政令绳索捆绑。文化也是如此，它有时候像淬火过的钢一样坚硬，冷脸面对强势的文化侵略，任凭外来殖民全方位的疯狂打压，依然不弯曲它最后的脊梁，即使经历了几乎灭绝似的狂虐，在一个文化群体中，永远有坚守那些东西的人，即使有时迫于无奈不能光明正大地去复兴，也会在心中默默地坚守；文化有时候又像涓涓的溪水一样细软，无论多少重框框条条挡住它周围的去路，它总是有办法从人们心里，流经那些容易被人忽视的、小得不能再小的缝儿，成功地逃出生天，在外继续生根发芽。当然这并不意味着文化或者说一个地区的风俗是顽固守旧、一成不变的，我想表达的只是一个地区的文化因子不会因外在的各种消极因素而消失殆尽，在新的情况下，面对新的时代，这些文化因子也会与时俱进，"审时度势"地组成新的适合外在世界运行方式的地区文化。

第二编
兰江蕴芳

洞天福地烂柯山

周萍爱

"孔子文化""棋子文化"是衢州特有的"两子"文化，如若让我挑选，我更钟情于"棋子文化"。"棋子文化"源自烂柯，对我而言，烂柯本是童年的一种记忆，后逐渐演变为一种执念。今因漫步其中，感受围棋仙境之美与天生石梁之奇，才知从前所听非虚。

一 烂柯棋根

一座小小的山，不过百丈高，无雄伟之势，却因一个传说而闻名于世，它就是烂柯山，衢州围棋圣地。

提及衢州，人们或许对江郎山颇有印象，但却不知，烂柯山也别有一番滋味。古往今来，多少文人志士在传说的吸引下，慕名而来，只为一览此围棋仙境之景。

"烂柯山"之名首次跃入脑海是在小学的围棋课上，当时对于老师讲的烂柯山传说印象颇深："古时候，一樵夫上山砍柴，结果遇到两位仙人对弈，便在旁边观看，等到仙人对弈结束后，樵夫下山发现世间早已过去百年。"此传说使烂柯山成为我心中向往的神秘仙境，令我魂牵梦萦。

再次与烂柯山结缘，是在大学。那一天正值开学季，我送妹妹去上学，才发现妹妹学校背靠着那神奇的烂柯山。但是由于山路崎岖，看似近在眼前，实则如同雾里看花，路途漫漫，故而未曾进入山中。只细细询问山下人关于烂柯山之事。

烂柯山山麓乃是石室乡，此名由来也与烂柯山息息相关。烂柯山有一天生横梁，横梁下形成一天然洞穴，故此山本为石室山，此地名石室，后因仙人对弈传说，改为烂柯山，"烂柯"后也逐渐演变为围棋别称。

自此，衢州抓住围棋产业，建市以来，就先后举办了多场全国性围棋赛事，后创办独特的"衢州·烂柯杯"，自第二届起，被列入中国围棋协会和中国棋院正式比赛项目。衢州因此而大放光彩，经济亦具有蓬勃生机。

二 天生石梁

我去烂柯山之前，心中掠过种种景象，皆是我对烂柯山的憧憬。路上，轰隆的汽车声映衬着我内心的喜悦与兴奋之情，七转八弯，从朴实的街道缓缓驶入大山深处，慢慢地，穿过一片又一片密林，空气愈加清新，鸟声愈加明朗……

忽然，天光乍现，映入眼帘的是一片荷花池，在阳光沐浴下，熠熠生辉，摇曳生姿。荷花池左右乃是不同的景观，往左是忠壮公徐徽言祠，往右乃是我平生之所想，烂柯山。

不知何时，脚步微右倾，探身从阳光下步入青石路中，伴两旁的参天古木，渐入深处。

半山腰处有一石碑，藏在一挺拔小松下，走到近处，细细辨认，才知是唐朝孟郊为烂柯山所作之诗《烂柯山石桥》：

> 仙界一月内，人间千岁穷。
> 双棋未变局，万物皆为空。
> 樵客返归路，斧柯烂从风。
> 唯余石桥在，犹自凌丹虹。

行到山顶，最瞩目的是一道天生石梁，宛若巨虹卧波，横跨东西，南北皆空，其状如桥拱，又似大鹏展翅。正如唐代李深所作诗《游烂柯山》（其二）：

> 嵌空横洞天，磅礴倚崖巇。
> 宛如虹势出，可赏不可转。
> 真兴得津梁，抽簪永游衍。

此诗所写石梁气势恢宏，势不可当，使人有身临其境之感，画面感

孟郊题诗石碑

极强。

　　石梁屹立百年，风吹日晒，不倒不塌，只有石壁上弯曲的枯枝和厚厚的青苔似在诉说着时间的流逝，光阴的变迁。

　　一副巨大的棋盘藏于梁下，形成一神秘棋洞，棋局内容非常人所能参透，但却更显现出烂柯山传说之神秘迤逦。

　　洞前矗立着一亭子，曰"日迟亭"，建于明代万历年间，名称取自元代杨明"洞天春远日行迟"。猛地一看，才发现亭柱上有两副对联，其一曰"灵境迥开天一线，飞梁高跨石千寻"，其二曰"两洞翠云瑶草秀，一枰红雨碧桃飞"皆是对烂柯石梁和石洞的赞美之词。

天生石梁

亭旁有一小块台阶，上有一块石碑，画有阴阳八卦鱼，刻着"青霞第八洞天"。故此处与道教也颇有渊源，道教有三十六洞天，唐末五代的著名道士杜光庭在《洞天福地记》说："西安县（即今衢州）烂柯山，为神州七十二福地之一。"名之为"烂柯福地"。宋代张君房所撰《云笈七签·洞天福地》称"七十二福地第三十，烂柯山"。

有道是"山中方一日，世上已千年"，此神仙与人类的时间差异，与道教追求长生思想不谋而合。

三 佛教缘法

从洞穴望去，风声中明黄色的建筑时隐时现，令人想要下去一探究竟。

沿着青石板向左下走去，清幽寂静，圆池碧水荡漾，千年古樟怡然自得。眼前逐渐出现一座门，门缘破败，但门上牌匾所题之字"宝岩寺"依旧崭新如故。

经过两道门之后，正殿才显现出来，释迦牟尼佛像被供奉在最中间，旁边还有较小一点的观音像。既遇见佛像，不管信不信佛，自是要拜上一拜。殿中有一僧人在诵经，似听见声响，睁开眼睛，目光朝我瞥来。

我见此就轻声询问了几个问题，僧人皆一一为我作答。宝岩寺创建于梁大同七年（541），原名"石桥寺"。宋景德年间赐额名"宝岩寺"。所谓宝岩者即"七宝庄严"之意。

第八洞天

道教有道义，佛教有佛法。

佛法由禅师讲授，追求"善说、现报、无时、能将、来尝、智者自知"。

石室二禅师曾在此出名，但因不传其名，亦不知为何代人。虽然对二禅师知之甚少，后代仍有许多诗人为此作诗，如唐代李幼卿作诗《游烂柯山》（其四）：

> 石室过云外，二僧俨禅寂。
> 不语对空山，无心向来客。
> 作礼未及终，忘循旧形迹。

李深作诗《游烂柯山》（其四）：

> 稽首期发蒙，吾师岂无说。
> 安禅即方丈，演法皆寂灭。
> 鸣磬雨花香，斋堂饭松屑。

现寺庙里大致有十几人，每位僧人每天都有固定的五堂课，内容摘自佛教书籍，形成专门的"课本"。另外还有晨钟暮鼓，都要严格按照时辰来执行。吃饭前也要先在心中向佛祖祷告一遍，才能开动。

时间的湮灭并不能阻挡佛教的传播与承继，自宝岩寺创立以来，代代传承，朝圣者络绎不绝，得道高僧也比比皆是。

四　忠壮祠名

回到荷花池旁，向右前行，走向忠壮公祠，心中略有涟漪。

一代名将，立祠柯山。

徐徽言，乃是宋代抗金名将，他的英勇足以与岳飞媲美。

第一道门后，连接着弯曲的小桥，桥下种着莲花，花开烂漫。走在小桥上，时间仿佛静止，只听耳边风声呢喃，庄严肃穆之感迎面而来。

一抹白色身影忽现，两旁笔直树木风吹不动，似战士般守护着尽头那人。目之所及是一具近 3 米高的雕塑，让人肃然起敬，心中顿时涌现种种情怀，似哀悼，似低叹。

过去的种种若隐若现：徽言以爱国精神激励将士强忍饥、渴、伤、病痛苦，依峙残兵破甲死战……金帅劝降徽言，徽言道："我受国厚恩，为国而死，死得其所，岂能向尔等屈膝！"……

徐徽言塑像

徽言的忠贞壮烈，威震海外。

雕塑身后，一座不大的祠堂静静地立在那里，门墙略有破败，门中所见，更添荒凉之感。两侧立着数块木牌匾，寥寥几语讲述了徐徽言辉煌的一生，枯枝败叶飘落在地，连那彩色金身也蒙上厚厚的尘埃，抬头，只一匾朱熹题词"忠贯日月"依旧展示着抗金名将之威。

柯山之名逐渐远扬，忠壮之威却逐渐衰落，这可以说是十分悲哀的。

烂柯传说值得一探，爱国之人也值得一拜。

爱国是当代社会主义价值观中的重要组成部分，对于每个人来说，这都是一项必备的涵养。虽然我们不能向徐徽言一样沙场点兵，保护祖国安危，但我们仍有自己的爱国方式去报效祖国，振兴中华。

　　下山途中，回首望去，似有人影飘逸，不知是仙人对弈，还是徽言点兵，恍恍惚惚，似是南柯一梦，不知真假。

遍地龙游盼跃腾

郑佳芸

从未如此走近龙游。虽已在这个小县城生活了20多年，也听过许多她的故事，但当自己要提笔诉说她的故事时，她于我而言却是这般陌生。曾数次踏进民居苑，可从未认真地倾听过她诉说的点点滴滴。"东游，西游，不如龙游。"也曾离开过，兜兜转转，最离不开的还是她的怀抱。姑篾故都，带着故事而来，这一次我想拂去那千年的尘埃。

一 民居观史

龙游县城南郊鸡鸣山，山虽不高，但自宋以来便是名山。宋末元初，民间天文学家赵缘督率女婿范铚定居山麓。鸡鸣山范氏后裔范芝崖写下：

　　清旷翠微巅，云水相连。渔舟晚泊绿杨边，点点灯光明转灭，错杂星躔。
　　宋室有高贤，学究司天台，曾观象古今传。水色山光名胜地，人景俱仙。

时过境迁，如今早已不见渔舟唱晚，但登临鸡鸣山，脑海之中却能浮现那一片绿水青山、扁舟晚泊的景象。

龙游者，游龙也。"龙游"在历史上有多个名字，姑篾，太末，龙丘，盈川。吴越王钱镠觉得"丘为墓不祥"，故改"龙丘"为"龙游"，其寓意不言而明。龙游人也未辜负先人的期盼，在诸多商帮之中，龙游商帮跻身明清十大商帮。

龙游商帮享有"遍地龙游"之誉，多经营纸张、书籍、珠宝之类的商品。和当年龙游商帮的经营业务相比，珠宝商和书商业已式微，但纸商仍然活跃。民国年间,叶仕衡经营土纸的店铺遍布全城,有"叶半城"之称。造纸业是龙游的传统产业,作业本的纸和作画的皮纸。如今的龙游,造纸业仍是经济的重要组成部分。在城北和城南两个经济开发区,都有造纸厂的存在。小的时候总在想龙游为什么有那么多的造纸厂,现在看来不过是世代传承下来的产业。

龙游人历来是过着"工不务淫巧,居山之人业樵采"的生活,少与外界往来。商帮的活动改变了千百年来"重农轻商"的传统观念,也改变了这个小县城原有的面貌。龙游商帮的萌发时期可以追溯至南宋。

(朱世荣)流寓常州,致巨富,置厂亘常州三县之半。后归里,复大置产,当时以财雄衢常二府。(民国《龙游县志》卷二十四《丛载·轶闻》)

龙游商帮在明朝正统之前已成气候,但是还未形成集团性的商帮。明隆庆、万历年间正是社会转型时期,人们的观念随着时代的进步发生了深刻的变化。"工商亦本"的观念逐渐得到了认同。明万历年间,龙游商帮与各大商帮在商场中角逐,拔得头筹,鼎盛一时。明中叶至清中叶,龙游商帮遍布全国,风光一时无两。

贾挟资以出,守为恒业,即秦晋滇蜀,万里视若比舍。(万历《龙游县志》卷五《风俗》)

北乡之民,率多行贾四方,其家居土著者,不过十之三四耳。(康熙《龙游县志》卷四)

商帮的繁荣程度从龙游的民居建筑中便可见一斑。民居苑是明清古建筑群,政府从民间收集古建筑聚集在此。走进民居苑,满眼的翘檐口、马头墙、小青瓦瞬间带你回到灿烂的明清盛世。池塘边的街巷上停放着木制的商车,像是回到 700 年前热闹的市集上。这里的每一幢房子都极为奢华,建筑的门楼都是十分精致的砖雕、木雕,庭院上空都有四方的天井,既可采光,又可蓄积雨水。在前人看来,雨水珍贵无比,象征着财富。在奢华的建筑背后是龙游商人们的辛勤经营。

龙游民居苑建筑

二 松阳担古道

龙游虽位处山区，但地当浙闽皖赣四省通衢，是"东南孔道"的四省交界地带。万历时知县万廷谦说：

> 龙丘浙衢胜壤，水陆辐辏。（民国《龙游县志》卷末《前志源流及修志始末》）

虽是山区地带，但衢江贯流县境中部，又有灵山江、芝溪等溪流经过，水陆通畅，商民因而长期负贩四方，这是龙游商帮诞生的客观条件之一。

上塘岭是龙游历史上一条重要的商路。龙南山区出产的竹浆纸，往南运走的就只有上塘岭这条山路。山路险峻，只能靠人工肩挑至松阳或遂昌县的金岸，再循水道达温州，谓之"挑松阳担"。挑松阳担者，实际上就是从事龙游和处州府松阳县之间商贸活动的行商组织的挑夫队伍。挑夫们带着竹浆纸出去，挑着松阳的瓷碗或是食盐回来。挑夫从县城出发的时候是绝不会走空路的,他们挑着大米到南乡的灵山或是溪口等市镇,再换成当地的竹浆纸。上塘是今沐尘畲族乡中的一个小山村,虽是一个不起眼的小村庄,挑夫和商人们都在这里歇脚留宿。这里繁忙世俗的生活景象丝毫不逊色于市镇。小小的村庄也被分为上街、中街、下街三块。

上塘岭的路并不好走,虽只有两公里多,但是地势险恶。顺治年间任龙游县教谕的黄涛曾写下这样的诗句描述上塘岭:

游山仍傍水,水曲路穿山。鸟道凌空上,羊肠望远攀。
郫筒通绝涧,蜀栈补危湾。豺虎应藏迹,荆榛近已删。

这一路虽依山傍水,可是路窄岭陡,难于上青天。不负重行走都有些许困难,更别说是肩挑货物。

从龙游到松阳的路是由石子铺成的山路,道路险峻。由于翻山越岭的需要,挑夫把担子装得一头重一头轻,以便随着山势起伏调整重心。行路的时候,挑夫队伍定是由富有经验的老手领头,一路稳步行走。挑夫们的担柱都做得粗,下端装有用铁制成的尖头。前面的挑夫拖着担柱行走的时候,嵌在担柱中的铜钱就会互相碰撞发出清脆的响声,后行的人凭借声音判断前面担夫的情况,调整自己的行动。一个传一个,一下子就从头传到尾。为了防备盗匪,大家都结伴而行。商业兴盛的背后是商贾们率领的挑夫队伍,负着重担,一步一个脚印,不辞辛劳地走出的这一条布满血汗的商路。

路是人走出来的。不畏艰难险阻是龙游商帮的一个重要特点。

龙游之民,多向天涯海角,远行商贾。(明天启《衢州府志》)

在当时的环境和条件下,在外行商可不是一件易事。山高路远,风险甚多;天灾人祸,猝不及防。很多人都是有去无回。男人在外行商,顾不上儿女情长和家长里短。家里的女人要承受起生活的重担,侍奉父母,抚养孩子,耕作土地。精神上的痛苦更不必多说。他们守望着自己的丈夫平安归来。随着守空闺的妇女越来越多,一首名为《丈夫出门十八年》的民歌伴随着阵阵捣衣声广为传唱:

哭公鸟，叫连连，丈夫出门十八年。没儿没女真可怜，三寸金莲下烂田。
　　两石田种到大溪沿，两石田种到山边沿，
　　大水冲来冲着奴格田，日头晒来又晒着奴格田。
　　种起稻来青艳艳，生出谷来两头尖。春起米来白鲜鲜，磨粉做馃光圆圆。
　　猪油包，菜油煎，想想没儿没女吃个添。

　　我想，至今都少有人可以体会这种杳无音信的分别。我们也没有丝毫理由轻言妄断一对对新婚夫妻的离别。这些多情女人的抱怨，种稻时的无奈，不问归期的等候，成就了龙游商帮的传奇。我们也不难想象，勇敢的先行者们是抱着怎样悲怆的心情告别亲人走上这条不知归期的道路。
　　而今，龙游商人仍旧不缺走南闯北的那份勇气。数十万的龙游商人活跃在全国各地，在金融、地产、商贸、制造等行业创下不俗的业绩。他们是背井离乡的远行者，心怀四方，凭借一腔孤勇，肆意前行。

三　儒商风气

　　义无反顾地出发，并不一定能够实现心中所想。商场如战场，不仅斗勇更是斗智。
　　珠宝是龙游商帮的主要产品。珠宝商们要只身一人把价值千金的珠宝带到京城，自然是要动点脑子。因此，他们把自己打扮得像个叫花子。

　　其（童洋）往大同宣府也，去则精金珠玉，来则盐引茶封，动有巨万之资，皆卷束于怀袖，舟车鞍马之上萧然若贫旅而无慢藏之诲。是以履险若夷，居积致富，俨若陶朱。性儒雅，所游者皆士大夫。（《桐冈童氏宗谱》）

　　童洋是龙游珠宝商的代表。他动辄巨万，生意做得非常大，一部分原因是他善于伪装，有勇有谋。龙游商帮是一代儒商，他们深受儒学的熏陶。北宋末年，金兵入关，宋高宗率旧臣南下，在今杭州建都。山东曲阜孔子第四十八代世孙亦随南下，赐居衢州。孔子后裔在衢州大建书院，坐馆授学，使儒学在浙江这一片土地上得以传播。

童氏民居

　　龙游商人能够在珠宝、造纸、印书等行业立于不败之地，除了开拓进取、不畏艰辛的品质之外，具有较高的文化素养和诚实守信的品质也是其取得成功的重要原因。"金衢严三府第一家"姜益大棉布店，薄利多销，童叟无欺。在以银圆为货币的时代，人们曾饱受假银圆之苦。但当时的龙游人因为他们有"姜益大"的保驾护航而没有这方面的困扰。当时的姜益大设有专门验收银圆的柜台，但凡是经过验收确认银圆是真货，店员便在银圆上打上"姜益大"的钢印，因而人们可以放心大胆地使用，在市面上绝对不会遇上麻烦事。对于"姜益大"来讲，信用不仅仅是一句口号、一种标榜，更是一种在商业活动中得到认真贯彻的理念。余恩鑅晚年回乡创办滋福堂药号，请了兰溪名医姜本耕任经理，所制的药都经严格监制。他还以儒商的身份教育后代，培养后代，形成书香和药香共芬芳的家庭传统，其后代数世书香，书画传家，并最终培养出了余绍宋这样的文化名人，他创办的滋福堂中药店，也在其后代的维护下，成为龙游至今犹存的百年老店。

龙游商人李汝衡生意做得很大，几乎垄断了湖北省十五郡的丝绸市场，拥有舟车百余辆，但他平易近人，时人认为是"侠而隐于贾者"。他与士大夫高官皆有往来。凡人有困难向他告借时，他从不计较利息多寡，都热心帮助。按时向官府缴纳税款，从不避税。楚地士人皆视他为知己，乐与交游。明朝高官李维桢还为他作传，写了热情洋溢的文章，表彰他的品行。

士商结合，以经商获得之财助力儒学的学习。童珮，幼时随父亲贩卖书籍，曾向归有光请学。他集书、藏书、刻书、校书、贩书、鉴赏书画，还曾参与过修编万历《龙游县志》。他性格沉静、不喜奢华，傲视官场公卿，与平民布衣往来，重情义。曾有人赞其诗"含思峭绝，寄情幽远，风旨才调，夐绝人群"。这样一位学问高深的书商，实属罕见。

儒商的传统一直延续到现在。龙游商人信奉"财自道生，利缘义取"，主张诚信经营。龙游辰港宣纸有限公司数十年来，一直坚持着手工皮纸的制作，是龙游现存的唯一一家手工制作皮纸的企业。龙游皮纸制作技艺复杂，流程很多，有皮料制作、草料制作、混合配料等三个过程共55道工序，整套技艺具有很高的艺术价值。龙游皮纸制作从原料加工到成品纸的制作，每道工序全由手工完成。该企业从不出售品质不达标的纸，也不售卖分量不足的产品。一刀土法皮纸，传承的并不仅仅是手工制作的技艺，更是诚信经营、以义取利的经商原则。

四　再图龙腾

衢江之水迢迢东流，不舍昼夜。

"遍地龙游"的历史是璀璨的，亦是短暂的。历史的年轮滚向19世纪，洋人的坚船利炮打开清朝的国门，水运时代逐渐进入了衰败时期。龙游商帮靠着衢江的水运优势发展起来。人们早已习惯衢江的流速和节奏，习惯于水运培养起来的思维模式和行为规则。新事物如猛虎般扑向他们，他们毫无招架能力。

优胜劣汰，适者生存，世间的任何事物无一特例。龙游商人靠着自己的辛勤和进取致富，但是他们的眼界确实十分狭隘，仅满足于眼前的富裕，丧失更大的野心。

习尚昔固号俭啬也，今则日事于侈靡。（明万历《龙游县志》序）

当然，我们不能将龙游商人落败的原因全归于他们自身，整个商帮的衰落必然与当时的社会因素撇不开关系。

清末社会动荡。太平天国运动中，因为龙游是兵家必争之地，连年战争，土地荒芜。龙游商帮的根基动摇，许多商人外迁至宁波、温州等地。留下的商人更倾向于安守祖业。鸦片战争之后，外国商品、技术的进入，大大打击了龙游商人的产业。龙游商帮的造纸业、印刷业、珠宝产业受到了工业文明的极大冲击。

随着铁路、公路的快速发展，近代海洋文化的兴起和海外贸易的发展，龙游的水运也失去了原有的优势。清光绪后，随着海上贸易的迅速发展，宁波商帮应运而生，渐渐地取代了龙游商帮。所谓"成也萧何败也萧何"，大概就是如此吧。龙游商人固守着原有的财富，走向了衰落。龙游籍方志学家余绍宋曾感叹道："遍地龙游之说，久不闻矣。"

历史不会因为任何一个人而停下她的脚步，衢江的水依旧不分日夜地向东流去。人们不应该忘记一个时代是如何兴起又是如何衰败。唯有昂首向前，脚踏实地才能跟上并赶超狂奔的时间之流。站在鸡鸣山上，再一次望着这一个跳动着的城市，我期待她再一次的辉煌。

山哈漫舞围柳城

贾珍艳

关于武义，魂牵梦绕。武义柳城畲族镇，在那一天，我们相遇了，岸的这头是我，岸的那头是你，我飞舞蹁跹来到你的身边，十指相扣，深情相拥，互诉衷肠。

初入柳城，张灯结彩，无处不透着欢乐的气氛。这份美好的相遇，这份美好的承诺，只为欣赏你那别开生面的畲族婚礼，优美动人的畲族语言，唇齿留香的武义宣莲，日新月异的城镇经济。我在最美的年华里与你相遇，时光在每一秒的绽放与流动中变得珍贵而隽永。

一　追根溯源

已经决定，过不久去武义柳城畲族镇。

直到今天我才好好了解了武义畲族的历史。

遥看中华大地，布满了五颜六色的花，细细一看，红的、黄的、粉的……扳指一数，竟有五十六种颜色的花儿在静静绽放着。每个颜色的花儿都代表着一个民族，畲族，自然也包含其中。

"畲"字出处甚古。追根溯源，"畲"字一词，源于"畬"。畬，《说文解字》曰："三岁治田也。"《易》曰："'不菑，畬田'。从田，余声。"就是说，畬是连续三年经过耕种的田地。此外，作罢又读 shē（音似"赊"），为刀耕火种的耕作方法的意思。这样的田地又叫畬田，即第三年已垦好的熟田。那么，作为族称的"畲"，又是始于何时呢？回想1000多年前，一支南方游耕民族从原居地——广东省潮州市凤凰山四散迁徙到此地，瑟瑟秋风，入眼是一片荒芜，上有耄耋老人，下有黄口小儿，迫于生计，他们到处开荒耕地，久而久之，他们便以其游耕经济的生活特点而被称为"畲民"，沿用至今。据刘克庄《漳州谕畲》记载："民不悦

（役），畲田不税，其来久矣。"《龙泉县志》记载："（民）以畲名，其善田者也。"之后，畲族渐渐地发展起来了，人丁兴旺。

除了在田地里辛勤耕作外，在元代初期，各地的畲民还组织起义军，纷纷加入到抗元斗争的队伍当中去，因此在历史上也留下了浓厚的一笔。再后来，俯瞰中华大地，各个民族的人们杂居在一起，睦邻友好，畲族也渐渐由一支分为了好几支。武义畲族迁入大概是从明朝末年开始的，一直到解放前夕，清朝顺治、乾隆年间有大量的畲族人民迁入。在武义县居住的畲族，他们主要有蓝、雷、钟三种姓氏。

沿着自然的山哈古道，拾级而上，看不见山的转角，看到的是远处的群山环抱，溪流绕村，林壑幽深。在这古朴而静谧的环境里，畲族民歌悠扬动听，浓郁的畲族生活气息弥漫在"背山林黛含烟，建筑吸幽纳秀"的村庄中，缓缓留下岁月的痕迹。

二　婚俗礼赞

最赞不过畲族婚礼，最美不过才子佳人。在生活中，我见到过的婚礼形式多种多样。比起西方婚礼，我更喜好的是中国传统婚礼。虽然西式婚礼的程序过于简洁，节省时间，相比之下，中式婚礼的程序繁琐而又复杂。但我认为这种复杂，正是老祖宗给我们留下的文化命脉，需要传承与继承下去。前文也说道，每个民族的习性不同，那么婚俗习惯也有其值得探究的地方。

伴随婚姻而产生的文化现象我们称之为婚俗。想要了解一个民族的社会生活，那么就必定要了解其习俗。简而言之，我们可以透过武义畲族的独特婚俗，一来较为清楚地了解当地的民俗文化，二来观察畲族民众的社会生活及抓住当地的文化艺术发展态势。

改革开放的春风早已飘向全国大地，穿过河流，越过高山，西方的婚俗也渐渐影响着百姓的生活。许多新娘不再热衷于头盖红布、身穿红袍，或继续遵循古代的婚俗，随处可见的，是那西式白婚纱。汉族人的基数很大，所以说畲族婚礼很少见，特别是一场真正的传统畲族婚礼更是少之又少。我和我的父亲恰好很有幸地见到过一次。那场景可真热闹啊！一大群人簇拥着新郎新娘从这头走向了那头。

犹记得父亲在清晨把我叫醒，说是迎新娘的新郎来了。匆匆睁眼，快快洗漱，那时晨雾并未褪去，新郎已迫不及待地要见新娘了。新郎身穿着畲族传统民族服装，与赤郎、行郎（相当于伴郎）和厨师一起，端着鲜猪肉、糖、烟等物品，在媒人的带领下，一同踏上了迎亲的道路。

在面见新娘的时候，新郎早已过五关、斩六将，突破了重重困难。新娘梳妆打扮好之后，就要离开自己的家门，登上花轿了。此时，花轿早已在门口等候多时。据赤郎说，这顶花轿有着几十年的历史，是老古董了，为了结婚，新郎特地把它重新拿出来迎接新娘。我的心中微微讶异，想到这坐花轿的历史可真谓年代久远啊，岁月悠悠，畲族的婚俗经得起时间的考量与历史的见证。经过一番收拾，花轿变得焕然一新。从外面，可以清晰地看到轿身布满了大红锦缎，顶部的襟沿顺着四周，并用花边和黄色流穗加以点缀。在帘布上，还映衬着两只相向而飞的美丽凤凰。挂在轿门上的三串果品，从顶部到底部，依次是橘子、柿子饼、花生三样，象征着"大吉大利"的美好寓意。

迎亲的队伍浩浩荡荡地穿过充满诗意的田间小巷，鼓声在天空中回荡。恰逢节假日，又碰上难得的大晴天，这场婚礼还吸引了像我和我父亲一样的大批游客前来观看，畲族人也毫不见外，热情地邀请游客一起参与进来，于是大家热热闹闹地跟着迎亲队伍走了一路。

晚饭过后，就是婚俗当中的拜堂仪式。父母、祖父母等长辈就沐浴在堂中先人的香火下，赤郎和赤娘手提茶壶，默默站在一旁。根据传统，仪式是由畲族当中最有声望的老人主持，新娘和新郎站在正中央，老人高声呼叫道"三拜"，"一拜天地，天长地久；二拜高堂，高堂欢喜；三拜祖父祖母，寿比南山……"拜堂结束之后，赤郎和赤娘就将新郎和新娘送入洞房。

至此，别以为这场婚礼就结束了。其实啊，这场独特的畲族婚嫁并未画上句号。入夜时分，众多亲朋好友围坐在一起，不知是谁起的头，大家纷纷唱起了欢快的山歌，浓郁的喜庆氛围弥漫着整个村子。唱着山歌，把新生活的伊始唱响了，随着这场热闹的婚礼，游客们也紧紧地融入到了这两位新人的幸福之中。最后大家消除了彼此之间陌生的隔阂，好像就是一家人一般，手拉着手，围成了一个大圈。我也被一位美丽的畲族姐姐拉着，唱着歌跳着舞，这些记忆会深刻地烙印在我的脑海中。

由此观之，武义畲族有着自己的婚俗特色文化。就目前来讲，婚俗文化是一项最具特色和吸引力的旅游资源，同时也是少数民族风俗活动中最绚丽多彩的一部分，开发这种少数民族婚俗的旅游资源，我认为对少数民族地区的经济发展起着重要的作用。这种开发，既适应并突出了当地婚俗文化的特色，可以吸引众多游客前来旅游参观，从而产生巨大的经济效益和社会效益，并借此推动少数民族地区的经济发展，实现民族团结，共同繁荣。

三　文化三月

三月三，那时又被称为上巳节，是中国的传统节日之一。据传说，黄帝的诞辰就是三月三，自古以来，中国就有一句古话："二月二，龙抬头；三月三，生轩辕。"

除此之外，农历"三月三"同时也是畲族的传统节日。每年的农历三月初三，畲民们放下手头的事情，自晨至暮，对歌盘歌，怀念始祖，并炊制乌饭，故那日又称"乌饭节"。这种风俗世代相传，延续至今。

武义柳城畲族镇的"三月三"活动形式丰富多样，包罗万象，包含畲族"百人祭祖"，畲族歌舞情景剧，山哈宴等活动。这些活动个个精彩纷呈，游客们也参与进去，三月的畲山茶飘香啊！三月的畲歌隔山响啊！畲族男女老少都穿上节日的盛装，以歌传情，以歌会友，山歌对唱此起彼伏，共同表达出对美好生活的向往和热爱。彼时的街头巷尾张灯结彩，彩旗飞扬，大家都欢腾起来了。

在畲族的"三月三"之前，气氛就热闹起来了，畲族人民无论是在田间干活，还是走访亲朋好友，都伴随着歌声一起唱歌。从日出而作至日落而息，唱兴十足。来自天南地北，不同地方的游客与畲民欢聚一堂，一起来到这里，切身体验着独特而浓郁的畲乡风情。醉美田垅四月天，畲族风情三月三。人山人海，好一番热闹喧腾的场景。

近年来我省各地畲乡积极引导少数民族发展区域特色经济，挖掘并传承畲族当地的优秀传统文化，并借此机会扶持各民族村，根据自身实际情况，来开展特色村寨建设。武义畲族积极响应政府的号召，从2013年起，武义县每一年都要举办畲族"三月三"文化节活动，武义县通过大力传承和挖掘畲族传统文化，推出了特色旅游线路，将畲族文化融入当地的富民经济之中，使畲家风情游成为农村旅游的一个新亮点。

畲乡风情与畲家风采在畲族"三月三"中得到了充分展现，这有利于弘扬畲族民族的优秀文化习俗，从而更能推进畲乡农村振兴的建设，并扩大畲族、畲乡文化品牌的影响力。

四　十里宣莲

对于莲，高雅神圣之物，古代文人多有所咏，视为心头所好。周敦颐先生的《爱莲说》中提到："予独爱莲之出淤泥而不染，濯清涟而不妖，中通外直，不蔓不枝，香远益清，亭亭净植，可远观而不可亵玩焉……"

武义多湖沼水池，一方水土养一方人。在多水的武义，在碧波荡漾的畲族镇，人们种植莲的历史可以追溯到从前的开荒岁月。此处盛产莲，尤其是宣莲。冬临，荷钱不发，静待春暖；春来，茶叶竞发，嫩薹出水；夏至，接天荷叶，映日荷花；秋降，荷杆独撑，残荷听雨。

"读万卷书不如行万里路"，实践出真知的话语还在脑海中回响。曾和同伴来到武义做社会实践，在解决吃饭问题的时候，我无意中发现，在武义畲族的特色食谱中，武义莲子汤作为餐前点心已经成为一种特色传统。武义莲子，可谓独特，乃莲中极品。

在古代，莲是荷之实。《尔雅》中说："荷，芙蕖，其茎茄，其叶蕸，其本密，其华菡萏，其实莲，其根藕，其中菂，菂中薏。"古文虽说如此，但在现代语境中，莲即为荷，有荷必有莲。但并不是一切的莲子都叫宣莲。宣莲，始种于唐代显庆年间，它借助山脉之余韵，渐长渐美，"天赐宣平黄金土，地育宫廷白玉莲"。我们走过那漫长的"十里荷廊"，众人对宣莲皆是表达了无限的赞美之情。

宣莲是畲族镇的特色之一，虽说畲族人口不多，但有着一双双巧手，做出了许许多多沾莲带荷的美食。荷香白饭鱼，琥珀莲心，猪肚莲子饭……酒足饭饱之后，漫步于街巷，周身弥漫的都是莲的气息。行走在柳城中，随处可听的是那优美动听的畲族语言，随处可见的是那与莲有关的小玩意。

以荷为美，莲呈吉祥。莲子的顽强生命，造就了古老的风情习俗，即便过了千年，尚能发芽。《本草纲目》记录到："莲，享清芳之气，得稼穑之味，乃脾之果也。"平常吃到莲心的时候，就如黄连一样苦，人生多苦厄，莲心最珍贵。想想，人生的辛酸与悲苦也莫过于如此吧。命耶？运也！

这美景那美景，各美其美，美美与共。但要我说好看，那必然是在日之将出却未出之时。晓雾初上，晞光微露，天幕低垂，只见几个村姑在田里洗足玩笑，个个洋溢着甜美的笑意。过了一会儿，她们就顺手扯下安放在肩上的披巾，擦一把汗水，便提着满满的一篮莲蓬匆匆赶集去了……

晨起赏荷，就如落日见霞，自是风情万种，不予言说。"唯有绿荷红菡萏，卷舒开合任天真。"仿佛回到当年，杨万里晨起在西湖净慈寺送行友人，留下了"接天莲叶无穷碧，映日荷花别样红"的千古名句。武义柳城畲族镇还举行了宣莲节，虽看不到"红白莲花开共塘，两般颜色一般香，恰如汉殿三千女，半是浓装半淡装"的俊美景色，但秋末冬初的宣莲节却迎来了莲子的丰产时节。在众多亩荷塘里，肆意绽放的荷花已寥寥无几，一支支饱满的莲蓬从接天莲叶中悄悄探出头来，宣告着村庄迎来了一年当中最为繁忙的收获季节。

老百姓如是说："之前一天一共摘了千斤多的莲蓬，它们被制作成了130斤干莲子，真多啊。"除去青年劳动力，几十名年近六旬的村民也顺利完成了剥壳、去皮、捅芯、晾晒、烘干等流程。再过几个小时，他们的劳动成果就变身成为饱满圆润的莲子，每天都能给村里带来近万元的收入，村民的幸福感大大提升了。

近年来，武义大力发展宣莲种植，因为这一颗颗宣莲，是乡村振兴的好"宝贝"。目前，浙江省乡村振兴的号角已经吹响。从武义畲族村落的转变中，我们可以看出农民在推动乡村振兴中具有重要作用，也看到了一个平凡普通的村庄抓住机遇，抓住当地特色所创造出来的无限可能。

五 武义宣言

我到武义畲族镇的最大享受，是找一个微光的清晨，最好是秋末冬初时节，在湖边、池塘边上独自行走。湖边、水池边既没有碑文、对联，也没有匾额、题跋，也就是说并不存在着文字污染，自然也没有文本文化对自然生态的侵凌和傲慢，只有我一个人充分地领略着即将收获的喜悦。在岸边驻足片刻，宣莲节就要开场了，刹那之间，畲族婚礼、三月三歌会的热闹氛围也向我袭来，我慢慢享受着这其中的欢乐。

我对武义，现在只剩下一个最小的建议了：找一个合适的机会，建立一个广大的平台，将武义畲族这个品牌推广出去。在推广出去的时候，顺便围绕着建设"山水风情古镇"的发展目标，按照"生态立镇、旅游兴镇、农业稳镇、商贸活镇"的发展战略，着力发展武义畲族所居住的地方，使其更快地朝着生态农业、特色旅游、绿色工业的方向去努力。并让当地政府加快城乡基础设施建设，重民生保稳定，保持经济社会平稳健康发展。

武义何其幸运，当别的地方还在为挖掘特色产业而烦恼时，武义已经依托畲族特色，深入挖掘畲族文化，展示畲族婚嫁、畲家原生态山歌等独特文化。让游客在娱乐休闲中感受畲家的独特魅力，并形成集吃、住、行的乡村休闲旅游场所。

武义柳城畲族镇真是一个好地方。

忘记一个时代是如何兴起又是如何衰败。唯有昂首向前，脚踏实地才能跟上并赶超狂奔的时间之流。站在山上，再一次望着这一个跳动着的城市，我在期待她再一次的辉煌。

俞源太极星象村

梅辉煌

何为舒服，是微风拂面，是细雨润土，是眼前的美景，鼻尖的馨香。极尽对舒适之感的想象，也难媲美置身于俞源太极星象村中时的所见所闻。在这里，我沉醉于明清建筑的古色古香，惊讶于阴阳八卦的奇诡变化，痴迷于历史传说的妙趣横生。回想坐在古石桥上喂鱼的美好时光，心中浮想联翩，回首去到俞源古村落时，那是一种仿佛身处桃花源的飘然，那儿的建筑、人、自然景物处在一种极和谐的状态，仿佛浑然天成。

俞源古村一直都在，安静地向世人展示她历经千年的沧桑与独特美感。惊鸿一瞥，便是千年。

一 耳目所及皆风光

初听"俞源太极星象村"时你会有什么感觉？玄门太极遇上了星辰万象，你是否同我一样觉得神秘极了？这个古村落，灵动的绿撞上了典雅的灰，是江南气韵氤氲而生的一朵墨色莲花，神秘而不失稳重。她的旖旎风光，茕茕孑立，怎能不让人心向往之？

民国《宣平县志》载俞宗焕在道光乙酉年所作的《俞源广惠观重修记》一文，其中写道：

> 宣邑山水惟俞源为最，自九龙发脉，如屏，如障，如堂，如防，六峰耸其南，双涧绕其北，回环秀丽，如绘也。

俞源坐落于武义县西南部，四面环山，地势自西南向东北缓降，呈"九山半水分半田"的地理格局。因此清晨常有雾气，过了村外的青石牌坊后眼前才豁然开朗。盛夏的时光，雾气消散得很快，阡陌纵横的稻田泛起阵阵绿浪，炊烟笼罩的竹林透出声声鸟鸣，再看田垄上悠闲寻食的鸡犬时，不禁想到"阡陌交通，鸡犬相闻"，让人生了误入桃花源之感。

古村落既名为太极星象村，自然太极之象是少不了的，我第一眼所见的便是这太极田。为了看清它的全貌，我兴致勃勃地登上了东南处的丘陵。山溪不知源起何处，从村东南流入村内，再呈"S"形逶迤流向村外田野，并在村口画出一个巨大的太极图，这"S"形的溪流恰是太极阴阳鱼的分界线。溪水的东部，也就是"阴鱼"处古树参天，郁郁葱葱，正好有一个小巧秀丽的小池塘在鱼眼处，如恰逢阳光灿烂的天气，恰如鱼的眼睛一闭一睁，玄妙无比。与溪东相望的溪西"阳鱼"的鱼眼处，植被农作物如风过山峦，绿浪滚滚，像鱼儿在碧潭中畅游。我虽不懂阴阳八卦，却也知阴阳协调即诸事顺调，自然如此，人亦如此。

山水之内，沿着溪流入村，脚下的路非常精致，是由鹅卵石混着细沙铺就，走上去格外舒适。小溪将村庄切为两份，鹅石小巷犹如细线串联起这一栋栋的古建筑。多行几步至村落中央，目光一下子就被气势恢宏的俞氏宗祠给吸引住了，首先映入眼帘的是那五对高耸入云的大旗杆，目光往下，是古宅院的典型标志——高长木门槛和两旁冷灰色的抱鼓石。耳畔仿佛有一种低沉的吟咏声，时间所带来的那种历史的厚重感，再没有比此时更可感知的了。

现代的建筑，大多是四四方方，如豆腐块般，缺少美感。纵然是钢筋混凝土筑成，也不过短短几十年就会颓圮坍塌。但眼前的这些建筑虽是石垒泥屋和青石木屋，却无不雕梁画栋，形态各异，更令人赞叹的是它们历经沧桑岁月，房屋庇护着村民，村民也爱护房屋，用爱温养的建筑自然是历经风雨依旧不倒。

俞源村的古宅是浙江中部与东部的建筑模式，院落宽阔开放，不似徽州民宅那般紧凑。其典型形制也是三进两院，前厅后宅，围墙高大，有封火墙。宗祠是其中最具代表性的建筑。在宗祠还没有被列为保护文物时，我的姑婆是住在大院里的，如今老人家已逝世多年，我再踏入院内，犹得年幼时她领我进去吃长面的情景。无论是正厅、中厅还是寝堂与两侧的庑厢、廊房，均高低有序，错落有致，浑然天成。站在湿漉漉的天井里，环顾宗祠，只见廊柱高耸，屋梁稳重，木雕精巧绝伦。尽管由鹅卵石组成的图案已被岁月的青苔所遮蔽，但饱经沧桑的飞檐、牛腿、门雀及众多由名人名家所题写的匾额，却仍然在述说着俞氏家族过往的辉煌，古戏台对面正厅中央那块由明代宰相赠送的"壬林堂"大匾,更是把俞氏家族当年的地位与声望描画得淋漓尽致,"处州十县第一祠"当之无愧。影视剧里不少世家大族的宗祠都有自己的戏台子,俞氏宗祠也不例外。戏台高悬的匾额上书"碧云天"三个大字,站在被誉为"金华八县第一台"的古戏台的中央,可以近距离观察戏台四面精美绝伦的雕花,以及戏台顶的八卦藻井。

  我虽来过多次,但村中小巷纵横交错,不出意外,又迷路了。我发现村中每隔一段距离就会有水塘和水井,皆是绿波荡漾。在其中一处的水塘边立着景区说明——原来水塘共有七处,名为七星塘,按照北斗七星状排列,巧妙地将村内最大建筑——宗祠"装"在斗内。自然,与七星塘交相辉映的还有七星井。

  古建筑群以住宅为主,沿溪而上,每隔一段就会有一座小桥——或是古朴端正的拱桥,又或是简易的石板桥。溪中还有许多红鲤鱼,它们也不怕人,村民在洗衣时也会在旁依偎。我去小食品店买了一匝面条,坐在长石板桥上,悠闲地喂起鱼来。看它们争食时的欢快模样,涟漪与清风互动,自己也轻快起来了。坐了许久,方起身往洞主庙走去。

  一踏入庙门,就有一种"爽籁发而清风生"的感觉。武义几乎村村都有小庙,但古庙难寻,而有着"洞天清幽,避暑仙府"之美称的洞主庙建于南宋,距今已有750多年的历史。庙宇分正殿、清丝阁、两厢及附房,共40间。造型精巧,古朴端庄。殿旁高大的古樟树下有"梦仙桥",古树、石桥、古庙融为一体,如同一幅古画。每年的正月十三和六月廿六的庙会远近闻名。在此期间的民间娱乐活动寄托着人们对来年六畜兴旺、五谷丰登的期望。

  我也去过许多如乌镇、南浔之类的江南古镇,俞源太极星象村较之它们,商业气息显得不是那么浓厚,古色古韵自然绵长,建筑形态完整、质量高、类型丰富——民居、宗祠、小商店、庙宇、古墓、桥梁等一应俱全。文物古迹保存完好,至今村内仍有宋、元、明、清四朝古建筑,传承千年,人间烟火犹盛,这最是难得。

  其实一词便可概括了俞源古村落,那就是"天人合一",即人文景观与自然景观紧密融合,不论古建筑的整体排列还是单体建造都充分体现出这种"天人合一"的理想境界。

二　心神所思皆文化

往村里走，观不足的是古屋内巧夺天工的木雕、砖雕、石雕，猜不透的是"七星塘"和"七星井"内的玄机奥妙，读不完的是巨型太极图、俞氏宗祠以及洞主庙的恢宏和玄妙。所谓"形神兼备"，历史传说都藏在这些砖瓦桥井之中。

千年的村子，总会有些故事，也总会有些名人，再添些诗词歌赋，留下些蔚蔚家风，配上他"太极星象"的神秘名字，是足够吸引人的了。

他竟也能这般浪漫，给我奇妙的想象。

故事从一段友谊起始，俞源村的先祖为俞涞，俞涞或许不为人知，但他的好友刘伯温想必大家很熟悉了。俞涞是"陶渊明"式的人，淡泊名利，归隐田园。刘伯温一直和俞涞保持着联系和亲密关系，非常敬重这位品质高尚的好友。刘伯温是青田人，有一次他回乡途中去俞源拜访好友俞涞。当时，俞源饱受旱涝自然灾害之苦，"天晴七日断水源，下雨三日好乘船"。刘伯温是个传奇人物，精于奇门遁甲、八卦阴阳之术，于是他来谋划，俞涞实施，按太极图与星象位置布局村子，多是因势利导，先改直溪为曲溪，把这曲溪作为阴阳鱼界线来设立太极图。然后为构成天体黄道十二宫，归村周十一道山岗与太极阴阳鱼，并在村内按八卦图建二十八座堂楼，对应星象二十八宿，挖七星塘和七星井，并把俞氏宗祠装在北斗星的"斗"内。俞涞按照刘伯温的建议布局村子后，这个曾经被旱涝肆虐的小村落，600多年中竟然没有发生过一次旱涝之灾，同时村泰民富，人才辈出，堪称奇迹。

人们相信太极星象村是神秘的，流传有许多怪诞的事情，就像俞源村每年农历六月廿六必定下雨，大旱之年也不例外；"声远堂"的八条木雕鲤鱼会随季节而变换颜色；村口太极图阴鱼中的那棵600多年树龄的白栎树高27米，被称为浙江的"白栎王"；七星塘中的第三口"玉衡塘"，每当村民填塘造房，必遭火灾，屡试不爽……据说，这样的谜团有二三十个之多，令后人对它充满了种种猜测和幻想。其实，许多都可以用科学来解释，只是人们总是向往神奇，对自然心怀敬意，不求甚解。

他竟也能这般向学，当是家学渊源。

俞源不过弹丸之地，但耕读世家，历朝历代人才济济。翻阅史料，我稍微理了理，俞源于1912年就创办集美小学。抗战时期绍兴私立的稽山中学武义分部和浙江省第七中学及金华师范都曾迁至该村开课。俞源有识之士早就注重教育，为鼓励读书，俞氏宗祠设立家学，凡上学儿童都可以收蒙租和儒租。往往是一个人上学得到的蒙租可供养全家人，也因此村里学风蔚然。明清时期出进士1人、举人2人、贡监生73人、秀才共260人，其中当过教谕、训导的有14人，至民国，全村有80%的人文化程度高中以上，俞姓家族曾出过礼部观政、奉仪大夫、仕郎、教授、知事、县令、明医、地理学家、画家、摄影家等。在俞源，家风就是乡风，勤劳好学从未止息。现存俞源古诗百余首，宋濂、章溢、苏平仲、冯梦龙、凌濛初等名家与俞源有着不解之缘，起源于明末清初的大型民间文化活动"擎台阁"流传至今。

　　他是完整的，是纯粹的中国乡村，无论是文化还是建筑。

　　毛泽东主席在《湖南农民运动考察报告》中指出：中国存在三种系统权力的支配，一是由一国、一省、一县以至一乡的国家系统（政权）；二是由宗祠、支祠以至家长的家族系统（族权）；三是由阎罗天子、城隍庙王以至土地菩萨的阴间系统以及由玉皇上帝以至各种神怪的神仙系统——总之称为鬼神系统（神权），如果再加上女子受到男子支配的父权，那四种权力就代表了全部宗法思想和制度。俞源就是一个家族发达的村落。民居、宗祠、书院、戏台、城墙……百十年来，一个家族承担的生存、维持、保护、绵延、族化和文化功能，都能在这个农业血缘村落找到几乎所有对应的建筑类型。这是俞源村落形成并完整传承的重要原因。

　　《俞氏族谱》序言：

　　　　乃府君独不汲汲于是，而雅爱山水之奇。

　　这里的先人们，大有"陶渊明"式的人物。俞涞率领儿子集合民兵，并倾其所有保全了当时的括城，也就是现在丽水市的东南处，但后来却拒绝被朝廷封为"义民万户"，归隐山林。他的四个儿子，全都能文善诗，却不走仕途，终身在俞源村里过着诗书字画的生活……

　　其实，我想强调的是，太极星象村所表现出来的文化的多元，包含了道家的太极八卦，佛家的庙宇楼台，儒家的耕读传世，甚至还有手工匠人精神。随意走进村子里一间老房，或许就能遇见一个拿着剪刀醉心于剪出一个个形象的老太太，或许也会邂逅一个能将普通的竹条变幻出蜻蜓、龙等传统造型的老爷爷，他们都认真而专注地沉醉于手工艺的世界……

三　古村所遗皆美景

　　古代中国文明是一种传统的农耕文明，其背后组成的基本单元就是村落，现在的绝大多数自然村就是由古代的村落一步步发展而来的，但完整保存下来的古村落却是难能可贵、少之又少，因此极富历史文化信息价值与自然生态景观资源，可以说古村落已经成为我国乡村历史文化和自然遗产的"活化石"，也是中华文明先进性、多样性和地域性的真实表现。

　　我相信"乡村振兴"战略是古村落发展的重要契机，党和政府目光长远，保护意识不断增强，出台了各项规定政策。社会各界人士也纷纷自发地投入保护乡村传统文化的大潮中。对中国传统村落、非物质文化遗产名录的颁布力度加强，给予传统建筑以保护，给予传统手工艺及传人以支持，使乡村活力得到了巨大提升。可以看见，许多传统古镇得到了开发保护，如乌镇、南浔古镇等。

　　乡村空间重建也是"五位一体"的过程，乡村空间构成元素可分为乡村聚落、乡村农田、乡村建筑、乡村庭院、乡村文化五类。乡村美学升级要以展现"乡愁"为核心，对每类乡村空间元素进行最大程度的乡土风情展现。俞源太极星象村有着与生俱来的完美条件，俞氏聚落，太极田，古建筑群，以及上文所提的文化，非常符合现代乡村发展的条件。

　　尤其是在文化乡村聚落空间标识构建——文化传承方面，太极星象村表现出特有的张力。

　　将村落整体打造为文化标识空间：对于具有文化底蕴的村落，可从整体聚落空间上进行展现。太极星象村是按天体星象排列设计建造，村落整体的特殊布局形式，形成了聚落的空间标识。

　　构建以文化场所为核心的村落布局：有些村落具有核心文化活动场所——祠堂，乡村聚落则呈现围绕祠堂向四外延伸的空间。俞氏宗祠的历史悠久，气势恢宏，整体呈现出以祠堂为代表的祭祀建筑，主宰着传统聚落的发展和演变，而它背后的宗法家族制更是强有力地维系着中国古代的社会秩序。因此，以文化核心场所为中心的村落布局模式，展现了乡村聚落的文化空间。

在村子里，游客都会有意购买一些村民自制的精巧灵动的手工纪念品。精湛手艺应该获得展现空间，将乡村文化传人的精湛手艺展现在大众面前，可以将观看传统手工艺作为一项旅游空间，配备完善的观看设施，形成乡村旅游的特色空间。对于具有悠久传承历史的手工艺，可将悠久的传承仪式开发成特色的文化活动空间，增强传统文化的时光厚重感。甚至还可以帮助传承人建立工艺作坊，让游客亲身体验制作传统手工产品，感受乡村传统手工艺的魅力。

把俞源古村打造成一个最美古村落，保护为主，开发为辅，为其注入新的生命力。围绕俞源古建筑群和古村风貌为核心，深度挖掘俞源"太极星象"文化内涵以及其他人文、民俗等文化资源，结合周边秀美的自然资源和田野风光，积极发展农村新产业、新业态，探索实践新模式。

"天人合一"，是对自然心怀敬畏，运用我们人类的智慧与自然和谐共生，流水千年，不曾止息，在这里，自会懂得什么是岁月静好。夕阳西下，坐在长石板桥上，买一把面条，喂着溪里的鲤鱼，一侧目，便是古屋酣睡的可人模样。

老街浮桥古佛堂

王添翃

第一次听到"浮桥"这个词的时候,我应该正在被爷爷牵着逛老街。虽然一只手被爷爷攥着,一只手攥着炒米糖,嘴边上还有不少碎屑,但这些都没有限制住我对于"浮桥"天马行空的想象。我尝试着用自己三四岁的知识水平来自我消化这个新鲜词汇,但直到把老街走穿,面对这悠悠的义乌江,我也还是没想明白:既然石头会沉底,那么明显是和"浮"字不沾边了;如果是木头做的,那这"浮桥"又怎么过船呢?

一 老街

在公路都尚未凿通的年代里,义乌江这条水运线几乎是全义乌物资往来的唯一通道,即便是称其为义乌的"生命线"也丝毫不过分。也正是因此,那时候的义乌主城还不及在城南面紧挨着义乌江的佛堂镇繁华。佛堂位于浙江中部,义乌南部,南连赤岸,东交东阳,西接义亭、金华,凭借着"南负云黄、北临大溪"的独特水运优势,名闻江、浙、闽、赣、皖,成了义乌的第一大镇,至民国更是有了"小兰溪"的美誉。

老街与浮桥,都是依着义乌江而建的。义乌江的江水流到这仿佛是被佛堂的香火烟雾所困,只能看见被风吹皱的波纹,却丝毫没有要赶路的湍急之意。加之两岸地势低洼而平坦,人们自然而然地在这里建起了码头。时至明清,过往的船只越来越多,码头愈发热闹,人们便又依着码头一层层地定居——老街就这样在岁月的沉淀下形成了。

老一辈的人口中,有这样一首民谚流传:

镇里直街南北向,上中下街分三段,东街西街各一旁;
新码头、盐埠头、浮桥头、市基口,四条横街朝江走;

新市基、老市基，各有香樟当帐伞，一南一北站两端。

老街最北端的香樟树

在这几句精短的民谚中，老街的轮廓与模样得以尽数窥探。老街的南北各以一棵老樟树为界，东西各有一条街为边，以直街为中轴形成三纵四横的格局；纵向的街道自然数直街最为宽敞，横向的街里则要数盐埠头和浮桥头两条街最宽。盐埠头是明清运官盐的码头所对的街，公车出入自然要宽敞些；而浮桥头则是民间船只、商旅聚集的地方，因而这条街也相对宽一些。

父亲从小就是在这老街上长大。爷爷奶奶在老街里面一条叫"商会街"的侧巷里有两间相连的屋子。这全木结构的二层小屋，构造朴实得甚至有些简陋，与直街上那些带有雀替、鸱吻的气派的门面自然是无法相提并论的。小屋的门是用三四块细木板拼接的，早上开门就拆下两条木板，晚上关门再把两块木板安上；上楼的时候得时刻低着头，每踩一脚木板都会发出"吱嘎吱嘎"的抗议声；一楼白天阳光挤不进来，昏昏暗的，二楼倒是开辟了一个小露台，用来晾晒衣服并种些时令菜。父亲小时候，家里只有爷爷肚里有些墨水，当个小会计，奶奶则是个地道的农村妇女。在不太殷实的家庭背景下，父亲还有一个姐姐和两个弟弟，可想生活自然是不太容易的。不过好在有了这条义乌江和江边的码头，给老街带来许多需要歇脚的客人。由于当时街上的旅馆并不多，所以常会有旅馆供不应求的情况。精明的奶奶抓住了这个商机，把家里的房间腾了出来，改造成一个小旅店，一次能住下两三拨客人。如此一来，家用得到了补贴，生活的担子也轻了。奶奶在有住店的客人时,既要周全店里客人,又要细微地看孩子,一个人常常忙不过来,于是作为家中的老大哥,懂事最早的父亲在帮家里干杂活的同时,也一并帮忙照应着家里的旅店生意。

走街串巷翻山越岭鸡毛换糖的义乌货郎

父亲曾向我讲述过他在旅店经营中积累的一些"识人"的经验。在与各种各样的客人打过照面后,父亲也渐渐摸到了来往客人的一些特征和差异,只消观察几个细节,就能知道这些客人大致的来历:比如口音相差无几,天摸黑了才来的,多半就是对岸过桥来做生意的,因为那天生意格外的好,没来得及赶回家,便只好先找店住一宿;而那些一大早就来,卸下行李出门的,基本就是外地来到这个码头做生意的,这些客人通常一住就是好几天;再往细里分,扛着木头的多半是东阳过来做木雕生意的,而行李一股草药味多半是兰溪过来的药材商人;再还有一些口音不像是本地的,但也是住一宿就匆匆离开的客人,则是来义乌进货回老家卖的——他们有的带佛堂的红糖,也有的带赤岸的丹溪酒,最大件的货物还数来义亭带的陶缸。在装车的时候,为了极大地利用空间,商贩们往往在体积最大的水缸里装上米缸,再把米缸套在体积小一级的酒缸外面,商人的智慧就在这像套娃似的一层又一层的陶缸中展露出光芒。而父亲,则经常在车装好后看着客人颤颤巍巍地出发回乡,为那些渐行渐远的身影捏把汗。

二 浮桥

其实浮桥有自己的名字,叫作"万善桥"。从名字就可以看出浮桥对于老百姓生活的作用之大,以及它在人们心中的地位之高。清代当地诗人张选对浮桥作这样的描绘:

> 桥浮佛镇贯长空,两岸云衢路自通。
> 一带松舟横水面,千寻铁索锁江中。
> 波澜滚滚排轻鹢,汹浪滔滔落彩虹。
> 何用乘舆争利涉,四民千载渡西东。

(《画溪张氏宗谱·佛镇浮桥》)

可见,浮桥在佛堂的地位是独一无二的,年代越往前推越是如此。

在没有万善桥之前,义乌江两岸的百姓要过河就只能乘船,乘船就会出现诸多不便。其中最直接的一点,就是小木船相对于义乌江而言还是太单薄了。依据当时的义乌县令杨春畅所记,义乌江"水势浸涨,民苦疾涉",每年总有大小事故发生,很不让人省心。

终于,饱受出行之苦的民众决定自发修桥。有十余人自发捐助并主持修桥事宜,而这其中又以吴周士为首。吴周士出身于富裕家庭,年少时勤奋好学,而立之年又治家有方,并且乐善好施,是当时义乌县里出名的善人。在主持修建万善桥之前，吴周士就已经自己出资修建了曲江木桥、西江桥。尤其在修建西江桥时，次子还不幸溺水而亡，但这些都没能阻止吴周士造福乡里的脚步和信念。

而排除了其他形式，选择造浮桥，也是彼时的一个明智之举。石桥费时费力费工钱，不是公共工程很难有建造石桥的条件；木桥在这条江上也并非完全保险，对抗不了天灾。而浮桥就不一样了，在兼具了木桥省时省力的基础上，浮桥更像是与江融为一体的。中华民族自古以来就不是个靠蛮力与自然相处的民族，而是讲求"天人合一"。2000年前的水利专家李冰就想到了这一点，于是留下了"深淘滩，低作堰"的六字圭臬；再往前大禹也摒弃他父亲的堵水法而开道让水自流。浮桥的规模虽然无法和它们相比，但是其中所包含的思想与智慧却是相通的——靠近两岸的浅水区用井字架搭就，深水区把13条大木船并排横着，再将井字架与木船用两根粗铁链拴在一起，中间铺上木板，浮桥就这样在一年内竣工。至于在江上上下行走的船只，造桥时也当然考虑在内：在一侧木船与井字架衔接处，工人们留了一块"活动桥板"，过人时可以与其余的桥板相互固定，而当有船要通行时就解除固定，由桥工把桥板翘起，转向90°，在井字架与木船之间让出一条道来给上下的客货船通行。

浮桥随义乌江涨落而起伏，看上去有些轻飘飘，但是踏上去还是给人安稳的感觉，人们在浮桥上穿行，比坐船要方便稳妥，而且浮桥的承载量也绝非两岸客船所能比的，老百姓过桥还能带上坐船带不了的大箩筐、手推车。这样的善举，这样的万善桥，怎能不让百姓交口称赞！

建于清乾隆庚辰年（1760），成于乾隆辛巳年（1761）的万善桥，一经完工就马上投入了繁重的工作。与它一同诞生的，还有百姓们自己成立的一个"浮桥商会"。它的主要作用是集资，以用于支付浮桥的日常修缮和桥工的工钱。佛堂的其他商会为了庆祝浮桥竣工，又通过募捐在码头上建了一座挽澜亭——一座石柱木梁的五间桥台厅，让整个码头又添上几分繁华与热闹。

或许包括吴周士在内的这一代人都没有想到，这万善桥竟能在义乌江上勤勤恳恳地服务百姓达200年之久，它承受了最后一个盛世的人山人海，忍受了王朝末路的冷清，最难能可贵的是咬牙熬过了黎明前的漫长黑暗。那动乱，那战火，不仅恐吓不了它，更奈何不了佛堂人守护万善桥的决心。

不过，200多岁的万善桥终究还是老了。这并非是说它不能继续工作了，而是它在日新月异的发展中，被人们赋予了更高的期望，于是它改变了样貌。

1964年它从木浮桥变成了式样不变的水泥桥，靠岸的井字架成了水泥钢筋结构，木船也变成水泥船，桥板也改为钢板，此时的万善桥已经不再完全依靠浮力，而是靠那两根粗铁链半吊半浮；1967年迎来第二次改造的它彻底脱离了江面，被修为十一孔的水泥桥。翻新之后的万善水泥桥也确实发挥了更大的作用——在它的牵线下，江这头的糖农可以骑着三轮车或者拖拉机把甘蔗拉到江那头新建的义乌糖厂，而糖厂又可以通过它把商品送到江这头的各个角落。义乌糖厂在20世纪70年代一跃成为全国规模最大的制糖企业之一，之后其产品在国内外更是好评如潮，获奖无数，这令人惊叹的成绩背后都少不了万善水泥桥的默默付出。

三 "十月十"

自明清以来，码头就是人群最聚集的地方，而人群聚集的地方自然也蕴藏着巨大的商机。每逢农历单数日子，商人便带着自己的货物，围着老市基的大樟树，或搭或摆，自成一个小摊，供游客们自由选购——这在义乌土话里叫作"赶场"。但这种"赶场"跟"十月十"比起来，只能说是小打小闹。

"十月十"就是每年农历的十月初十，这是全佛堂最为躁动的日子，其氛围之热闹与春节相比是有过之而无不及。

平日里的"赶场"只是在老市基，也就仅仅是老街的一头，而"十月十"的场面则是覆盖整个三纵四横的老街。不过这还不够，还要在两头各围出一块地来才能满足"十月十"的需求。"十月十"里，做生意的商人是平日里几倍之多，此外还有马戏、杂耍，更有商会出资请来的婺剧班子，再加上在街巷里摩肩接踵的游客，如此的热闹景象能够持续三天三夜之久。中华人民共和国成立之后"十月十"被叫作物资交流大会，最近几年又被叫作风俗文化节，可是民间还是最喜欢直接叫它"十月十"。

我的外公就是土生土长的佛堂人。对于小时候的他而言，"十月十"是不容错过的。

外公是在佛堂湖山殿下村长大的。那个小村庄在江对岸不远处的一个

"十月十"节日店家的喜庆氛围

小山包脚下，名字也起得简单——因为山包上有个神仙庙叫作湖山殿，所以在这个神仙庙下面的村就叫"湖山殿下村"。

　　那是还在用民国纪年的时代，没有小孩子知道"宅"是什么意思，大家都是成群结队地往最热闹的地方钻，所以外公也不例外。每逢一年一度的"十月十"，天蒙蒙亮，码头上、老街里就已人声鼎沸，隔着老远都能看到码头上人头攒动的热闹景象，把外公的心挠得痒痒的。于是赶紧呼朋唤友过江去！过江是一定要走浮桥的，不过此时浮桥上来往的人比平日里要多得多，所以一不小心就可能滑进江里去。小心翼翼地过了江后，可以看到浮桥的左右两侧都是小船，密密麻麻地靠在码头上，它们都是靠在岸边等乘客的，如同现在的出租车在大型商场旁边排队一样。这其中既有每日定时开往金华、兰溪、杭州和义乌县城的公共交通船，也有随叫随走的私家小船。上了码头往左就是老市基，到这条路上已经开始人挤人了。因为老市基平时就是逢单日子"赶场"的地方，不仅离码头更近，货物的流通也更方便，所以老市基更像是做买卖的地方，也因此大人们一般更喜欢在老市基进行采购。往老街里面走，平日里开门的商店都会备上充足的货物，把门面修整得更加喜庆，期盼着游客的驻足；还有一些小贩，来得晚了没能在老市基抢到一个摆摊的位置，就在老街的巷子两边铺开自己的小摊，希望还能在这热闹中分到一小杯羹。从行人络绎不绝的直街里挤出来，到头就是新市基，相比于老市基，新市基要更受小孩子喜爱，因为新市基更像是玩乐的地方。

　　为婺剧班子搭的草台就在靠近新市基的老樟树旁边，草台边上一溜都是卖零食点心的小摊，还有各式各样的玩具摊。表演杂耍、高跷的民间艺人也喜欢聚集在这一片，驻足的看客常常围得里三层外三层，时不时带起一阵长久的欢呼惊叹。不管是商会请来的草台班子，还是自己赶来的民间艺人，他们来的方式都是一样——坐船。一年下来，他们沿着这条江，就近能到佛堂、金华、武义、兰溪，远能到建德、桐庐、富阳、杭州，总之哪热闹就往哪赶，这条江就是他们的"财路"。

"水善利万物而不争"，它是最为包容的，一如这条义乌江，它既见证了传统艺术的传承，也目睹了新鲜事物的兴盛。在"十月十"中，有一样新玩意儿吸引住了外公。它的外表像个盒子，比衣柜稍微小点，向小贩付了钱就可以坐在板凳上透过两个小孔往里看，这到底是看啥呢？按不下好奇的外公也是迫不及待掏了钱体验一把。小贩说这盒子叫作"西洋镜"——透过两个小孔看进去，这里面居然是一个个立体的人物。他们都是国画的历史人物。每切换一个人物，小贩也在旁边应景地唱个小调，简单地介绍介绍人物生平，或是几个人物一同出现，小贩接上一段典故。要说形式和皮影戏也差不太多，但是皮影戏哪有这立体的人物看着生动呢？

其实外公在这"西洋镜"里看到的不仅仅是那些栩栩如生的人物，他看到的是外面的世界里无尽的新奇与可能！也难怪外公后来发奋学习，挣脱了那片农田，孤身一人走向了外面的世界。外公的上一辈或许没有想到，那条他们用来汲水浇灌农田的义乌江，竟然还能给外公指引一个理想的方向。

四 现今

如同那句脍炙人口的歌词所说"没有什么能永垂不朽"，曾经繁华了两三百年的古镇在改革开放中也还是力不从心，逐渐落了下风。万善桥从以前过江的唯一通道成了后来佛堂四桥中不能通轿车的那个"唯一"；水路运输也在公路铁路的竞争下失去了往昔的辉煌；而老街上昔日的熙熙攘攘也只能寄希望在工业新区了。在那些日子里，人们满脑袋都是怎么样走得再快些、更快些，而这悠悠的古镇便在人们未发觉的时候，黯然地落在了人们忙碌的脚步之后，渐行渐远。

万幸的是，古镇并没有从此一蹶不振，它就像身边流过的义乌江一样，哪怕秋冬的水位落得再低，也能在下一年的春雨中重新上涨。在古镇沉寂的小半个世纪里，人们既在马不停蹄地向前奔跑，又在遮挡了太阳的高楼大厦和冷冰冰的机械中停步喘息。终于有一天，在短暂的休息中人们发现由于他们只顾着奔跑，而将某些抛却不得的东西遗落在了起跑线上。于是乎，古镇依托旅游业抓回了现代人的复古心，或者应当说，是现代人渴望着古镇，渴望回来寻找他们的皈依。所以老街也渐渐恢复了旧颜，行将荒废的码头也被重新修复，万善桥也在 2017 年被重新做回木制的浮桥……古镇，终于以"全新"的旧貌回归到人们的视野中。

  如今再踏入古镇，从老樟树下迈出的第一步起，就能感受到一股悠然的古意和淡然的清新，与外界的熙攘全然不同。慢慢踩在鹅卵石与石板铺就的小路上，迎面拥来的是两列木屋，从两侧纵横巷子里吹来略带潮气的风，风里夹带着木头和青苔的味道。

  老街路上，来来往往的行人脸上没有任何的神色慌张，街边商铺的老板也是每天咧着嘴，和和气气地迎接一批又一批不同的旅客。偶尔会在街边看到躺在椅子上乘凉的大爷，闭着眼睛，轻轻摇着蒲扇，享受着午后的宁静惬意。进了这老街里，仿佛一切的人、景、事都是静的。老街里没有树，木头房子也只有两三层，但就是有自然而然的凉意从各个角落渗透而来，就连太阳都怕不小心把过多的光热投给老街，便也只敢轻轻地照耀着。从老街走到江边，会发现义乌江也在轻轻地流淌着，江上的万善桥也随江水轻轻地摇摆着，或许时间走到这也会为了更轻一点而放慢脚步吧。

  再站在码头，我已经不是那个爱吃炒米糖的孩童了，而古镇却依然是那古镇。不，应该说，比之前我所见到的古镇更像古镇了。江边扑面的和风温柔得让人有些醉了。恍惚中，目之所及之处，那悠悠江水，那浮桥，那石板路，那老木屋，还有那在老街上流连的人们，一切的一切都像是在告诉我：百年前兴盛的古佛堂，它回来了！

婺江侧畔八咏楼

徐梦园

金华古城，婺江之滨，有座古老的楼阁——被宋代词人李清照誉为"千古风流"的八咏楼。假如有人问起金华的名胜古迹有什么，在早些年时，我一定会回答你："当然是北山的双龙洞啊！"而今天，我会多一句："如果有机会的话，不妨去登一趟古子城那儿的八咏楼吧！"

一 婺水古楼

南朝齐隆昌元年（494），南朝著名文学家、史学家沈约赴金华任东阳郡太守，于城东南最高处兴建高楼。而后历经几番风雨，留下了现在我们所看到的八咏楼。

楼阁是我国传统建筑的一种重要类型。在早期，楼与阁是有区别的，楼是指重楼，阁是指下部架空、底层高悬的建筑。后来楼与阁互通，没有严格区分。楼阁本身可以作为一个景观，也可供人休息驻足，这不仅仅体现了中国古代人民的高超智慧和精湛技艺，同时也承载了人们对美好生活的向往与追求。

谈起浙江的传统楼阁，不免会与水扯上关系。水文化是浙江传统文化的主要特征之一，仅看"浙江"这一名称，便可知晓了。浙江境内最大的河流钱塘江，因江流曲折，称之折江，又称浙江，省以江名。而常言道，"水是生命之源""一方水土养一方人"，可见水对于人们生产生活的重要性。因此，临水而建楼阁，在浙江这片水土之上也算是常事了。

在水边建楼阁，登高远眺，目之所及是山水相融的旷达景象。而结合江南的烟云水雾，便构成了一幅"多少楼台烟雨中"的诗情画意。可以说，浙江得天独厚的自然山水条件与文化底蕴，赋予了传统楼阁独特的地方风情和文化内涵。一个个人物，一段段故事，使楼阁散发出耐人寻味的地方韵味和人文情怀。

八咏楼，便是其中的典型。

二　结缘八咏

初识八咏楼，是源于一首诗，便是前头说到的那首李清照的《题八咏楼》。大多数人都对李清照这位"千古第一才女"不陌生，但她笔下的八咏楼，却鲜有人知。

多年前的暑假，一次偶然的机会，我有幸跟随一位酷爱书法的姑丈习字，而练字的文本便是《题八咏楼》——"千古风流八咏楼，江山留与后人愁。水通南国三千里，气压江城十四州。"可是，那时的我并没有理解这首诗，也不知晓八咏楼。只记得，当时的我为写好"八咏楼"这三个字花费了不少功夫，看似只有一撇一捺的"八"其实并不简单，写好"咏"中的"永"对练习毛笔楷书至为重要，繁体的"樓"可把我绕晕了。经历无数次的练习后，我不仅得到了姑丈的赞许，也从此记下了这首诗，并知道了那个难写的八咏楼。

后来，在校本课程的课堂上，我再次与它相遇。当其他人只将将会吟诵《题八咏楼》时，我已然对其烂熟于心。李清照登八咏楼远望逸情，秀丽的风光令她暂时放下了忧国忧民的万千思绪；而密集贯通的水道和江南十四州，则彰显了当时金华足够重要的战略地位。

长大后的我拉上好友，终于去拜会了这位"久闻大名"的朋友——八咏楼。真正与它相见时才发现，它不是想象中那种平地而起的楼阁，而是矗立在几米高的石基之上。走上石级，立于楼前的平台，下方是车水马龙，前方是树木茂密的婺州公园，隐约可见南朝诗人沈约的石牌坊和一部分石雕立像。进入八咏楼，往上来到它的二楼，倚靠红窗，极目所见是更大范围的金华城，越过树木，目光所至有婺江对岸那一边的高矮建筑，可唯独望不见婺江，莫不是面前那一道深浅不一的绿色阻碍了我的目光，却未曾遮住古人凭栏远眺时的视线？也许，是这样的吧。在八咏楼里的一角，有一处巨大的弧形墙面，摆放着的，应当便是古时八咏楼的图景了：临江的石基之上，是飞檐翘角的楼阁，婺江中帆船与渔舟往来穿梭，远处是高低错落的小山，在蓝天白云的映衬下显得越发葱郁苍翠。

登楼远眺

三　回望楼史

登八咏楼，不仅要远眺眼前的闲云潭影，那段过往的物换星移，也值得让人回望一番。

若要细数八咏楼的历史，那可得从1500多年前的南朝诗人沈约说起了。南朝齐隆昌元年，也就是公元494年，沈约"除吏部郎，出为宁朔将军"，赴金华任东阳太守。明升暗降，被贬远谪，自有一番凄凉之感。

既然已被贬至此，为何还要耗费心力去建造一座楼阁呢？我想，原因可能有二：一来是因为金华的秀丽风光，既有仙华洞之奇，又有双溪绣縠之胜，钟灵毓秀，使沈约颇感安慰，且文人一般都喜爱登楼远望，感怀抒情，自己能够选址修建楼阁，也未尝不是一件乐事；二则当时百姓生活安逸、政治清明，以致日常繁琐之事较少，为太守沈约提供了足够的时间和精力去策划建楼之事。于是乎，兴土木，建楼阁，名之"玄畅楼"。

楼成之时，沈约便作诗曰："登楼赏秋月，会圃临春风。岁暮愍衰草，霜来悲落桐。夕行闻夜鹤，晨征听晓鸿。解珮去朝市，被揭守山东。"（沈约《八咏诗》）吟完此诗，意犹未了，沈约又以诗的每句为题，扩写成八首长诗，诗无定句，句无定字，短则56字，长则250字，脍炙人口，所以从唐代起"玄畅楼"便改名为"八咏楼"以志纪念。

其中沈约的《登玄畅楼》最有名：

> 危峰带北阜，高顶出南岑。中有陵风榭，回望川之阴。
> 岸险每增减，湍平互浅深。水流本三派，台高乃四临。
> 上有离群客，客有慕归心。落晖映长浦，焕景烛中浔。
> 云生岭乍黑，日下溪半阴。信美非吾土，何事不抽簪？

在诗中，我不仅看到了沈约登楼时所见的山水风光，南北双峰，双溪汇流，同时也发现了一位孤独的"离群客"在感慨着，如此美景却终究不是我的故土，还有什么事能让我不弃官引退呢？

令我惊奇的是，此后，该楼同样身世曲折，并与"火"冤家路窄。南宋淳熙十四年（1187），知州李彦颖扩建此楼，并将沈约的八咏诗勒于碑。元代皇庆年间楼毁于火灾，碑亦不存。到了明代洪武五年（1372），此地重造宝婺道观，八咏楼废址建起玉皇阁供奉玉皇大帝。后来玉皇阁毁于火，万历年间知府卢奇重建八咏楼。熹宗天启年间知府曾如春重加修建。及至清顺治三年（1646），清兵攻金华，明总督朱大典据城固守，城破，大典率领宾僚侍从20余人，环坐于八咏楼下火药库中，引火自焚以殉，药库爆炸，楼被波及，遂废。后郡守夏之中曾进行重建，不久又坏。康熙二十年（1681）知府张草重新建造。清嘉庆年间和道光三十年（1850）又经历了两次重建。

自八咏楼初建后的绵绵千余年里，此楼屡次被毁，而人们又几度对其进行重建、修葺。这屡毁屡建的缘分与执念，是为了迎接四方的来客？抑或是为了见证历史的变迁？

想到这里，似乎自己也被这里的氛围所感染，耳旁仿佛听见有人在低吟浅唱，一幕幕故事正悄然上演于眼前……

四　身临其境

> 梁日东阳守，为楼望越中。绿窗明月在，青史古人空。
> 江静闻山狖，川长数塞鸿。登临白云晚，流恨此遗风。
> （崔颢《题沈隐侯八咏楼》）

首先响起的便是唐代诗人崔颢带着几分神往而又怅惜的声音。是啊，绿窗明月，山水依旧，而建楼的那人却早已淹没于历史长河之中了。

"罢、罢、罢！如今家国不再，金石书画也大多散失，只我一人，愁又有何用？"站在八咏楼上，面对蜿蜒双溪，滚滚婺江，逃难于此的李清照怎能不感慨世事沧桑，变幻莫测。此情此景，她只能自欺欺人地宽慰道："千古风流八咏楼，江山留与后人愁。水通南国三千里，气压江城十四州。"（李清照《题八咏楼》）千古风流的，是楼，也是人。

或许是旧时金华，暮春时节的景色尚好，再次触动了这位女词人内心柔软的一处，愁绪随之泛起："闻说双溪春尚好，也拟泛轻舟。只恐双溪舴艋舟，载不动许多愁。"（李清照《武陵春·春晚》）但此时的愁情，在李清照经历丧夫失国、颠沛流离之后，已然不再是先前那"一处相思，两处闲愁"的家愁离怨了。

渐渐地，只觉诵赋吟诗之声不绝于耳：

"诗仙"李白随性高咏"径山梅花桥，双溪纳归潮。落帆金华岸，赤松若可招。沈约八咏楼，城西孤岩峣。岩峣四荒外，旷望群川会。云卷天地开，波连浙西大"（李白《送王屋山人魏万还王屋》）；诗人严维送人入金华时低吟"明月双溪水，清风八咏楼。昔年为客处，今日送君游"（严维《送人入金华》）；登楼临风，远望山川，连元代著名书法家赵孟頫也不禁要对此赞赏"山城秋色净朝晖，极目登临未拟归。羽士曾闻辽鹤语，征人又见塞鸿飞。西流二水玻璃合，南去千峰紫翠围。如此山川良不恶，休文何事不胜衣"（赵孟頫《东阳八咏楼》）……

想来都说"诗以楼成，楼借诗传"，这八个字用来形容"千古风流"的八咏楼真是最为合适不过了。

然而，历史上将八咏楼融入诗词的文人墨客不在少数，甚至还有李白、崔颢、赵孟頫这样的大家，怎么偏偏是女词人李清照和她的"千古风流八咏楼"被人广为传唱呢？实在是令人费解，罢了罢了，也便留与后人琢磨吧。

恍惚间，声音慢慢远去……而浮现眼前的，是一幅幅慷慨激昂的热血场面。

元末农民起义军将领胡大海、明代抗倭名将戚继光、太平天国侍王李世贤都曾先后在八咏楼前检阅将士，或观察进军路向，或以此为鉴修建望楼来抗击倭寇，或浴血奋战于楼前。思及这般种种，我不由得心头涌上一阵热血，也想如他们一般身披戎装，沙场点兵。不远处，隐约看见了一个熟悉的身影，原来是明末时期的老乡——朱大典。因着同为金华长山人，小时候曾听奶奶说起过他，直到现在，长山乡还存留着的伏龙殿，便是朱大典年少时读书的地方了。

明末时，兵部尚书朱大典统率军民以金华为军事重镇，以八咏楼为总督军务的指挥部，与清兵展开激烈战斗。城破之时，只见朱大典先是站在八咏楼上指挥督战；待清兵重重包围八咏楼时，他转移到楼下的一座火药库，点燃炸药，与退守到八咏楼的部将们一起以身殉国。

他的精神激励了其他军民坚持抵抗，也留下了"鏖战当年八咏楼，硝烟弥漫夜悠悠"的诗句。清代李渔曾写下"婺城攻破西南角，三日人头如雨落"这两句诗，记叙这惨烈的一幕。

最后，亲切的周恩来同志于1939年到金华视察时，也曾在八咏楼下的八咏滩头召开过近千人的群众大会，慷慨激昂地宣传团结抗战的方针，引起强烈反响。

即便是发生于近代的故事，距离现在也已有80年左右的光景了，英雄伟人们的话语在耳畔也已模糊，可八咏楼的留存却真真切切地给我展现了这一桩桩、一件件令人动容的过往。

风雨血泪，沧海桑田。至此，它在我心中的分量便又重了几分。

五　登楼远眺

近来曾经听到过这样一句话，"来金华，一定要登上八咏楼看看，体验一下登楼远眺的感觉"。

登上八咏楼，面对着婺州胜景，我不禁想起当年"水通南国三千里，气压江城十四州"的意境。

正如我所看见的，古朴典雅的八咏楼，坐落在这古老城市的东南隅，婺水之滨，危楼高耸，独占春光。又位于充满历史文化气息的古子城内，掩映在树木繁茂的婺州公园之后，与之完美相融。可以说是集亭台楼阁于一身，将自然山水与城市风貌和谐统一了。

八咏楼历经千余年，更名兴废，见证了金华悠远的历史变迁。其独特的楼阁建筑风格，也体现了古人精湛的建造技艺与浓厚的地方特色。

现在，几番沧桑变化的八咏楼已被列为浙江省重点文物保护单位，修葺一新，并对其进行了适当的提升工作，使它重新焕发生机。伫立江边，感受江南这一方风土人情，不也快哉。

"婺水悠悠江上楼，易安飘泊不胜愁。万里江水今胜昔，八咏声韵倾神州。"这是费孝通先生登八咏楼时的欣然赋诗，也是如今婺江江畔八咏古楼的真实写照了吧。

一城一水一枯荣

徐 杨

> 凉月如眉挂柳湾，
> 越中山色镜中看。
> 兰溪三日桃花雨，
> 半夜鲤鱼来上滩。

这是唐代诗人戴叔伦描绘的兰溪江景，清新澄澈，生趣盎然之象跃然纸上。小时候生活在兰江边的我也早已习惯这座江边小城隐逸恬淡的性格，孤帆渐行渐远，浮桥横亘江上，白鹭沙滩栖息，这些画面交汇在一起，编织了我对故乡小家碧玉的认知与想象。大学时，我乘坐火车离开故乡赴杭州求学，那时的火车站已略显破败，七八十年代的建筑风格透露着浓浓的复古气息。如今，十几年过去了，车站依旧，破败依旧。当全国范围内的高铁运输突飞猛进，这座小城似乎被人所遗忘，离现代化的交通方式越来越远。然而，在百年前，这里却是另外一番景象：商旅汇聚、千舟竞发，繁忙的码头与熙攘的人群构成了一幅商业城市的画面。

一 自然力时代的繁荣

1912年，英国女作家罗安逸溯江而上，旅居钱塘江上游的浙江兰溪。令罗安逸感到意外的是，这个堪称"世外桃源"的小城却有着让人惊讶的开放程度：

> 兰溪城的大街上，有六个店铺都在卖便宜的洋货：柏林毛线、粉色或蓝色的搪瓷脸盆、眼镜、小女孩用的发梳等……煤油灯也很受欢迎，美孚石油公司的生意很红火。西药特许商店的顾客最多，不过也

未到供不应求的地步……在一些新式的商店在出售男女老少戴的洋帽、阳伞和内衣,后者是在当外衣卖的。在这个充满变革的年代,对西方时尚的奇怪模仿不时出现。

1939年,日本人泽村幸夫出版了《江浙风物志》。在书中,他描述了钱塘江上游小城兰溪一种特殊的渔家生态——茭白船。船长数十尺,四周垂挂竹湘帘,船内有妙龄女子,泛舟水上,以慰藉旅客为业。1998年,日本民俗学者铃木满男在此书的指引下,来到钱塘江流域考察,却早已不见书中所绘的茭白船。数十年过去了,这里早已时过境迁。这是一个被光阴湮埋的故事。

今人很难想象,这个看似偏远的小城在彼时已深受西方物质文化的影响。而这一切皆与兰溪城外滚滚东去的钱塘江有关。在自然力时代,水的流向决定了人、财、物的走向,河流流域的大小决定了城镇规模的大小,而河流交汇的节点则是沿线城镇兴起的主要区位条件。兰溪恰好就在兰江、婺江、衢江三江汇聚之地,成了钱塘江上游最重要的城市。据光绪《兰溪县志》所载,"衢婺两港皆数百里奔流至此汇成巨源,水陆通涂,南出闽广,北入吴会,形胜甲浙东……乘传之骑,漕输之楫,往往蹄相劘而舳相衔也。"兰溪虽为金华辖下的一个县,但因背靠兰江,航运业较为发达,在传统时代里几乎是钱塘江中上游最大的城市。其商业地位远在金华之上,故民间有"小小金华府,大大兰溪县"之语。民国时期,浙江嵊县人魏颂唐所著关于浙江各县经济状况描述的《浙江经济纪略》于1929年印行,作者在书中这样评价当时金华和兰溪的经济:"(金华)因僻处上游,交通不便,市上银根奇紧,周转不灵,营业状况,未免减色……(兰溪)地为七省通衢,商业最盛。商贩改道,差幸地处衢严两府之中,皖赣闽各省与浙接壤处所,又以取道兰溪为便,尚不致有一落千丈之势。"

近代著名的文人曹聚仁是兰溪墩头镇蒋畈村人,他在晚年的回忆录中曾用充满故事性的话语描述兰溪曾经的繁荣:

> 钱塘江上流,一支从新安江(徽江)到了屯溪,一支从严江到了兰溪,这两处都是千山万壑中的现代化城市,也都是徽骆驼的天下。四五十年前,海内外知道有金华这样的城市,那时的金华,还只

是乡村少女，兰溪早已是"摩登狗儿"，跟上海那么"摩登"，"小小兰溪比苏州"，非虚语也。钱塘江上流，那么多城市，只有兰溪，才有商务印书馆的分馆，亦一证也。金华，直到抗战前夕，由于浙赣路的通车，才慢慢现代化，比之兰溪，已经落后三十年了。

海外朋友，或许不知道兰溪和屯溪的盛况，让我说一件小小的故事。有一位绍兴大乡绅，他的儿子，偷了二千块银洋逃出家门去了。乡邻告诉他，他那宝贝儿子逃到兰溪去了。他老人家大为放心，只要他儿子不到杭州、上海去，二千块钱花不了。哪知他赶到兰溪，他的儿子已把这批大钱差不多花完了。兰溪的茭白船（花姑娘船）在百艘以上，再多的钱也花得了。他到了兰溪，才知道在天上的新安（屯溪），一样可以花掉；上海与杭州的享受，在这两处山城，都可以找得到的。

在曹聚仁笔下，那个年代的兰溪已经是"千沟万壑中的现代化城市"了。这与如今已显衰败的小城显得格格不入，让人很难将其与历史上比肩苏州的繁华之地联系在一起。小时候，我时常会经过沿江那条小道。儿时记忆中，依江而立的老城墙上总是布满了青苔，不规则的条石上坑坑洼洼，偶尔有路人穿城门而过。这些时间留下的痕迹让它显得毫不起眼，与城墙相对的是沿江的码头，官码头、水门码头、西门码头、柳家码头、朱家码头等一字排开。那些竖立着的码头界碑或许能够唤起长辈们对兰溪航运甚至繁华岁月的记忆，而对年轻人来说，这里不过是妇人浣衣、小儿嬉戏的地方。风帆已逝，商埠不再，过往百年间的激荡历史让这里发生了天翻地覆的变化。一切还要从民国开始说起。

二　机械力时代的徘徊

随着现代化进程的加快，以火车为代表的新式交通相继引入，兰溪在近代社会新陈代谢变局中的处境开始变得微妙。作为一个因航运而兴的城市，新式交通对兰溪的兴衰有着深远的影响。一般而言，现代化理论根植于社会进化论，而在西方的语境中，"现代"一词本身就有一层意思是作为价值尺度的。这容易造成一种错觉，相信传统与现代是对立不相容的，传统都是不好的，现代都是合理与进步的。这一逻辑会使人产生一种认知：随着新式交通的引入，在钱塘江流域铁路盖过水路将是一件水到渠成的事情，兰溪也将迅速衰落。但现实并未上演这样的剧情，对这种"规范认知"须加以修正。新式交通对兰溪的影响是多重的、复杂的，须从长时段、多层次的角度加以解读。

1930年3月9日，杭江铁路开工；1932年3月6日，杭州至兰溪段通车；1934年1月1日，杭江铁路全线正式通车运营。杭江铁路起自杭县，经萧山、诸暨、浦江、义乌、金华、兰溪、汤溪、龙游、衢县、江山至江西玉山为止。杭江铁路途经浦阳江流域、兰江流域及衢江流域，几乎与钱塘江并行，自然与沿线水运存在竞争关系。与水运相比，铁路具有速度快、运量大、安全性高、受自然影响较小等优势。在速度上，往昔杭州至兰溪间的货运民船，下行需4—5日，上行则需6—7日。而火车则把时间缩短至八个半小时，可谓飞跃式的提高。在运量上，1933年全年杭江铁路运送各类物资共计78900余吨，这种规模是钱塘江航运无法企及的。但这种优势能否转化为实际的效能，则需要从客运与货运两个层面进行具体分析。

在客运上，总的来说铁路确实发挥了巨大的作用，也抢占了一些原先属于水运的市场份额。在杭州至兰溪段通车的1932年下半年，杭江铁路共运送旅客468042人次。当然铁路客运的繁荣只是说明了钱塘江沿岸的人们在出行的时候已将铁路列为选项之一而非"专情"于航运，这并不意味着水路客运完全地退出市场。在社会经济水平相对较低的中西部，水路客运还是有一定市场的。杭江铁路的客票分头等、二等和三等三种，从杭州至兰溪的三等票为3元，二等与头等票分别是三等的2倍和3倍。而在铁路客运中，购买三等票的旅客占了绝大多数，"铁路之最大雇主，乃系三等旅客"。在人数上，1933年，杭江铁路运送头等、二等、三等旅客人数分别为4520人、6385人、861591人，购买三等票的旅客占总人数的98.8%。在数额上，三等客票占铁路客运进款数的80%—90%。这从一个侧面反映了当时钱塘江流域民众的购买力并不高。根据金华商会在1935年对10个行业员工工资的统计，当时金华店员平均月收入在9元左右。同一时期，在兰溪的农村中，佃农（兼雇农）、雇农的平均月收入分别为11元、5元左右。根据杭江铁路的票价，从金华至杭州的三等票价须5.7元，至少是城市工薪阶层和普通乡民月收入的一半以上。即使在经济水平相对较高的省会杭州，工人的平均月工资也只为13.83元，往返杭州至金华的费用相当于其月收入的41%。由此观之,当时沿线人们乘坐火车出行仅仅是偶尔为之的选择而非一种常态化的行为。票价成为制约铁路走入乡民生活的一个重要因素。

如果说在客运上钱塘江航运与杭江铁路是各应所需的话,那么这一特点在货运上仍然有所呈现。在杭江铁路通车伊始,货运业务的开展远不及客运。在1933年,杭江铁路主要收入主要来自客运,货运收入仅占客运收入的1/5。此种状况显然与一般认为货运收入要高于客运的逻辑相悖。这从一个侧面说明了,在货运上,钱塘江航运还保持着一定的竞争力。与客运一样,钱塘江航运在货运上的竞争力仍主要来自价格优势。根据文献记载,火车的运费相比民船,超过民船1/3—2/3不等,有时高出1倍以上。在这种情况下,即使铁路运输较水运快速便捷已成为公认的事实,一般商民仍为节约运费而选择水运。在既通水运又行火车的义乌、浦江、兰溪、衢县等地,每年数百万担农产品的运输多为船运而少用铁路。

因此,在与铁路运输的竞争过程中,传统的钱塘江航运仍保有一定的市场份额,兰溪的商业地位不至于一落千丈。但不可否认的是,在现代化的浪潮冲击下,在铁路的竞争下,兰溪带着些许无奈告别昔日的浮华走向苍凉确为一种必然。随着时间的推移,铁路逐渐发挥其技术优势,在与钱塘江航运的竞争中占据上风。1936年,兰溪县政府对本县进行了一次商业调查,铁路导致兰溪商业衰退的趋势已初见端倪。"更以杭江铁路通车,商业重心转于金衢,客货因而减少……兰溪商业遂不如昔日之繁荣。""机械力时代"在火车"轰隆隆"的声音应和下拉开了序幕,"自然力时代"中航运造就的"小苏州"——兰溪也随旧时代的终结而告别往昔的繁华。

三 新时代的复兴

"日有千舟竞发,夜对万户明灯。"兰荫山上横山殿的这副对联,恰是对兰溪往昔繁荣水运的诗意表达。当工业时代来临,航运业不但面临着陆路交通的竞争,同时也因生态环境的变化,航运条件日趋恶劣。水土流失、河道淤塞使船只航行日渐困难,航运业也随之凋敝。加之20世纪七八十年代,钱塘江中上游筑坝截流,航道萎缩更为加剧。彼时,兰溪尚有客轮航线,成为很多人的旧时记忆。小时候,我也常常听外婆讲起她坐船顺江而至杭州的往事。但浅滩多、水量少使来往船只很容易搁浅。进入90年代，随着公路、铁路的发展，水上客运航线逐渐消亡。2001年5月，历经半个世纪的兰溪市航运公司破产，水上客运彻底退出了历史舞台。

进入21世纪，随着经济社会快速发展，巨大的物流需求使浙江内河水运的复兴有了可能，一度没落的钱塘江航运重新回到了大众的视野。2010年，浙江省制定了钱塘江中上游航运复兴规划，按四级航道标准建设桐庐至衢州的钱塘江中上游航段，通行500吨级船舶。2018年1月，兰溪境内的兰江航道疏浚改造工程全面完工，兰江上下游已具备通航500吨级船舶条件。5月，姚家枢纽船闸工程完成，衢江兰溪段亦具备了通航条件。

时过境迁、沧海桑田，钱塘江航运的复兴对兰溪意味着什么，是否可如历史上那般借航运而兴盛，仍有待时间的检验。从社会经济统计数据来看，水运的重要性的确在增加。水运货物年周转量从2013年的2742万吨公里，增长到2017年的3329万吨公里，年均增长率约4.3%。目前，在兰溪从事货运的船舶有200多艘，主要运输沙石、煤炭、油料等货物。虽然水运的货物周转量不及公路的5%，但从无到有的突破对复兴兰溪航运而言已经是迈出了坚实的一步。

然而，对很多兰溪人来说，复兴航运带来的最直接感受并不是兰江上货轮长龙的再现，而是悦济浮桥的消逝。悦济浮桥始建于宋代，此后几度兴废。1995年浮桥复建后，不但成为市民往来老城与中洲公园之间的重要通道，自身也成了兰溪的标志性景观。但根据《浙江省航道管理条例》的相关规定，悦济浮桥横跨江面航道，且没有净空高度，不符合兰江五级航道的通航要求，必须加以整改。2017年，为使兰江航道符合通航条件，这条见证历史、承载记忆的悦济浮桥最终被拆除，以渡船摆渡代替之。浮桥被拆除，并在一个可预期的时间内几乎没有复建的可能，各种不舍与惋惜的情绪在市民中间发酵。但大家也都明白，当历史的产物与现实发展相冲突，社会经济发展的需要总是具有压倒性的优势。这也反映了兰溪人一种普遍的矛盾心态，萧条了逾半个世纪的钱塘江航运逐渐复兴，对兰溪城市发展绝对是一大利好。但这种利好是隐性的，或者说需要时间才能让大多数人感受得到。而浮桥却是显性的，已然成为市民生活的一部分，突然的抽离在某种程度上改变了他们的生活，难免引发怅然若失之感。

在政府的规划中，复兴钱塘江中上游航运仅仅是一小步，接下来还要通江达海，构建水陆、江海、海河、海铁等多式联运体系，实现产业联动，助推经济发展。现实也在应和着这一宏图的逐步实现。2017年4月，两艘满载煤炭的货轮从宁波镇海出发，历时6天，航行400多公里，到达兰溪。这一航线的开通，意味着经海路而来的北方煤炭到达宁波后，可经杭甬运河进入钱塘江，再溯江而上，直到上游的金衢地区。对于兰溪而言，航运复兴所带来的改变或许才刚刚开始。

药屉江湖满兰江

徐佳艺

兰江是兰溪的母亲河，也是钱塘江干流中最为重要的一支。依托兰江，兰溪这一方小小的城在此已繁衍生息近千载之久。其间，兰溪见证了繁荣富庶、商贾麇集，也经历了金戈铁马、战火纷飞。昔日兰江码头船舶往来，百货输转，现今也回归了恬淡。然瀫西药业传承生生不息，继往开来，依旧活跃。故愿于一方药屉之中寻觅属于瀫西药业的江湖。

一 顺天时药屉初开

清同治三年（1864），战乱初息。虽无长久太平，终留半日安宁，百姓也就借此繁衍生息，重筑繁华。

江南本就为鱼米之乡，其繁盛虽稍有毁损，却仍冠绝海外。而此间有一金衢盆地，盆地里有一县，唤作兰溪。县虽小县，却因婺、衢两江交汇，水合入兰江，三江相交，自然成了第一等的水陆码头；而兰江下游便是钱塘江，日夜不息奔涌入东海，就又有了海的气魄，虽不敢称首位，却也得了些"小小金华府，大大兰溪县""小小兰溪比苏杭"的美誉。于旧时，除了省城杭州，兰溪是钱塘江上最大的码头。

话说某日，一位苏州行商前往兰溪置办药材，行至兰江边，便窥见甚是繁忙的众多码头，装卸货物的劳工匆匆忙忙地装运着货物。上了岸，望见兰溪城车水马龙，熙熙攘攘，道路两侧商铺林立，汇通天下，确为阜盛福地，心想这"小上海"实不负盛名。

在云集的商铺中，有一家药铺生意格外兴隆，店里伙计熟练地抓药称药，店内挂着"天合虽无人见，诚心自有天知"的对联。这家名为"天一堂"的药店在药商中早就闻名遐迩，而这位商人也已是这里的老主顾了，每每来到兰溪，总要订购几十斤的中药回苏州。尤其是店内精制的

兰溪寿春堂

"全鹿丸",监制的"诸葛行军散""卧龙丹"等,皆是按古方配料精制而成,疗效显著,主顾都赞道皆为居家必备之良药,凡带回苏州,往往抢购一空。商人拾起其中一颗"全鹿丸",置于鼻下细嗅,一股清香扑鼻而来。"实乃珍品!"

恍惚之间,百年已逝。

"实乃珍品",这四个字,并不一定是苏州的商人说的,但一定有很多的商人交口称赞过。商人是逐利的,而质是利的保证。以天一堂之质,便可无愧于行当。

"天一堂",相传是由诸葛亮的四十七世孙诸葛棠斋创办,不仅是诸葛药业界的一块金字招牌,也是使兰溪的中医药业享誉大半个中国的一大功臣。

二 循地利药香四溢

兰江,古名兰溪,因其波类罗縠纹,故又称縠水;崖多兰茝,溪以兰名,邑以溪名,故名兰溪,是钱塘江的支流。

清代文学家李渔曾这样称赞过兰溪："兰溪这地方看一眼不足为奇，看两眼怦然心动，看三眼引人入胜。"巧的是，他也是兰溪人。而昔日兰溪的繁盛，主要得益于其母亲河——兰江。

兰溪自南宋以来一直处于浙中金衢盆地经济区的中心位置，延续达800余年之久。南宋迁都临安，连接闽、赣以至川、广的交通，主要依靠钱塘江水道。因衢江、金华江水浅多滩，大船自杭州至兰溪须改小舟，才能经衢江而南去闽、赣，经金华江而东至温、处。反之，闽、赣小舟至兰溪又须改乘大船方可去临安。兰溪由是又成了南方各省贡赋的转运点，金衢盆地货物的集散地，故而渐趋繁荣。"邑虽褊小，而实当四冲，距杭、严之上游，职衢、婺之门钥，南蔽瓯、括，北捍徽、歙，定职方者，谓之浙东要区，洵不诬也。"清光绪《兰溪县志》所载的便是兰溪的地利了。

商贾往来，百货聚散。浙东各县多产药材，兰溪作为浙江中部的贸易中心，交通便利，药材便多集中转运于此。故浙东各县，唯兰溪独有药行，甚至闽、赣、皖南需用药材，亦皆仰给。省内东阳、义乌、缙云、淳安、衢州、建德、遂昌等地方的药材也都在兰溪集散。明清时期，兰溪药行、药店林立，两湖、两广、四川、云南等地的药商都慕名而来，贸易繁盛至极。

时光已越百年，昔日的码头已渐近毁弃，再也没有商船靠岸停泊；喧闹声渐渐远去，换之以兰江无言流淌。还可以看见的，只有二三老农撑着木舟在江上打捞着片片浮萍；岸边的城墙土块也早已剥落，覆上层层青苔。但你还可以在缓缓流淌的兰江边行走，让记忆慢慢漂流。

往昔，沿江码头众多，然停泊处秩序井然。这得益于沿江码头处会按照货物品种和来源去向划分不同的作业区域。据1985年《兰溪航运史简编》记载："兰江处处分布派别的舶位。西门码头停龙游船，新码头停巨州船，南门码头停义乌船，驿门码头和永康码头停永康船等。"

这众多码头中仍有不少留存至今，像柳家码头、朱家码头、西门码头、官码头等，这些是往昔兰江航运兴盛的见证者。经历岁月的洗涤后，如今早已看不见船只停泊、卸货靠岸的场景了。兰江水悠悠，西门码头依旧，只是成了供当地居民浣洗衣物之所；古城墙紧靠兰江，依旧挺立，但在城门洞口进出的人流中却再也找不出一个负重前行的码头工人了。

登上城门鼓楼，斑驳的朱漆画墙预示着昔日时光的远去，不远处的兰江一览无余，没有了千舟竞发的盛况，唯有桥上桥下川流往来的车辆和熙熙攘攘的人群似乎在诉说着今日兰江的另一种可能。望着向远方流淌的江水，便不由感伤：兰溪的辉煌，难道真的一去不复返了吗？宽慰的是，现实并不是这样的。虽然兰溪作为航运的优势已经下降，但不代表着其他的文化也一同消散于历史之中，相反，它们会搭上时代的列车，呈现出不同的色彩。作为"药业之乡"，兰溪曾是东南沿海地区主要药材聚集地之一，药材贸易活跃于半个中国，即使是今天，中医药业，仍是兰城的重要产业之一。

早在宋代，兰溪便有了医药组织，县署设有惠民药局和施药局。清康熙《兰溪县志》记载："药局，在县西数十步。宋建。储药饵以施济百姓之疾苦者，曰惠民药局。"又有明万历《金华府志》称："宋绍兴二十一年，设惠民药局。"同时，宋代县署设有医官，又称医学正。据清光绪《兰溪县志》载，称"宋，设医学正"。元代设有医学，亦称"三皇庙学"。明代，县署设训科。"设训科一员，以医生之业精者为之，辖医生五名。专治药饵以济民疾。"明洪武十七年（1384）设医学。清代沿明制，县署仍设训科和医学。清乾隆九年（1744），瀫西药业兴建西药商会馆，因其中供奉"神农"，故俗名为药皇庙，亦称药皇殿。

宋元至明清，兰溪为中医药材的集散地，也曾与慈溪、绩溪并成为"三溪"，在江南地区享有极大的声誉。当地便有古谚相传："徽州人识宝，兰溪人识草"，而这"草"便是中草药。许是天赐福地，兰溪当地极为盛产药材。据清嘉庆《兰溪县志》载："兰溪自古盛产药材，品种有半夏、山栀、槐花、乌梅、百合、枳壳、前胡、南星、白术、白芍、荆芥、薄荷、薏仁、麦冬、菖蒲、茱萸、马兜铃、香附、车前、三甲等，尤以红丹参、青木香为优。"又据清康熙《兰溪县志》载，康熙年间，兰溪药材被列为贡品。"凡民出其土产之物，以供上用，谓之岁办，今谓之额办。""药材列为额办者，有槐花、栀子、半夏、半夏曲、前胡、南星、薏仁、蔓荆子、天门冬、穿山甲、皂角等。"自然赐予兰溪以水运之便、物产之丰，而兰溪药商也不负自然所托，坚持诚信经营，重视品质，坚守职业道德，因而在该行业中取得了良好的信誉。以天一堂的创办者诸葛棠斋为代表的诸葛后人便是兰溪中药业的中流砥柱。

三　顺人和医德遍江

在兰溪从事药业的人员中，便以诸葛后人居多。"瀫西"是指兰江以西地区，而诸葛村便是兰溪最为重要的药材专业村之一。诸葛后人遵循"不为良相，便为良医"的祖训，特别专长于经营中药材，从业时间之久与人数之多，都是极为罕见的。

为深入了解诸葛后人对于中医药文化的传承，我特地前往诸葛八卦村去一探究竟。

新安江与兰江交汇处之三江口（2018年秋，马鹏摄）

在村子的外围，是一大片郁郁葱葱的树林，和江南的其他古村落一样；一条崭新的公路笔直地通往其中，却又暗示了它的富足。正值盛夏，行走在路上，两边的树木遮去了强烈的阳光，一路的蝉鸣声不绝于耳，在安静的环境中略显聒噪，但那别具韵味和节奏的合奏，并未让我心生烦闷。不知不觉间，我便走出了林子。迎面撞见的是"百草生态园"。园内种植有各种花草树木，种类多达上千种，均为各类中草药，行在其中，能嗅到各种中草药的特有香气。

村内的民居多保留了明清时期白墙黑瓦马头墙的古民居风格，整个村落以"钟池"为中心呈现了太极阴阳八卦的分布格局。走在窄窄的小巷里，脚下是长满青苔的石板，两侧是斑驳的粉墙，经岁月的雕琢，都显现出了历史的沧桑感。或者说，这也是历史，只是不同于书卷上的文字，这是活着的历史。

而在其中的一间文化礼堂，我了解了诸葛后人创造的灿烂的中医药文化。

诸葛药业可追溯至诸葛孔明五月渡泸，深入"不毛"，为抵御瘴气而研制出的"诸葛行军散"。而诸葛药业的发迹，据考始于明代。当时正逢兰溪中医药业的勃兴，诸葛后人秉持"不为良相，便为良医"的祖训，从群雄中脱颖而出。兰溪修志馆馆长祝谏在《高隆诸葛氏宗谱·序》中说："吾兰药业以瀫西为著名，而瀫西药业又以诸葛为独占，以余闻之，有清中叶苏州之'文成'，咸、同间扬州之'实裕'，俱有声于时，除杭州胡氏'庆条'、叶氏'种德'外，当首屈一指，即就兰而论，天一药肆，驰名浙东，历百余年而生理勿衰。"

馆内除了展示诸葛氏的中医药历史沿革外，还展示了众多的中医药炮制工具，譬如铁药碾槽、药刀、药瓶、药秤和药罐。展厅里还有不少丹药，像是红灵丹、八宝眼药、卧龙丹等，数不胜数。馆内丰富的中医药成果展品令人眼花缭乱，而置身其中，我仿佛看到了药行里伙计们忙碌的身影；看到诸葛堂斋为"天一堂"挂上"天合虽无人见，诚心自有天知"的对联；看到诸葛范用六十四味中药名为诸葛堂斋撰写祭文；看到诸葛樑当众焚毁假药；看到"寿春堂"内"但愿世间人无病，何愁架上药生尘"的楹联……诸葛药业昔日的辉煌以及诸葛药商诚信经营的高贵品格，不经意间深入我心。

不过，吸引到我注意的，还有当时诸葛弟子的课程表。在其所学习的课程中，"医药"也是极为重要的一门基础课程，而《药性赋》也是当时学习的教材之一。也许正是这样的熏陶，养成了诸葛村里人人习药的风气，妇妪皆知用药，三尺孩童多能背诵《药性赋》《汤头歌诀》，而《本草纲目》《医宗金匮》等中医药典籍几乎无室不存。在"万般皆下品，唯有读书高"的古代，诸葛氏对实学的重视实在令人惊叹。也许，在他们的脑海里，"经世致用"四个字，早已铭记在心。

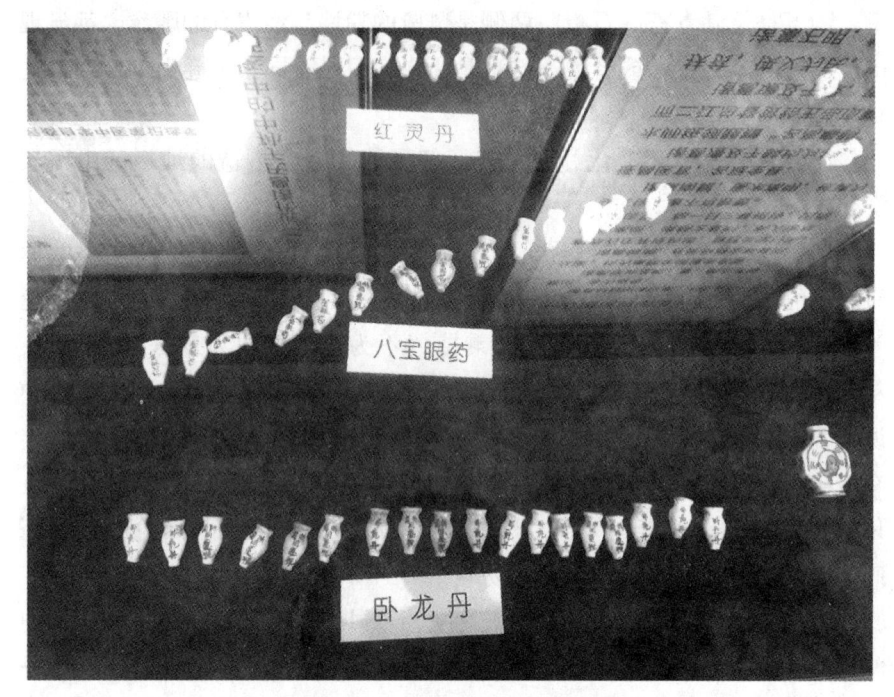

红灵丹、八宝眼药、卧龙丹复制品

（摄于诸葛八卦村文化礼堂内）

"诸葛帮"名药工一览

姓名	大致生活年代	从业店堂或单位	主要技艺专长或技术职称
诸葛志聚	民国—	兰溪天一药行	
诸葛元襄	民国—	兰溪天一堂	
诸葛友栓	民国—	兰溪天一堂	
诸葛福祺	民国—	兰溪保仁堂	
诸葛晋云	民国—60年代	丽水生生堂	
诸葛凤云	民国—60年代	金华九德堂	
诸葛海根	民国—70年代	金华天福堂	
诸葛惠昌		兰溪天一堂	炮制能手
诸葛志坤		兰溪天一堂	丸药主管
诸葛纪林		丽水生生堂	饮片部头刀
诸葛兆年	民国—	金华医药站	主管中药师，鉴别，炮制
诸葛又年		金华	主管中药师
诸葛泰基	民国—90年代	丽水生生堂，医药公司	主管中药师，主治医师

续表

姓名	大致生活年代	从业店堂或单位	主要技艺专长或技术职称
诸葛载基	民国—80年代	丽水生生堂,寿昌	头刀
诸葛智礼	民国—	寿昌	刀工
朱海南	民国—90年代	金华,建德	刀工,炮制
彭瑞康	民国—		刀工,炮制
诸葛国基	清末—60年代	开化	刀工
诸葛秀春	清末—70年代	永康义生堂	刀工
诸葛庆荣	光绪—60年代	金华天德堂	刀工,炮制

资料来源：诸葛八卦村文化礼堂内展校。

诸葛村辉煌的中医药文化，还反映在药店的数量之多和分布范围之广上。据记载，明清两代，诸葛村先后孕育了30多位名医，仅在诸葛村开设的中药店就有7家。同时，200多家诸葛氏药业遍布江南，形成了广大的药业网络。

其中，由诸葛亮的四十七世孙诸葛棠斋创办的"天一堂"便是诸葛药业界的翘楚，可称首屈一指。诸葛棠斋信奉"修合虽无人见，诚心自有天知"，而取名为"天一堂"，便是取"天下第一、信誉第一、质量第一、服务第一、顾客至上"之意，经营药材恪守"道地药材"的准则，强调"货真价实、童叟无欺"的规矩，重视质量和信誉，因而业务蒸蒸日上。与现代社会中存在的种种商家信誉与产品质量问题比之，岂不正如诸葛氏之祖诸葛亮所言，可称"天空之皓月，与腐草之萤光"？可惜由于历史的变迁，原天一堂的大部分建筑已被毁，唯其后花园仍保存完好，供后人敬仰。

"药业经营，遍南布北，可从志书查记述；医道高明，救死扶伤，且由《宗谱》说端详。"诸葛村的中药展览馆——大经堂，堂内展有诸葛后裔自制的近千味中药标本。这一味味中药，将其家族在中医药业的成就淋漓尽致地展示出来。

回望诸葛药业过去的发展，我不禁为诸葛药业作为瀫西药业重要的一支感到自豪，更对诸葛村人坚持"文化自信"感到钦佩。诸葛村人不忘初心，对于自己的文化不仅能够清楚地了解它、传承它，还将精华向世人展示，使得诸葛药业走出了兰溪，也使得瀫西药业迈进了国际。正如习近平总书记所指出的："我们要坚持道路自信、理论自信、制度自信，最根本的还有一个文化自信。"

　　文化是一个民族得以生生不息的根。中华文化源远流长，我们又怎能让它消逝在历史的长河中，被后人渐渐遗忘？我想，诸葛后人的做法无疑是值得借鉴的。先辈们因经营药材而闻名，而后人则通过将这一历史以图片和文字的形式固定下来，向更多的人展示祖辈的辉煌。虽在形式上有所不同，但两者希望传播自身文化的初心或许不谋而合。

四　乘新浪古花双展

　　兰溪中医药业自古流传，而后人亦不敢负先辈们筚路蓝缕赢得的好名声。

　　中华人民共和国成立以来，兰溪的制药行业规模不断扩大，天一堂经过公私合营改建为兰溪制药厂，现改称浙江天一堂药业有限公司。公司秉承前辈"诚实有信、励精图治"的创业精神，通过规范化公司制改造，现已成为一家具有现代法人治理结构的现代化企业。

　　"修合虽无人见，诚心自有天知"是天一堂的传统品格，而"天人合一，精益求精"则是天一堂现在的追求目标。中医药业的发展除了传承还需要大力弘扬与创新。"中医药学是中国古代科学的瑰宝，也是打开中华文明宝库的钥匙；切实把中医药这一祖先留给我们的宝贵财富继承好，发展好，利用好。"习近平总书记如是说。如今，兰溪的中医药界正努力践行这一指示。

　　浙江天一堂药业有限公司坚持走自主创新与产学研相结合道路，致力于开发推广高新技术产品。公司不忘根本，经营的产品以中成药为主，中西药并举。何为"中成药"？中成药是指以中药材为原料，在中医药理论指导下生产的中药制品，其命名方式也基本沿袭了传统方剂的命名法，具有性质稳定、疗效确切、毒病副作用小等优点。公司所研制的"芙朴感冒颗粒""天一止咳糖浆""肾炎片"等一大批产品也相继获得"浙江省名牌产品""中国著名品牌"等荣誉称号。"天一堂"商标被评为浙江省著名商标，公司也相继获得浙江省"五个一批"重点骨干企业中的优秀企业、省高新技术企业、省技术创新优秀企业、浙江省首批诚信示范企业等荣誉称号。"天人合一，精益求精"。唯愿天一药业能够秉持初心，福泽于民。

数百年的风云变幻，砥砺沧桑，岁月长河里积淀的是历史的精华。正如兰江水始终悠悠地向前流淌，兰溪的中医药业也在岁月的磨砺下不断前进、发展、壮大。论及当代兰溪的中医药业，首推兰溪市中医院。医院名中医汇聚，继承古方，开拓创新，是兰溪的中医药业务技术指导中心。除此之外，兰溪名中医馆在继承张山雷先生医道医术的基础上继往开来，在探索中医药的道路上孜孜不倦地前行。而兰溪各地的民间医生也不忘悬壶济世的使命，在地方上散发着自己的能量。兰溪药业正在以一种属于自己的方式发展着博大精深的中医药文化，并呈现出了勃勃的生机。

　　回望兰溪诸葛药业的发展，其创业之艰辛，经营之勤勉，商德之高尚，集天时、地利、人和于一身，也难怪诸葛药业能够得以辉煌，瀫西药业得以闻名于天下。

　　《笑傲江湖之东方不败》里有句话："有人的地方就有江湖。"我想，那兰溪城，那诸葛村，那天一堂，也是有江湖的。只是那江湖很小，甚至可以盛在尘封的药屉里，与何首乌相伴，直到天一堂也被尘封的那一天。但我相信，就算到那一天，人们也会记住天一堂，记住兰溪曾经繁盛的药业，一片只属于江南的药屉江湖。

第三编
富春美如许

美丽乡村依分水

胡译匀

桐庐游，一游游进风情村落——"去最美的地方，过向往的生活。"

富春江在桐庐县纳入了分水江，溯江而上，就到了分水镇。分水镇西南幽卧千年蠡湖，其美也，情景相宜；西北急转南堡，其美也，精神永垂；揖别后路遇合村，其美也，水清山秀；稍停留，走红军故道，其美也，气壮山河。

天目溪上游昌化溪边昌化镇（2012年秋摄）

一　千年蠡湖

"绿树村边合，青山郭外斜。"苍翠欲滴的繁茂树木围绕着白墙黑瓦的村落，连绵的山峦在不远处层层横卧，从分水镇往西南走，使人不禁想起孟襄阳的《过故人庄》。顺着绿道走下去，见一座不高的小山挺立在路边，山脚镌刻几个红色的大字——"范蠡隐居地"。

环山的外侧，修有长阶，直通山顶慈航普度的庙宇。气魄恢宏的庙宇在苍劲葱茏的大树托举下，更显得庄重肃穆。此时，天下起几丝朦朦的细雨，这座赤朱丹彤的圭峰寺在层云里透出的光晕下，阵阵钟声低沉悠扬不绝于耳；袅袅红烟方初上，静谧沁香拂人心。

原来，这就到了传说中范蠡与西施归隐的地方啊！

山的对面，就有蠡（谐音"里"）湖村，在村口，又立一座六角"蠡湖亭"与之遥相呼应。相传，范蠡最终隐居地就在分水镇蠡湖村，蠡湖村的宗祠族谱里面也有范蠡的相关记录。康熙年间，知县胡必誉为《分水县志》作序时说："范少伯逸事名著蠡湖。"此外，据记载，明朝时西施墓最早发现于蠡湖村。当地人告诉我，沿着蠡湖村走，穿过西施花田，在蠡湖圭峰山腰立着的正是西施墓。

金庸《越女剑》中有个片段："少伯，你答应我，一定要接我回来，越快越好，我日日夜夜地在等着你。你再说一遍，你永远永远不会忘了我。"金庸将范蠡与西施之间的爱情描写得淋漓尽致。我来到西施墓前的时候，山间已然无雨，只还被雾气缭绕着，阵风拂面，夹杂着圭峰山林间的飒飒细语，掺拌着山脚下溪流的潺潺呢喃。

蠡湖村村口

闭上眼，一婀娜的越女于浣纱溪畔扶柳，她低头出神望着湍流里缠绵的鱼儿嬉戏石间，仰首又叹比翼的鸟儿畅游林中，于是两弯胃烟眉似蹙非蹙，她含情脉脉思量何事？她浣歌声声唱与谁闻？大约是盼着三千越甲尽早吞吴，抑或是反省世间两全法。《红楼梦》第五回《红楼梦·引子》中说："开辟鸿蒙，谁为情种？都只为风月情浓。"入得情关却放不开天命，谁能得解其中滋味？

寂寞山河幸有香骨铮铮，她的眉妆画的是江山模样，她的目光所及是城池缱绻。折起爱恨悲喜，无惧铁马冰河，欲穷千里——龙争虎战之后等得花好月圆可好？越女无心帝王家，为千秋没入满腔孤勇，遥问双燕：妾之摆渡，可与少伯论功伟？鸿雁成书，越国大夫心有灵犀。既跋山涉水于苎萝山浣纱河访到此巾帼奇女，必躬亲完璧归赵，许她人间尘缘。若无坎坷，怎得自我？翩翩仗剑已尝尽甘苦，如今陌上花开、余生相伴之约怎可不赴？解甲归田、功过随人，亦不管史册下笔如何。江山、卿还得，功名，君丢得。一睁眼，简便朴素的灰色石碑，是一寸相思一寸灰。真好，寻常布衣，终于可以在一起了。

"吴亡后，西施复归范蠡，同泛五湖而去。"《墨子·亲士》篇道："是故比干之殪，其抗也；孟贲之杀，其勇也；西施之沈，其美也；吴起之裂，其事也。"或许，这位越国大夫与沉鱼西子是否泛游五湖已无从考证，也难知茫茫华夏何处才是休养之地，但我无心求索真伪，更愿相信这位降得百万雄的越女果真能如人们所传颂歌泣的那样，获爱情，得善终。想来，分水、蠡湖这一带的人们，定蠡湖村、铸西施墓、名范田畈，也是感慨于西施的肝胆孤忠、钦佩于范蠡诀别朝野的超脱淡然与一掷千金的创业精神吧！

环境使然，他们在这个浙西"十佳"旅游风情乡村里，春骑九龙绿道，夏赏西施花田又游儒桥漂流，秋捉鱼抓鳖复品大路稻香，冬祈福九龙寺盼家国平安。到今天，分水镇荣获中国制笔之乡、中国圆珠笔制造基地、中国笔类出口基地、全国文明镇、全国千强县、全国环境优美乡镇等诸多荣誉，不得不感慨古镇古村的悄然嬗变。

二　南堡精神

沿着分水江，西北而上，路过天溪湖，直往合村方向。

我见过不少的山峦，却没有遇见过这样壮丽秀美的屏风叠嶂，空水共氤氲；我见过不少的川流，却没有邂逅过这般千转缥碧的翡翠沧江，悠悠绿似练。

九曲回肠，大约十几公里，拐了个急弯，便是南堡村了。

南堡精神纪念碑

说起南堡村，这本是分水江畔的一个小村庄，因"南堡精神"响遍全国，南堡村成了桐庐的一个历史名村。

1969年，在连降了10多天的暴雨之后，一场罕见的"7·5"洪灾奔向分水江沿岸村庄，这次特大自然灾害仿佛泰山压顶，瞬间吞噬了南堡村，使"全村只剩一个灶头、半间屋架、一棵苦楝树"。大约200名村民被夺去生命，1000多亩良田在一夜之间被摧毁。大难临头，南堡人民却毫无畏缩之意，喊着"粮食生产一年自给，两年有余，三年建设新南堡"的口号，凭着自力更生、吃苦耐劳、艰苦奋斗的勇气与精神，用不到三年时间就重建了新南堡，使南堡成了当时全中国"人定胜天"的样板村。1970年6月3日，《人民日报》头版刊登的《泰山压顶不弯腰》为题的长篇通讯，报道了南堡人民抗洪自救的英雄事迹，伟大领袖毛主席称之命之为"南堡精神"。自此，全国上下掀起了学习"南堡精神"的热潮。

自2002年分水江水利枢纽工程开工以后，南堡村民顾全大局，"舍小家为大家"，分流移居到了全县6个移民点，在新的土地建设新的家园。如今，在原南堡村的地方，因修建分水江水利枢纽工程而形成了具有较高生态价值的湖泊型湿地，于是由浙江省林业厅批准建立了南堡湿地公园。

湿地占地面积达 1000 多公顷,覆盖了百余种陆地、水生植物和鸟类、兽类等野生动物,其中包括国家二级重点保护野生植物。

"虽然我们南堡村现在'解散'了,村民也迁往了全县的各个地方,可我们始终觉得自己是南堡人。"原南堡村民如是说。

虽然南堡村渐渐淡出了人们的视野,但是他们用实际行动诠释的"一不怕苦,二不怕死,泰山压顶不弯腰"的"南堡精神",仍激励着一代又一代的南堡人、桐庐人勇往直前,开拓创新,值得我们不断传承、拓展!

三　六合之乡

与红军墓鞠躬挥别,再往里走,终是到了合村乡。

合村乡以"山水之合、历史之合、人文之合、风物之合、族群之合、天人之合"六合为主基调,形成了"六合之乡"特色文化。眼见九山半水半分田,溪河处流水潺潺、叠山处峡谷幽幽,白墙黑瓦鳞次栉比、街巷阡陌一尘不染。如同《庄子·齐物论》描述:"不知周之梦为胡蝶与,胡蝶之梦为周与?"我仿佛在画里,亦有可能是移步赏画。

昭德水街——浙江省非遗特色街区

若有这么一个地方,每到了夜晚,吃过农家饭,蹚过蛙鸣阵阵的河流,入住特色民宿,就着漫天繁星,晚风吹拂我的面颊,卷云舒展我的眉头,该是别有一番滋味吧!

当地的人告诉我，这样的世外桃源还真是有的！合村乡有许多个村落，其中，还有一个杭州市首个国家级全域三A景区"合村生仙里景区"。"生仙里"，难道还住着神仙不成？是咯！当地人说，正是因为这里相传出过一位神仙，再加之似画似镜的山水风光，爱山乐水之人纷至沓来，便取名为"生仙里"。这里的景色难以——细道，照片也不能极致地体现它全部的灵动的美。

穿过昭德水街——浙江省非遗特色街区，再往山中行。听说合村有个闻名遐迩的雅鲁激流探险，每逢节假日，远近的城市旅客络绎不绝，或为释放压力，或为亲近大自然。这里的闯滩气势磅礴，全程8公里，垂直落差可达198米，戴上安全帽，系上救生衣，握紧皮筏艇，立刻开始闯滩之旅。顺流而下，皮艇时而撞上岸边横生的硕石，时而凌空骤降，彻绿的江水炸出白色的花朵，时而皮艇头尾悬置，把人喷个落花流水。好不快活！

游山玩水之后，我还专门拜访了桐庐县旅游委员会的相关负责人。他与我们介绍了"桐庐县大旅游产业发展三年行动计划"，这是为加快把桐庐旅游业培育成为当地国民经济的战略支柱产业和幸福桐庐的重要支撑产业，推进全县旅游发展跃上新台阶，实现全县旅游经济新跨越而特别指定的行动计划。其中，就有"做好以山水游憩和民俗风情为重点的山水风情游"这一行动指标。

做好分水天溪湖旅游度假区，能促进旅游要素的聚集化，均衡提升市场的辐射力和产品附加值，提高旅游综合效益。而分水天溪湖旅游度假区就是立足分水天溪湖度假板块，包括大溪漂流、范蠡归隐、徐霞客游线、和合之乡、生仙之地等核心品牌资源，串联新龙、凤凰谷、生仙里、怡源谷、保安源等村落景区的西部环形休闲度假旅游区。如今村美民富，怡然自乐，可见其成效显著。

诚然，古村是我们的共同记忆。淌流在古村回忆的每一条阡陌，思索着我是谁，我自哪里来，我将迈向何方。每一方青砖有我们涂鸦圈画的痕迹，每一块绿瓦有我们嬉闹吟唱的刻录，每一棵古树记着我们儿时的模样，每一枝新柳为我们成长扬眉……

唐代贺知章《回乡偶书》中道："少小离家老大回，乡音无改鬓毛衰。"我们在日新月异的欣欣时代做着更好的自己，却始终忘不掉融入骨血的乡村记忆。味蕾上的一簇糕糖，千里外的几声乡音，村门口阿婆不变的笑容都深深勾起胸腔里的思念。酒香成气息，回忆作故事。若无古村，我们向谁倾诉只属于我们的童年时光？与谁共鸣家乡的一草一木的牵动？我们又去哪里怀念只有我们的历史？

四　红军故道

　　稍作停留，继续沿路而上。这一路，沿途皆是红色风景，想必我们是到了"重走红军路"的地方吧！

　　路边房屋的白墙上，绘有巨幅的方志敏画像。这原是红军方志敏在分水留下的英勇作战的光辉痕迹。"如果我还能存活，我生命的每一天是为了可爱的中国；如果我即将离去，我流血的地方会开出圣洁的花朵。"这是方志敏在狱中写下的《可爱的中国》。面对敌人的严刑逼供、审问拷打，方志敏不屈不挠、坚持写作，留下了《可爱的中国》《清贫》等不朽著作。这位烈士是中共江西地方党、团组织的创始人，是杰出的农民运动领袖，是中共革命家、政治家、军事家，是土地革命战争时期赣东北和闽浙赣革命根据地的创建人，是红十军、红十一军及红十军团的缔造者！

　　方志敏带领的红军部队虽然在分水只短短停留了三天，却是酣战淋漓了两夜一昼。"早已森严壁垒，更加众志成城"，红军又一次以少胜多！这一仗打得敌军闻风丧胆，使之不得不承认"是役击共二十余，我军伤亡百余"。分水之战扭转了战局，红军自此变被动为主动，乘胜追击入皖南。

　　我是一个感性的人——每每看到五星红旗在国歌声中缓缓升起，都不禁热泪盈眶。如今，站在方志敏旧部作战牺牲时的富家红军墓前，顿时眼角湿润。英勇的先烈们马革裹尸，无数白骨埋进黄土，那是多少条年轻的生命啊！或许牺牲时的年岁与我如今相当！他们在总角束发之年立下志向，一生爱国，甘于奉献，对党对革命矢志不渝，要为万世开得太平——直至生命终结。

　　不只是方志敏，是无数个"方志敏"，是所有的前赴后继的红军赤胆忠心、坚定信仰、以国为重才谱写的英雄史诗！特特马蹄踏出了新中国的出路，嗵嗵炮响轰散了敌人的阴霾；五岭逶迤挡不住先烈们的精忠抱负，乌蒙磅礴拦不住中华民族的复兴之路！看那世界各地冉冉升起的五星红旗何等鲜艳——那是上至决策千里统帅，下至手无寸铁百姓抛头颅洒热血浸染的！听那响彻五洲隆隆不绝的义勇军进行曲，何等振奋——那是勇如开国将领、猛如就义战士枪林弹雨中失声嘶吼的!

富源红色景区

方志敏说:"我们活着不能与草木同腐,不能醉生梦死,枉度人生,要有所作为!"弹指一挥间,那会一脸稚气却正义凛然的小红军也许早生华发;当年伏尸百万流血千里的土地也许已盖起了新世纪的高楼大厦,然革命先烈永垂不朽!民族革命史可歌可泣!党和国家拯救四万万人于水火流芳千古!"以史为鉴,可以知兴替。"正如习总书记所教诲:"不忘历史才能开辟未来!"或许我们还不能为日益强大的中华民族做一番惊天动地的伟业;或许我们只是众多星星之火的渺小一朵,但我辈当心中藏之,无日忘之!我们生活在先辈们笃定的"明日之中国",如何能不习得一身本领强国富民?如何敢无继承创新的志气告慰先人?

　　　　韶华啊,我站在江河的这边,眼睛快要流汗。料他见我也应如是,情与貌、略相似。

桐庐游,漫步在乡村,心中默吟着辛弃疾的《贺新郎·甚矣吾衰矣》,只愿时光不老、古村常青。

云溪缥缈深澳里

胡晨曦

在寻根的道路上，人们越走越远，是深澳古村把我从迷途中拉回。

回到乡土，余晖里的深澳古村给我一种历史的厚重感，令我久久不能忘怀。岁月在深澳的屋脊上留下斑驳印记，厚重的青苔披上房梁的流渠，精美的木雕依然留在那个窗台。

一 初探深澳

深澳古村位于富春江南岸天子岗北麓，地处丘陵，丛丛山峦坐地而起，地形多起伏。藏身于山峦之间的深澳古村如一位隐世的仙人，应家溪和洋婆溪恰如仙人的衣袂分流东西，点缀于青山之脚。

自古地名常依其特色而定，深澳村便是如此了。

"深澳"，何为"澳"？深澳村的水系建设令人叹为观止，其形成在明代，深澳村民依凭智慧与力量建立起了相当完备的村落水系系统。天然的溪流与人工的暗渠、明沟、坎儿井、水塘相结合，既保证进水的高质量，又保证了用水的便捷。污水的排放和疏通也被考虑得十分周到，深澳古村代代村民都被这完备的水系系统照顾得很好。

暗渠总长800米，深入地底约4米，宽1.5米，高2米，渠底用卵石铺成，水流清洌甘澈，贯穿整个村庄。为方便人们取水用水，先人每隔一定距离便开一个水埠，由于这埠较深，故名之"澳"。此后南方水系建筑中独具北方特色的"澳"便成了这个村落独特而又新奇的一景。

在平日，深澳古村是极为安静的，若不去惊扰它，或许只能听到从村深处传来的几声若隐若现的犬吠。日出如此，日暮如此，这便是深澳古村绵延了几百年的生活景象。

大水塘前，深澳文明礼堂与深澳古祠最为依依，周边的亭台楼榭也交错着明清、近代与现代的历史痕迹。冬日暖阳之下，塘围广阔的坦子里晒着麦子或者干菜，抑或是甜味沁人口舌的番薯干，热情的老奶奶总不吝啬自己的劳动成果，塞给你几瓣儿新晾的番薯干或是几把小猕猴桃，让你不仅饱了眼福，更饱了口福。

转过墙角，或有二三小儿逗趣玩闹，或有几丛小鸡跟着母鸡在墙角觅食，抑或是碰到熟识的老乡，偶尔几声寒暄，但更多的是沉沉的甜美的静谧，仿佛还原了生活本来的样子。沿街往村深处走去，脚底的鹅卵石与石板便引你走向一处处神秘的古宅，等着你一步步去探索。

这里没有柴门，房屋通体粉墙黛瓦，四围有吊脚飞檐向上延伸，房子大多为"四合天井式"，中间有贯穿的两个门，从一扇门走入，从另外一扇门走出，便是不一样的景致了。这门通常是不关的，里面的房梁、门廊和窗枢都有精美的木雕，仿佛一个个故事等着人们去探寻。

别有一番风味的还有深澳古村的老街，虽然没有现在城市街道那么宽广，但是商家之间可以相互走往，商铺纵横相对，也可随意谈天，渗透的尽是深澳邻里之间的随和与亲近。

这村庄的"静谧"和"一街一弄皆是景"便是我2017年冬日初览深澳古村时的印象。

二　再探深澳

之后又有幸几次造访深澳古村，一次次触及它的历史脉络，一次次抚摸斑驳的古墙，我愈发感受到了它作为"国家级历史文化名村"的魅力。

深澳古村的村口立着一座标志性的牌坊，巍峨竖立的牌坊中间用楷体镌刻着"深澳古村"四个大字。牌坊由一个正入口和两个侧入口组成，形成三个拱门的形状，古韵的雕花檐角向上飞翘，对称的红灯笼串如点缀在耳侧的饰缀，相当气派。

穿过牌坊的拱门，向里望去是一方水塘，围绕这片水塘的是深澳村文明大礼堂和申屠氏宗祠。在宗法观念里，自古宗祠的建设关系着整个家族的兴旺和发展，所以建宗祠处必为风水至佳之地。深澳古村的宗祠便是如此，古村落处在长长的山谷口，三山似守护者般将深澳村围拢起来，村后是龙门山的余脉，三山中两溪绕村而过，可谓山环水绕、阳气至佳的风水宝地。

细细观赏，深澳古村文明礼堂的建设颇耐人寻味。就其建筑本身而言，通体呈现着浓厚的历史气息，暗黄的墙面沉淀着些许历史的灰斑。楼的最高处平分三段，中间一块墙体较左右两块略高，从中间"五角星"标志的尖角分辟开来，呈现左右对称的局面。"五角星"上印着"祝毛主席万寿无疆"八个大字，左右两边的墙体分别印着"大海航行靠舵手""干革命靠毛泽东思想"，反映着人们对党最崇高的信仰。

　　向内走去，迎面是一幅巨大彩绘：党的旗帜迎风飘扬，旗帜底下是一群充满斗志和决心的人们。深澳古村的文明礼堂规模不小，墙绘后有左右两扇门，随意通过左右两扇门，便进入了平时举办村庄活动的主会场。常驻的舞台坐落正前方，舞台前的左右两边均为一排排蓝色连椅。身处礼堂中央，便可想象到节日里村民济济一堂的热闹场面。

　　申屠氏先祖是于南宋绍兴二十三年（1153）由富阳申屠山迁入的，子孙繁衍渐成一带名门望族。全村将近5000余名村民中，复姓申屠氏的村民占比高达85%，深澳村可谓是申屠氏的血缘村落。

　　一个家族往往需要一个聚会议事、开展家族活动的场所，而申屠宗祠便是这样的存在。古祠堂坐东朝西，正门面向村口的大塘开，整体的建筑设计风格是浙西徽派建筑的遗存，多为"四合天井式"。南方湿润多雨，以石板铺成的天井是古时南方建筑中极其重要的排水系统。祠堂的正堂名为"攸叙堂"，其堂前的摆设可见是当时家族重要的议事场所，后面的厅堂，沿着台阶逐步而上则是申屠家族供奉牌位的地方。申屠氏的古祠堂，目光所及之处均是上好的"活"的雕塑作品，这雕梁画栋之间，其历史的韵味非凡。

　　每个祠堂都会有一个专门的管理人员。走进后堂，最初是被堂中的陈列吸引，并未注意后堂与前堂衔接处两侧的小门房。那里有一位老爷爷，应该已年过花甲，即遇古稀。最初，我们一行人未敢惊扰他。只见他手执云豪、蘸墨、挥毫，一朵牡丹便在宣纸上渲染绽放，叶子或绿或墨。背后张贴着的则是他自己最近的画作，有写意山水，有工笔牡丹，煞是好看，颇有意境。因笔者甚喜牡丹，便向老爷爷讨教了几番，相谈甚欢。老爷爷还特别热情地离开小小的画室，给我们讲了申屠氏的故事和申屠祠堂的历史。

　　老爷爷指着攸叙正堂的两幅画像，说："这是我们的祖先，我们深澳这支申屠氏人是在南宋的时候，因时事迁移过来的，并在这里繁衍生息。

申屠氏宗祠

"这个祠堂啊,它的命运其实十分坎坷,经历了三建四修。'一建'是在南宋理宗嘉熙淳祐年间,迁移至此的申屠氏人为缅怀先泽,教导后人不忘根本而率族众创建该祠堂,原嘉名'裕后堂',是为'仰承祖宗垂裕后昆'之意;'二建'是缘于元时红巾起义,延续十余年的战乱致使宗祠致毁,候至明成祖永乐年间战乱平息后再建,名为'攸叙堂',是为'祈望祖宗永享香火';'三建'亦是毁于战乱,明清之际的战乱又使宗祠焚毁,后雍正年间又建。'一修'是为年久必敝之由,'二修'是为太平天国侵扰之故,'三修'是为受白蚁侵蛀之灾,'四修'则是在攸叙堂中办深澳完全小学,为保障师生安全而修,同时也是因'破四旧'时遭到了严重的破坏。"

老爷爷讲到此处突然俯下身,指着堂中顶梁的石柱,给我们看上面的凿痕。因过去"破四旧",那时中、后二进石柱上的楹联文字尽被凿毁。老爷爷惋惜地说:"这个柱子一直被留了下来哩,其他的因为破旧,有些能翻新的就翻新了。哎,这石柱上的痕迹到现在还是很明显啊。"

辞别老爷爷后，一行人便开始沿着石板路探索，在街头巷陌中再探古村的幽美。

深澳的街路极有特色，中有石板，底层铺满了鹅卵石，夏日里，在两墙之间走着，还透着些许阴凉。这里的房子大多为明清和民国的建筑，房子的基层均用石块垒成，通体粉墙黛瓦，上有吊起的四角飞檐。所以这里的寻常巷落也是极为雅致的。靠在路边的白墙向上望去，白的是墙，黑的是瓦，蓝的是高而远的天空。有些路边还有石级通往暗渠，向下望去，深深的，这就是"澳"。村庄中的"澳"是极为常见的，每隔一定距离便会有。虽然村里早就通自来水了，但是偶尔还是会见到有人下去打水，可见纵使已历经百年，这"澳"早已成为了与村庄休戚与共的一部分。

三　回望深澳

现在的深澳古村依旧保留着旧时的模样，与以前相似，却又有些不同。

随着现代社会的发展，村中大多青壮年都选择外出到更加发达的地方工作，有些老屋因太久没人居住和管理而日渐萧条、坍圮，有些则至今还有人居住在里面。小户的有小天井和前堂，大户的则有大户该有的几进几出的规模。

古村落本就是一个关于根的文化，可谓是文化建筑的瑰宝，当地政府也相当重视，专门为保护和发展深澳古建筑群而建立了相应的规划和管理部门。"云溪深澳里"的乡土建筑群落在现今古村落日渐消失的时代，可以说是十分珍贵的了。城镇化浪潮下，为避免传统文化遗产被淹没，对深澳古村的保护早已成了当地"美丽乡村建设"中最重视的问题了。

在与村委的交流中得知，深澳村的独特之处，不仅在于其宗族文化、文明礼堂建设和完备的水系系统，更在于他的"古韵"。村中大量的明清以及民国时期的古建筑，这是深澳古村最亮眼的招牌，因此对古建筑的修葺和保护便成了工作的重中之重。负责深澳古建筑管理工作的村委特意强调，他们的修葺工作并不是简单地像其他古村落一样全面翻新，而是在旧的老物件的基础上，进行适当的修理和调整，就是这样"以旧修旧"的方式才使古韵得以代代传承下去，尽最大努力保持其深澳古村最原始的面貌，给想一览古村芳容的人们最初的体验。

为了更好地保护和开发深澳古村，相关部门在还原深澳老街的基础上，还保留了原来的特色，同时还吸引一些别有特色的商户，丰富古村的内涵，以便带动当地旅游的发展，发挥深澳古村的魅力。比如展现当地人竹编工艺的手工艺店，店中精巧的物件，有简单的木制家具，也有生活劳动产品，还有更精致的各种手工小玩意儿，让人忍不住流连驻足。

随心漫步在深澳古村的街弄里，偶然间撞进一个非常有艺术气息的地方，忍不住拍照留影。外面是民国时期低矮的木质院门，里面的美景韵味十足，拥有文艺摄影心的游人无不为它所吸引。

深澳老街的手工艺店

本以为它只是日常人家的精美院落，然而，让我惊讶的是它竟然是当地的一家民宿。建在巷弄间的民宿，不仅自身韵味十足，更是被周边一丛丛、一簇簇的古物所熏染。试想，如若有幸能在这住上一晚，白日在阴凉的石板间散散步，晚间在院外观赏天上点点的繁星，深夜人静，躺在床上，听着乡间小巷才会有的柴门犬吠，这将是我们最贴近自然、最贴近深澳古村的时候吧。

在保护历史实物、传承非物质文化遗产方面，民宿实际上是一个极其自然而优秀的空间载体。现今深澳村的民宿除了已经建成的几家，例如188号民宿、深澳小店民宿等，还有其他各具特色的民宿正在规划或是建设中。民宿的建设与古村落的保护和开发是相辅相成的，共同构筑了深澳古村魅力十足的风景图。腻烦了城市浮华和喧嚣的人们可以在假期邀三五好友一起去深澳古村居住个三五日，亦是一种享受。在这里，你可以体悟乡村的清晨和日落，可以在白日跋山涉水，在夜间静静地畅谈，洗净身心，放松自己，再继续充满朝气地面对人生的万千。

屋脊与文化的根在深澳古村中延续着，日出而作，日落而息，这就是最为平凡而真实的生活。与其做隔江观望的灯火，不如聆听一次深墙院落的犬吠，这何尝不是一种满足？

云溪深澳里，一个绵延着文化与根的村落，一探，再探，三探……一次次走在深澳老街的巷弄之中，期待又一次的惊喜。

桐君仙山草药情

胡译匀

应是缘分，我生长于此。

这里是吴均口中"天下独绝"的山水，有韦庄笔下"水碧山青画不如"的风光。这里有子陵先生不事王侯的山高水长之风，有大画家黄公望的稀世墨宝。我的根与魂被这里的飘香医药熏陶，我的审美与心境被这里的一折青山、一湾碧水关怀，我的理想与追求被这里千年积淀的文化鞭策。

一　上古桐君

今日，怀着敬畏之情，我再次登高踏上桐君山这座以桐君老人为代表，承载着桐庐"三大文化两大精神"其一的中医药文化的圣地。

桐君山于桐庐县城东门外，迎富春江与分水江浩浩荡荡奔赴而来之水，与凤凰山一脉相接，它还有"小金山""浮玉山"的精致别称。南朝梁文学家吴均《与朱元思书》描绘的"风烟俱净，天山共色。……水皆缥碧，千丈见底"——这里如诗如画：向西与严子陵钓台相望，七里扬帆渔笛声声，往东又可见天子岗千百成峰。更有清末梁启超其师康有为，赞誉桐君山为"峨眉一角""峨眉诸峰不及此奇"。

关于桐君（君是古时人们对男子的尊称）——华夏中医药的鼻祖，相传上古黄帝时代在此结庐而居、采药问道、悬壶济世。清代《严州府志》记载："上古桐君，不知何许人也，亦莫详其姓字。尝采药求道，止于桐庐县东隈桐树下。其桐，支柯偃盖，荫蔽数亩，远望如庐舍。或有问其姓者，则指桐以示之。因名其人为桐君。"悠悠岁月，桐君老人原本姓甚名谁已无人知晓，但是他研医采药、治病救人、不图名利、一心为民的高大形象深深根植在老百姓的心中，在全国中医药界也有举足轻重的地位。

桐君山桐君亭

　　为了纪念桐君老人，这方土地的"桐庐"之名也因此得来。清代高鹏年在《桐君山记》中写道："桐君山在县治江口，昔有异人采药结庐于此，人问之，指桐为姓。山于是乎名，县亦从而名之，由来已久。"故而这座栖隐山名桐君山、江名桐江、溪名桐溪、岭名桐岭、洲名桐洲。

　　走进"桐君山"石牌坊山门，迎面卓立"桐君亭"透出些许光亮，里面立有一块方正字碑，"药祖圣地"四字苍劲有力，左右柱上分别刻着明朝出任桐庐县典史孙纲于嘉靖元年（1522）的《桐君》诗句"夺得一江风月处，至今不许别人分"，其诗首联："以桐为姓以庐名，世世代代是隐君。"说到桐庐历史上的隐者，有闻名天下的东汉高士严子陵高风亮节，有妇孺皆知的晚唐处士方干"方三拜"等等，而桐君——想来也是诗人最为感慨的大隐大德之人，伴着两江翠色、几扇青山，如此山好、水好、人杰地灵的风月处，还有谁能够分得去呢？

　　拾级而上，于一座"凤凰亭"小憩，穿过"仙庐古迹"月门便来到桐君祠。根据《桐庐县志》记载，这是一座始建于北宋元丰年间的古祠，在明嘉靖年间、清康熙年间都曾重建，眼前所见乃1979年桐庐县人民政府修葺而成的新祠。"桐君祠"楣额是由中国美术大师、桐庐县城（今桐君街道）人叶浅予先生用隶书题写。迈入桐君祠，桐君塑像端坐居中，笑容可掬、神情怡然，上悬"中药鼻祖"匾额。旁有楹联云："大药几时成，慢拨炉中丹火；先生何处去，试问松下童子。"让我不禁联想起贾岛

分水江支流琴溪景色（2017 年春摄）

的寻访不遇的焦虑与遗憾："松下问童子，言师采药去。只在此山中，云深不知处。"此时，大约衬得隐者更加高洁、苍劲，只教人钦慕瞻仰。转身环顾，祠内还立着一座座历代名医的金色塑像，上古中医始祖岐伯、春秋战国时期中国古代五大医学家之首扁鹊、东汉末年医圣张仲景、三国神医华佗、西晋针灸鼻祖皇甫谧、东晋小仙翁葛洪、南北朝山中宰相陶弘景、唐代药王孙思邈、宋代针灸学家王唯一、明代药圣李时珍、清代解剖学家王清任等历代中医大家济济一堂。祠壁还绘有《医药溯源图》。众所周知，中医药学源远流长，在当代仍发挥着独特的优势和特色，具有不可替代的重要地位和作用。而桐君山被称作"药祖圣地"，在今日朝拜桐君所感受到的华夏中药鼻祖桐君老人的伟岸名副其实、淋漓尽致，此格局也教人肃然起敬。

走出桐君祠，赫然入目一座高耸的白塔，这便来到了桐君山的制高点。塔高十几米，六面七层，有平座台基，造型古朴，为县内仅存之古塔。白塔下有桐庐县人民政府1981年9月立之碑文："桐君塔，始建年代无考，宋景定元年重修。后数遭雷击，曾屡圮屡修，北宋范仲淹诗'钟响三山塔,潮平七里滩',盖指桐君、安乐、圆通三塔。桐君塔瞰江挺秀,于今独存当非偶然,为维护境内名胜古迹。爰于公元一九八一年夏拨款修葺,是为志。"历朝历代,游历于此的名家数不胜数:如南宋四大家、著名诗人杨万里舟过桐庐时,就留下了不少称颂富春江的诗作,"朱楼隔绿柳,白塔映青山"描绘的就是桐君山上难得一见的色彩。华美的楼阁藏匿于绿柳之间,微风拂来,轻轻探出身来,白色的桐君塔映衬于青山之上,伴随着阵阵钟声,令人不忍离去。人们说,桐庐人如果看不到桐君山,是会哭的,我信了。即使时光流转,桐君山仍是桐庐县的标志,而这座白塔在青山绿水中最为夺目,如此秀丽山河孕育着深厚的人文气息,无论是当地的桐庐人抑或是漂泊在外的游子,早已糅进他们的骨血之中,成为生命、生活的一部分,又怎能叫人不热爱呢?

再往前几步,便是"药祖殿",门前有一对高大的鹤头龟身铜像,栩栩如生。细数龟背上13块龟片,刻着不同书体的"寿"字,其寓意定是为人们康健长寿祈福吧!"山不在高,有仙则名。"桐君山并不高,然而熙熙攘攘的香客却络绎不绝。曲径通幽,不一会走向了下山之路。在小路的左侧,有一"药祖之乡"牌坊,左右两侧还有两块石碑:左侧写着"源远流长",右侧则书"中药鼻祖"。应该是意指桐君医药能够发出更加夺目的神圣光彩吧。在牌坊的另一侧,是桐君山中草药苗圃,苗圃有介绍说,桐君山景区是从2008年开始筹建"百草园",占地面积近500平方米,种植着常见中草药、国家重点保护植物以及以观赏类为主的草本花卉。这般庞大的"百草园",不但丰富了景区的中医药文化,促进人们对中草药常识的了解,加强了青少年科普宣传和学生劳技活动,也更好地提升了桐君山"药祖圣地"的知名度。

细说桐君——中华医理的先行者,不仅为世人留下一方佳话,他的医药实践成果还被后人汇编成《桐君采药录》传世,据说有可能是我国有文字记载以来最早的药物著作。虽然这本《桐君采药录》已经失传、无法查证,但是备受历代医药名家所推崇,如三国神医华佗弟子吴普编著的《吴氏本草》,转引部分《桐君采药录》;《隋书》《旧唐书》《新唐书》中均列有多卷"桐君采药录桐君撰"条目等。

此外,还相传桐君定"三品"药物:根据中药性味,将无毒的120种药物列为上品,可以轻身益气、延年益寿,主养命以应天,为君;将120种没有毒性或有毒而需酌量服用的药物列为中品,可以治病补虚,主

桐君山"药祖之乡"牌坊

养性以应人,为臣;将120多种毒而不可以长期服用的药列为下品,能驱寒、热、邪气,破积聚,主治病以应地,为佐使。桐君还首创了"君臣佐使"("君"药是方剂中治疗主症起主要作用的药物,按照需要可用一味或数味;"臣"药是协助主药治疗作用的药物;"佐"药是协助主药治疗兼证或抑制主药毒性和峻烈的性味,或是反佐的药物;"使"药是引导直达病所或起调和作用的药物)的处方格律,演绎到今天的中医方剂组成法则"主辅佐引":主药、辅药、佐药、引药。这样的医药方剂法则托借封建王朝君、臣、佐、使之间相互统御的关系来清晰地说明方剂药物之间的作用,散发着古代医药家的智慧光芒。

儿时登桐君山,或随长辈朝拜祈福,或为登高远眺,将千峰倒影的景色尽收眼底;再大一些时登桐君山,吟唱吴融"天下有水亦有山,富春山水非人寰",诵读东坡"三吴行尽千山水,犹道桐庐更清美",感慨陆放翁"桐庐处处是新诗,渔浦江山天下稀",翻读吴桓赞"天下佳山水,古今推富春",想象着当时的桐庐是怎样的山水风光,打动着感性的诗人,诗人又是以怎样的情怀和心境挥墨成书。如今,再登桐君山,缅怀的是"药祖桐君"不留姓名与孤桐作伴一心悬壶济世为民的大德大隐之情怀,也因桐君桐庐为亘古灿烂的中华瑰宝、博大精深的中医药文化增添光辉独到的色彩而感到自豪。

翠鳞浮动、塔影流见、路转千峰、钟声绕耳,回望圣山,仙人身背竹篓采药而归,肩垂药葫芦,后挂箬叶帽,神采奕奕地走来。仙童放下手中慢拨炉火的蒲扇,轻快地向仙人跑去,口中喊着:"师父!师父回来了……"倏而,盘空几声鸟鸣,我亦向着苍茫云海深处郑重地鞠了一躬,再挥手离去。

二　国医传人

桐庐历代有名中医。

桐君后人从来不曾忘却过悬壶济世的使命。

听闻全国名老中医许子春先生是"桐君药祖国医馆"主要奠基人。许子春医生成长于中医世家的环境中,杭州许氏妇科中医声名远扬。其父是20世纪50年代杭州"四大名医"之一、号称"半仙"的许仲凡先生。据说许医生收治的患者不计其数,光治愈的不孕不育夫妇即遍布全国各地及美国、德国、阿联酋、澳大利亚等地,他被亲切地誉为"送子观音"。他除了担任"桐君药祖国医馆"名誉馆长外,还担任桐庐县中医药发展顾问,同时,兼任北京同仁堂浙江国医馆名誉馆长、杭州经典中医研究院、杭州仁易堂中医康复医院名誉馆长。通过介绍,我有幸得以拜访这位为医济世的桐君后人。

我比约定的时间稍早一些到了。谁知,许医生已在县中医院国医馆的办公室内一丝不苟地在信笺上写着什么。听闻我来了,他放下手中的笔,热情地同我招呼、握手。这位白发苍苍的医者,比我想象得更加精神矍铄,温和慈祥啊。

坐定。我向许医生表明了来意,并请教关于对桐君中医药文化历史的看法和桐庐当代中医药发展情况。

"桐庐应是华夏中医药文化的发源地。从上古桐君在这里采药问道、悬壶济世起,桐庐的医药发展源远流长,在历代也有很多名医。我1965年从杭州市中医学校第三届中医班毕业,分配到桐庐工作,开始与桐庐结缘。那时候看到桐庐这块桐君后人的福地没有自己的中医院,觉得很可惜,桐庐人不能将这样的宝贝遗失了。桐君老人在黄帝时代不远万里从中原来到这里,结庐炼丹,指桐为姓,不为名利,这样的精神值得我们学习,需要延绵传承。"

正是如此,1954年,伟大领袖毛泽东指出:"重视中医,学习中医,对中医加以研究整理并发扬光大,这将是我们祖国对全人类贡献中的伟大事业之一。"毛主席曾经特别强调,今后最重要的是要西医学习中医。我们的杭州老乡、世界著名科学家、中国航天之父钱学森也在书信中写过:"我认为传统医学是个珍宝,因为它是几千年实践经验的总结,分量很重,更重要的是,中医理论包含了许多系统论的思想,而这是西医的严重缺点。所以中医现代化是医学发展的正道,而且最终会引起科学技术体系的改造——科学革命。"正因为如此,中医在历史长河的更替中,不但没有消失,反而更加繁荣昌盛。

中医为什么能够传承至今,并且越来越发出夺目的光辉呢?我想,关键原因在于"医随国运"吧?国泰民安,中医这个国宝国粹才能发扬光大,走出国门,对世界人民做出贡献,造福全人类的康健。其次,是中医深深扎根于广大老百姓生活之中,有几千年的根基。老百姓有句话:千财万富,健康是第一富;千行万业,治病救人的医药行业是第一行业。几千年下来,各种名医处方灿如星海,对中华民族的繁荣昌盛可以说是做出了不可磨灭的贡献,所以才会越来越受到世界各国的喜欢啊。

问及许医生,现在很多年轻人其实对中医并不了解,甚至存在一定的误区。许医生解释说,中医和西医就好比同一战壕里的战友,研究的对象都是人。但这是两种不同的医学体系,西医比中医更接近近代医学,它依靠实验医学,是有形医学,强调局部管理,医治"人的病",是微观的,离不开比如B超、磁共振、心电图等现代医疗技术;而中医被称为古老医学、传统的医学。中医依靠经验医学,强调无形医学,比如经络学说这是客观存在的,它有整体观念,治的是"病的人",属于宏观角度,考虑的角度更加全面,讲究一个动态平衡,它帮助人体建立自身强大的免疫系统,培养人的"正气",依靠人的主观能动性。当然,中、西医都需要现代化,现代医疗科技手段是两家所共有的,而不是西医所独有的,中医具有很强的包容性,它并不排斥现代医疗科技手段。片面地把西医等同于现代医学,这是不妥当的。对于中、西医的结合,不仅仅只是药物上的结合,应当在理论上取得新的突破,需要所有的医生不懈努力、扬长避短、吸纳融洽。

作为"桐君药祖国医馆"主要奠基人,许医生向我介绍起这座凝聚许多名老中医努力和热血的国医馆。很早时候,为了桐庐能打响"华夏中药鼻祖桐君故里"这张金名片,许医生等人向县政府领导和县卫生局领导递交了《关于创办杭州桐君药祖名医馆的报告》,这才开始渐渐有了今天的"桐君药祖国医馆"。"桐君药祖国医馆"准备筹建了好几年，因为老祖宗的文化不能忘记！国医馆成立后，受到当地百姓们的热烈欢迎。同时，国医馆还成立了中医中药专家学术委员会，积极开展中医医疗和人才培养、中医中药普及。在各方部门、各级领导的协助支持下终于于1988年开始筹备了第一届华夏中医药节，这是桐庐自己的品牌啊！如今，国医馆已成为县中医中药的学术龙头、后备人才培养基地。"中医是应当对全人类做出不朽贡献的，我希望有更多的年轻人能成为桐君医药文化的后来人，关键要有人，要有后来人才能弘扬这么好的中医学啊！桐君医药文化是可以走出国门的！"讲到对桐君中医未来的发展，许医生有些激动。

顿了顿，许医生问我："小胡，你听过'四方药局'么？在20世纪80年代的时候，重庆一些人特地到桐庐来，朝拜药祖圣地，这些人就是重庆桐君阁制药厂的领导，他们在1906年时，创办了百年老字号'桐君阁'，就是以桐君医药文化为渊源创办的。所以，我们更要积极发展桐君药业，不能愧对老祖宗啊！"

所幸如今，桐庐人民也越发重视医疗养生。率先在《富春山居图》实景地成立全国首个健康服务业集聚区——富春山健康城。创建浙江省首批37个特色小镇之一"桐庐健康小镇"。其中，中医健康产业区就为发扬"中医药鼻祖圣地"文化做出不小的贡献。"但是我们能做的还有更多！"许医生感慨道，他还有一个梦想，这也是一大批老中医的共同中医梦想——办一所桐庐人自己的中医药大学，或者能有一所中医药大学桐君学院。说到这里，许医生的眼神了闪烁着希望，又像是一种忧虑。原来，到1955年全国各地成立西学中的离职或在职学习班，这时才开始批量教育中医，中医才开始普及化、大众化、标准化。依靠"师带徒"的方式，各门流派代代相传的传承教育存在周期长、徒弟少，容易失传的问题，没能好好传承，就更谈不上弘扬光大了。"如果中医药需要我，我一定将自己祖传的非物质文化遗产——许氏妇科医术和'一读二背三临床'基本功毫无保留地传授给大家。如果能和国内有名的中医药大学合作，培养更多的人才，创造有中国特色的中医药教育，中医就后继有人，传承才能发扬，才能造福全人类。我自己也正在准备筹建国药馆，还要筹备成立桐君名老中医研究院，让桐庐境内的老百姓看得起名医、配得起名方、吃得起名药，享受更好的生活品质服务！"

因为许医生还要接诊别的病人，所以拍照留念之后只能匆匆作别。

"夺得一江风月处，至今不许别人分。"脑海里再次浮现出明朝人孙纲的《桐君》。或许，"至今不许别人分"的不仅仅是桐庐的山水风月，更是一种情结，是对为往圣继绝学的责任，是为世人送健康的决心，是对桐君的情、对草药的情。

作者与许子春医生合影

三　桐君药堂

走进桐君堂中药城南路厂区办公室，赫然入目的是桐君堂堂训"做好人，做好事，做好药"几个大字。这里是继桐君堂中药高家路厂区和下城路厂区后的第三块厂区，占地100多亩。掌门人申屠银洪先生告诉我们，桐君堂的堂训就是要让每个桐君人时刻牢记"心存善念，天必佑之"。

桐君堂，是桐庐赫赫有名的医药企业。它创始于明朝洪武十七年（1384），是一朵国药文化里的"奇葩"，也是浙江省首批医药先进企业、浙江省非物质文化遗产保护单位、浙江省金牌老字号，荣获2016年中国品牌文化影响力行业十大企业。

接待我们的是申屠银洪先生，他是浙江桐君堂中药饮片有限公司总经理、桐君中医药文化博物馆馆长、浙江非物质文化遗产保护名录"桐君中药文化传承人"，曾获"桐庐县十大青年英才"荣誉称号，2016年荣获全国"中华老字号杰出工匠"奖。然而申屠银洪先生说:"党和政府给我了一些荣誉,肯定、激励我。但其实我只是一名普普通通的,希望能为老百姓带去康健福音的一名中药工作者,一名中药师。从 1987 年毕业,进入桐庐县医药药材有限公司工作开始,本着对中医药的热情,和肩负着桐君后人的使命和责任感,去做了一些我们桐庐人该做的事。"

介绍之后,申屠先生给我们看了关于桐君堂企业的相关视频,再聊起了桐君药祖医药文化。

正如前文所述,桐君中医药文化发展、繁荣于钱塘江流域,历史悠久,不同于其他一些医药文化或形成与近现代时间十分短暂,亦不同于某些专门类医药文化,它是在中国南方地区非常有代表性的一个博大精深的医药文化流派。"北有神农,南有桐君",桐君老人给我们留下了丰富而宝贵的遗产:记载药植的性能、功效;定"三品"药物;定"君臣佐使"的处方格律,对后世在很长一段时间里对我国包括西南、嘉陵江等流域有着深刻的影响。中华文化为什么能成为世界四大古老文明之一且生生不息?或许,中医药文化在其中起到了不可磨灭的作用。党的十八大以来,以习总书记为核心的党中央高度重视中华优秀传统医药文化的传承发展,明确提出"着力推动中医药振兴发展",为推动中医药振兴发展指明了方向、提供了遵循,习主席指出中医药学是"祖先留给我们的宝贵财富",是"中华民族的瑰宝",是"打开中华文明宝库的钥匙""凝聚着深邃的哲学智慧和中华民族几千年的健康养生理念及其实践经验"。这些重要论述,凸显了中医药学的重要地位。我们生长在这样一个宝藏里面,更应该以高度的文化自信推动中医药振兴发展,充分挖掘、弘扬、丰富桐君的中医药文化。

申屠回忆道:"我们曾在政府的帮助下举办过三届华夏中医药节,外地的游客怀着一种崇敬仰慕的心情来到桐庐药祖圣地,期望品尝到浓浓的医药文化,观赏地道的中医药材,感受桐君医药的氛围。但可惜的是,虽然小具规模,却始终未能达到预期的目标。从那时起,我们就怀着一种梦想,为桐君中医药文化找到一个良好的载体。走了 23 年,我们团队终于筹建了全国第一家桐君中医药文化博物馆,虽然简陋,但是它记录的是一份感动,是一方水土和一群执着的人,带着桐君的情怀,才打造出这样一个文化产品。如果全国各地,能有更多的人加入到中医药文化的传承中来,我相信'星星之火是可以燎原的',中医药文化也会愈来愈灿烂。桐庐有很多响当当的称号,'国际花园城市''中国最美县城''长寿之乡''中国民营快递之乡'等,但是还有一张绝无仅有的金名片就是'桐君药祖圣地'。别看桐庐人口只有40万,在杭州地区排名并不靠前,但是光中医院的中草药业务量,就远远超过了其他地区!因为桐君中医药文化有其形成的独特空间,这个华夏医药的发源地是'至今不许别人分的'。要我说,桐君中医药文化并不仅仅是桐君堂企业的文化,桐君堂只不过是桐君中医药文化的一个小小的代表,桐君中医药文化应该是受到重视的伟大的非物质文化遗产!"

桐君堂古法炮制传承班

百年桐君堂,千年奇药铺。"我们尊古不泥古,创新而不忘古。"申屠先生向我们介绍桐君堂如何从一开始狭小的工作间发展到现在规模庞大的公司。听闻桐君堂是全国第一家古法炮制工艺企业。我便好奇道,什么是古法炮制?申屠先生耐心地解释古法炮制的两重意义:一是老中药匠的工作技艺,通过烧、炼、泡、炙等方式将药材药性最大地呈现,这大约从魏晋南北朝时期流传下来,很多一直沿用至今;二是挖掘经典古方,通过现代生产车间改进、创新,调整炮制手段使中草药焕发出新的生命力和医药使命。如中药饮片,就是加工炮制后的中草药,桐君堂在确保中药材安全有效的基础上使其形状更加美观。桐君堂早在2016年就开设了全国第一家古法炮制传承班。央视CCTV的系列纪录片《本草中国》就对《百年桐君堂》进行录制报道,专门讲述了古法炮制工艺中的红曲酿制技艺,这是在所有炮制手法中,最复杂的"发酵"技艺,几乎面临失传的窘态。

桐君堂有着身怀绝技、熟练掌握传统中药手工技艺的老药工和非遗传承人，既沿袭古法又有所创新，形成了一套完整的炮制工艺。传承班每次开班前，所有学员都会身穿印有"桐君堂"标志的对襟青衣在桐君老人像前点香烛叩拜，一起大声朗诵《祭桐君先生誓文》。申屠还介绍了桐君堂响当当的阳光煎药房，这是国内首家倡导让草药从田间到碗中整个制作过程都能是全开放、全透明、全监控的煎药房，实现24小时实时动态视频，确保"阳光无死角"。

"你们去过我们自己办的桐君中医药文化博物馆么？走，带你们去瞧瞧！"说着，我们又来到了全国首家以桐君中医药文化为主题特色一座建筑面积近600平方米的博物馆。

博物馆有前厅和主馆两大区块，主馆含中药厅和中医历史厅两个展厅，原汁原味地复原、呈现了古药铺、古药街、古生产工艺场景；陈列了许多名贵中药材展品、桐君中医药文化实物、古旧医药书籍、古制作技艺器具等；还有文图介绍桐庐历代"杏林精英"中医名家，共展出1000余册古旧中医药书籍和1000余个实物展品。我们看到的是一个国内中医药界难得一见的文化场景，感受到的是光辉的桐君药祖后人的守望和坚持以及申屠先生23年的心血。桐君堂不愧是国内饮片企业的佼佼者，难怪连国务院王国强部长来参观后也说："一家民营企业博物馆拥有如此丰富的馆藏，在国内实属少见！"

最让人敬佩的是桐君堂企业的理念，"从业33年来，为了守住每一片安全饮片，我无时无刻不牵挂着，从研究种植到基地养殖、规范生产，再到古法炮制、科技创新，最后到中医医疗。每每到了年轻的大学生人才引进之时，我都会与他们深刻交流。既然选择了桐君堂，那么桐君中医药文化不是挂在墙上，也不是呼在口中，而是要根植于心中，溶解进血液里的。'心存善念，天必佑之'，我们要做积功利民的善事，要用敬畏的心情去对待中草药、对待这份工作事业。树皮草根皆生命，能为老百姓带去健康，甚至挽救性命，才能让中草药发挥更多的光芒。这才能传承桐君当年'悬壶为世人，良药济苍生'的精神。这既是桐君堂的堂训也是桐君医药文化的核心价值观，更是企业的核心文化理念，是我们每个桐君人做人、做事、做药的行为准则和道德规范。我也是由桐君老人肩挂药葫芦的形象所启发，设计了桐君堂企业的文化Logo，告诫团队，我们做药是为了大众百姓康健！""但愿世间人无病，何愁架上药生尘"，身为桐君后人，申屠先生传递的是一种情怀，是一种激励、鞭策桐君医药的默默幕后者能为世界各地的人们送去安康的精神。

末了，申屠先生说："我对未来桐君中医药的发展抱有很多的期待，除了传承，还需要大力地创新、弘扬。希望桐君中医药文化能为拥江文化增添浓墨重彩的一笔，能得到社会各界更多的关注。我衷心希望有知名的中医药大学能与我们合作，能成立桐庐自己的中医药文化的研究院，一起挖掘、丰富桐君中草药文化，将老祖宗留给我们的宝贝通过更多热爱中草药、愿意发扬桐君中医药文化的后起之秀们传承下去，让更多的人知道桐庐，了解桐君，爱上这方不可多得的水土，更爱上这方水土滋润的药祖文化！将桐庐的金名片递向全国甚至走出国门！"他的话语间有着些许的担忧，但更多的是对信念的坚定和理想的希冀。

我想，申屠先生的初衷也与桐君老人当年结庐炼丹的心愿不谋而合吧！

我们当下仍需要像这样向上、向善的积极精神，为社会增添更多的正能量。正如申屠先生自己所说，他承担着一种责任——良药济苍生，岂敢糊弄人，若敢假伪劣，定当成罪人。"不为良相，则为良医。我们一直默默坚守，用自己的方式感恩桐庐——这片养育自己的土地。"

白驹过隙、斗转星移，华夏的中医药文化一直在前进、一直在壮大。不变的是祖祖辈辈、各行各业的一样的桐君草药情！

隐于桐枝烟水间

杜诗雨

他们，浮云富贵，鄙弃功名。逃离外界的喧嚣，只为给自己的心灵寻找一个寄托的地方。

他们，不愿与官场产生任何纠葛的士人们，以对内心平静的追求为弦，以所依托的清幽孤隐处为谱，在中国历史的古琴上弹奏出了一曲又一曲清雅悠远，令人神往的隐逸曲。

一　桐川画不如

不寻求认同为"隐"，自得其乐为"逸"。

"隐""逸"二字与桐庐的气质无比契合，桐庐称得上是东亚隐逸文化的起源地。对于渴望远离官场的仕人们来说，处所远离世俗的偏僻程度和风景的幽雅程度是他们选择归隐之处的重要因素。将一个染不到世俗烟火、嗅不到世俗凡尘的清幽之地作为托身之处，闲时便出门赏花踏雪，若再有兴致，还可以蹚过清凉的小溪，选择一个不曾走过的山路口，探索那些未知的绿意葱茏。

我想绝大多数的士人是喜爱欣赏自然山水的，越过小溪，征服峻山，闭眼徜徉在山水间，慢慢感受名利场上的失意带来的沉痛被自然轻柔地消解，静静体会生活中琐碎的烦恼被溶解净化——桐庐便是这样一块宝地。很多人说桐庐像一幅展开的画卷，"潇洒桐庐郡，千家起画楼。相呼采莲去，笑上木兰舟"是范仲淹对她的称颂，在这块土地生活的人生活得那样诗意，一点一滴的生活气息汇聚，与千万缕来自桐城四面八方的绒线缠绕在一起，不自觉地拼成了一幅清新自然的农家图。

也有人说画也不如她，唐朝诗人韦庄说："钱塘江尽到桐庐，水碧山青画不如"；清朝诗人游启坤也留下了有异曲同工之妙的诗句："午潮稳送过江橹,百里桐川画不如"。面对古往今来不可胜数的赞美之词,桐庐就像一个罩着薄纱绿衣的冷峻少女,头颅不会在无数人的赞美声中低下一分;但面对不远万里奔向她,渴望借她的身躯阻挡外界纷扰的归隐者时,她又像是一个温柔的天使,不言不语却默默接纳了那些来自各时各地涌入她怀抱的人。

李白也曾言桐庐是一个"功成谢人间,从此一投钓"的归隐胜地。孟郊高中进士后(游历吴越),在桐庐县令李明府家中小住过一段时间,他也深深地被桐庐的清幽所吸引,留下了一首诗作:"静境无浊氛,清雨零碧云。千山不隐响,一叶动亦闻。"在离开桐庐走上仕途以后,孟郊依然念念不忘桐庐的山水,在《送无怀道士游富春山水》一诗中云:"造化绝高处,富春独多观。山浓翠滴洒,水折珠摧残。溪镜不隐发,树衣长遇寒。风猿虚空飞,月狖叫啸酸。信此神仙路,岂为时俗安。煮金阴阳火,囚怪星宿坛。花发我未识,玉生忽丛攒。蓬莱浮荡漾,非道相从难。"此诗点出桐庐带着一种冷冽的清美,诗情画意、超脱自然、天人合一,最适合渴望修身养性的方外之人隐居。诗由心生,桐庐的景是那催发诗人内心渴望的触手,轻柔地随着芦茨湾的溪水偷偷地流进诗人的心头,又带着诗人心中对自然美景的赞美,对闲适生活的向往,从诗人的胸膛缓缓流出。

隐逸文化是中国古代审美文化的一部分,更是"人文桐庐"的一部分。隐逸者选择归隐的心境可能不尽相同,或似陶渊明天性就不喜浮华喧闹,心寄山水,采菊饮泉,安贫乐道;或因左迁,被动远离了官场的硝烟中心,偏安一方,纵情山水,怡然自得。他们迈着轻盈而坚毅的步子,来到了"奇山异水,天下独绝"的桐庐。急湍甚箭的猛浪冲刷着官场世俗的肮脏污垢,缥碧可千丈见底的江水净化着一颗颗戚戚于富贵甚至有些不择手段的心。蝉啭可使鸢飞戾天者望峰息心,猿鸣使经纶世务者窥谷忘反。

二 一隐身后名

巍峨却如翠玉般秀丽的桐君山是一道美丽的风景,许多的文人雅客在此吟咏。他们踏上这座屹立于富春江和天目溪汇合之处的秀峰,与桐庐古城隔江相望。缥缈碧绿的江面上不时划过一叶小小的扁舟,从流飘荡,任意东西。千年后的我登上桐君山,跨江望去的是一座座错落有致的现代高楼，看到的景不同，但对千年前那个老人的景仰却是世代桐庐人都没有变过的。从前也有许多人登上过这里，留下许多时至今日依然流传甚广的诗篇。

"水尽露嵌嵌，红尘杂市音。西来天目远，东望白云深。塔口中流见，渔灯半夜沉。烟波竞名利，应负指桐心。"这是宋代诗人李仲骧描写桐君山的一首作品，没有浓墨重彩，却依然表现了桐君山的奇美。元朝诗人钱彦隽也到过这里，一个夕阳渐渐西坠的傍晚，他站在这桐君山顶，望着鳞次栉比的桐庐古城，远眺那城边烟波浩渺，轻舟一叶，绿树朦胧，渔舟唱晚。看着这一幅迷人的江城夕照图，真当是"桐君山下望层城，万顷烟波一叶轻。绿树朦胧残脱落，不知何处棹歌声"。

桐君山因"翠玉浮于碧水之上"的风貌，又有着"浮玉山"的美名，但究其根本，桐君山的美、奇离不开背后的人文韵味，人文韵味与得天独厚的自然美景互为背景，互相交融。这人文韵味的源头便是几千多年前一位指桐为姓的老人——桐君。

据闻在黄帝时期，在奇山异水的富春江畔，巍然耸立一奇峰，山上布满桐树。一老人结庐于此，采药，炼丹，悬壶济世，常常给山下的百姓治病却分文不取。但每当人们受恩之后想问其姓名之时，他总是不予回答，只是微微一笑，指指身后的梧桐树，以此致意。于是人们便称老人为桐君老人，其归隐之山便成了"桐君山"，江便成了"桐江"，其结庐幽居的这块土地也便成了"桐庐"。

对于隐逸，最初的理解是寻一幽僻无人处，借助自然的客观环境远离世俗，断绝外界烦恼；也有人提出"小隐隐于野，大隐隐于市"的另一番看法，认为在最世俗的市朝中还能排除嘈杂的干扰，自得其乐，这样的人才称得上真正的隐士。隐居在何地，不过是一个形式，最重要的是隐居者的内心栖息在何处，他若想，无处不是世外桃源。

在我心中，桐君老人的"隐"是真正的"大隐"。他隐于桐君山，却不只是形式上的"孤"，用自己的力量惠及一方百姓。身怀高超的医术，结庐在此幽境，淡泊外界的纷扰尘嚣，只是静静地研究医术，治病救人，不求回报，也不求名利，被问及姓名时只是微微一笑，淡然一指身后梧桐。

这样淡泊低调的境界，可以称得上隐逸的最高境界了吧。

桐君老人

三　独钓寒江雪

　　严光，出生于严家坞，与汉光武帝为旧时同窗好友。面对光武帝刘秀的五次招贤却一一婉拒，终生不仕，垂钓隐居于富春山。抛弃唾手可得的繁华，选择了做一个钓翁，与寂淡的月夜和清冷的江风为伴。一竿风月，一蓑烟雨，潮生理棹，潮平系缆，潮落浩歌归去。

　　影响严光终生不仕的原因有很多。

　　其一，严光先祖严助因卷入政治旋涡被杀导致他对涉入官场心有余悸。官场险恶的认知像一颗种子，默默地埋进了少年严光的内心土壤。其二，严光文采出众，少有高名，与古今那些年轻气盛的怀才少年一样，渴望建功立业，施展自己的才华。那时正值王莽实行新政，随着时间的沉淀与长时间的观察，他对王莽变法的态度也渐渐发生改变，慢慢经历了欲助—失望—拒官—远离的心路历程，再加上王莽又被刘秀所杀，朝廷内部的复杂性与在朝为官的风险性再一次冲击了严光的内心。严光企图疏远官场的消极情绪树苗又茁壮了一些。隐居之火熊熊燃烧的第三把燃料是一个流传甚广的事件——"客星犯帝座"。

有一次,光武帝把严光请进了皇宫,叙旧并请教治国良策,两人从白天谈到了黑夜,甚是投机。谈至深夜,严光只好在宫中留宿。夜晚两人同榻而眠,不料天性疏狂的严子陵睡相较差,竟然把自己的脚搁在了光武帝的肚子上,而光武帝为了不弄醒严子陵也就任由他搁着。有些戏剧化的是第二天早朝时,便有太史官禀报:"昨夜有客星犯帝座甚急",希望皇帝谨慎提防。光武帝听到后只是笑着解释:"这是昨夜我的老朋友严子陵与我同榻共眠,他把脚搁在我身上了"。因此就留下了"客星犯帝座"的故事。如果不去深究这假借天象来离间挑拨光武帝与严光之间关系的政治因素,单纯地把它看作一段佳话,其实倒也别有一番风味。从严光本人角度来说,这很有可能是他对光武帝的一番试探,皇帝有意但大臣水火不容,结果依然不尽如人意。这件事对严光本人来说,应该是决定远离官场、归隐富春山水的很大助力。此外,晚年崇尚道家学说的严光心中或多或少存在着"清静无为、明哲保身"的道家思想。

当一个人面对高官厚禄、荣华富贵的时候,隐逸是一种高尚的选择;当一个人面对复杂官场、险恶政坛的时候,隐逸是一种明智的选择;当一个人面对自然山水、真我性情的时候,隐逸是一种从心的选择。严光做了这样的选择,在历史长河中留下了他的影子。

如画般山水的桐庐给了严子陵隐居的住所,严子陵也给桐庐深厚的人文气息增添了几分颜色。历代的文人墨客经过或者客居桐庐的时候,在这里留下了不可胜数的诗篇,上文已有诸多例子,这里便不再赘述。

谈到严光的形象,不可避免地要提到范仲淹。在范仲淹之前,严光的形象或许还并不这么深入人心,在诗歌中赞赏和凭吊严光的文人只是少数。但这位"先天下之忧而忧,后天下之乐而乐"的儒家仕人典型代表却对桐庐的山水和隐居耕钓的严光的评价极高。面对碧波荡漾、空灵飘逸的富春山水,他写下了《潇洒桐庐郡十绝》,这组诗气势非凡:

潇洒桐庐郡十绝

潇洒桐庐郡,乌龙山霭中。使君无一事,心共白云空。
潇洒桐庐郡,开轩即解颜。劳生一何幸,日日面青山。

分水江畔油菜籽收获景象（2014年初夏摄）

潇洒桐庐郡，全家长道情。不闻歌舞事，绕舍石泉声。
潇洒桐庐郡，公余午睡浓。人生安乐处，谁复问千钟。
潇洒桐庐郡，家家竹隐泉。令人思杜牧，无处不潺湲。
潇洒桐庐郡，春山半是茶。新雷还好事，惊起雨前芽。
潇洒桐庐郡，千家起画楼。相呼采莲去，笑上木兰舟。
潇洒桐庐郡，清潭百丈余。钓翁应有道，所得是嘉鱼。
潇洒桐庐郡，身闲性亦灵。降真香一炷，欲老悟黄庭。
潇洒桐庐郡，严陵旧钓台。江山如不胜，光武肯教来。

在这组诗中，似乎洋溢着与天地相融的潇洒与自然。在这里生活的人们具有"千家起画楼"的动感，感到劳作的快活，在这里隐居的人则能感受身心俱闲的空灵，桐庐不可不谓一宝地。就像这组诗的第十首说的："江山如不胜，光武肯教来。"这或许也是范仲淹在调离桐庐之后依旧对桐庐念念不忘的原因吧。而对于桐庐来说，"潇洒"二字就像一个象征身份的标牌，至今仍被桐庐人骄傲地别在身上。

范仲淹因仰慕严子陵的高风亮节，初到桐庐郡不久就萌生了重修严先生祠堂的想法。原先的严先生祠堂早已破败，规模较小，也只是严子陵后裔族人的祠堂。在经过范仲淹主持的整修后，桐庐郡便有了一座可以静静"思其人，咏其风"的祠堂了。尽管严先生祠堂在历史上多次遭难被毁，但是范仲淹所题写的著名的《桐庐郡严先生祠堂记》一直流传至今，其中以"云山苍苍，江水泱泱，先生之风，山高水长"二句最为著名。范仲淹重修严子陵祠堂对传承严先生精神、供后人瞻仰严先生风骨之意义无疑是巨大的。一个积极入世的儒家思想代表人对一个屡次拒诏的隐士评价如此之高，并且为他修缮祠堂，免除他后裔的徭役以使他们安心祭祀，不论这是他作为睦州地方官的责任也好，或是心存景仰也罢，这都令我再次思考隐逸文化在中国仕人心中的分量和意义。

此外，值得一提的是，范仲淹也有后人生活于桐庐瑶琳镇百岁村。

四　此中有真意

隐逸文化在中国文化中有着悠久的历史，即使提倡积极入世的儒学长期占领着中华主题思想，隐逸思想也从没有隐匿地待在边缘角落。

许由洗耳；巢父饮牛；东汉严光，急流勇退；五柳先生，悠然采菊；和靖先生，梅妻鹤子。类此之例，数不胜数。

古往今来有据可考、有典可查的隐士就有几千人。儒家学派创始人孔子本身的思想中也带着隐逸的成分，有道则现，无道则隐。

出世和入世是一对互相对立的矛盾体，既相互排斥又相互依存，对立又统一，"隐"和"出"是一件事情的两个方面。对自由的追寻刻在了每个人的血液里，遗憾的是，无论古今，在追寻自由的路上我们都会遇到无数的障碍。它们限制了我们的行动，却也更凸显出个性自由、天性解放的可贵。

或许平凡的我们，没有选择放下对现世的留恋，没有选择大隐的勇气，也没有大出的热切，只是在中间状态孤单地徘徊。

没有人有权力判断哪一种状态最好，但是无论何时，我们都应该秉怀一颗隐者之心。

骨伤古隘东梓关

陈天宇

漫漫江水连天阔，一襟潮阳溯北流。白鸟啼啼白沙逸，晓梦几啭山水城。记忆中的富阳便是这般的"山水小城"。几啭鹭鸣，几啭梦音，一半行路，一半回眸。

伫立在东梓关的江岸边，看飞鸟从江的那岸飞到江的这岸。三毛说"如果有来生，要做一只鸟，飞越永恒，没有迷途的苦恼"，时时幻想自己或许也是一只飞鸟，日夜飞旋于江渚之上，一只生在、活在、死在富春江畔的飞鸟。

人的一生要是如此简单便好，就不会有那么多的烦扰忧愁。天高海阔，有了一对翅膀便有了属于自己的一片天空。当然，人是有腿脚的，有了这对腿脚才会有这一方东梓关。

这一江春水，许是千年来文人骚客笔下的独绝景色，抑或是江畔人家世世代代生活传承的寻常处所。这一方土地，许是外人来此治疗伤风骨痛的一抹记忆，抑或是当地人摇船耕织的大地母亲。

游子归来，当时只道是寻常，如今便满是回味。

一　"东梓"由来

富春江进入富阳境内便开阔起来，江面茫茫，江水缓流。郁曼陀有诗言："西下严陵滩，东流第一关"，讲述的便是这东梓关边的河面。

我曾长久地站立于这茫茫的江面，往后望着是东梓关与对岸桐洲的交相辉映，往前望着是鹿山与鹳山的相称相合。许多次日落西山时，望着对岸金霞满天至夜幕初降。白浪觅星，惊涛起碎月丝丝纹纹，举头望月，亦有多少奇话怪诞遗落于这孤舟影只。

东梓关，曾名青草浦、东梓浦、东梓塞。关于这东梓关名称的来源，亦是掺杂在诸多奇话怪诞中。

千年前，吴越行军路行夜宿东梓关，见此处正是江水遇岛且河流拐弯之处，江面狭窄，对岸是桐洲沙，往东是洋涨沙，形成了一处易守难攻的天然关隘，是兵家重地，地理位置的险要让东梓关在长时间的发展中渐渐成为一处往来行旅都要通关的官渡口。因此处是富春下钱塘必经河道，且行人至此无不东望指关，故而得名"东指关"。

古人取名实亦与今日同，一些晦涩的地名本不能顾名思义，需要通过一些传说故事来解释才能通顺。但实际上，传说流言真真假假，大多听起来虽顺理成章，使人深信不疑，但是追本溯源，亦有几分为真，几分为伪。所幸世人本就对其以为是捕风捉影，不宜全信。

名称如此，为人亦是如此，真真假假，哪求个周全。故事传说不过是使事物显得更为顺理成章，增添不少神秘的感觉。而我却更是喜欢这些传说故事，好的景色总是要一些似真或假的文字来相互衬映。

倒不知千百年前下令驻扎东梓关的那个将领是否亦是被这山水之境、至善之景所吸引，不肯离去，故才设立关卡，只求长长久久地居住下去。山水无意人有情，偶然寻得一番春色又怎肯速速离去。无异于那乱世之中误入桃花源的武陵人，遇见"芳草鲜美，落英缤纷"的景色，不多多留恋，倒是显得自己不识好歹了。乱世之中，亦唯有"美"才值得自己冯虚御风、遗世独立了。

从"东指"至"东梓"，这其中亦有一番故事。"东梓"，寻其名字，便可拆为"东"与"梓"，故这一名字的转变亦是与梓树有一些关系。相传东梓关村庄中种满了片片梓树林，一年村中突生异象，所有的梓树竟在一夜之间将梢头全部指向了东方，来往的人便称这个小村庄为"东梓关"，时光流转，便也一直流传至今。

行步村庄，脚踏在结结实实的土地上，总会有一种别样的稳当在心中。村庄的岸边有一处轮渡码头，几百年的时间，这轮渡又是来来往往渡了多少人。曾记得高中历史老师常常将一句"佛度有缘人"挂在嘴边，是啊，世间皆有因缘，将这轮渡比作佛爷，亦是有缘才渡。

正午阳光暖淡，许是近几日台风的缘故，一半日出一半云雨。云雾每每经过太阳，日光便显得斑驳起来，稀稀疏疏的几条阳光照射在新建造的黑白色农居上，有几分晃眼。村庄里有不少古建筑与池塘。一方天井，四方高檐，我站立在老旧的房子里望着天空，想着这天空竟也被桎梏在这一处天圆地方的哲学之中，不可不感叹国人的经书哲学与匠人精神。池塘亦若天上繁星，斑斑点点地散布在整个村庄内里，彼此闪烁又彼此牵挂，将整一个小小的村庄联系得更加紧密。池塘边常常种植着梓树，而村庄中种植的这些个梓树也与历史上的一个人有着较为密切的联系。

关于梓树。梓树为大众所熟知大都是因为"桑梓"一词，但是除了这一词，梓树在平时生活中便没有了更多的消息。资料介绍，梓树生长快，叶嫩可食，皮可入药，树干轻软耐朽，古人常将其种在房前屋后或者人死后种在墓旁。

而据村中老人介绍，村庄由青草浦改名为东梓浦实则与一位名叫孙瑶的将军息息相关。南宋《咸淳临安志》记载：

> 东梓浦，在县西南五十一里，东入浙江，旧名青草浦。宋将军孙瑶葬于此，坟上梓木枝皆东靡，故以名。

从这段文书中，我们也可知晓东梓关名字由来与孙瑶坟墓上梓木皆东向生长有关。青草随年枯荣，落红亦化泥重生。望着这一隅村庄，幻想起千年前的这一位将军。

本是帝王家，国破家亡后沦为散人，家族四散，脚下之土并非心中所念之土。翻开孙氏的家谱，自东吴孙皓降晋至今，孙氏一族经过百年时光，后人全已迁徙至其他乐土。但故乡却是时时魂牵梦萦，如今自己身居将位，若不能重回故土，这家族重振又该何日再提，回家，回家！孙瑶后人一支迁回至富春龙门，成为今日龙门孙氏后人之渊薮。重回故土，重回祖先孙权成长的地方。

千年后的今天，想起这孙权，想起这孙瑶。安土重迁，是中国人血脉里流着的一种特质。生生不息而又源远流长，中华文化的传承亦是靠着这小家的传承而积小流以成江海。以小窥大，家运如此，国运便也如此。国家只要传承不断，纵使改朝换代，中华文化的脉流亦会长长久久。

传言孙瑶葬于紫微山。

紫微山便是当地人口中的姐妹山，说是山，看起来不过是几块大点儿的石头积叠起来的模样罢了。站在江边观望，一大一小两块石头互相竖立在水上，附近村民说，小时候江水若是在枯季，倒还能渡水去到"山上"玩耍。但是如今水上来了，想泅渡姐妹山倒也不是件容易的事情了。

说到这紫微山，倒是又有一则传说，也与东梓关村庄的名字由来有所关系了。传言多多少少，真真假假，若细究倒还是可辨别一二，但这些个亦当作流言听听，听来也生趣，这样想来不过多多益善了。

上文提到东梓关是东南行军时一重要关卡，某一日征兵，军中将领竟不分黑白地将一户人家一独子拉去做壮丁。这户人家本就只剩两位孤弱女子与一位哥哥，哥哥被拉去征兵，这户人家另两位女子必定不肯，故兄妹三人便不忍这世态炎凉，一同跳入了这春江之中。春江虽看起来风平浪静，实则江底暗潮回旋，跳入江中也只得命归黄泉。几日后，江心中浮出了一大一小两块石头，拖着兄妹三人的尸体。冤屈难平，上天也同情三人遭遇。一夜间，大风骤起，村中梓木竟全梢指东向，故得名"东梓关"，江心中两块石头也得名姐妹山。

世界虽大，但文化形形色色，东梓关虽小，但仅在名字由来这一条上便有多种说法。世间万物因其自身美景而闪烁夺目，绚丽多姿的传说故事作为外衣，便显得愈加丰满起来。小小的东梓关，在文化故事上确有不少可以挖掘啊！

二 "文朴"求医

我爱富春江，我爱吴均笔下的富春江。山水各异，又独具姿态，"自富阳至桐庐，一百许里"，东梓关便在其间。

沿着东梓关江岸边走，便可远望姐妹山。为了方便村民在江边休息停留，村庄就在江边建造了一处望江亭。小亭子虽普通，但是百年前，有一位文人才子曾立于此处，隔水遥望姐妹山。这一文人便是郁达夫，郁达夫曾经写下一篇小说，文章就直接引《东梓关》为题名。我循着这文中的足迹，又一遍地踏上了郁达夫小说里的那段路程。

阅读过很多郁达夫的文章，也挺喜欢郁达夫文章中"肃苦"的感觉。《东梓关》亦是如此，文章开篇便是"一夜北风，泥土霜住"的描写，一下子就仿若身在深秋时节。想来郁先生应该是在东梓关生活过一段时间吧，不然小说怎会以这现实的村庄为原型，小说中描写的徐家大院便应是这许家大院。跟随着文章的思绪，我走到了许家大院。院子异乎寻常的安静，建筑都挺古朴，透露着一种深沉的韵味。里边也无什么人，物品也摆放在属于它自己的位置，一切都显得那么和谐，和书中描写别无二致。小说中的主人公"文朴"是一位在外游学归来,到东梓关求医的学生。虽然文字中并未点明"文朴"的身份,但我知道,文朴即郁达夫。优秀的作家总是在研究自己,将自己化作小说人物写进文字里。

但为何郁达夫又独钟于东梓关?站在江边的时候,我思来想去,最终只是草草地得出一个"郁达夫曾经在东梓关居住过一段时间"的结论。因为住过,所以对这村庄了然于心;亦是因为住过,所以可以观察到周边人物细微的变化。然后将这些变化书写下来,就变成了一篇真实的小说。

很长时间我都有一个疑问,作家应该是怎么样的。从前的我认为作家与我们之间的距离是遥不可及,"以笔代枪矛",文学著作流传百世,供后人阅习。但现在的我认为作家亦无异于常人,只是他们比常人多揣摩一分心思,比常人多一分观察,然后再将这些细微的变化真实地记录下来,一篇优秀的文章便浑然天成。但我也相信这多出来的一份心思应该就是比常人多了一份对文字的喜爱,对生活的喜爱。

郁达夫小说中的"文朴"是来东梓关求医的。

现在老一辈的富阳人,谈到东梓关,总会与一件事画上等号,这就是治骨伤病。而治骨伤病的这一户张姓人家,在一次次妙手回春之后,盛名远扬,有了张氏骨伤科的美名。

而将张氏骨伤科发扬光大的是一位名叫张绍富(1922—1992)的骨伤科医生。关于张绍富,也是从家中长辈与许多文典里得知。张先生祖上三代从医,善治跌打损伤,13岁跟随父亲学医,弱冠之时已深谙医道。盛名远扬之后,引得四方患者前来就医。20世纪50年代,张先生便在东梓关许氏安雅堂,坐堂问诊,悬壶济世,后又创办了如今富阳骨伤科医院前身——东梓关骨伤科医院。

张绍富先生的医术,坊间亦有诸多传闻。传闻张先生在东梓关悬壶济世时,全国各地的患者便经由富春江的航运慕名而来,熙熙攘攘,带动了当地的食宿产业。据说当时轮船码头的一家面馆因来往客人多,一上午就能卖出200多碗面条,着实令人惊叹。面店生意虽也有夸大作假的成分,但毋庸置疑的是,张先生医者仁心,技艺高超,并且将张氏骨伤科一派发扬光大,成果累累,令后人心生敬佩。

望着江边码头,想起几十年前这里也曾有过摩肩接踵、好不繁华的景象。如今江风缓吹,站在码头的我只听见浪潮声,亦有些唏嘘之感。沧海桑田,谁又能敌得过时光,唯有一生耕耘于一业,盛名才可能流传。但历史长河浩浩汤汤，留下名的又有几人，盛名仍是身外物，谈得太多倒显得刻意。人生在世唯有不同的体验最为珍贵，如同这医者与患者，伤好的患者离院，又有新的患者接踵而至，缘分这种东西真是妙不可言。

三　古村新展

骨伤科医院于1986年迁徙到了富阳城区。曾经的喧闹随着城镇化的浪潮迁移到了更繁华更适合的地带去了，慢慢地，小村庄又重回到安静得只听得到浪潮声的岁月里。

村庄中富足些的人家如同其他村庄的人一般，都已经去了县城定居，新一代的村民也为了自己的子女有更好的教育条件，早早地去了城市打拼。村中剩下的大多是上了年纪的老人，相比年轻人，他们经历得更多，也知道自己想要什么。他们眷恋故土，眷恋一如既往的生活方式，眷恋过去也眷恋这一份闲适与踏实。安土重迁的中国人有变吗？我想应该是没有的。中国人等到面临尘归尘、土归土的年纪时，那种传承千年国人所特有的个性便愈加明显，也愈发固执了。

时代在变化着，小村庄亦在变化着。立在江岸，我想到刘亮程先生的《一个人的村庄》，当村庄因为种种原因而不得不消亡的时候，那些原先属于村庄的人们的精神家园是不是也慢慢消亡了。但村口竖立起的一幢幢小楼房却让我对这种想法停止了深入。

曾在《富阳日报》上看到过这些白墙黑瓦的小楼房，眼见却是更加欢喜了。这些小楼房取名"杭派民居"，颇具江南韵味。虽是新造的，外形看上去却是仿古的徽式建筑，高墙黛瓦，黑白相宜。我很庆幸，庆幸的并非是这好看的建筑，而是现代人终于学会从"过去的遗产"中寻找答案了。过去我们盲目模仿西方的高楼大厦，城市之间也是在比拼着鳞次栉比的高大建筑，高大的建筑纵然很是气派，但在我看来，却也是少了几分和谐美。另一份庆幸在于，乡村或许不会消亡，那些原本属于乡村的人的精神家园也会一直留存下去。

城市化在带来诸多便利的同时，也带来了许多的失落感与孤独感。苏芮在《一样的月光》中唱着"是我们改变了世界，还是世界改变了我们"，精神夹缝中的人们总是在两者之间寻求着两全之法。源自乡村的我们的归宿，或许仍是在这小小的田园生活之中。值得一提的是，政府近几年提倡的"美丽乡村"计划,过去政府长时间专注于城市建设,对乡村的耕耘少之又少。但是随着城市协同乡村发展战略的提出,乡村建设也必定会愈来愈好,而东梓关就是"美丽乡村"计划最好的范例之一。

走在东梓关的乡路上,我一直告诉自己"慢一点,再慢一点"。我努力地去记忆这陈旧的建筑,记忆熟悉的乡道。殊不知,记忆也是一种回忆,幼时记忆里的种种随着眼睛所看见的,一点点地浮现在脑海里。记忆,回忆,一切看起来都是一个循环,圆亦是缘。时间是真实的,因为这村庄是真实的,这围檐、方井、舟渡是真实的,而我,对这一方水土的感情亦是真实的。

"人生如逆旅,我亦是行人。"东梓关,就此别过。

鹳山花树探春江

袁林岐

富阳城区，紧挨富春江，有一山名唤鹳山，走在鹳山山麓的栈道，透过历史的光影，可闻幼年郁达夫于故居轻声朗读的声音，可见严子陵沿江垂钓的身影……它是富阳的老坐标，是富阳的第一个风景区，在老一辈富阳人眼中，它有着不可替代的意义。

展开地图，你会惊奇地发现缓缓东流的富春江在此陡然变窄，笔直的江岸突兀地多出一块。水流变得湍急，活像是富春江与鹳山进行争斗之后，无奈地将这地盘让给这小山包，于是便有了这图上的拐点。

关于鹳山名称的由来有三种说法：一说鹳山形似迎江俯瞰的鹳鸟而得名，特别是伸向江心的矶头，其形似鹳鸟的嘴，而满山郁郁葱葱的树木则像是鸟的羽毛；二说山上有鹳；三说鹳山原名观山，因东汉末年富春孙氏崛起为地方大族后，在山上建有道观，故名观山，魏晋时期佛教兴盛，道观湮灭，孙氏破离，后人即改观为鹳。

幼时曾随父亲登顶鹳山，于一个宁静的午后，开启儿时的记忆进行"探山"之旅。

一　春江钓徒

有一种说法称"富阳是一个人，一个名叫郁达夫的人"。郁达夫先生20岁时曾给自己起一个号"春江钓徒"，他一生如浮萍般漂游，但一直存着一枚"春江旧钓徒"的印章。

富春江畔，鹳山脚下至今仍矗立一处小院落，坐北朝南，白墙黑瓦，典型的江南建筑，宅内幽静加之临江，依山傍水，更添几分灵动气息。乍看小院像极了现在农村的老屋，若不是门口的石雕塑像，路过的人大概都会忽略此处，但恰恰是这处不起眼的小院落给了著名作家郁达夫童年最初的庇佑，这座小院落也因出了郁氏一门忠烈，引得后世敬仰者纷至沓来。

据说故居一般是不对外开放的，或许是我与其有缘，去时原只抱侥幸态度，已做好无功而返的准备，却欣喜地发现其门大敞。

郁达夫原名郁文，出生于富阳一个破落的书香门第，根据现在史家的考证发现，富阳的郁家与萧山郁家山的郁家祖上应为一家。郁达夫幼年丧父，家道中落，童年寂寞穷苦，小时候就连想买一双皮鞋，他的寡母都要当掉衣服才能买得起。正是在这种艰辛的环境下，他过早地尝遍了世态炎凉。童年艰苦的生活对郁达夫的文风产生了很大的影响，使他变得冲动、敏感、自卑……甚至有一种说法称他像极了袁枚笔下的病梅，细细想来，确实可从他的眉宇间以及行文中深刻感受到这股独特气质。

青年郁达夫孜孜不倦，自小受到古典诗文的影响，"九岁赋诗四座惊"，中学时便开始发表诗作，后随长兄远赴日本，写下了新文学最早的白话小说集《沉沦》。

故居正厅有一幅鲁迅的亲笔手书："横眉冷对千夫指，俯首甘为孺子牛。躲进小楼成一统，管他冬夏与春秋。"这首诗耳熟能详，正是鲁迅写给郁达夫的。后来的郁达夫并没有躲进小楼成一统，而是以笔代枪，成为抗日战场上的一名将士。蒋金乐曾说："他不但是真正的文人，还是真正的战士，他的文章极大地鼓舞了海外华侨抗战的士气。"

故居位于富春江边，于二楼远眺，实为望江的绝佳之地。近百年前郁达夫站在同样的位置时应怀着一种怡然的心情吧！你看他曾在《我的梦，我的青春！——自传之二》和《自述诗十八首之三》中描述富春江"那宽广的水面！那澄碧的天空！那些上下的船只，究竟是从哪里来，上哪里去呢？""家在严陵滩下住，秦时风物晋山川。碧桃三月花如锦，来往春江有钓船。"现在故景仍在，但斯人已然远去。

在故居不远、鹳山半山腰处有一方矮矮的墓冢，是郁达夫长兄郁曼陀的血衣冢，其侧有郭沫若先生题写的墓志铭，我像个慕道者般虔诚地站在石碑前辨认上面的每个字，读着读着，"凝血与山川共碧"这句话突然就闯入我的视线，碑上的字在树荫下斑驳的光影里熠熠闪光。望着山下粼粼的江水，我想先烈有灵，应知晓父老乡亲的情谊。

还未从曼陀先生的事迹中缓过神来，我便踏入了松筠别墅。这"松筠"二字是黎元洪因郁门婆媳两代守寡而奖掖子孙，赐以匾额"节比松筠"中而来的。1937年的冬天，富阳沦陷，郁母不愿离家逃离，日寇占领松筠别墅之后，命令其母侍候炊饭，郁母不肯，带炒米逃匿到鹳山后面的树丛中，冻饿而死。现别墅内一楼展示的是当时的一些资料，透过这些泛黄的纸张、字迹，仍能感受到这一门忠烈的铮铮铁骨，不由得产生一种敬畏之情。

二　子陵遗迹

顺着石级往下走，在鹳山靠近石矶处有一处严子陵垂钓处遗址，富阳境内原有三处严子陵垂钓处，但因遗迹难寻，如今只剩下这一处。此处依山临水，由于鹳山石矶伸入江心，江水在此回旋成潭，鱼在此聚集，是个实实在在的垂钓好去处。

2000多年前那位山高水长的先生放弃谏议大夫的名位，远离庙堂，执意回富春山钓鱼、种地，直至80岁之后老死于桐庐富春山。

《后汉书》中有传谓"严光少有高名，与光武同游学。光武即位，乃变姓名，隐身不见。帝思其贤，令物色访之，后齐国上言，有一男子，披羊裘、钓泽中，帝疑是光……"后来刘秀准备车架，派使者去礼聘严光，请了三次才姗姗而至，细细想来这与刘备的三顾茅庐有异曲同工之妙。

某夜刘秀念及好友，想找严光说说话，派了臣子去看他，但是严光只回一封两句话的信给他"怀仁辅义天下悦，阿谀顺旨要领绝"，弄得刘秀无奈，只能亲自跑一趟，偏偏这厮还卧着不起，三番五次拒绝刘秀的邀请。在刘秀称帝之后，他俩因某次谈话甚为投机便同榻而卧，严光把臭脚丫子放在刘秀的肚子上，弄得观测天文的太史大惊失色，次日奏道"昨夜客星犯帝座"。

即使是在严光归隐之后，刘秀亦时时惦记着这位好友，他曾多次征召严子陵，"古大有为之君，必有不召之臣。朕何敢臣子陵哉！惟此鸿业，若涉春冰，譬之疮痏，须杖而行。若绮里不少高皇，奈何子陵少朕也！箕山颍水之风，非朕之所敢望"。

尽管有关老先生的生平史料不多，但是后人的溢美之词却如汗牛充栋。最有名的要数北宋名臣范仲淹为他写的《桐庐郡严先生祠堂记》，赞曰"云山苍苍，江水泱泱，先生之风，山高水长"。不同垂钓于渭水之滨的姜太公、处在江湖忧心君主的范文正公，严光是真正的洒脱、淡泊，即使是在后世推测他归隐的真正原因时我亦执意相信他不是沽名钓誉之辈，他耕山钓水，向往的是不受束缚的田园生活。

严先生归隐之后，一边耕地，一边在富春江边垂钓，耕在富春山，钓于春江畔。他不仅在一处钓鱼，而是一路游来一路钓。兴致所到，挥竿垂钓，富阳境内不仅在鹳山，在新登的葛溪畔百丈山下也有先生的踪迹。当年东坡先生过新城道中，来拜访过严光的遗迹，并书"登云钓月"四个大字，后将这四个字移刻到鹳山脚下。

有人说：严光所钓不在鱼，挥纶以自适。他钓的是一份悠然的心境和自由自在的生活，这一钓，悠悠两千年……

三　漫步古栈

"山不在高，有仙则名。"鹳山之所以有名，一方面是因为鹳山的人文底蕴深厚，历史古迹繁多；另一方面是因其景致优美，有着得天独厚的地理位置：南挨富春江，北临富阳老城，既可远眺富春江景，又可俯瞰富阳老城。

若说鹳山上观江景最妙之处，非春江第一楼莫属，此处观景被古人称之为"前楼如画俯山根"。世人都说富春山水甲天下，在鹳山保你能见到富阳最美的山水，你看那山稳定自若，那水灵动飘然，水绕着山，山挺于水中，若有一阵袅袅飘荡的雾，再加上那江上捕鱼的老翁，便让人恍然惊叹仿佛是黄公望笔下的《富春山居图》生动再现了一般。

春江第一楼楼侧有一棵300年高龄的老樟树，去时有一红衣小女孩于树下喃喃自语"300年前是什么时候"，情态煞是可爱。

于春江第一楼右侧漫步，可见一条青石板铺成的宽阔的小径，若不是矗立在路旁的石碑提醒，定不会想到这是一条古栈道。栈道南北走向，路平坡缓，青石铺设，驿道外侧设置石护栏并设望柱，据石碑上所说：该驿道出恩波桥，上接西邮可通睦州、婺州、衢州，下接大岭可通钱塘，为古代富阳主要交通要道。站在栈道上，往外望是富春江，不远处是车水马龙的富春江大桥，走过坑坑洼洼的青石板，透过里侧石壁上丛丛的青苔依稀可见一两百年前的情景。当时栈道上赶路的行人定是熙熙攘攘、络绎不绝，清晨年迈的母亲于此静静伫立，等候外出归家的游子，午后路边茶摊上坐着几个赶路人高声谈论旅途趣事，晚间有差役带着一大包信件与寄信人的殷殷期盼披星而来……

栈道旁有一石碑，上书"龟川秋月""龟川秋月"为春江八景之一。据康熙《富阳县志》记载，江流至此洄旋成潭，每逢秋月皎洁，水波不兴，尝有大鼋浮波水面唼月。还有一说法称某樵夫得龟，欲献与吴王，夜宿于春江之畔，夜闻老龟与古槠的对话，唯古槠之木可煮老龟。碑后小字含糊，已看不清其上的字，我总觉得富春江的山水总是带着特有的灵气，才会孕育出这般带着灵气的故事。或许是跋山涉水一天，误了宿头的旅人晚间在此憩下时想出的故事吧！

郁风《富春江行图》

四　仙山未来

现在的鹳山早已没有了当年的繁华，平时主要是一些退休的老人及附近的居民在此活动，游客甚少。

我父亲以及小叔在90年代时曾在富阳城中工作，多次游览鹳山，听他们讲述早年的鹳山一度繁华，在华东地区都是很有名气的。幼时我还曾在家中看到过父亲为数不多的一张游客照，背景就是鹳山。但是现在由于新的旅游项目的开发以及鹳山本身的旅客接待设施不够完善，鹳山就没落了。

不过最近富阳又投资"两山两桥"夜景灯光工程（鹳山、鹿山、富春江第一大桥、富阳大桥），推动"富春花月夜"城市品牌的塑造。该工程将采取写意形式打造"月"之韵、"江"之景、"岸"之美的富春独特韵味夜景。在横向划分江水桥梁、江岸、建筑、山体等四个层次的基础上，通过把握不同的色温、亮度以及利用蓝、绿、白、暖黄等光色来渲染出"一江春水"的和谐氛围。

鹳山所积累的文化底蕴就如陈年的老酒，味道越来越醇厚。现在的鹳山就如一位老人，幽深、宁静，经过岁月的洗礼，静静地屹立于富春江边，我相信在"春江花月夜"的带动下，鹳山一定会焕发出新的光彩。

富阳区文村（2019 年春摄）

富春双山与九姓

陈天宇

渚畔江鸟寻絮柳，碧绦浅摇惹微风。吹得岸潮一江涌，折煞富春好儿郎。晨起江边漫步，清凉的江风总是夹带着苦涩的味道；正午江水粼粼，一波一波的浪头不断拍打着行人的回忆；夜晚总是听到孩童弄沙，大人闲谈的声音，记忆中的富春江总是夹杂着许许多多的景、物、人。

一个人独处时总是会遥思一些琐碎的片段，却又总是拼凑不成一段连续的记忆，所以很想找一个机会将这些零散的碎片记述下来。这段关于我记事起一直延伸到现在的记忆，也是关于富春江真实的记忆。

"七山二水一分田"是除杭嘉湖平原外整个浙江的写照，富阳也是如此。富春江自西南向东北流，差不多横穿了整个富阳城。而我在人生前20年的时光里差不多横贯了整一个富阳城，童年的记忆萌发于富阳东南边的山村里，到入学的年纪，随着父母到了富阳的市区，算是在富阳的中部了，高中是在富阳东北角的学校就读的。曾经嬉戏在山间溪流的两畔，后随着潺潺的溪水一直漂浮到富春江边，辽阔的江面总是带着故乡人的情感。在人生的前20年，富春江仿佛是贯穿我人生的一条线索，顺着她古老的河径，一步一步地回忆。同时我将这些记忆一点一点地写下来，汇聚在一起，成为我这20年人生的积淀。

一　双山护城

江水进入富阳境内就变得沉稳起来，泥沙也随着河道的变宽而沉积下来。进入富阳境内的春江就仿佛一个脱去稚气、长大成人的青年，变得更加宽容，也变得更加无私。同时也是因为河道的变宽、泥沙的沉积，在鹿山到鹳山这一段"弯道"形成了富阳的城区。

小学时候生活在富春江边，周末一个人在家总会去富春江边走走。从富中后门口，慢慢沿着江边或者走上鹳山去瞧一瞧。青石板路颇具风韵，古樟树高大威武，多人手拉手才能合抱。鹳山上有挺多好玩的"小地方"，山顶是一处革命烈士纪念碑，周边种满了樱花树，一到春天开花的时节，漫天洁白色的花瓣，地上也是，树上也是，连空气中都飞扬着樱花花瓣，实在是美极了。樱花开得总是这样的热烈，像极了那个时候的我，对于大自然的一切都好奇得很，每日都有大把的精力在江边闲散。

鹳山中间还有一间奇特的亭子，是为"春江第一楼"，印象里模模糊糊地记得亭子里边是没有楼梯的，要想去二楼只能靠楼外的梯子。楼亭旁边是一处碑，为"双烈碑"，是用来纪念双郁兄弟的，记得上面还有郭沫若撰的几个大字。说到鹳山，那与郁达夫一家是离不开的，鹳山脚下向西边延伸处就有郁达夫故居，我曾经去过，小小的楼亭与平常百姓家没有什么差别，但是总觉得带有一股书生气息。再往旁边走，便是江滨西大道，一直可以通到鹿山。鹿山不高，但也需要个20多分钟走上去，从鹿山上可以俯视整个富阳县城。站在山顶的楼房里，向前望着汤汤的江水东去，向后望着起伏的小丘陵。每每伫立于山顶，总会感慨富阳的种种变化，时间过得真快啊，眨眼之间我就已经长大了。

鹳山底有富阳县城的城墙遗址。经过几百年的风雨，城墙早已和小山融为一体，只有块状分布的青石板还能告诉我们他们已经矗立在富春江边多少时光。鹳山旁边有富阳县城原来的贡院，现在已经变成了富阳建校时间最久的小学，大多人称他为"一小"，学校里面有一处泮池。据《富阳县志》记载，富阳县学创建于唐武德七年（624），清咸丰年间，太平天国军攻入富阳，文庙被毁。清光绪十三年（1887），富阳知县周学基重建于县治东（现富阳区实验小学一带），历两年建成：

  中为大成殿，前为戟门、泮池；殿左右设两庑，石栏及名宦祠、乡贤祠，殿后为明伦堂、两斋、尊经阁及教谕，训导两署；跨泮桥为棂星门和东西坊表。

文段中提到的泮池形状为半圆，两圆瓣之间还有一座桥，池塘周边是石头围栏，上面也雕刻了诸多花纹图案。富阳一共有两处泮池，一处在"一小"，另一处在新登中学（原新登的县学所在地），两处泮池都保存良好，现在也都在学校中，继续发挥着"教育"的作用。

鹳山往富中过去的沿江的路上，有很多的小码头。印象最为深刻的新沙渡码头，缘由应是经常去新沙岛上野外烧烤。每日都有来来往往的轮渡，将一批批的游客送上小岛，又将一批批的游客送下小岛，日复一日，年复一年，看日出日落，也看水涨水落。小城慢悠悠，或许就是江边这座小城最好的写照。相比高楼大厦，器宇轩昂，很多人譬如我更适合这种慢下来的生活。

周末闲暇时间在富春江边走荡，实则归功于小学老师。小学语文老师的家就住在富春江边，两者距离不过几十米。周六作文课下课后，便会和几个同伴去富春江边走走，或者是在江边的一家新华书店里去看看书。顺着江边走，图书馆也在这一带，所以这一带也留下了我很多的记忆。还记得富春江边的泥沙上是有很多小的石蟹的，这种石蟹脚上有着极为茂盛的毛，一只只很小。抓了拿回家养几天抑或是随地放生就好。

有时站在江边，来来往往会有很多渔船和装泥沙的船，记得有很多人在路边走着总会抱怨泥沙船，把富春江的水都搅混浊了。老师也不止一次在课上提到泥沙船，老师说早前富春江江水清澈干净，江里面有很多的鱼。有一种鲥鱼，味道鲜美，是以前宫里面的贡品。自从富春江上游建了水坝和泥沙业的发展，破坏了水质也导致鲥鱼洄游产卵被阻碍，鱼儿也慢慢地变少了。但近几年社会对于环境的要求标准越来越高了，我也亲眼见证着富春江水质的慢慢变好。

二　九姓渔户

夜晚在富春江边漫步，漫漫的水面上总有一些"亮光"，这些"亮光"很早就在一个年幼的孩子心里扎了根，后来我才知道这些"亮光"其实是一些渔船。

富春江上有不少的渔船，渔船上通常是两口子，一男一女，船上有烧饭的东西，有睡觉的地方，后来看报上说，这里面很大部分是"九姓渔民"。在我小学的时候，江上仍有一些渔船，但是慢慢地，渔船也少下去了，渔民们都上了岸。小的时候，晚饭吃完以后，便会跟着父母去江边走走。夜晚天上星星稀稀疏疏地散落在天上，江面上会有一些小小的灯塔，那时望着灯塔便会寻思渔船上的人是怎样生活的。

关于"九姓渔民"的说法，我曾经在富阳的报纸上看到过一些。后来查了些资料，增进了不少了解。关于"九姓渔民"的来源问题，我也曾听家中长辈说过一些。相传元末，九姓（陈、钱、孙、许、何、叶、林、李、袁）为陈友谅部下大将，陈友谅占据江西、湖北、湖南，地广兵多，自立为王，国号称汉，在南方是一股强大的割据势力。他一心想并吞朱元璋占领的地盘，意欲争夺天下，后被朱元璋战败在鄱阳湖，九大将亦被俘虏。但朱元璋不忍心将他们杀害，于是将他们流放到富春江上，世世代代不准上岸，也不得接受教育，最终成为社会最底层的"贱民"一族。若真是如此，想必朱元璋意图在于让他们远离世俗纷争，同时也降低对自己的威胁。但根据《严州府志》中严州府淳安县人方楘如所作的《百五岁老妪》一文所述：

> 妪陈氏，本渔舟妇。渔舟反九姓，男来女往，世婚媾如朱陈村相传故陈友谅水军也。友谅败死，水军散走东下，其后杂隶衢、婺、严三郡，为舟师所隶之。郡官给舟符相检校，其名曰邮票，且微征庸焉，匠一岁而更。

即非朱元璋的命令，而是"九姓渔民"的先人自己迁居至衢、婺、严三郡，成为三郡的水师。两种说法稍有偏差，但是形形面面上还是有些相似。还可以从中得到一些个消息，即"九姓渔民"出现的时间应该在元末明初。

这毕竟也只是相传，并非正史。若"九姓渔民"是真被贬，永不上岸，那为何他们一直生活在富春江上，而不是在明灭以后就上岸"重获自由"呢？这其中其实也存在着一种"主动与被动"的关系。"九姓渔民"上岸是在民国政府时期，浙江各地政府相应采取各种强硬措施，强令他们登岸陆居，此后，九姓渔民才渐渐从钱塘江上消失。也可能"九姓渔民"的后人们亦是性情中人，贪图富春江景色甚好，河鲜味道一绝，故而后人们"茫然忘了邯郸道"，一直偏安于一隅。当然，学苏轼先生在富春江畔写下的这句诗，"人间歧路知多少？试向桑田问耦耕"，男渔女织，神仙眷侣，岂不美哉，美哉啊！

当然，循着"九姓渔民"往下深入，也有另一则关于其来源的说法。还有一则说法简称为"亡宋遗黎避世说"。民国《建德县志》在记载了陈友谅部属被朱元璋贬入渔籍这一说法之后，还记载了九姓渔民来源的另外一说。顾名思义，相传九姓渔民原为宋朝遗民，因为赏慕严州的山水，于是移居到富春江渚，以捕鱼为业，过上了简单朴实的渔民生活，并且不与陆上百姓通婚。此说法倒是与我上文写的有些类似，但是此亦不过是一种说法罢了。

传说故事虽然听起来有几分"闲云野鹤"的味道，但是实际的生活确是凄苦的。渔民们在江上"讨生活"，不像岸上的人那样有土地可以用来耕种，故而生活亦是艰辛。相传"九姓渔民"初到富春江上时，并非从事着捕鱼的自给自足的生活，而是专操称为"茭白船"的贱业，专事迎送过境官府豪绅和名士。"茭白船"亦称歌伎船，歌伎们三五成群，招揽来往的豪绅，以此谋生。

"九姓渔民"自明朝以来，为社会最底层人员，但经过几百年的发展，他们的后代足迹已经遍布钱塘江流域。改朝换代以及时间推移观念退化，九姓渔民也在谋求"平反"。同治五年（1866），严州府报告朝廷，九姓渔民为表自我决心，在上岸之处立有九姓船户改贱从良碑记。自此以后，九姓渔民后人才逐渐上岸从事农桑。但是百年的习惯所致，上岸的后人寥寥，仍然过着水上生活。并且秉持着原先的特殊习俗，只在船民与渔民之间通婚，很少与岸上的人通婚。逢年过节，还是将船三五并排停在江心，以求与世无争。直到民国时期，大部分才上岸生活。现在虽然"九姓渔民"后人大都已经上了岸，但是仍有人传承祖业，以捕鱼等水上作业为生。

时间向后推，就到了共和国建立的时候。共和国建立以后，中央政府鼓励"九姓渔民"上岸。时至今日，富春江上的船民已全部在陆上定居。一些以往的陋习也早就革除，通婚自由，并且后人也已经与常人无异，活跃在社会的各个角落。以往的那些传说，也会随着这一辈老人的逐渐老去而尘封在历史长河中，不再在生活之中流传，变成一种历史现象交给后人去研究。昔日的种种也就变成了历史专著里的研究。

大江大河因为岸上的人所以多了一分生气，而岸上的人也因为大江大河而孕育出了许许多多的传说、诗歌、碑刻……富春江拥有的这一份生气，不仅仅来自岸上的人，也来自水上的人。他们与春江水离得更近，也与春江水情感上更贴切。春来冬往，他们最先感受春日水温，也最先明白人生冷暖，一方水土涵养着一方人的性情。

三　江渚诗文

　　每个人心中都有着一条河，或深或浅，或宽或窄。人心如此，河流亦是如此，从某个角度来说，每一条河流因为人们赋予的情感而变得非凡起来，"一方水土养一方人"可能就是这个道理。

　　生活在富春江边也有多年，听到最多的诗句是"天下佳山水，古今推富春"。可能古代人都喜欢"最化"景点，于是乎富春江就被冠上了"天下"的排行。当然，现代人也喜欢"最好的"，于是乎周边听得最多的也是这一句最为豪迈壮阔的诗句。富春江流经浙西、浙北，养育了一方文化人，而江南的这一群文人骚客在中国历史长河中冠以盛名。收入中学课本的吴均的《与朱元思书》这样写道：

　　　　风烟俱净，天山共色。从流飘荡，任意东西。自富阳至桐庐，一百许里，奇山异水，天下独绝。

　　全篇文字深刻，文篇虽短但是足以显示出富春江别致的景色。富阳唐代诗人罗隐也曾写下《秋日富春江行》一诗："远岸平如剪，澄江静似铺。紫鳞仙客驭，金颗李衡奴"；宋代苏东坡《送江公著知吉州》中亦誉"三吴行尽千山水，犹道桐庐景情美"。

　　春江景色，亦美哉！江水进入富阳境内就变得宽阔起来，也变得更晓得水的柔性。山水诗派代表人谢灵运在《富春渚》中夸赞富春江：

　　　　宵济渔浦潭，旦及富春郭。定山缅云雾，赤亭无淹薄。
　　　　溯流触惊急，临圻阻参错。亮乏伯昏分，险过吕梁壑。

　　辞藻华丽而形盛至极，用字深奥而引人思索，山水之状，通过寥寥数字便浮现于脑海。其中"定山缅云雾，赤亭无淹薄。溯流触惊急，临圻阻参错"两句，我倒觉得挺贴切的，夏日清晨，若近几日是云雨天气的，晨起便可以在江边观赏到"定山缅云雾"的景色。近看水潮攒动，登上鹿山，远眺富春江渚，山脚便是江水流，山顶还是云雾飘。景色旖旎，令人心动。山顶风大，空气也清新，望见阔平的江面，伴上鸟语花香，心情也自然舒缓。故住在江边小区的许多人，晨起爬鹿山，夜晚沿江走。江边还设了很多亭榭，街坊邻居几个坐着聊聊天，讲讲段子，时时听见笑声，好生快乐。沿江走一走，总还是不错的。

人是依赖水的，旧时的人在选住宅的时候，总会把山水作为第一选择的对象。世间形形色色的文字诗歌也大多以山水为题材，生长在江畔，一切都出自这条河流，一切到最后也都会归于这条河流。很多人在去世之前都会选择将自己托付给"母亲河"，多年前曾因惜命而久久不能释怀，现在想想，落叶归根，洒骨灰于江海之中都是同一个道理。

富春江因为富阳人而变得柔软起来，富阳人也因为富春江而生生不息。我也因为栖于春江畔，而一直深深地热爱着故土，而这也就是我与富春江的故事。

富春山居数痴翁

袁林岐

几百年前，黄痴翁以一幅《富春山居图》享誉大江南北。2017年，杭州提出"拥江发展"，打造"百里富春山居图"，使《富春山居图》成为富阳人心中的愿景，谨以此文怀念数百年前的那位痴翁，也愿不久的将来我们富阳人能实现心中的梦！

从前，富春江边有个白鹤墩，白鹤墩边有个庙山坞，庙山坞里有个小洞天，小洞天里有座南楼，南楼里有个仙风道骨的老人，老人画了一幅《富春山居图》……

民谣中的这位老人叫黄公望，是个痴翁。

一 仕途不顺，转而作画

1269年黄公望生于江苏常熟。彼时一支剽悍的铁骑在漠北兴起，不数十年，横扫欧亚。他10岁那年，大宋的旗帜随着陆秀夫负帝一跃，最终湮没于滚滚的历史浪潮中。

不过南宋的覆灭并没有对年幼的黄公望产生多大的影响。反倒是这期间生父去世、母亲改嫁使黄公望的人生出现转机。

众所周知黄公望改名的典故。黄公望原名陆坚，其父九旬时方立嗣，见子久乃云："黄公望子久矣。"继子便改名黄公望，字子久。黄公当时即使非90岁高龄也已年迈，与其说是再娶，不如说是收子。

自幼聪颖的黄公望在跟随母亲嫁入黄家之后，便有机会学习神童科。唐朝起开设的神童科，到南宋时制度臻于完善，科举制带来的社会流动给予无数平民家庭希望。开发天资聪颖的孩子应神童科，实是一项节省成本的行为。黄公望早年读神童科应是喜得继嗣的黄公的一个梦。"万般皆下品，唯有读书高"仍是当时一股猛烈的社会风气。然而由外域入主中原

黄公望像

的蒙古人迟迟不开科举，粉碎了千百万士子的科举梦。在没有科举的时代，士人想要做官便只剩下为吏一途。元朝停废科举、以吏为官，使当时的士人"舍方册而从刀笔"。黄公望迫于时势，放弃科举为官之路，奈何遍读四书五经，却成了浙西徐琰手下的胥吏，时年二十三四岁。

初次为吏，颇为坎坷，性廉且直的黄公望就被迫离职。在需要狡黠心机的官场，黄公望这样一根筋的痴人最终离职也是必然。或许是年轻，初涉官场的失利并没有让他心灰意冷，思索再三，他再次踏上从事胥吏之路。

至元年间，他才再次当上书吏，但46岁时因上司张闾贪污舞弊、掠夺田产受累入狱。被捕入狱使他遭受沉重的打击，他对官场心灰意冷。在中国古代文人的心中，失意时出世隐匿不失为一种合适的去向。因此，两次失败的仕途经历使他产生了意欲出世的念头，他身陷囹圄之时，曾给好友写过一封信："解组归来学种园，栖迟聊复守衡门。"言语之间满是对出世的向往。出狱之后，黄公望加入全真教，在民间卖卜为生，同时开始学画。

也许应该感谢黄公望仕途不顺，自此官场少了一个官吏，画坛多了一位巨匠。

二　大器晚成，终得佳作

世人都说黄公望年近五十始画山水是大器晚成。

当时画家王蒙一看他都年过半百了，一摆手说："你都50多岁了，还学什么呢？太晚了，快回去吧！"

可这老头是个痴人，丝毫不介意王蒙的话，蒙头就学。他每天坐在一块石头上盯着对面的山看，一看就是几个小时，连眼睛都不眨，王蒙好奇地问他："你每天都在看什么？"黄公望说："我在看山看水，观察江流潺潺，渔人晚归。"王蒙说："你接着看吧。"他拜赵孟頫为师，自称"松雪斋中小学生"，为了提升自己的绘画能力，他领悟并汲取古代名画的精髓，进行仿画，以至手不释卷、废寝忘食。兴许是在模仿的过程中吸收不同画家的精髓，他不拘于一家之法，使后人在临摹他的画时苦于不得法门。

之后二十余载，他居无定处，走遍山川，游历大江，走哪看哪，极度专注。有时终日在荒山乱石丛木中幽坐；有时在好景处，见树有怪异便当模写记之；有时不顾刮风下雨、水怪出没，去泖中通海处看激流轰浪。

这一年，黄公望与师弟无用游历到富阳。此时富春江上秋意甚浓，渔舟唱晚、江水如涟。许是富春山水打动了他，他执意孤身一人在富春江边住下。

一日他去富春江边的礁石上作画，被人一把推入富春江中。推他的人是张闾的外甥，只因他在狱中供认出张闾的罪行，而教人怀恨在心。万幸有个樵夫路过，救了他。古道热肠的樵夫把黄公望带回了庙山坞里的家。庙山坞三面环山，一面环江，酷似一只倒扣的竹编筲箕，举目四望，山峦起伏，林木葱茏，景色极美。经樵夫再三邀请之后，黄公望便在此结庐，一住就是十数个春秋。

每天清晨，村民都能看到黄公望穿着芒鞋，拄着竹杖出门，他真正做到了东坡先生词中所谓"竹杖芒鞋轻胜马，一蓑烟雨任平生"。走进山川，荡舟富春江，观察烟云出没，勤奋写生记录，搜集大量素材，他笔耕不辍，身上总带皮囊，内置画具，每见胜景必展纸画下来。

看不完的景，走不完的路，写不完的字，画不完的画。

某日下大雨，他正坐在石头上看景，头上的竹笠被刮走，身上被雨淋湿，他依然一动不动，痴痴看景，直到雨过天晴，他才返回寓所更衣。这位痴翁在用心捕捉自然山水神韵时已经达到物我两忘的境地。

至正七年，他近80岁，已到杖朝之年，步履蹒跚，居于富春江畔，对于江畔的一草一木都了然于胸，开始搜尽奇峰打草稿，援笔南楼，兴之所至，亹亹布置，逐旋填札。作画期间不慌不忙，五日画一山，十日画一水，一边画一边不断地补充素材，所画数十个山峰，峰峰形状不同，几百棵树木，棵棵姿态迥异，一幅画历时六七年才完成，纵观整幅画，真正做到景随人迁、人随景移，汇聚富春山水之灵气。可以说黄公望真正读懂了富春江。

黄公望在画完画不久后就离世了，离世前他把这幅画送给了师弟无用，这幅画此后几度辗转到了宜兴吴家，吴洪裕对这幅画的痴爱到了癫狂的地步，在弥留之际想要火焚这幅画为自己殉葬，幸亏侄子将画抢救出来，可惜画轴已经过火，整幅画被烧成两截，此后两截画在流转中孤单飘零、渐行渐远。

乾隆年间的"富春疑案"，乾隆帝的误判使得无用师卷因祸得福，躲过一劫，在乾清宫安安静静地存放了近200年。20世纪50年代的时候，画家吴湖帆正在理发，一位古董商才向他展开了此画几寸，他便从理发椅上跳将起来，不顾自己的发还没理完，带着这位古董商回家取钱，似乎只要和这幅画有关的人都是癫癫狂狂的。

三 一生所得，尽付之图

《富春山居图》是这位痴翁的遗作。他在自己生命的最后的这幅画中展示了自己的一生，我们该惊叹生命到最后，总能历练出惊人的力量。

这幅山水画并非雄伟气魄，而是一派平淡天真，却又显出广阔、悠远的意境，它不拘泥于一笔一画、不写实，但是看着它的时候总是能够感受到熟悉的富春山水灵动的意蕴。笔触中流露出来的神采是秀润的，深远中见潇洒，多与少、拙于巧、生与熟、着意与无意、稚嫩与老辣都在画中得到完美的统一，仿佛是黄公望一生的写照。

画中少有真山真水，多是云游时观悟所得，铭于心、融入胸，重新回炉锻造，淡漠笔触之下，仿佛能感受到作者对山水的热爱，使人心旷神怡、沉浸其境。

在这幅画里不仅有吴均的"风烟俱净,天山共色……奇山异水",苏东坡的"远山长、云山乱、晓山青",释文珦的"一篙残腊雨,千古富春江",罗隐的"远岸平如剪,澄江静似铺",更加入了他胸中悠然的意境,仅用淡淡的笔触扫过,却能唤起读画者内心深处强烈的归属感。

黄公望《富春山居图》局部

画中有 8 个人,有一眼看到的渔家、钓鱼者还有藏于深山中的樵夫。这些人都是世间如蜉蝣般的小人物,或者说是远离喧嚣尘世的个体,他们仿佛只是整幅山水画中的一部分,黄公望让他们隐于山水中无须被人看到。不得不说晚年的黄公望连人带画都充斥着一股仙气,那种超然物外,举世皆浊我独清的意境仿佛弥漫于画中的江上,我在面对这幅画的时候总能想起陶渊明的《桃花源记》,莫非这就是黄公望心中的桃花源?

我是个阅画的局外人,但是在面对这幅画的时候,无论是隔着荧幕还是玻璃,我总能感受到画上树木的质感、水的波纹、山的秀丽。整幅画仿佛自带 3D 效果,跃出纸面,呈现在我眼前,山、水、树、人都在整幅画中和谐地统一,比例适度、安排巧妙。我总对中国传统的山水画抱以一种崇敬的态度,不仅仅是黑白的水墨,更是在笔触的轻重、黑白的配合当中,流露出一种明媚的氛围,令人顿生亲切之感。

晚年的黄公望弃天下事,返璞归真,过着安宁、平淡、自然、枕石漱流的生活,这反映在他的作品当中,就是那种宁静祥和、淡雅天真、笔简气清的意境。

不得不说黄公望在作画过程中成功找到了自我,在这幅画中,他找到了他的整个世界。在整幅画完成之后他抛去他的笔,毫不吝啬地将整幅画赠予他人,看重的不过是作画的过程。

他就像是一个花匠,呕心沥血、辛勤浇灌,历经数年,好不容易等到花开,却将花折下,赠予他人。他是真正的旷达,正如余秋雨所说"他没有任何要成为里程碑的企图和架势,却真正地成了里程碑"。

富春江是中国顶美的一个地方之一,这里远离尘世的喧嚣,远离朝堂的尔虞我诈,1000多年前的严光放弃高官厚禄选择避走富春山,沿着富春江垂钓,成为后代文人士大夫羡慕的"山高水长"的先生。恰巧后世黄公望观景处亦是严光的垂钓处,这两位名垂青史的人物都给富春江添上了更加厚重的人文底蕴。

四 寻访古迹,筑梦今朝

寻一个晴天,搭上晃晃悠悠的公车,去探访黄公望最后10余年隐居的地方。

宋元时期,富春江的水位比现在要高,庙山坞与东洲岛一带是一片湿地,只有少数居民耕种、捕鱼、放牧,庙山坞口有连通杭州与富阳的驿道,也有下行到富春江的埠口。

现在富春江水位下降,因此谷口比宋元时期向外延不少,谷口外的白鹤墩已改名黄公望村。中国的地名总有些意思,没到庙山坞之前,我已在脑海中构想它的地形,果然是两山之间的谷地,从坞口越往里走,越羡慕痴翁寻得这样一个好归隐处。

由于太久远,原来谷里的建筑已难觅踪迹,现在看到的大部分建筑都是后来重修的。当找到古埠口的遗迹时,我像是个发现宝藏的孩子,在遗迹边徘徊一次又一次。埠口那一汪水仍然保持着几百年前的原貌,是我见过的最灵秀清婉的水,真真是清澈见底。

幽谷两侧绿树青葱,时值盛夏却充斥着丝丝沁人的凉意,随着小径往里漫步,途经一片竹海,隐居处藏于竹海深处的谷底。沿竹径一路走来唯有翠竹参天,以及溪水潺潺。竹径幽长,仿佛在竹影斑驳的小路尽头真的走出一位拄着拐杖,步履蹒跚的老人,他与我擦肩而过。行至竹林尽头时忽觉豁然开朗,周围山峦起伏,而此处却有一块平地,别有洞天,因此起名为小洞天。几间简陋的茅屋搭建于此,临溪而建的南楼,是黄公望画《富春山居图》的地方。黄公望自己曾于题跋处这样写道:"此富春山之别径也。予向构一堂于其间,每春秋焚香煮茗,游焉息焉。当晨岚夕照,月户雨窗,或登眺,或凭栏,不知身世在尘寰矣!"

庙山坞是黄公望的一片净土,在这里远离纷纷扰扰的尘世江湖,远离尔虞我诈的官场庙堂，只有一派宁静祥和。后世无数文人泛舟富春江，踏遍富春山，寻访富春山居图中的景致，寻访这幅经典的诞生之源，寻访黄公望与世无争的隐士情怀，但是正如王清参所言："今日已无黄子久，谁人能画富春山？"

望着重建以后的小院落，我的思绪兜兜转转回到 8 年前，若是再早一些，这里可能只是一个无人问津、只有断壁残垣的小山谷。但是温家宝总理在 2010 年"两会"期间情牵《富春山居图》使这幅传世名作再次名噪大江南北，同样走红的还有富阳这个名画原创地。

借用当时的"东风"，富阳重整山水文化资源，打造杭州西郊公园以及富裕阳光的"富春山居图"，并建立了黄公望风情小镇，发展生态旅游，公园建成之后还引进了黄公望系列画展，带动书画交易市场，拍卖行、装裱等行业发展，培育书画产业。不仅如此，富阳市政府还紧紧围绕黄公望和《富春山居图》开展两岸文化交流，建设海峡两岸文化交流基地，促进历史文化挖掘和规划投资建设。2016 年时黄公望金融小镇正式落户，致力于打造一个三生五业共融共生的生态型金融小镇。

2017 年杭州提出"拥江发展"，打造"百里富春山居图""五十里春江花月夜"。黄公望隐居地所在的东洲是富春江上的一颗璀璨明珠。未来东洲将依托独特江中三岛的位置与黄公望等文化资源，腾笼换鸟，完善功能配套，发展文化旅游创意产业。

而今，《富春山居图》已与富阳人生活的山水融合在一起，它不仅仅是黄痴翁笔下的那幅画，更是富阳人心中对未来的美好愿景，是近 70 万富阳人一同追逐的富阳梦。

我想，近 1000 年前的那位痴翁以及他的《富春山居图》定将永远活在春江数百万人的心中。

浣纱溪畔西施影

傅白雪

西施越溪女，出自苎萝山。
秀色掩今古，荷花羞玉颜。
浣纱弄碧水，自与清波闲。
皓齿信难开，沉吟碧云间。
勾践徵绝艳，扬蛾入吴关。
提携馆娃宫，杳渺讵可攀？
一破夫差国，千秋竟不还。

当记忆在时光的风沙中慢慢消散，李白的《西施》一诗却仍在浣纱溪畔广为传诵，貌若天仙的西施从时光中袅袅走来，感化着越国故都的每一寸土地，每一个心灵。西施，是中国古代四大美女之首，是帮助越王复国的巾帼英雄，世人对于西施无非就这两种印象，可至于她是何地何许人也，却未曾真正了解……

一 浦阳江畔

一条古老而又美丽的河流，发源于浦江县西部岭脚，向东流去。它时而大气开阔，时而含蓄迷人，时而奔腾不息，时而波平如镜。

河水拍击两岸，讲述着一个又一个或美好或动人或恣意的故事，西子浣纱、勾践尝胆、范蠡风流、右军题石……它滋润了春秋时代的古越大地，哺育了勇敢坚忍的古越子孙，编织了光彩照人的古越文化。沿江而下，浦江上山文化，诸暨楼家桥文化，萧山跨湖桥文化熠熠生辉，它见证了一万年来土地的风云变迁，子孙的千秋万代，生活的日新月异。

它的名字是浦阳江。

浦阳江成名于越，自浦江县发源流经诸暨市和萧山区，最后注入钱塘江。它曾是东南三大江之一，也是古越西施浣纱沉鱼之江。作为越国故地，西施故里，诸暨境内，浦阳江别称许多，皆因西施在此浣纱而得名：一称"浣溪"，亦曰"浣纱溪"，濒江石崖镌"浣纱"二字，世传为王右军书；二名"浣浦"；三为"浣渚"，四称"浣江"。

提起西施，我想国人无一不听过这个名字。她是一个有着"沉鱼"之貌的美人，吴王夫差被迷得神魂颠倒，为博她一笑倾尽所有。中国古代四大美女之首，可至于她有多美，是怎样一个尤物，今人已然难睹其真容。然而在一代又一代的口耳相传中，西施已经神化成了一个仙子。她是一个美丽的传说。

江水悠悠，也话不尽千古美人西施事。

诸暨市西施殿

二　西施出世

　　我家处诸暨乡下，安享枕山踏水的好位置，门前淌的小小一支是浦阳江的支流。然而自幼饮浦阳江水，食"西施豆腐"，耳闻西施传说，却不曾真正走近过浦阳江，也不曾真正走近过西施。

　　在一个微风、温和的夏日，我来到了诸暨城南的苎萝村。

　　走在树荫下的江边，浦阳江的水随着风的吹拂泛起金色的粼粼波光，头顶上是不绝不休鸣叫的知了，眼前的小路稀落了一地碎光。偶一抬头，便被晃了眼。恍惚间，我听到了婴儿"哇"的哭声。凑近一看，历史的镜头忽地向我拉近了，原来是苎萝村西的一位施姓人家刚刚诞下一女，家里围满了东西两村的人，叽叽喳喳地讨论个不停。

　　旁边一位老汉告诉我："施家生了一个仙女儿，之前施家老婆在浦阳江边浣纱时，有一颗光彩耀眼的明珠飞进了她的肚子，自此肚子一天天大起来，足足十六个月后才在今天诞下了一女。刚刚又有一只五彩金鸡停在屋顶上，顿时屋内珠光万道，孩子呱呱坠地，那女娃长的可真是光华美丽啊，一对眼珠子骨碌碌转得我都移不开眼，谁还能说她不是个仙女呢！也不知道这美貌日后对她是福是祸啊……"

　　往前走了几步，两侧风景迅速拉过，转眼女婴已长大成人。只远远地望见前面滩头，有两个体态婀娜的女子在江边浣纱打闹，银铃般清脆的笑声伴随着连绵不断的水波传进了整条浦阳江畔的人家屋里，逗得襁褓中的婴儿也咯咯直笑。我走上前，本想一探是哪家姑娘的笑声如此迷人，还未开口，二女便转过身来。我顿觉眼前一亮，其中一女长得清爽秀丽，小家碧玉，而另一女则是花样容颜，玉样精神，皆绝世美人也，实在养眼。

　　询问过后方知，前者为鸬鹚湾村的郑旦，而后者正是我所寻找的越女西施。"双花"渐欲迷人眼，我本陶醉于美人风采，突然一声惊呼将我的美梦打破，原来是西施的麻纱随水流走了。正当西施蛾眉微卷、双眸哀怨时，水里使坏的鱼儿突然跃起，但瞧见了西施模样又立即沉入了水底。一旁的郑旦打趣道："妹妹你瞧，这鱼见你发愁时的容颜就已被迷得忘了游水，渐沉于水底，若你嬉笑时，这鱼恐是再也出不了水面咯！"西施听此，蛾眉舒展，眼里波光流转，娇嗔道："姐姐老是拿我寻乐子，该回家啦！"说罢，二人提起竹篮，手挽着手，有说有笑地走开了。

"我姓施，名夷光，因家住西村，村人唤我'西施'，你唤我'夷光'即可。"耳边还回响着西施自我介绍时那如珠玉滴落银盘般清亮的声音，眼前又出现了她那灵动可人的模样。"滴——滴——"，西施的笑容在汽车声中消散，原来不知不觉间我竟走到了西施滩头！"鸟惊入松萝，鱼畏沉荷花"，难怪唐代的宋之问要写下此句，如此美人美景，简直是摄人心魄！

　　自此，西施成了美的象征和代名词。"诗仙"李白在《送祝八之江东赋得浣纱石》中道："西施越溪女，明艳光云海"，又有《西施》："秀色掩今古，荷花羞玉颜"，自然清新，真实朴素。而苏轼的《饮湖上初晴后雨二首·其二》"欲把西湖比西子，淡妆浓抹总相宜"，将西湖山水的清丽秀美与西施的不施粉黛相映衬，天人合一，颇是别致。

　　其实，古人对西施之美的欣赏代表着自己的一种审美观念。著名美学家林同华教授评价李白的美学思想是"推崇'清水出芙蓉，天然去雕饰'（李白《经乱离后天恩流夜郎忆旧游书怀赠江夏韦太守良宰》），要求以'清真'为最高审美范畴"，"强调返璞归真的清新美学风格"。而西施清新脱俗的美正是迎合了李白"清水出芙蓉，天然去雕饰"的美学思想，也难怪诸暨世代百姓都尊西施为"荷花神女"，这既赞赏她有着"出水芙蓉"的容颜美，又敬仰她"出淤泥而不染"的心灵美。苏东坡的审美观念也强调自然美，同时又注重主、客体的一致，认为"凡物皆有可观。苟有可观，皆有可乐，非必怪奇瑰丽者也"（苏轼《超然台记》）。可在西施身上，我们是看不到"怪奇瑰丽"的。

　　西施的美，人尽皆知。东施效颦、白鱼潭鱼沉和四眼井比美的故事至今人们还津津乐道。世人垂涎她的容貌之美，效仿她的姿态之美，而她真正值得世人赞美与推崇的，是她的心灵之美。她的乖巧孝顺受到了亲朋的宠爱，她的纯真善良收获了村人的喜爱，她的大公无私赢得了世人的热爱。人人皆有爱美之心，也唯有至真、至善、至美的西施才能从古至今都受到人们的欣赏与赞美。

　　可随着时代的发展，当今民众的审美观念发生了剧烈变化，人们对"美女"的评价标准也日趋迥异。只要是妆容精致、身材苗条、衣着时尚的女性，皆能称之为"美女"。这种赤裸裸地以外貌为唯一标准的审美观念的变化，催生了一个新的年轻群体——"网红"（此处"网红"特指因外貌姣好在网络上走红的人）。这个群体的出现也深刻地影响了青少年时

西施殿内供奉的"荷花神女"西施像

期女性的审美观念,爱美的女性为了吸引关注度和迎合大众审美纷纷通过化妆、整容等各种手段把自己的脸弄成"网红脸",即一字眉、大眼睛、高鼻梁、锥子脸。这简直是现实版的"东施效颦",可这种"东施效颦"模仿的已经不是真正的"西施美",而是迎合时代"变异"了的审美潮流。人们在意的仅仅是自己"加工"过的外貌,而不是内心的质地。精致的妆容虽能遮盖脸上原本真实的缺陷,却无法掩盖内心的瑕疵。

纵然美貌能让人获得一时精神愉悦的快感,但千篇一律的容颜必然使人产生审美疲劳,而真正能使人精神愉悦一世的是人自然流露出的外在美和内在美的统一。在这个外在美和内在美审美比例失调的时代,如何重建民众心中的审美价值标准也是一项刻不容缓的任务。

三 范蠡之忆

"滴——滴——",在汽车声中,我的思绪渐渐从西施滩头飘回。继续往前走,一阵敲木鱼念经声伴着香火气息随风飘入我的耳鼻。此处竟有寺庙？抬眼一看，山上坐落着一方泰山庙，还矗立着一座精巧玲珑的塔。

山叫金鸡山，那塔自然是叫金鸡塔。

金鸡塔建于明代，近几年将其从原有的五层塔改建成七层，六角，飞檐斗拱，黑白相间，四周亭台楼阁环绕，甚是精巧玲珑。而那金鸡山却有着不少故事：一说是月宫上看守明珠的五彩金鸡因贪玩而让明珠掉落在了浦阳江里，后来明珠落入施妻体内而孕出西施，五彩金鸡为尽守护之责，便飞向浦阳江东岸化作了金鸡山。另一说是2000多年前，越王勾践为了复国图强，十年生聚，十年教训，在这座山上养过成群结队的鸡，所以叫鸡山，也叫金鸡山。

诸暨西施故里景区内范蠡祠

但不管是西施出世之说，还是越王图强之说，这都是古越子孙、江畔人民对这座山寄予的美好寓意。从古至今，迷信思想在中国人的脑海里根深蒂固。中国民众喜欢给山水花石创造故事，这样一来，自然万物便充满了神性，而人所在的一方水土就能得到神的照拂与庇佑。尽管现在看来这并不科学，甚至是一种落后的思想，但这却是人心中的一片净土。远古时代的神话传说是中国文化记忆的起点，它蕴含着人们对世界的浪漫想象与美好愿望。因此，人只有心怀热忱之情，世间万物入眼时才会有其独特的蕴意；也只有对世间万物心怀敬畏，人与自然才能和谐相处，生生不息。

可泰山庙在山上，我所立之地是不可能听到念经声的。我再向前走了几步，原来是丛丛绿林中掩映着一座范蠡祠啊！

走进大门，镌刻着"竹帛照吴越"的半堵墙拦住了去路，绕过半墙，便是范蠡祠。黛瓦粉墙，古朴典雅；背靠金鸡山，气势恢宏。祠内供奉着范蠡大将军的铜像，铜像背后墙面用木条仿竹简形式，再现了《史记》中记载范蠡故事的精彩篇章。范蠡像左手持剑，右手捧卷，高大威武，雄姿英发，庄严凛然。我抬头望着他，不自觉地被他的双眸吸引，与他一起穿回了春秋时代，来到了那时候山清水秀、气候适宜、土地肥沃、物产丰富的古越大地。

我和范蠡沿着浦阳江边散步，突然，他定住了脚步，望着前方陷入了沉思。我随他望着的方向看过去，是那西施常浣纱之地——西施滩。莫非范蠡忆起了西施？沉默良久，范蠡终于缓缓开口：

"我便是在那滩头遇见她的，那时的她还是一名普通的越国浣纱女，我是越国的大将军。她在村子里无忧无虑地生活着，而我身上背负着复国的使命。因文种提出的'灭吴九术'中有一术是'遗美女以惑其心而乱其谋'，越王便派我来到民间寻美女。

"那日，她正在滩头浣纱，我向她问路，没想到竟成了一眼万年。我和她在苎萝村度过了一段很愉快的时光。

"我知道她是天下第一美人，原本我想以我的聪明才智护她一世周全，可没想到她得知真相后，心中的大爱胜过了小爱，她说道：'国家事极大，姻亲事极小。'（梁辰鱼《浣纱记》）她宁可背井离乡，以身涉险，也不愿苟且偷生，碌碌一生。我没想到她小小的身躯竟藏着如此大的胸襟气魄，虽身为女子，却不输男儿的勇敢刚强。正如我第一天在水边见到她那般，如柳丝般柔软的身段仿佛风一吹便能掉落水中，可她却能牢牢地扎根在江畔浣纱。若她想，下一秒就能幻化成水，随水东流；若她不想，纵是万年水浪拍打，也磨不平她一棱一角。

"终是我负了她，亲手把她送上了入吴之路，同行的还有她的密友郑旦。入吴之前，我先带她们回会稽觐见越王。国人听闻有两美人到此地，纷来沓至，咸欲一瞻美人之风采。于是我传令欲观美人者，各纳金钱一枚，不曾想顷刻盈柜。三日后，我将她们送去了新都南郊土城山的公馆里习舞学礼三年。学成之后，饰以珠帻，坐以宝车，侍以六婢，由我护送渡钱塘江，经今杭州萧山区、德清、桐乡、嘉兴等地抵吴国都城姑苏，献给吴王夫差。

"这一路上，虽舟车劳顿，却也不乏乐趣，美人所经之处皆留下了美景、美事、美谈。进入吴宫后，天生丽质、禀赋聪慧的西施便深得吴王宠爱。在吴宫十多年的漫长岁月中，她忍辱负重，抛开情爱，牺牲青春，巧做周旋，终于为越国赢得了复国的时间。在吴国，她被当作红颜祸水，可在越国，她却是巾帼不让须眉啊！"

是啊，身处乱世的女子，若有一副好看的皮囊，即便不能受到达官贵人的青睐，享尽荣华富贵，或许也能无忧无虑、平安一生，至少不用过着背井离乡、心惊胆战的日子。西施却走上了复国救亡之路，哪怕被冠上"红颜祸水"，哪怕前程生死未卜，也义无反顾。

"国家事极大，姻亲事极小。"是西施心中的爱给了她无限的勇气。陈桥驿教授谈到西施的爱时说："西施的爱体现在爱乡、爱国和爱族三个方面。她是女子，但她做到了以身许乡、以身许国、以身许族，不计代价地爱。"西施的身上不再是只有自己的小情小爱，她更多背负的是乡人、国人、族人的情爱生死。为了乡人免于士兵的刁难，她跟随范蠡去会稽觐见越王；为了国人免于吴人的欺负，她甘于被献给吴王讨其欢心；为了族人不再代代都受辱屈膝于吴国，她宁愿在吴国背负"红颜祸水"的罪名。她以自己为介质，聚小爱成大爱，牺牲自己，将爱撒播于古越大地，用爱滋养了一代又一代的古越子孙，更让爱在人们心中生根、发芽，直至结出果实。

四　西施之叹

无论在哪个时代，牺牲小我、关注大我的爱国主义精神都是保证国家繁荣昌盛、经久不衰的有力武器。西施的关注大我、牺牲奉献精神为越国赢得了复国的时间，而这种爱国精神也在不断地影响着后世。五四运动前后，政治形势剧变，加之影剧艺术的普及，蕴含爱国主义、兴邦图强等积极意义的与西施传说有关的战争题材便成了戏曲、歌舞剧、话剧、电影创作的焦点。1922年，西安易俗舍根据明代梁辰鱼《浣纱记》的有关情节编演了大型秦腔剧《西施浣纱》。1923年秋，京剧大师梅兰芳主演了由罗瘿公编剧的京剧《西施》。现今，杭州宋城等地仍不断上演着"吴越千古情"的剧目。

西施对于人们而言不仅仅是赞美和欣赏的对象，她更是激发了人内心中向真、向善、向美的一面。人们会为了触摸到自己心中的那份美好而涌起上进之心。西施的美丽、智慧、勇敢、爱心和牺牲奉献的爱国精神凝聚、积淀成了一种"西施文化"，让人受之于无形，改之于实际。

时至今日，西施文化也在不断扩散，不仅仅是西施入吴所经地区受到了浓厚的西施文化的影响，国内其他地方乃至东南亚各国人民都在受其影响。如新加坡有西施街；韩国有西施浦；日本秋田县象潟町每年要举办西施节，评选"西施小姐"。这正彰显了西施的独特魅力。

诸暨浦阳江畔浣纱女群像

同时，西施作为历史名人，以其独特的影响力和号召力形成的西施文化及周边产品，为地方经济的发展做出了巨大贡献：西施故里景区游客络绎不绝，西施大剧院演出精彩绝伦，山下湖珍珠市场闻名全国……

但令人不安的是，近年来，地方政府看到利用名人资源发展经济的大好利益，各地抢夺名人故里的争端愈演愈烈。前有四地争抢李白故里，安徽、山东两省三地争夺西门庆故里，后有"常山赵子龙"乌龙阵，现今又有美女西施故里的诸暨、萧山之争。世人皆知，一个人可以游遍各地山水，可出生地仅有一个。虽然历史需要不断地考证，但若为了达到经济或政治目的而百般抢夺文化资源，甚至不惜篡改历史、摧毁文化，这也是历史的倒退、人类文明的悲哀。

在经济、政治、文化关系中，经济虽处于决定地位，但发展文化产业绝不能延续"文化搭台，经济唱戏"那一套。还是这个时代太过浮躁，人们的功利心太重，倘能再现西施不计代价的入吴场景，或许人们的内心会稍稍柔软些许。这就是文化的力量。

走走停停，停停走走，不知不觉已夕阳西下，范蠡早已归去，留下浣纱女群像还立在江头，任凭时光和流水打磨光泽。暮色中的江岸是空旷的，空旷得令人有些怅惘。世界瞬息万变，唯有那悠悠江水一如昨日，静静地述说着千百年来江畔的传奇故事，幽幽地传递着那一腔永恒的热情。

第四编
钱塘道古今

梦回临安一千年

张雯心

儿时的我生活在浙中的大山里，并未来过杭州。我与杭州仿佛是两条平行线，从未相交在一起。儿时的我未晓得旧时的临安，只知晓身边的故事，牵扯了20多年，我终是逃不过杭州。临安旧事，牵扯了千年，于己，这是一场千年梦；于杭州，这是一段千古情。

一　临安旧梦

杭之为州，本江海故地。从彼时潮水偶有幸临的海岸滩涂，到今日高楼大厦车水马龙的盛景，其间有多少在潮起潮落的间隙里漏下……

"东南形胜，三吴都会，钱塘自古繁华"，繁华富饶的江南是赵宋政权的财富支撑。正是有了南方的供养，这个植根于中原的王朝，才得以国强家富。靖康二年（1127），南下的金兵攻陷开封，并俘虏了宋徽宗和宋钦宗等人，北宋就此草草收场。重新组合的南宋王朝依照司南的指示，一路向南颠沛流离，还一度舍陆登舟，流亡东海，最终在临安落脚。自此，一个王朝的气数都系于这一南方小城——临安身上了。

南方的繁华并没有随着北宋的灭亡而消散，南宋定都临安反倒给南方的社会发展与经济繁荣打开了新的局面。在最为鼎盛的时候，临安人口达到了150多万，这个数字已然超过了北宋时东京汴梁在太平时期的人口。从此，临安不仅当得了"钱袋子"，还成了南宋的"玉章子"。

800多年前的临安有多么春风得意，我们未能得见，但从遗留下史籍典料的字里行间中，我们仍能窥见其一派风流。

临安这座城市履历复杂，它既享受了身为盛都的光鲜亮丽，也饱尝了战争的硝烟弥漫。漫漫十里"天街"，南宋官窑里日夜不歇的炉火，精致清雅的南宋皇城已然在时光的长河中一去不回，而后人在故纸堆中，烂砖瓷里，终于裁补出了一斑驳长卷，惊艳了世界。

二 瓷中事

2007年12月22日，在南海有一艘沉船出水，船上发现有大批浙江龙泉窑青瓷器，这便是"南海一号"。随着这艘南宋沉船浮出水面，临安城内南宋官窑遗址也重见天日，中国瓷器最为灿烂迷人的一个时期在杭州被发现了。

瓷器在宋代达到巅峰，有汝、定、钧、官、哥五大名窑，其间最珍贵的当属官窑，而官窑中又以青瓷为最。南宋王朝定都临安的138年间，官窑达到了古代青瓷的最高境界。关于南宋官窑最早也是最为详细的记载，有南宋叶寘的《坦斋笔衡》和顾文荐的《负暄杂录》。其中"本朝以定州白磁器有芒，不堪用，遂命汝州造青窑器，故河北唐、邓、耀州悉有之，汝窑为魁"一句说到了青瓷的源起，因是北宋定州的白瓷缺少光泽，上不了大堂，所以命汝州大造青瓷器。中兴过江后，有个叫邵成章的提举后苑承袭故京（徽宗）遗制，置窑于修内司，烧造青器，取名为内窑。之后这里出窑的瓷器"澄泥为范，极其精致，油色莹彻"，为世人所珍。

1996年初，两位有意探寻的青年相约来到现万松书院南面小山坞中一个叫作老虎洞的地方，并在荒冢洼地中发现了烧制官窑的原料紫金土，后又发现了古代的窑具支钉和匣钵，继而是大量的青瓷碎片……恍惚间，人声、牛哞声，投柴入窑的烈焰噼啪声，似在这静静的山坞处热闹起来。这便是后来为我等所知的老虎洞窑遗址了，后也并入了南宋官窑遗址之中。

1990年，在杭州玉皇山以南乌龟山西麓，中国第一座在古窑址基础上建立的陶瓷专题博物馆——南宋官窑博物馆正式落成。

走进南宋官窑博物馆，首先映入眼帘的是一条小路，走进南宋官窑历史文物陈列厅，入眼便是序厅"青瓷故乡"。这里有着起伏的峰峦、茂密的植被，水碓、水车，还有散布的瓷片、瓷具……不经意间人就融进了青瓷中，化作了瓶身上轻描的一片叶。从窑门进去，便可以观赏自东汉成熟青瓷的诞生期至两宋青瓷生产的蓬勃期的古代青瓷精品。穿行其间，我们似乎跨入了时空隧道，能亲眼看到一件件青瓷如何从土坯里生出，从烈火焚烧的滚烫变为青色的瓷器，又在混乱中跌落土里，或是蒙尘，或是破碎，来到了800年后我们的眼前。

从序厅出来后就能到第一展厅——"御用之瓷"。进门可以看到展列的整个官窑的历史，从官窑萌芽——贡瓷的出现，到历史上第一个官窑（北宋官窑）的建立，再到宋室南渡定都临安，最后是为满足宫廷祭祀与日用之需而重设官窑。何为皇家，在这里或许体现得淋漓尽致——无论是各地名窑供奉的精品还是朝廷向各地名窑征调的奇珍，都不能满足宫廷对御用瓷器的品位追求，或许这便是所谓皇权，所谓"御用"吧。《宫廷赏瓷》这部影片在此循环播放，光与影的变换间，我等仿佛置身于南宋宫廷，正与皇帝共赏官窑瓷器，真是尝到"登一次宫殿，做一回八百岁的老人"的滋味了。

接着走进"皇宫遗珍"展厅，里面珍藏了60多片来自南宋太庙区域的南宋官窑以及同时期的越窑、定窑、龙泉窑、高丽窑残器及其瓷片标本。800年前的南宋统治者，追慕静穆幽雅的气氛，一如他们倾情的自然山水。南宋官窑造型端庄凝重，古朴典雅，釉色柔和晶润，青莹如玉，纹饰自然奇特，别具情趣，无处不言风雅之美。

儿时尚不知瓷器与陶器的区别，能了解的不过身边的碗盘。再大了一些时，了解到周杰伦口中的"素胚勾勒出青花笔锋浓转淡，瓶身描绘的牡丹一如你初妆"的青花瓷，能够些微品味杜甫笔下那"君家白碗胜霜雪"的白瓷，感慨陆龟蒙"九秋风露越窑开，夺得千峰翠色来"一句的恰如其分。再大些，看着这些瓷器，我开始感慨的是中国的陶瓷文化，也为这传承千百年的陶瓷而感到自豪。

馆内还设有体验馆，可以手工制陶。拉胚、勾画、入炉煅烧……属于自己的陶器作品就完成了。很遗憾自己未能亲手尝试，不过与体验馆的工作人员谈到了手工制陶作坊的成立。"这可以让人们一试身手，用泥条盘筑、泥片围接、拉胚成型，这也是一种体验古代陶瓷艺人用泥与火创造陶瓷文化的艰辛与乐趣。这吸引了许多孩子的目光。"艺术不分年龄，在这其中便有着自己这年龄的乐趣。小孩他并不管是否好看，眼中紧盯着这素坯，心里只念着自己所希望的形状，或许这作品成型后瞧不出是什么形状，但是这也是一种乐趣。

无论是否有人欣赏，这些易碎的陶瓷经过几千年的沉积，历经万险来到了现代，依然保存完好并且释放着属于自我的光芒，这实属不易。它们最初从生活的一炊一饮中来，升华到形态各异，或姿态万千，或雍容华贵，或典雅清丽的艺术品，造就这些的，是古人将一切都化于无形的智慧。

一瓷一故事，或许这些瓷器中都存在着独属于它们的故事吧。思绪飘散，耳旁似乎萦绕着那人声、牛哞声，投柴入窑的烈焰噼啪声……

三　十里天街

如果不是先人有留下只言片语，我们真难以想象南宋临安城人的生活。

南宋御街，这条街一直深刻存在于杭州人的记忆里，一来到这条街，仿佛就感受到了南宋时期的生活百态。南宋御街是古朴的，一砖一瓦都如南宋人们生活时的模样；同样的，南宋御街又是现代的，标志性的复古建筑群，古今、中西多种元素在这里相处甚欢，默契非凡。

关于南宋御街的记载很多，它的故事，要从一句"暖风熏得游人醉，直把杭州作汴州"的诗句开始。

汴州，北宋时期的都城，北宋灭亡后便不再是盛京了，宋高宗偏安一隅，定都杭州，改名为临安。既然作为一个王朝的帝都，那就必得有与之相配的仪仗，打算偏安杭州的赵构开始在凤凰山建皇城。当然，考虑到自己不可能一辈子待在宫里，一些重大的祭祀典礼，比如祭祖，少不了得出个宫，就要建一条出巡用的御道。据《咸淳临安志》记载，"御街南起自皇城北门和宁门"，即万松岭和凤凰山路交叉口。于是，这御街的故事便从此处开始。

走进南宋御街，首先看到的是活字印刷的石刻。南宋留下了太多的瑰宝，这印刷便是其中之一。遥想当年活字印刷惊空出世，多少现存的古书是通过活字印刷才能保留下来。先在胶泥上雕刻上汉字，再耐心地拿到火中烤制，最后一个个排版，将纸按下进行印刷，这在我们看来依然繁琐，但若是那个年代，这等效率已经十分难得。

午后的阳光是温和的，阳光下的御街更是呈现一派"流水绕古街，小桥连老铺，清池围旧宅"的景象。漫步在这十里天街上，慢悠悠的时光在淡青色的石板路上缓缓爬行，像一只优雅的蜗牛，张望着倏忽而逝的风景，留下一行透明的痕迹。

或许是此处时光较别处走得慢些，才让我看到了更多的小细节。在一个不起眼的角落里,有一堵泛黄的老墙,墙上画着一朵盛开的莲花,旁边是黄庭坚的《帐中香》,"百炼香螺沈水,宝熏近出江南。一穟黄云绕几,深禅想对同参。"江南的书香、禅意竟就随意落在一面灰墙上!

再往前是中山南路112号,当年南宋御街遗址的发掘现场就陈列在街道中央。透过沿街的钢化玻璃挡板往下看,我看见遗址被挖成了一块一块高低不等的石土,每一层石土平面有用牌子标注了不同的时期——南宋、元、明清、民国,指尖触在这玻璃上,仿佛已是穿越了百年,又从南宋走到了现在。

西安的回民街,武汉的户部巷,成都的宽窄巷子,这些得以扬名于世,无法否认的是美食对人的吸引。御街边上也是开满小吃铺子,行走间鼻眼都是美食,这无不吸引着人。这些饭馆的店面装修都是复古风格,如果抛开一切现代的东西,就会觉得置身于古代小镇的气氛中,叫卖声、吆喝声不绝于耳。

再继续往前走,就到了鼓楼。这里有不少有关杭州城市变迁的雕塑,墙上则是一些温馨的生活碎片或历史碎片,从南宋到民国,都是围绕着几条老巷子。这辆陈旧的自行车立在一边,与泛黄的墙面相互呼应着,楼梯、镜子、煤炉灶等物什都是从拆迁之前附近的老人家里觅得的。这是20世纪老杭州人的真实生活,在这"杭城九墙"上,杭城的变迁都被如实记录着。

走在这时间垒起的石板路面上,与一家家各具时代特色的店面擦肩而过,时间就这样流淌过800余年,南宋百姓的繁华生活已经消散,留下的只是碎掉的砖瓦,而在这些废墟上,几番装扮,御街的热闹还将继续。

四 皇城千古情

南宋官窑尚有遗址,御街更是生命不息,而南宋皇城却无法寻回。那一把大火早已烧光了凤凰山下的皇城,现在皇城边上留下的只有宋城。

"给我一天,还你千年",一句广告词,却让宋城被许多人记住。黄巧灵,一位杭州的外来户,却在杭州造就了不一样的辉煌。

许多杭州人或许并不了解杭州。众所周知,杭州是南宋古都,是历史文化名城,这是不可否认的,但除此之外呢?"什么是杭州旅游的最缺""西湖已经这样美丽,游客游览之后还能有什么遗憾"……在黄巧灵看来，光是知道这些还远远不够。他认为这些大多仅是存在于书本中、埋藏在地底下，如不合理开发，只会闲散在一代代人的意识中。那么，如何来开发呢？历史文化并不等于旅游文化，游客到杭州，不是考古、不是看书，而是感受。因此，他提出要"让游客在旅游中感受南宋文化，在游憩中体会古城文化"。

这是黄巧灵心中的宋城开发理念，后来便成就了现在的宋城。

一入宋城，便是一个仿宋牌坊，这是宋城的大门，上匾题"清明上河图"五个大字。进了大门，便是第一区，取名"清明坊"，展现在眼前的是整个宋代园林，在这个环境里，有着按比例再现的《清明上河图》，第二区是"宋城"区，完全是按《清明上河图》的景象描绘的。

而这还仅是冰山一角。继续往里面走，就到了清明上河图电影馆。近200平方米的幕布上，有着近千名形态各异的人物，通过生态环境的组合，繁华的漕运、喧闹的街市、祥和的宅院以及交替的昼夜都展现得淋漓精致。

现代科技的运用使《清明上河图》"活在了"我们眼前，再现了宋代的繁华。此外，一台"宋城千古情"更是唱出一部气势磅礴的民族史诗，向我们讲述了一个缠绵迷离的美丽传说，复原了一场盛况空前的皇宫庆典。

激光、水幕、魔幻灯阵、烟雾制造、影视、移动和升降舞台等各种现代高科技表现手法都在其中扮演着自己的角色。从"良渚之光""宋宫宴舞""金戈铁马"，再到"美丽的西子，美丽的传说"和"世界在这里相聚"，这都源自杭州的历史文化。

短短的70分钟，"那些唯美的爱情，那些英雄的浩然正气、佛语、禅释……你只要坐在那里，用眼看、用耳听、用心去感悟。还有什么比那些唯美的传说更能打动人呢？"看完《宋城千古情》，生离死别的难舍难离，穿越时空的化蝶相聚，还有眼前身后的佛声佛语，这些都在脑海中萦绕着。它告诉我们，杭州曾经是怎样一个"东南形胜，三吴都会，钱塘自古繁华"。

宋城，它传承了一个城市的历史文脉，播种了一个城市的历史文化，诠释了一个城市的文化底蕴，与这座城市完美地融合在一起，成为这座城市最深刻的回忆与印记。

身在浙江，身为浙江儿女，我却从未到过杭州。牵肠挂肚20年，冥冥中的这条线终究将我拉到了这里。

南宋的临安离我虽远，但杭州却完美地保留下了南宋之美，临安之美。

临安、杭州，换了名字，终归还是同一个地方。南宋时的临安是周密笔下《武林旧事》所展示的繁华富饶。瓷器兴盛，十里天街热闹繁华，凤凰山上的皇城那么精致恢宏，这些都是属于临安；而如今的杭州在这基础之上，又增加了许多。"淡妆浓抹总相宜"的西子湖，珍藏瑰宝的南宋官窑，车水马龙的御街，"给我一天，还你千年"的宋城，这便是如今的杭州。

七层八面六和塔

徐 璐

2017年11月，正值秋末，一位好友到杭州来玩。恰巧是个阴天，路边有三三两两的行人散步。我们沿着虎跑路往钱塘江边走，约半个小时后，我们进入了之江路，来到了钱塘江畔。素闻钱塘江畔、月轮山上，有塔，名曰"六和"。思索几番，我们便决定登塔一观其风采。

一 塔畔故事多

自古以来，钱塘江畔多传说，六和塔位于钱塘江边，筑塔的由来也与这传说紧密相关。

以前的钱塘江潮可并不像现在这般壮阔而无害。古时候钱塘江常常泛滥成灾，沿岸居民饱受潮灾之苦。流传于钱塘江畔的传说恰恰是人们对美好生活的期许，那个年代的寻常百姓还没有能力去改善自己的生存环境，这种对自然的畏惧从人类诞生之时就一直存在着，从未消散。除去对官府的期望，百姓只能将希望寄予上天，于是种种怀着人们美好希望的美丽传说就诞生了。

传说，古时候钱塘江里住着一位性情非常暴躁的龙王，他经常无缘无故地兴风作浪，风浪不仅会打翻渔船，还淹没了周围的大量农田，使附近百姓的生活异常艰难，百姓们对此都怨声载道，但是无奈无法与龙王抗衡，便一直忍受着。

一次，龙王打翻了一个渔民的小船，并抓走了他的妻子。这个渔民有个儿子叫六和，六和为救回母亲，将百姓从水深火热的生活中解救出来，挺身而出，发誓要像精卫填海那样，用石头填满钱塘江，不让龙王再为害人间。于是，六和就不停地往钱塘江里扔石头，连续不断地扔了七七四十九天，最终才降伏了龙王，从此附近百姓的生活归于平静，不再受江潮风浪的侵扰。后世的居民为了纪念六和以石镇江潮这一壮举，歌颂他的功绩，就在月轮山上修建了一座宝塔，并以"六和"作为塔名，这就是"六和塔"。

此外，"六和塔"畔还有另一个有名的传说叫"钱王射潮"。相传，吴越王钱镠治理杭州的时候，因潮神作祟，海堤总是修不好，钱王一气之下决心降伏这个潮神，在八月十八潮神生日这天万箭齐发赶走了潮神，然后海堤才得以造成。百姓为纪念钱王，便把江边的海堤叫作"钱塘"。

传说虽然听起来荒诞，却蕴含着百姓对江潮的敬畏、对安稳平和生活的期望、对镇潮之人的感恩。人们往往对不能用自己的认知来解释的现象，或者不能用人力抵抗的事物充满敬畏。在人们没有能力抵抗江潮的年代，百姓对它的敬畏就通过神化这一方式表现出来，人们怀着感恩之心将化解江潮危害的人神力化，人们认为一定是上天派这些怀有神力之人来解救他们的，传说就在人们口口相传中流传了下来，看似愚昧的故事传承中，体现出了淳朴的寻常百姓对自然的敬畏之心和对安稳生活的向往。

二 里外建筑巧

神思远游中，我们缓缓地上山，慢慢地走近。目光重新聚回塔上，六和塔就静静地立在山间，左右群山合抱，林木葱茏。随着我们的靠近，眼前的塔越来越高，轮廓也越来越清晰。

塔身自下而上，塔檐逐级缩小，塔檐的翘角上挂着铁铃，据说有104只。这些铁铃铛也很有意思，佛塔上的铃铛被称为塔铃，别名惊鸟铃（惊雀铃）、护花铃。清风拂过，铃铛撞击发出"叮叮咚咚"的声音，混着似近似远的梵音在风中飘散开来，听到声音的人心情舒畅，而鸟雀却受了惊，再不敢在塔檐下逗留。随风而动的塔铃惊走了飞鸟，保护了古塔，传播了梵音，惊醒了凡尘人，这便是塔铃的作用。现在塔铃也被叫作"风铃"。

继续走近，我们可以看到，在阳光照射下，檐上明亮，檐下阴暗，忽明忽暗，明暗相间，从远处观看，倒是一片和谐的景象。然后，走进去，一观塔内风光。六和塔从外面看共有13层，塔内其实只有7层。塔内每二层为一级，由螺旋阶梯相连，壁上以"须弥座"（别名"金刚座"或"须弥坛"，是安置佛像的台座，后来代指建筑装饰的底座）为装饰。塔内第三级须弥座上雕刻着花卉、飞禽、走兽、飞仙等各式各样的图案,这些图案的刻画精美细腻,体现了中国古建筑雕刻中的经典艺术形式。

六和塔因精妙的结构被誉为中国古代建筑艺术代表作,它兴建于乾祐元年(948),笃敬佛教的钱弘俶即位,他以"信佛顺天"为信条,对高僧尊崇有加,将天台德韶奉为国师,以弟子对待师长的礼节来对待他,又跟随永明道潜受菩萨戒,自号慈化定慧禅师。其在位期间广造宝塔,大力推行佛教。

据传,钱弘俶为潮灾之事所困,常泛舟于江上。开宝年间的一天,已是大护法的钱弘俶与德韶嗣法弟子延寿、僧统赞宁巡行到月轮山南果园,面对浩浩荡荡的江水,正在一筹莫展之时,三人忽感眼前一片红光,只见山顶明月生辉,金塔隐现。惊讶之际,延寿、赞宁认为这是吉兆,极力建议钱王在月轮山上建塔。冥冥中,饱受潮灾之苦的钱王似乎也感受到了佛祖的旨意,于是当即决定在月轮山上开园建塔,并下诏由延寿、赞宁主持督建。塔成之后,江潮果然不再荡溢进流,而是在六和塔下拐了个弯,以"之"字形缓缓前行了,沿岸百姓再无惊溺之忧。

钱弘俶　　　　　　　　　清刻延寿禅师像

带着奇幻色彩的历史故事,在人们口口相传中一代一代地传下来,不再受江潮侵害的百姓们怀着对神明那样恭敬的姿态，将这桩改变他们命运的事件神秘化、神话化，最终演化为现在流传的版本。

三　由来有佛缘

传说不是事实，但却在一定程度上能够反映出一些真实的历史现象。清代丁立诚在《六和塔照幽》一诗中曾写道："七层八面六和塔，永镇江潮用佛法。"这首诗点明了与六和塔建立关系密切的两个关键点，一个是"江潮"，一个是"佛法"。这两个关键点，恰恰与传说不谋而合。

（南宋）夏圭《钱塘秋潮》

六和塔自建成以来，便是观潮的胜地。到了宋朝，据吴自牧所著的《梦粱录》记载，杭人"自十一日起，便有观者，至十六、十八日倾城而出，车马纷纷……自庙子头至六和塔，家家楼屋，尽为贵戚内侍等雇赁作看位观潮……"自先秦时期，道家学者庄子被钱塘江潮所折服起，此后观潮之风长盛不衰。而六和塔作为观潮胜地自然同样受人青睐，其中不乏文人雅士。

明代高濂曾经在夜晚观赏钱塘江潮，将江潮的奔腾跃然纸上，在他的《四时幽赏录》《六和塔夜玩风潮》一文中，眼前所见是"月影银涛，光摇喷雪，云移玉岸"，耳边所听是"浪卷轰雷，若山岳声腾"，如今的我们读来，仍似有江风扑面而来，似有涛声侧耳袭来，似有浪潮迎膝卷过……

眼前的六和塔，寂静而漠然地孤立于山中，背靠林木丛生的山林，脚下是车水马龙的马路，面临波光如镜的钱塘江，没有了古人形容的波澜壮阔的江潮，取而代之的竟是一种安宁的寂静。从六和塔眺望江面，想象着古诗中所描写的江潮袭来的波澜壮阔，有一种置身于天地之间，眼前有气势可掀天的浪潮席卷而来，身边、耳边皆是浪声、人语，而我此时的感受，正如高濂所写，"月色横空，江波静寂"。

"静"，是诗人乐于描写的一个话题。

庄子曾说过："水静则明烛须眉，平中准，大匠取法焉。水静犹明，而况精神。圣人之心，静，天地之鉴也，万物之镜。"静下来是很难得的，诸葛亮认为"静以修身"，静下来更有利于思考。华兹华斯说："诗是强烈感情的自然流露，它源于宁静中积累起来的情感。"当文人雅士的"静"撞上呼天啸地的钱塘江潮的"动"，则很容易碰撞出火花，于是思考便有了。

在这之间，有高濂《六和塔夜玩风潮》中"此际沉吟，始觉利名误我不浅。遥见浪中数点浮沤，是皆南北去来舟楫"，对名、利二字的勘破；有郑清之《咏六和塔》中"今日始知高处险，不如归卧旧林丘"，对归隐的感叹；亦有赵师侠《鹊桥仙·归舟过六和塔》中"忽来忽去，何荣何辱，天也知人深意。一帆送过桐江，喜跳出、琉璃井里"的淡然……

六和塔的建筑缘由、建筑风格，都与佛教文化密切相关。此刻在塔上的所想所思，似乎已在无形之中与佛教思想达成了一种奇妙的契合。立于塔内，打量着周围的事物，遥想着一个又一个的传说，或许有对月中桂子的神往，或许有对山涧鱼影的思索，或许也有对《水浒传》中鲁达"听潮而圆，见信而寂"的感叹。

初建成的塔共九层，高五十余丈，塔内藏有舍利，塔心室供奉佛像，塔顶安装明灯，以示佛祖长明。关于塔名的由来，亦有多种说法。有人认为"六和"取自佛教典籍《本业璎珞经》中的"六和敬"，意指"身和同住，口和无争，意和同悦，戒和同修，见和同解，利和同均"；也有人认为"六和"是取自道教的"六合"，即天、地和东、南、西、北四方。

其实，无论哪种说法，都寄托了人们对六和塔消灾祈福功能的期望，希望六和塔能镇住江潮，以求得太平的生活。同时塔内的《金刚经》刻石、《佛说观音经》与《四十二章经》碑，都显示出佛教文化与六和塔的渊源。

四　文人渊源深

巍巍六和塔，庄严开化寺，众多社会名流的造访，在六和塔的文化历史中添上了浓墨重彩的一笔。

我们都知道，乾隆皇帝曾六次下江南，而他每到杭州，一定会到名山古刹拈香礼佛，六次南巡，七次莅临六和塔开化寺。乾隆是一位以风雅自命的皇帝，他曾对钱塘江、月轮山一带的山河风光，赞叹不已，发出了"壮观至是真空前，那更息心安四禅"的感叹。在第六次南巡时，乾隆写到"每来必鼓吟情勃，罢陟渐渐步力艰"，因偏爱而七次登塔吟诗，却因年老体力不支而不得不放弃登塔，失落和无奈之情在这句诗中体现得淋漓尽致。

"世事如棋不忍看，雄心散漫白云间。六和塔畔皆青土，卧听潮声作对山。"这是郁达夫所作的《题六和塔诗》，郁达夫对六和塔也是偏爱的，他曾写到"在杭州的余日，已无多了，这两三天内，当尽力游览一番"，这个"当尽力游览一番"的地方，就是六和塔。

自古以来，仁人志士多有对六和塔情深意切的，登临塔上，所思所悟却有所不同。

章仙岩有一首诗，名曰《六和塔》："六和塔上一登临，当景江山入兴深。云出云归天自在，潮来潮去水无心……壮矣帝居吴越旧，未甘河洛久湮沉。"开始以为是感叹潮水无情，羡慕云之自在，抒发对人生悲苦、许多事情难以按照本心而为的感叹，读到最后方才知道，有此所思，更是不甘于淹没于人世，抒发了壮志难酬之豪心。

何宋英的《六和塔》："吴国山迎越国山，江流吴越两山间。两山相对各无语，江自奔波山自间。风帆烟棹知多少，东去西来何日了。江潮淘尽古今人，只有青山长不老。"青山不改，绿水长流，是人们经常挂在嘴边儿上的话，经常用来宽慰自己或者他人。而时光易逝，物是人非则是人们对历史变迁的感慨，这首诗中"江潮淘尽古今人，只有青山长不老"

则是抒发了对物是人非的感慨，旧景依旧在，山还是那座山，可是国家变迁，人士消亡终究都是变了的。

楼钥有诗《次韵六和塔秀江亭壁闲留题》："长江比愁终似少，江水能回愁不了。扁舟何日过西陵，鄮山佳处吾归老。"李后主有词"问君能有几多愁？恰似一江春水向东流"，江水连绵不断，常常被用来形容人的愁思深重，而在此诗中，楼钥却说"长江比愁终似少，江水能回愁不了"，江水终究有汇聚成海的一天，而愁思确是连绵不绝，旧愁未解而新愁又生。受现实原因的影响，诗人经过六和塔时抒发了对告老还乡、归隐山林的渴望，但同时体现出其对国家政事之忧心。

临塔而眺，每个人的感怀都有所不同。登上这座千年古塔，闭目神思，似乎隔着千年的时光与古往今来在此挥洒笔墨的文人墨客相临而立。

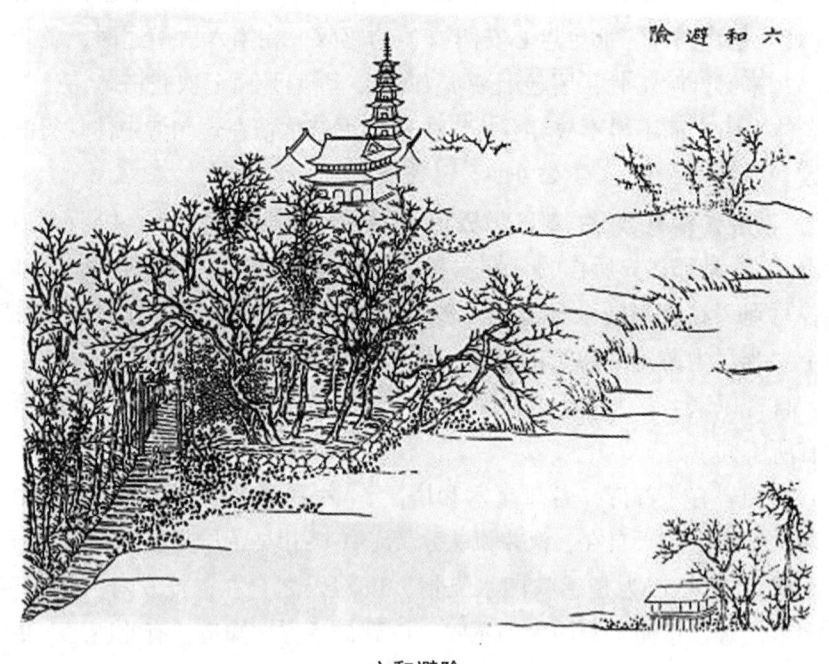

六和避险

（清·麟庆、汪春泉：《鸿雪因缘图记》，北京古籍出版社1984年影印本）

我仿佛看见延寿大师全身心投入地传授《宗镜录》，向他的弟子们讲述"禅教一致"；仿佛看见乾隆皇帝乐不可支地在塔上题诗，一次又一次地登上六和塔，而在最后一次，他喜悦的面容化成了淡淡愁绪，感慨"每来必鼓吟情勃，罢陟渐渐步力艰"；仿佛看见了重重叠叠的人影，应接不暇地登上塔顶，然后迅速地消失，只有传世的诗词证明他们来过；我仿佛看见了中秋月夜，亮如玉盘的明月照亮着波涛汹涌的江面，激起千层浪，江风袭面而来的错觉，使我身临其境感受着"十万军声半夜潮"的壮阔。

最后，睁开眼睛，俯瞰被酷暑日光映照的波光粼粼的江面，没有我所想象的一切，与之相关的只有那么寥寥几处景致而已。

若是说六和塔有什么精神，那么我想，它的存在本身就是一种精神。

最开始，六和塔在人们改造自然、追求美好生活的向往中被建造出来，蕴含了人们敢于挑战、向往美好的精神；建成之后，佛教文化渗入塔的结构中，蕴含着佛家悲天悯人的情怀；后来在历史的长河中，无数仁人志士在塔上抒发登塔之感，它便成了文人志士抒发情感的载体；而现在，塔依旧在这，作为中国古代建筑艺术的代表建筑物之一，在人文上，塔也是承接古今的一个古物。

宋朝诗人张炜有诗《题六和塔秀江亭》："浮沤世事等出没，泛梗羁人几去回。"兜兜转转，世事变迁，人去人回，六和依然在。它不仅仅是佛教文化的传承，同时也传递着登塔写诗之古人的情怀，像一位忠实的守护者，守护着他的内涵，等待着今人来挖掘，来解读。

时光碎影大码头

张兑雨

一张老照片，上有一横额，矗立在钱塘江边，上书"浙江第一码头"，相机将码头悠长岁月中的一隅"咔嚓"了下来，凝固在了黑白的画面中，曼妙女子身着旗袍，手臂上似挂着件男士大衣，端立着，等待着归家的丈夫，三三两两的商贩蜷缩着坐在几块板砖垒起的"凳子"上，头戴毡帽的行人微微弯下身，要做上一笔生意，旁边还有位男子，军官打扮，双手抱于胸前，站姿放松，想是这码头向来安宁。

后于书箧中寻觅，才知这一码头前世，再回看老照片，突然之间，静态的画面像是被赋予了生命力，我能看到女子翘首以盼的眸，轻轻跺脚的蹾，听到小贩中气十足的叫卖声，还有远方轮渡缓缓驶来"呜呜"的汽笛声，交错一处，旧人旧事旧声，无不勾起内心的遐思。

我，想去看看这"浙江第一码头"。

一 钱塘"义渡"

来到杭州快两年了，却还始终未往钱塘江边走一遭，耳畔听得的是年年钱塘水"卷起千堆雪"，惊涛拍岸之间，不知多少血肉之躯被自然的力量无情吞噬，手边阅得的是踏着亘古逶迤而来的钱塘江，又称"罗刹江"。罗刹罗刹，唇齿之间细细琢磨，眼前是奔腾而来的钱塘江水，滚滚浪潮确如手持钢叉、金刚怒目的罗刹一般，闯入了这温柔缱绻的吴越之地。

这样凶悍的钱塘江水，在没有大桥贯通的漫长岁月里，如何承载两岸百姓？南来北往是码头轮渡，浮浮沉沉，晃晃悠悠，载着风尘仆仆的人来，载着心满意足的人去。自同治三年（1864），红顶商人胡雪岩捐银建造码头起，钱塘"义渡"在杭州南星桥三廊庙落了根，一代又一代的人受惠于码头，还恩于码头。1929 年，时任浙江省政府主席的张静江题写了"浙江第一码头"的横额，"第一"两字道尽码头功德。

随着码头客运量与日俱增，拥挤不堪，遂请茅以升修筑钱塘江大桥，1937 年 9 月落成，但大桥却转眼间被战火硝烟所笼罩，"浙江第一码头"再度担起摆渡的责任，只是这时，凌乱的脚步、惶恐的眼神、推搡的人群是码头所承载的。1945 年抗战胜利，随后便是杭州解放，"浙江第一码头"如凤凰涅槃，热闹一如往昔，可由码头书写的传奇终究是在 1998 年画下了句号。

我虽成长在江南水乡，却不似闺秀，也从未见过码头，更没有乘过轮渡，白日神游之际，绘出的图景是喧嚣带着十分的烟火气，天色晦暗，钱塘江南岸的小商贩们，一根扁担，几筐货品，瘦削的肩膀，在此静候着轮渡，江风凌冽剐着满是沟壑的脸庞，粗糙的手掌像是未上釉彩的陶器不停摩挲着纤绳，直到轮渡乘着破晓的天色划开阴霾而来，便立刻挑着担子起身，扁担两头是一家的生计，扁担中间是单薄的生命，身体微微佝偻着，向着轮渡，向着江那头，向着生计亟亟而去。

进到船舱里面，众人百态，不一定全是商贩，形形色色的人跨过这喜怒无常的钱塘江水总是忐忑不安的，罗刹江的威名时常震颤在人们心头，掌舵之人的技术更是至关重要，但凡遭遇雾天、大风，也能临危不惧，但即使这钱塘江水如猛兽环伺，因着这同一班轮渡团聚在一起的人，彼此间的呼吸相互交织缠绕，平添了许多安心和慰藉，时时会有欢声笑语悠扬在这江面之上，汽笛呜呜声与之和谐共鸣，旅途或短或长，但情谊却靠着这轮渡留了下来。

如能顺利来到北岸，商贩便立即挑着货品，脚步匆匆，急忙占据有利位置，我甚至能够听到，因快步行走扁担上下晃动的吱呀声，咯吱咯吱……随后便是人人高声吆喝，一声更比一声高昂，不绝如缕，他们脸上的沟壑全都舒展开来，堆砌出一个个明亮的笑容，节俭的妇人家可能会蹲守在阵地，不厌其烦地砍价，看啊，商贩们的脸色如同含苞的菊花，纠结在一处，眉头和眼睛都搭一起了。

回过神来，对于钱塘码头，实心向往之，即使 1998 年码头的轮渡再也不为两岸人摆渡，我想总该还留着点发黄的历史足迹留待后人撷拾，梦里勾勒出的"浙江第一码头"，指引着我来到钱塘江畔，将脑海中粗糙的码头图景描绘完整。

二 码头寂寥

当日阳光微醺，人也微醺，经过公交车和地铁的漫长等待，落地是静谧扑面而来，杭州上城区钱塘江附近竟是这样的安静，散发着与主城区截然不同的气质，脚步放轻，小鹿踏尘，慢慢踱步到浙江第一码头遗址，大大的标志牌掩映在树木之间，我到了。

从六和塔俯瞰钱塘江大桥（2017年夏，丁镠音摄）

初入钱塘江畔，它再也不是史书中常常大发雷霆的钱塘江水，却如同被圈养起的温顺猫咪一般，细细呜咽着，或许也是因为没有到涨潮的季节，但这四四方方、高高垒起的拦坝让钱塘江水连困兽之斗都是枉然，一匹横冲直撞的野兽在人类的生命力之下偃旗息鼓。

随后率先闯入眼前的是复兴大桥，两岸景致，阔朗江面，由这座大桥架起，也被这座大桥所遮挡，它裹挟着工业文明的汽油味、烟尘味，汽车飞驰于上，让人眼花缭乱，心思骤然浮躁起来，我总觉得少了点什么。视线下移，钱塘江边的拦坝上绘着许多图案，或是讲述钱塘江潮的汹涌危险，或是介绍钱塘江边的六和塔、南宋皇城遗址，还有许许多多，七零八碎，可我还是觉得少了点什么……

再往前走，江边有很多鱼竿倚靠在拦坝上，也不用捕鱼人时时握牢着，安置好之后就可以找寻一方阴凉地或是搭起蓬伞稍作休息了，可这样垂钓总归少了一点怡然自得、随遇而安的乐趣了。从复兴大桥一路走来，看见大大小小的码头，我却不敢承认那是我梦里的钱塘码头，它怎么会变得如此彻底呢？一道道铁闸门冷漠地摧毁着自己的幻想，寂寥无人问津的码头与头顶上呼啸声阵阵的钱塘桥格格不入，我怀着古而来，却被今打击个彻底。

如今的中国海事与游轮码头

却也不信这个邪，我继续从复兴大桥往前走，仍是一排排的鱼竿，一幅幅循环往复的墙绘，无望地行走，捕鱼人往江面甩下的鱼线弹跳而上，好像勒在了我的脖子上，圈圈缠绕，慢慢收紧，偶尔也能够看到江面上一艘艘行驶的轮船，旁边的人漫不经心地抛下一句："都是载货的船了，现在的轮渡哪还载人啊！"是啊，现在的船，哪还载人啊……

我止步回头，看着身后隐然在雾气中的复兴大桥，又转身向前，钱塘江大桥已紧逼而来，倏忽中，意识到自己就如这循环的墙绘一样，绵延那么长，走了那么久，不过是在原地打转罢了，此时此刻被两座桥合力包围，我想冲破这现代文明的枷锁，却发现梦里、现实都是戴着镣铐起舞，连呐喊也无声，像个愤青一般，颓然。

但梦里的钱塘码头是那么美好啊，即使历史的图景已被现实冲刷殆尽，连断壁残垣都不曾留下半分，但总有人的记忆里会留下钱塘码头的残影，留待后人唤醒，80年代那个繁荣美好的"浙江第一码头"在他们的言语诉说之中跃然眼前，而且早已经岁月刀刻斧凿过后的钱塘码头也会因为这一点记忆稍稍缀上一丝温暖的色彩。

启程，寻觅钱塘人。

三　江岸人家

钱塘江畔观光小憩的人，大多是中年人，恰在码头最繁荣之际出生，等开始记事，码头却已衰败，留下的印象也只是寥寥，后终与一位年长者在钱塘江攀谈，老人家衬衫短袖，西装裤，踏一双皮鞋，在大多以休闲装扮为主的人群中显得特别亮眼，他今年70岁，精神矍铄得很，自小就生活在钱塘江边上，是一老钱塘人。

他说那个时候我们所站的位置还都是沙滩，拦坝也是近几年才建好的，"浙江第一码头"原先也不在这，那个时候的码头真热闹啊，商贩聚在一起高声吆喝，卖萧山的萝卜干、霉干菜，这边的起价高啊，所以都涌到江对岸来。老人家作为家中长子经常会带着弟弟妹妹跑来码头凑凑热闹，他说我们这辈人经历了最苦的日子，但日子再苦，总要学会寻找快乐，找个盼头，即使那时囊中羞涩，也要在这喧闹声中滚上一滚，活出点人气儿。

80年代的码头摆渡着两岸人家，载来的是生活的希望。

走走停停，来到了钱塘江边的几个老小区内，十亩田家园中有一凉亭藏匿于树荫之中，几位奶奶兴致勃勃地搓麻将，还有一位奶奶乘着凉风习习，惬意地躺倒在木椅上，她今年80岁了，姓安，抗战时候母亲带着她四处奔波，最终在杭州定居了下来，此后的生活毫无疑问是困难的，那时的"浙江第一码头"对于安奶奶来说只是阵阵喧闹吆喝声罢了。

和着尘世的喧嚣，她或是燃着洋蜡烛眯着眼缝补衣物，或是怀着孕挑着两担子水来来往往，生活给予她的重担，连听到码头的热闹都是一种奢侈，但仅仅是安奶奶所描绘的能听到的热闹，已使我浮想联翩——是戏子在露天搭起的戏台里唱念做打，拢袖展袍之间端的是风韵十足，锣鼓咚咚锵锵，二胡咿咿呀呀，是精忠报国的沙场将士，是缠绵悱恻的爱情故事，梁山伯与祝英台该是常唱的戏本了吧。

码头这边在唱戏，那边还在吆喝着卖东西，雅俗之间，是风华正茂的钱塘码头。

后来，亭子里又来了一个老爷爷，今年74岁，祖籍绍兴，后被生父送到杭州富阳与养父一起生活，搬到杭州钱塘江边已经有30多年了，爷爷一辈子务农，踏实勤劳，回富阳老家搭乘过很多次轮渡，对于码头就像回家一样，那时候的码头不光有商贩、唱戏的人，还会有庙会，八月十五闹元宵，中秋节、国庆节都会有活动，还有舞龙舞狮，小小一个码头，还真是一方乐土。

或许年轻时候的爷爷会在中秋临近之际问上爱人一句："要中秋了，码头走吗？"奶奶回一字"好"，便一同漫步在钱塘江边，爷爷在前头领着，奶奶在后头迈着碎步跟着，规规矩矩，两人之间的空隙被码头的喧嚣所填满，奶奶的眼中盛着满满的好奇，蹲着的商贩稍稍起身，想拉住流连的奶奶趁机售卖货品。

南岸的萝卜干、霉干菜不消说，还有鸡毛鸭毛，是做鸡毛掸子的原材料，对于北岸的人家来说，这算是新奇又显身份的小物件，还有那戏台上的小生袖子一挥，花旦袅袅婷婷一作揖，庙会里面算命的卜卦的，神神道道，鱼龙混杂，吃的飘香四溢，玩的花样百出，务农一天的爷爷在此时偷得浮生半日闲，做工的奶奶也是如此，这以后，便时常期盼着节日的脚步。

码头永远在闹，生活的脉搏便永不停歇地跳动，那时候的人们对于节日的情愫便是这样积累起来的吧。

堪堪十亩田，将许多钱塘老人聚在一处，走出十亩田家园，弯弯绕绕后来到了复兴南苑，进门便见许多老人家谈天，戴着眼镜看报纸，瘦瘦小小的老人家双手紧紧攥着大面的报纸，微微向前伸着脖子，聚精会神，活到老，学到老，还有的享受着含饴弄孙的喜悦。

我来到了一个老爷爷跟前，他正襟危坐，腰间别着音乐播放器，似与旁边妇人的叽叽喳喳隔着层结界。老人家今年75岁，经历异常丰富，许是身为家中老幺，并没有承受太大压力，老爷爷早早从学堂中走出来，四处闯荡，上过少林寺，做过入殓师，后来才安定下来在工厂做工，老人家颇为博学，什么都知道一点。

月轮山下弦歌声——之江大学旧址（2017年夏，丁镠音摄）

问及"浙江第一码头"，他也是常客，因为母亲的坟在钱塘江对岸，常常要乘着轮渡去萧山祭拜母亲，那个时候的江对岸是一片荒芜啊，只有几座零零星星的茅草房子，而如今高楼耸立，他都不敢认，江这头也是啊，没有拦坝的时候，我们所处的地方钱塘江潮直接会扑到你眼前。

码头对于爷爷来说，是通往逝去亲人坟冢的起点，轮渡在某些时候联结了生与死的交往。

四位老人家，每一位都与"浙江第一码头"有着或深或浅的缘分，那不绝如缕的吆喝声仿佛近在耳畔，他们怀念过去热闹的码头，那是钱塘码头最为繁华鼎盛的时候，但是却更感激当下的生活，即使钱塘两岸早已失去旧时模样，即使钱塘码头已不再人声鼎沸，摆渡两岸人家，即使钱塘大桥汽车轰鸣，远处高楼层叠，他们仍频频赞叹今日的生活，以前一个月的平均工资只有24元钱，现在退休工资都是几千元了，以前日子多苦啊，现在大变样了，是从几毛钱都要斤斤计较到如今花都花不掉的喜悦满足。

听及此，有些恍惚，却也释然了，对于这一辈老人家来说，历史的滋味是苦涩的，从码头到大桥，是在他们的人生中酿进蜜糖，现实才是最好的境况。

　　我也曾愤慨现代工业文明将历史的钱塘码头抹得一干二净，却在老人家的叙述中感受到时代变迁下码头消逝的必然。那个时候，码头从无到有，码头代表着一种进步，它让隔绝的两岸人稍稍便利地交往，后来随着茅以升建造钱塘江大桥，桥一座座地多了起来，桥是一种进步，它让原本需要好几个小时的路程变为一个小时甚至更短，南北两岸人家愈加融合，不分彼此。

　　"浙江第一码头"确实已经褪去了昔日繁荣的色彩，1998年，它卸下了历史的重担，悄然退出历史舞台，风云变幻到今朝，如今，政府决定重新启用"浙江第一码头"，轮渡或有望重新载起钱塘两岸的客人，我想，从历史到现实，一切都是来得刚刚好，码头没有迟到，桥也不会迟到，发展也一直都在路上。

薪火相传庆余堂

陈 竹

杭州向来不缺中医药馆，无论是《白蛇传》中许仙当学徒所在的宝芝堂，还是已有300余年历史，成为中国最古老的国药馆之一的方回春堂，都静静地隐立于杭州的街巷。说起来，我酷爱一切"老旧"的事物，厚重的历史感和其背后传承的信仰使我心向往之。在杭州，我总徘徊于老街，找寻过去的痕迹，体悟旧时的传承。

每年总会去几次河坊街，却一直不敢直视胡庆余堂，它之于我，总有一种饱经沧桑的淡然，"雨涤江南柳巷深，当年故事任浮沉"，轻描淡写间，就已尘埃落定。正是这种气质和风度，我无法用一种走马观花式的嬉笑态度去深入，不敢有丝毫亵渎。

时至今日，终于鼓起勇气，带着虔诚和谦卑，我开始了这场岁月之旅。

一　积善庆余

迎着烈阳，这时的杭州依然充斥着夏日的余热，踏上这条老街，我并未撑伞，慢慢踱步到那写有七个楷体大字"胡庆余堂国药号"的雪白墙处，这是章其炎先生在"文革"之后倾力书写的。抬头望去，只一眼，其中的意味便已明了。细嗅此处，便发觉满鼻充斥着浓郁的草药香。算来，这草药香已然浓郁了三个世纪。

建造之初，其已具备了"天时、地利、人和"。吴山脚下，西湖南面，名胜古迹众多；吴山之上，药王庙在此，香客众多；其大井巷却是去往吴山的必经之路，人来人往，摩肩接踵。胡庆余堂的设计更是遵循阴阳五行风水之理，精心策划，独具匠心，合乎中药健康长寿之意。胡雪岩虽创办药号，却不识药理，好在胡向来知人善任，他从江苏松江县请来余修初负责胡庆余堂。桩桩件件,无不妥帖仔细,谨慎安排。

药店正中悬挂着的庆余堂匾额和胡雪岩像

都说文如其名,名字就是一家店的名片,名号取得如何在一定程度上决定了一家店给人的最初印象。"胡"取自《诗经》中"不吴不敖,胡考之休"的长寿之意;"庆"则暗含福意;"余"源于李白诗中"城荒古迹余"中遗留之意;合起来便是"积善人家庆有余"之意,既契合了胡之姓氏,又与医药馆内在的精神特质相称,一语双关,别出心裁,颇具品位。

偶来考古,胡庆余堂建立之缘由向来众说纷纭,是利益纷争、政治资本,抑或是儿女私情,不过博时人一笑罢了,历史风尘无端消散,胡庆余堂由来不必深究。但时至今日,它并未被湮没,传承百年,不得不使人心向往之。

二　民忧纾难

不错,它是一家普通的医药馆,但在历史上已然成为中华民族在时代洪流裹挟下的一方文化缩影。

绩溪县华阳镇文昌殿胡雪岩纪念馆（2019 年春摄）

"红顶商人"胡雪岩生于贫寒，起于微末，白手起家，家累万金，功成名就。都说商人重利，胡雪岩则深谙"月满则亏，水满则溢"之理，对于公益事业向来鼎力相助。彼时正值清朝末年，战乱频生，大量难民涌入杭州，瘟疫横行，民不聊生。然而生逢乱世，衣不蔽体，何来银钱看病。胡雪岩在事业鼎盛之时花数十万两白银做开办药业这种吃力不讨好的赔本买卖，在同治十三年（1874）开创胡庆余堂雪记药号，邀请名医研究"胡氏辟瘟丹""诸葛行军散""八宝红灵丹"等药，免费向各界发放，并寄送到曾国藩、左宗棠军营中。胡庆余堂在诸多助力下一跃成为天下闻名的药号。"天下药店二家半""北有同仁堂，南有庆余堂"等诸多俚语道出了胡庆余堂当世之盛。不仅各界对其评价颇高，而且在另一种层面上也稳住了这层看似薄弱的"政商关系"。

自古官商不分家，到近代尤甚，胡雪岩的发家史离不开王有龄的提拔和左宗棠的支持，在几十年的交往中，他既小心翼翼地不让生意遭到权势的灼伤，又游刃有余地享受游走在权势火苗周边的温暖，若即若离。

然生逢乱世，大厦将倾，江河日下，朝不保夕，外忧内患，防不胜防。胡雪岩作为当时中国民族实业的代表，欲以一人之力与西方资本主义经济相抗，结局早已注定，这是时代改弦易辙之悲剧。胡雪岩亦是李鸿章与左宗棠政治斗争下的牺牲者，其商业帝国一顷之间覆灭，意料之外，亦是意料之中。

三　药写春秋

我年少时总在故作老成地思考：中医到底是以一种怎样的体系来运作？为何它缺乏科学依据，却在信奉科学真理的现代社会依旧蓬勃发展？直至今日，这一命题我也很难琢磨出个所以然来。

自高墙从东向西进入大井巷，即胡庆余堂的正门。说来奇怪，这正门并不是处在整个建筑的中轴线上，而是偏向北边。怀着一种庄重的心情，我走进大门，映入眼帘的并非电视剧中传统的中药柜台，而是一座不大的门厅，中间放着一块"进内交易"的招牌，往左手边长廊走去，长廊左侧设有长长一排红漆漆成的"美人靠"，憩于此处，面对的是壁上一排由银杏木精制而成的黑底金字匾牌，数了数，正好38块。每一块牌匾上都写着一剂中成药药名及主治功能：四川白银耳、关东鹿茸、十全大补丸、八仙长寿丸、人参再造丸，诸如此类，一步一匾，走上前去，小心触碰，纹路深刻，不曲不裂，古朴意味，不言而喻。

思绪飘散，纵观中国医药学，历史悠久，源远流长。身处胡庆余堂中药博物馆陈列展厅，历朝历代无不有医药名人用尽毕生所学将中医药发扬光大。

相传在黄帝时代，桐君山上有一老人，识草木金石性味，定三味药物，立医方君臣佐使理论，为"中药鼻祖"，著有《桐君采药录》，惜已亡佚。

至唐朝，有一"药王"孙思邈，尝谓人命至重，贵于千金，一方济之，德逾于此。故所著方书以"千金"名。凡诊治之诀，针灸之法，以至导引养生之术，无不周悉，犹虑有阙道，更撰"翼方"辅之。

明朝时，医药大家李时珍花费整整26年，稿凡三易，采用"目随纲举"编写体例，故以"纲目"名书，以《证类本草》为蓝本加以变革著成《本草纲目》。

此外，《内经》《神农本草经》《伤寒杂病论》等大家名著——陈列面前，历史痕迹尚在。把这些医药经典留给医学家就好，而我们只要伫立在展览窗之前，静静地看上几眼，想象大家埋首于案牍，手中轻捻几株草药并执笔详加记载，便已深受感动。

人有七苦，生、老、病、死、怨憎会、爱别离、求不得，不可避免。病痛缠身，医者从不祈求神明垂怜，而是奉行阴阳五行，类推演变，内系五腑、五体、五官、五声、七情，天人合一。万物中来，万物中去，山水草木，皆可入药，遍识药理，以此为据。看似无厘头，却饱含了中华几千年来儒、道、佛的伦理思想。显然，这是植根于中华土地上的华夏子孙才能领悟的自然哲理，不足为外人道也。

小心扶着木栏杆缓缓而下，仔细感受这里的每一处，无不带着历史的记忆。身处其中，时间仿佛永远停留在了20世纪，药香袅袅，风情依旧。不免惊叹：啊！这才是真正的老祖宗传下来的瑰宝啊，虽历经百年风霜却永葆那颗赤子之心。

四　戒欺不二

杭州遍布中医药店堂，名医、老店、秘方样样不缺，丝毫不逊色于胡庆余堂。对手诸多，能人辈出，胡庆余堂与之相较，何以脱颖而出，获得"江南药王"之称誉？

河坊街上药店可是扎堆地出现，有点约定俗成的意味。自胡庆余堂墙面往河坊街里多走几步便是北京同仁堂，是中药行业赫赫有名的老字号，历史更是早于胡庆余堂两个多世纪。同仁堂自雍正元年（1723）起正式供奉清皇宫御药房用药，长达188年，向来恪守古训"炮制虽繁不敢省人工，品味虽贵必不敢减物力"。再多走几步又是一家老字号药店方回春堂国药号，创于清顺治六年（1649），创始人方清怡出身于杭州中医药世家，精通医理药理，奉行"许可赚钱，不许卖假"。穿过狭窄的后市街，不远便是万承志堂，向来奉行"真"之一字："做药务真，不得欺客；行医务正，不得欺世。"在河坊街众多杭州的老药铺里，胡庆余堂可算是比较年轻的小字辈，但胡庆余堂的规模和影响却是最大的。

我百思不得其解，历史不可追，折中之下，尾随其后，采访了从胡庆余堂刚就诊完的几个杭州病人。他们的答案竟出奇的一致，胡庆余堂名声响亮、不仅靠的是历史悠久、医生医术出众、服务贴心到位，更重要的是其所售药材一律是最好的，产地明确，质量保证。大多数病人并不是第一次来此就诊，而是在此就诊有一段时日，颇为满意。我也曾冒昧询问，对比其他老字号药店，胡庆余堂有何独特之处，受访之人一时语塞，怔然一刻，豁然开朗，原来胡庆余堂真正打动人的是它总能清楚病人真正的需求，对症下药，名医虽多，可贴心之人却少。

追本溯源，胡庆余堂百年来历经沧桑，长存兴盛，固然有地利及建筑方面之优势，但其长远发展是由于特有的传统技艺和内在的精神特质支撑。

药店遇到的真正的困难大多是口碑问题。世人都道：打江山容易守江山难，因此，怎样立住口碑继而传承百年才是关键。不妨说，胡庆余堂真正的历史，始于有口皆碑之时。胡庆余堂自来尊古炮制，凡学徒进门三年，必先学"炮制"，因此一些特殊中药制剂的传统技能经过师徒代代相传就此延续。而且胡雪岩继承了南宋太平惠民和剂局方，并保存了一批民间的古方秘方。这样一来，胡庆余堂凸显了自身存在的意义，稍稍有些竞争力了，但这远远不够。一家老字号药号没有点"真本事"傍身，可早就无立足之处了。胡庆余堂自成立之初便强调"戒欺"二字，戒欺、戒欺，药业关系性命，尤为万不可欺。时至今日，营业厅上依旧悬挂胡雪岩所书"戒欺"匾。

乍一看，"戒欺"二字与其他老字号药号并没有什么太大不同，其难能可贵之处在于由这二字衍生出的"采办务真""精制务精""真不二价"等传统。最令人称道之处便是"是乃仁术"这一箴言，胡庆余堂门楼上至今还保留着胡雪岩所立"是乃仁术"四个大字。这四字出自《孟

营业厅处悬挂的"戒欺"匾

子·梁惠王上》:"医者,是乃仁术也。"百年来,胡庆余堂恪守"戒欺"二字,医者仁心,在漫长历史中守得住寂寞精心制药,拯救了他人,也成就了自我。以上这些说法并不是一种道德绑架,而是中华五千年来一脉相承的道德规范。无奈,英雄难免落寞,美人总会迟暮。利益当头,尊重生命成了一句空话,药品造假事件层出不穷,无一不昭示着开放市场的浪潮之下道德的沦丧和人性的泯灭。但须谨记,"修合无人见,诚心有天知",胡庆余堂坚守本心,恪守祖训,为的无非是"诚信"二字,这不仅超越了中医药的范畴,更契合了当代文化产业发展先声。

对于一个民族而言,传统文化的丧失是时代发展不可避免的,而内在精神的消散则更为可怕。不可否认,我们这一代是现代文明的创造者,但从遗传基因上考察又无可逃遁地承袭了中华传统精神,因此我们面对现代文化扩张自有一番风骨。这种精神是胡庆余堂乃至整个中华民族的"根"与"魂",置身于"戒欺"匾之前,我放慢呼吸,扪心自问:现在还能感受到骨子里的精神基因吗?

五　初心不忘

胡庆余堂饱受战火侵扰，终于走到了现代社会。什么事情一关乎"改革"二字，总会联想唐僧四人为取真经而历经"九九八十一难"之苦。无论怎样，这家百年老字号开始了自己新的发展历程。

胡庆余堂向来不固步自封于昔日荣光，因此才能在历史岁月变换中传承并发展。在现代化革命的浪潮下，如何走好中医药现代化之路，实现传统文化与现代理念的结合，是摆在每个老字号面前的难题。纵观胡庆余堂整个发展历史，虽然外表上是一间中药老铺，但其经营权几经转手，辗转沉浮，依旧不变的是胡庆余堂营业大厅上高高挂着的"戒欺"牌匾，这是中式企业在发展中不变的初心。"戒欺"二字，代表着一种朴素商业精神的回归，这不是一种商业营销的噱头，而是真正地刻入了每个胡庆余堂工作人员以及管理阶层的心中。

我偶然从过路人口中得知，在"非典"时期，无良药商为牟取暴利在背后囤积居奇，导致大量的金银花涨价。当时负债累累的胡庆余堂依旧坚持"戒欺"二字，金银花进价虽高，但依旧原价出售，虽亏了不少，却使当时杭州人真真正正意识到胡庆余堂历经百年沧桑却仍不忘其初心。

"凡百贸易，均着不得欺，药业关系性命，尤为万不可欺。余存心济世，誓不以劣品弋取厚利，惟愿诸君心余之心，采办务真，修制务精，不至欺予以欺世人，是则造福冥冥，谓诸君之善为余谋也可，谓诸君之善自为谋亦可。"已经成为胡庆余堂乃至杭州整个中医药行业的箴言。

时至今日，胡庆余堂的经营范围涉及药材种植、饮片加工、药酒生产、成药制造、药店连锁、医疗科研、药膳保健、中药门诊、电子商务等方面，实现了现代转型之路。胡庆余堂虽只是一间中医药老字号，只有历经不断地创新才能在这瞬息万变的现代社会中生存壮大。

胡庆余堂在与时代接轨的路上虽然花费了10年时间，但带给中医药行业的不仅是利益，更是守护了中医药在时代潮流冲击下那份不变的初心。与其他企业不同的是，胡庆余堂不仅局限于扩大自身规模，立好自身口碑，更深层次来讲，胡庆余堂更是在放大企业的品牌外延和文化张力。

经济数值只能反映企业的盈利情况，而创造的文化价值却能够穿越岁月，永留后世，薪火相传！

跌宕人生胡雪岩

叶雨涵

为官须看《曾国藩》，为商必读《胡雪岩》。

此刻的我正面对着书桌前的历史书发呆，薄薄的书页被风吹动，上面三言两语述尽胡雪岩的一生，若是出身寒门，白手起家，一路打拼成为人人艳羡、富可敌国的"红顶商人"，真如书本上那几行字讲得那么轻松，那他的人生不会如此跌宕起伏，最终惨淡收尾。

可惜往事早已随风散尽，深埋于泥土中，历史的车轮碾过，只留下一声声叹息……

一　初入商海

196年前的一天，徽州府绩溪县胡里村一户人家里，一个婴孩呱呱坠地。当时没有人能料到他会成为清末最有名的"红顶商人"，但有一点可以肯定——他一定会成为商人。

徽州自古便是"八分半山一分水，半分农田和庄园"，山地丘陵起伏，宜于耕种的土地本就不多，土壤贫瘠更是导致产粮减少。人多地少的情况下，徽州人不得不外出经商，以贴补家用。徽州有谚语云："前世不修，生在徽州。十三四岁，往外一丢。"徽州人丢出去的不是家里的孩子，而是生存的希望，是盼望着孩子学会谋生的本领，盼望着孩子经商有道，致富返乡。

清道光十五年（1835），12岁的放牛娃胡雪岩看着在山坡上正悠闲吃草的牛，心里惦记的不过是晚上的饭食。天边的落日照射着云彩，镶上了一层金边，不一会儿天色完全暗了下来，饥肠辘辘的胡雪岩结束了放牛的一天，像往常一样归家。这一天有一个平常的开始，却不愿就此平常地结束。还没走到家，胡雪岩就得知父亲胡鹿泉去世的消息，连忙飞奔回家，看到放声大哭的家人，他不知所措地站在原地，一种叫悲伤的情绪从心底涌向全身，泪珠在眼眶打了个转，啪啪地落了下来，看着门外漆黑的天，他觉得自己生活的天也顷刻间暗了下来。

"前世不修今世修，苏杭不生生徽州；十三四岁少年时，告别亲人跑码头。"胡雪岩嘴里念着从小就耳熟能详的童谣，13岁的他就这样告别了贫苦的家人，告别了这片生养他的土地，去往童谣里的"苏杭"打拼。离开是为了归来！离别时的他在心中种下一颗发奋图强的种子。

钱塘江水在月光的抚摸下泛起点点星光，与黑夜中的几颗星子互诉衷肠。一叶扁舟在宽阔的江面航行，浮沉间似乎一个小浪就能将它吞没。船夫看向站在船头眺望远方的少年，他略显单薄的身影在夜风的吹拂下更显寂寥，船夫的眼神中透露出怜惜又无可奈何的复杂情绪，这样的离家少年他见了太多，但仍免不了神伤一番，自己也是日夜奔波的劳碌命，谁又能可怜谁呢。船夫的一声叹息随着夜里的冷风旋即消散，船橹声远，天地间只剩清冷的水声。

顺着钱塘江来到杭州的胡雪岩开始在一家钱庄当学徒，学徒是所有徽商共同的起点。站在这个位置上的人起初并无差别，但胡雪岩的勤奋、踏实成为他奔跑的助力。他在这条顺遂却似乎永无休止的路上日复一日地奔跑，终于看到了另一种可能性——王有龄。

胡雪岩与王有龄的结识有多种说法，最为人所知的是"捐官说"，但真实性有待考证。更令人信服的说法是"天道酬勤说"。胡雪岩因办事勤奋、机敏，受到阜康钱庄于老板的赏识，由于老板无子，死后便将钱庄交到胡雪岩手里。咸丰元年（1851），王有龄任湖州知府时，胡雪岩经过朋友搭线，结识了王有龄。从此，两人便互相倚重，王有龄仕途通达，不断高升，胡雪岩经商顺利，生意越做越大。到咸丰十年（1860）王有龄升任浙江巡抚时，胡雪岩受命办理采办军火、军饷，综理漕运等重任，将大量税款存于阜康钱庄中，钱庄的周转资金翻了几倍。有此资本，胡雪岩又开了许多店铺，从事各种贸易活动，商业帝国的基石已然建好。

但是天不由人，彼时正是清末内忧外患之际。太平天国于咸丰十一年（1861）进攻杭州，胡、王二人通力镇压，却奈何粮草不足，后无援兵，不敌太平军的强大攻势。杭州城沦陷，身为浙江巡抚的王有龄在城破之时自缢身亡，胡雪岩因此失去了最亲密的朋友，也失去了最得力的靠山。

二　盛极而衰

也许是胡雪岩势不该绝，命中多贵，接任浙江巡抚的左宗棠很快成了他新的靠山。在此之前，胡雪岩曾以粮草和军饷解了左宗棠平定太平军的燃眉之急，初步取得了左宗棠的信任。此后更是专为左宗棠筹办军饷、军火之务，阜康钱庄也在湘军势力的庇护下，开设了20余家。在他们二人的合作下，官商结合发挥了它的最佳效果。

在左宗棠的帮助下，胡雪岩经商如鱼得水，短短几年，家产已过千万，而左宗棠也在胡雪岩的资金支持下办成了仕途中的几件大事：第一件是在1866年，胡雪岩协助左宗棠在福州创办了中国第一家新式造船厂——"福州船政局"，这是中国近代最重要的军舰基地，成为洋务运动中浓墨重彩的一笔，在后来更是成为远东最大的造船厂。第二件是在1876年，阿古柏的势力在新疆不断壮大，清政府派左宗棠出征新疆。但此时的国库已成摆设，虽知收复新疆势在必行，但却无银可拨，左宗棠绝望地认为西征收复新疆"将如海市蜃楼，转眼随风变灭矣"，但胡雪岩的出现解了西征军的燃眉之急。胡雪岩以江苏、浙江、广东等地的海关收入作担保，和洋行谈成了借款之事，使西征收复新疆没了后顾之忧。

光绪七年（1881），是胡雪岩一生的巅峰时刻。因协助收复新疆有功，胡雪岩被授予布政使衔，赏穿黄马褂、官帽可戴二品红色顶戴，并总办"四省公库"。来胡宅道贺之人络绎不绝，府邸亦随着主人的显赫而变得熠熠生辉。

好景不长，许是上天发觉偏爱了胡雪岩太多，胡雪岩的商业帝国崩塌了。

光绪八年（1882），胡雪岩大量收购生丝，想要在和外商的生丝贸易中占据定价话语权，为同行争得更多的利益。但一面是外商的联合抵制，一面又恰逢国际生丝大丰收，市场局面突变，金融危机爆发，胡雪岩被迫贱卖生丝，亏耗无数。

俗话说："福无双至，祸不单行。"生丝生意失利导致资金流通困难，急需用钱之时，朝廷给洋行的西征还款亦未到位，因左宗棠的政敌李鸿章的指示，收缴上来的海关税款被邵友濂扣留，还款迟迟不达。无奈之下，胡雪岩只好拿出钱庄的资金先还给洋行。胡雪岩将这一情况在电报里告诉了左宗棠，但李鸿章一派的商人盛宣怀此时已然掌控了全国的电报业。这边胡雪岩的电报刚一发出，盛宣怀随即就放出了"阜康钱庄即将倒闭"的谣言，造成钱庄柜台挤兑风潮。

胡雪岩故居中的画像

胡雪岩一边变卖资产，一边请求左宗棠的帮助，但此刻论谁都已无力回天，资金链的断裂导致各地的阜康钱庄纷纷倒闭，灾难也还远远没有结束。不知怎的，胡雪岩在帮朝廷向洋行借西征军款时多报利息，从中谋利的消息传到了慈禧太后的耳朵里，慈禧太后大怒，下旨将胡雪岩革职抄家。

胡雪岩的一生到这里已然跌到了深渊，眼睁睁地看着钱庄招牌被拆下，看着千金一夜散尽，看着自己苦心经营的一切顷刻间化为乌有，他想起了少年离开家乡，行船于钱塘江的那个月夜，突然觉得自己就像那叶扁舟，在钱塘江里浮浮沉沉，如今也是不慎触礁，一沉沉到了底。人本是赤条条来到世上，现在终归是要赤条条地去了，在这世上走一遭，倒是什么都没留下。千金巨贾一昔沦为白衣赤贫，花重金打造的胡宅早已变卖，颤抖着在房屋契约上按下手印，又颤巍巍揣进袖兜。

世间万种浮沉事，唯经商最为大起大落。弥留之际，他将家人叫到身边，想到一家子遭受的大起大落，眼神中满含悲戚，双手颤抖着想抚摸儿子的脸庞，却是怎么也抬不起来，只能在嘴里反复念着"白老虎可怕，白老虎可怕，碰不得，碰不得啊……"

三　探访胡府

在历史发展过程中，人永远渺小如尘埃，无论生前多么富贵显赫，到最后都只剩得一抔黄土，消逝在天地间。世人皆知胡雪岩是清末出了名的"红顶商人"，显赫一时。但他晚景惨淡，在历史上留下寥寥几笔，只有在提及近代民族资本主义的发展时才会有他的名字。我对胡雪岩的一生百感交集。有着对他满腹经商智慧的钦佩，有着对他盛极一时、财倾半壁的艳羡，有着对他商业帝国顷刻崩塌的惊愕，而最多的，还是对他浮沉一生的感慨。

昔人已去，故居犹在。胡雪岩故居位于元宝街18号，北临望江路，不远处的河坊街上是胡雪岩创立的胡庆余堂国药号，几公里外便是胡雪岩曾与民为善，在钱塘江边建的义渡码头（现被称为"浙江第一码头"）。故居始建清同治十一年（1872），据说建造宅子时西北角有一理发铺，主人不愿将此地转让给胡雪岩，他也不愿强逼，因此胡宅的西北角缺了一块。有闲话说，正是因为少了西北角，破坏了风水，才导致了胡雪岩的结局惨淡。也不知是否当真应了风水之说，胡雪岩在此居住不满10年便顷刻间从巅峰跌落。

初秋的早晨凉意渐渐，秋风穿透单薄的衫，轻柔地贴着皮肤转了个圈，又悄悄地撩起耳边的发丝，在风中摇曳。

在前往元宝街的路上，几个老奶奶也是早早起了床，她们大概已是买菜归来，一路说笑间讨论着谁家新添了孙子，谁家今晚的团圆宴该琢磨什么菜色，又有谁家孩子读书可有出息，正在读研究生，活像是赶上了全天下的热闹。一旁小店门口的大爷则坐在竹椅上悠闲地晃着蒲扇，看着来来往往的行人，仿佛身于闹市而又与世隔绝，以旁观的姿态看光阴缓缓。

游人如织，车水马龙。因着国庆假期，这里也平添了几分热闹，百年前的元宝街也应当是这般热闹景象：旁边居住的人家得了闲，抱着孩子出门转悠，幼小的孩童立马被商贩手中的糖葫芦吸引，吵闹着"要吃，要吃"；三两孩童在巷子里玩捉迷藏，先藏好的孩童正在巷口探出头，张望同伴寻来了没有；老妪佝偻着身子慢行，侧过身走了两步，为一顶晃悠着路过的轿辇让行，抬轿的轿夫踏过我脚下的这块砖，发出熟悉的砖石松动的声响，风吹起轿帘一角，胡雪岩神色稍倦，大概又是在去往洽谈生意的路上……回过神来，眼前是一片与周围高楼大厦截然不同的青瓦白墙，这里的时间似乎是被建筑师的巧手定格在了 19 世纪 80 年代，我知道，我的目的地到了。

初次造访胡府，一切都是新奇。随着小路往前走，忽见一露天卖票处，询问才知是胡雪岩故居的门票售卖点，因假期游客增多，所以在此亦设一售票点，以减轻人流量过多的压力。我心想着寻那正门还费力，便就近购票入了园中。

之后，我只觉得自己像一只莽撞的小鹿，东撞西撞地进入了一片密林，不知自己身在何处。我努力翻看门票背后印着的地图，想要找出一条合适的参观路线，奈何半天也没看出个所以然来，只好随处观走。

先看到的是一汪碧水。站在桥上望着水面，一大群鱼儿畅游其中，阳光照在水面，波光粼粼中像是鱼儿的鳞片都镶了钻石，散发着耀眼的光芒。游客喂食不断，鱼儿欢腾着抢食那一星半点的面包块，其中有一条体形较大的黑鱼，比大多数鱼儿大了两倍有余，却游得缓慢，怡然自得，颇有些嫌弃喧闹拥挤、潇洒脱然之意。

穿过桥就可以在亭中休息片刻。亭梁上挂了几盏红灯笼，上面是瞩目的"胡府"二字。遥想当年胡宅建好之时，庭院之中也挂满写着"胡府"的灯笼，望去一片红火，彼时宦场商海皆得意的胡雪岩与妻妾、儿女一同在亭中休息，看着鱼儿嬉戏，假山流水，亭台楼榭，一派和谐景象。

虽说是"清末中国巨商第一豪宅"，但园林景观在外行人看来也总是大同小异，要说最为特别的，就是这人工溶洞。若是没有后期修建的地灯打光，溶洞应是漆黑无比，穿梭其间时四通八达，甚是有趣。溶洞中有一口井，名曰"铁丹井"，还有一些不知何意的壁刻。正当我努力认字时，一家人从身边经过，我赶忙为他们让道。小男孩拖着母亲的手一个劲儿地往前冲，像是个勇敢的小英雄想要探索更加黑暗的深处，父亲则是一路跟着母子身后，守护着他们的安全。

许是灯光太暗，许是思绪缥缈，恍惚间竟像是听到了胡雪岩妻儿在此玩闹的声音："慢点儿跑呀，我的儿哟，你等下摔着了，爹爹回来可是要训斥的。"是江南女子柔软的声调；回应她的则是稚嫩的声音："知道啦，知道啦，娘，你快些走。"胡雪岩会训斥他贪玩的孩子吗？他会在闲暇时和妻儿一同玩耍吗？他是否也期待着安度晚年，享天伦之乐呢？看着走出溶洞的那家人，一串问题涌上心头，却随着一股吹进溶洞的风消散远去，无人作答。

拾级而上，我又依次参观了假山上的冷香院、芸锦堂、影怜院。站在高处看着对面的延碧堂前临水的戏台，熙熙攘攘的人群挤在一起，或拍照，或欣赏。他们也许并不知道胡雪岩的人生故事，也不知道这戏台曾唱过哪些剧目。百年过后，此处热闹如旧，但走过的人一茬换了一茬，早已物是人非。

"来，这边走，脚下小心。我们现在来到的啊，就是芝园。"远处传来扩音器的声音，是一位讲解员正耐心讲解。凑近听了介绍，才发现不知不觉中我已身处胡雪岩请来无数设计师，匠心独造的"芝园"。望着这典型的江南园林，每走一步，放眼望去皆是景，碧水涟漪，郁郁葱葱，映衬着木质的楼台和透蓝的窗，此刻我才真正理解了何为"移步换景"。

接下来跟着讲解员一同参观，少了误打误撞的乐趣，却多了一份从容。胡府的设计极为讲究，总共分为三个区域，刚刚误入的"芝园"是西边的休闲区，中间主要是接待区，东边是生活区。

胡宅的正门是一扇极为低调的杭派石库门，在周围高达近10米的白墙对比下，万万看不出这就是晚清富豪胡雪岩的故居，颇有"深藏不露"之意。从正门进入是轿厅，大门左侧停放着两顶官轿，做工精良，雕刻极为精致，目光被正上方的匾额吸引，写着"勉善成荣"四字，是同治皇帝亲笔所书，其中"善"字少写两点，取"善事做得再多也少两点"之意。

大门左右两侧各有两块匾额，从左至右依次是"乐善好施""奉扬仁

胡雪岩故居的牌匾

风""承天恩赐""经商有道",厅柱上刻有楹联两副,由外及内分别是"存一片好心愿举世无灾无难,做百般善事要大家利民利人"和"传家有道惟存厚,处事无奇但率真",无论是匾额内容,还是楹联所书,都能看出胡雪岩在世时的为人、经商之道。

穿过照厅,就是位于府邸中央位置的百狮楼。这是胡雪岩的正配夫人和胡母居住的地方,用料极为考究,雕梁画栋,极尽奢华。让母亲住在整座宅子的正中央,可见胡雪岩的孝心。胡宅的建筑用的均是上好的木材,铜部件也是从国外进口,砖雕、堆塑更是精妙绝伦,听着讲解才知道眼前这些物件儿的珍奇,一边对自己的无知哑然失笑,一边感叹着胡宅的膏粱文绣。

东区的建筑群是胡府的主要生活区。有子女居住的清雅堂,不受宠的姨太太们合居的和乐堂,受宠的姨太太则住独栋,如全部用金丝楠木打造的载福堂,就是最受宠的螺蛳太太居住的地方。

在和乐堂一个不起眼的用人房里,藏着一个地道,通向的是胡雪岩的金库,可谓是"最危险的地方就是最安全的地方",但如此隐秘的藏金屋还是留不住他的万贯家财。

逛了一圈下来,若说胡宅最新奇的物件儿,当属胡宅院落里摆放的蓄水缸，和居室内安装的德律风短程通话装置。初见水缸时，因贴壁的铜管道连接着房顶，于是猜水缸的用处是积蓄屋顶雨水，竟没想到这还是消防装置。说到消防，就不得不提一句胡宅用于防火的墙了。木质建筑最怕的就是火，若真着了火，最怕的就是火烧连营，因此在建筑与建筑之间设砖墙成了必要之举。胡宅的砖墙修得甚是仔细，一处不落。这也使初入胡宅的游客仿若是进了一座大迷宫，九曲迂回，转个弯儿就不知是到了哪里。

生活在胡宅的太太们虽已熟知胡宅的布局，不会迷路，但若是让她们下楼走两步路唤佣人来服侍，却也是万万不愿的。因为在建造胡宅之初，胡雪岩就在所有的居室里都装了德律风，连接着太太们和佣人的房间，若是有什么事，对着它说一声，命令随着铜管传到了佣人的耳朵里，绝不会劳烦太太们多走一步。就这蓄水缸和德律风两件，足见胡宅建造匠心独运。其余精妙之处非三言两语可以说得，须得眼睛看了，双手摸了，才知胡宅确是值得一观。

少有题词的朱镕基总理在2002年参观胡宅后，大笔挥下题词："胡雪岩故居，见雕梁砖刻，重楼叠嶂。极江南园林之妙，尽吴越文化之巧。富埒王侯，财倾半壁。古云富不过三代，以红顶商人老谋深算，竟富不过十载。骄奢淫靡，忘乎所以，有以致之，可不戒乎！"徽商精神中的勤俭一条，胡雪岩似乎是忘到了后脑勺，但他在经商过程中对待他人诚信、仁义，为世人称道，所做的利民利人的善事，却是为他留下了"胡大善人"的美名。

朱镕基总理认为他败在骄奢淫逸，忘乎所以；马云认为他败在与官场结合，触了雷区；而在我看来，胡雪岩只是聪明有余，智慧不足，他有经商的聪明才智，却缺乏了点看透人生的大智慧。

从故居出来时，看到商品展示柜摆满了后人所著关于胡雪岩的书籍，《胡雪岩传》《胡雪岩的经商智慧》《胡雪岩的经商之道》《胡雪岩的启示》等，不胜枚举。我想，胡雪岩留下的不仅是一座宅子，还应当有更多的东西，才会让人至今念念不忘。是他步步高升却一朝跌落的官商传奇吗，是他诚信经营，待客真诚的为商之道吗，还是他为国为民，做尽善事的仁厚之心？时至今日，我们仍然记得这位清末商人，能从他的一生中得到无数启迪，这也许就是他在物质以外留给我们的财富。

故居在历史的风雨中飘摇，几经磨难得以善终，但故居的主人却一生跌宕，郁郁而终。我不信命运之说，胡雪岩的惨淡结局在我看来皆是他一次次选择的堆砌。如今我站在历史长河的岸边，看得固然清楚，但身在其中的胡雪岩仅凭着对时局的分析，摸石头过河。也许步步高升，平步青云；也许一脚踩空，万劫不复。但他依旧是了不起的人物，试问世间又有几人能像他一般，从未知中创出不凡，勇于实践，一旦决定了便勇往直前，风雨兼程。

　　回首过去，胡雪岩是清末历史星空中一颗耀眼夺目的流星，让人念念不忘；再看今朝，胡雪岩故居作为杭州不可或缺的历史文化遗产，静默着向世人回溯百年变迁。岁月悠悠，他与他的故居仍伫立在钱塘江边，目送了一代又一代的青年奔波他们的非凡。

热土古韵西陵渡

曹　岚

江南从来不乏古镇，滨江区的东大门——西兴，就是其中之一。

西兴北接钱塘，南临湘湖，东邻萧山，西边划出一横，名长河街道。域内坐北有物联网产业基地、奥体博览城，中部属北塘河畔的西兴老街历史保护区，南部则是白马湖生态创意城。

作为滨江的核心建设区，西兴近年来一直致力于打造人文特色化、产业国际化、全域景区化、全域城市化的智慧城镇名片，且成绩卓著。2018年雅加达亚运会闭幕式中，西兴元素在"杭州8分钟"中惊艳亮相：沿江的"最美跑道"、物联网小镇示范基地、"莲花碗"亚运会场馆、入名非遗的竹编灯笼……

西兴托身于"古"，却能在如今的国际舞台上如此耀眼瞩目，惊叹之余，我不禁好奇起来：古镇西兴原来该是何种光景？它又是历经了什么蜕变，成了现今模样？

一　繁华古渡

阅读一本本古籍，翻看一篇篇文章，我仿佛触碰到了西兴的历史脉络。

西兴的历史，可追溯到春秋战国时期。彼时，它的名字还不叫西兴，而叫"固陵"。《越绝书》载："会稽山上城者，勾践与吴战，大败，栖其中，因以下为目鱼池，其利不租。"春秋吴越争霸之时，越王勾践曾在此设军港，筑固陵城屯兵御吴，是为西兴文明的开启。当年范蠡携西施，也是从这里北渡吴国的。六朝时，西兴因地处会稽郡的西端，故改名"西陵"。五代时，吴越王钱镠因"陵"非吉语，改"西陵"为"西兴"，随后一直沿用至今。

西兴自古繁华，而它的风物阜厚、惊世名望则是由钱塘江和浙东运河成就的。西晋时期，会稽郡内史贺循主持开凿了西兴运河，由此沟通了江海与内河。西兴成为浙东运河的起点站，也因此成为贯通南北、连接两浙的重要枢纽，民国《萧山县志稿》称之为"据钱塘要冲，两浙往来一都会"。五代时，西陵设镇，因是边防重地，故设捍江营，遣500余人守卫。隋唐以来，西兴成为历代诗人进入浙东的必经之地，大诗人李白、杜甫、白居易等无一例外由此进入浙东，并留下了许多脍炙人口的诗篇。

西兴过塘行遗址

宋室南渡以后，西兴与都城临安隔江相望，大批宋人的南迁，带来了先进的技术，推动了农业和工商业的发展。《宋史·汪纲传》写道："萧山有古运河，西通钱塘，东达台、明……于是舟车水陆，不问昼夜暑寒，意行利涉，欢欣忘勚。"随着明代农业商品化水平的进一步提升，西兴一度成为茶叶、海盐、土布、烟叶等商品的集散地，被誉为"浙东第一关隘"。

明代万历萧山县令王世显曾这样评价道："西兴，浙东首地，宁绍台之襟喉，东南一都会也……士民络绎，舟车辐辏无虚日。"（《万历萧山县志》卷二《建置志·宫室》西兴茶亭《令王世显碑记》）到了晚清民国时期，随着近代社会性经济的发展，西兴古镇成为浙东地区著名的"活水码头"。据新编《杭州市西兴镇志》记载，当时西兴有中转货物的过塘行"七十二爿半"，大小店铺近200家，商品种类繁多，充满街市，时人谓之"万商云集，市容繁华"。

西兴过塘行及码头当时施工队正进行河水除淤工作

然而，繁华之地，皆无长盛之理。浙东运河的兴衰就是西兴的兴衰。民国15年（1926），萧绍公路通车，民国20年（1931），杭江铁路通车，民国26年（1937），钱江大桥铁路通车，同年11月，萧甬铁路通车。随着公路、铁路的修建，浙东运河的货、客运输日趋减少，西兴过塘行门前日渐冷落，老街的饭店旅馆、酒肆茶坊也少人问津。1940年，日军侵占了西兴，商人、住户大规模转移，店铺相继歇业甚至倒闭，浙东运河也几近封航。抗战胜利后，虽然烟叶、棉花、米、油烛等行业恢复较快，龚耀记香烟业还一度被誉为"西兴烟王"，但随着运河功能的丧失，西兴商业辉煌不再，浙东运河与西兴古镇也成了"昨日记忆"。

二　城中老街

"纸上得来终觉浅",既然交通便利,何不来一场实地的寻迹之旅?

选一个无事的上午,坐上地铁1号线,20分钟便到了西兴站。出站后所见皆是高楼大厦,几个说杭州话的阿婆都和我一样找不着方向,询问保安和服务人员也都说不清楚。无奈之下只能开启导航,东弯西绕大约走了1公里,才终于惊喜地在转角处看到了"西兴古镇"的标识。

在去西兴古镇之前,我料想它应该与乌镇、安昌、西塘等江南名镇给人的感觉差不多。但真正到了那里之后却发现,它很是不同。缓缓步入古镇里的居民小巷,扑面而来的是浓浓的生活气息。这里没有乌镇的商业气息,亦没有西塘的小资风情,有的只是朴实的生活质感。

居民们大都是本地的老年人,说着硬伧伧的萧山话,各人搬把竹椅,往石板路上一摆,围坐成一圈,摇摇芭蕉扇,唠唠家常。凑巧几家的院门敞开着,我路过时便往里面瞅了几眼——屋檐上清一色挂着红红的竹灯笼,而屋内的摆设倒也寻常普通:灰黑的灶台、有些年头的家具、老式的花边窗帘,都是陈旧的东西,却又不失温馨可爱。小巷真是窄,不到1米宽,一人行还好,若两人行,就塞满了。要是对面有人来,估计非得停步错身让路不可。一条古巷匆匆走过,似乎有一种回到过去的感觉。几步之遥,古镇小巷就仿佛与外面分化为了两个世界。或许正是因为商业开发较少,这里才能保留下如此原汁原味的老底子生活吧?作为一个外来者,我倒真真有些羡慕这里的人们能够过着大隐隐于市的生活,出门是繁华,归家有安宁。

小巷的尽头,便是西兴的大城隍庙遗址,相传庙里供奉着越国大夫范蠡之像。《越绝书》载:"浙江南路西城者,范蠡屯兵城也,其陵固可守,故谓之固陵。"后人因此尊范蠡为固陵城的守护神。我诚以为,范蠡先生是有大智慧的人,他帮助勾践破吴,十年忍辱,十年磨砺,功成身退后,又以"商圣"陶朱公的别名闻世、富甲天下,最终归隐于五湖烟波之中。入世与出世之道,权臣抑或草莽,他均能参悟本真,做到收放自如。望着如今的城隍庙遗址,斑驳的石狮、孤立着的几根残柱,早已看不出它当年的样子。倒是此地的后人还记着这位智慧豁达的范先生,并将出世、入世之道纳入家训族规中,足可见其真心爱戴。

离开城隍庙再缓步几十米，便来到了永兴闸遗址。起初只在远处看这运河之源，一望之下颇有些离奇：宽河的源头居然就是一座横桥。横桥一面靠水，另一面则是实实在在的土地。我以前见过的"河之源"，都是隐藏在山谷深处的小溪或泉眼，头一回见到土地和闸门作为大河之源的，源而乏水，我想大概称之为"河之头"更恰如其分吧？但资料显示，永兴闸（俗称龙口闸）是当年连通浙东古运河和钱塘江的水闸门，主要用来调节古运河的水位高低，明朝的时候，有位萧山县令利用修西兴塘积余的银子来改堰为闸。旱则开闸，引汀水以利灌溉，涝时闭闸，以免江水灌没。这样看来，曾经的运河之源还是有水的，只是后来由于长期的泥沙淤积，西兴运河逐渐远离钱塘江，永兴闸才因此被废弃，并逐渐失去了水闸功能。水利工程都是智慧之花，"闸"，作为古运河上的"高科技产品"，凝聚了古代劳动人民的高度智慧。虽然永兴闸从前具体是如何工作的，我们已然不得见，但先人思考和创造的智慧精神永远留存，并晓喻着现代新城的建设发展！

　　走出小巷，首先映入眼帘的便是官河。沿官河而行，走着走着就与"西兴过塘行及码头"遗址不期而遇。听现场清淤的大伯说，当年的浙东运河虽然直接连着钱塘江，但由于钱塘江潮水水位变化复杂，因此运河口建有水闸，且两河之间并不能直接通航，所以物流、客流都必须经过一段短途的陆路转运，这便是过塘行（同"行当"的行，读第二声）的来由。由于得天独厚的条件，西兴当时的过塘行生意十分兴旺。当时各路货运、客运船只排起的队伍长达千余尺，船家起航靠埠、上客卸货，运河里舟来纤往，老街吆喝声此起彼落，俨然一幅流动的《清明上河图》。清末长河文人来又山的《西兴夜航船》有这样的描述："上船下船西陵渡，前纤后纤官道路；子夜人家寂静时，大叫一声靠塘去。"

　　在临河的西兴老街上走着，可以看到一些清末民初的建筑：老式的木凳铺、茶馆、剃头铺、有着千年历史的竹编灯笼铺……这些老店铺多为"前店后居"的格局，店面面街临河，穿过客堂便是一道窄而深的石级，直通官河成一埠头。老街上人很少，多数店铺的门扉也都是合上的，略显冷清。许是为了减少几分清冷之气，沿街每家店铺的房檐上都挂着红灯笼——清一色古朴的竹编样式，红彤彤的，似是在黯淡无光泽的皮肤上抹了胭脂，立时鲜亮起来。问及此，当地的大伯告诉我，当年西兴运河因为连着钱塘江，沿江多风，客商投宿需要夜间照明用具，"西兴灯笼"便由

未治理前的西兴官河

此产生。那时一到晚上，满街红灯笼高挂，仿若天上的街市一般。如今，西兴灯笼不再用作照明，倒更多地成为喜庆的象征。

老街上那一排排红色的灯笼，随风晃呀晃的，一面照着昔日的繁华古渡，一面点亮新的生活……

三 河畔人家

古镇的繁华虽然不再，但古镇人们的生活还在继续。

从清末、民国，到抗战、内战，再到中华人民共和国成立和改革开放，这是中国近现代史上最为动荡和飞速发展的一个世纪。大时代的风云变幻，普通老百姓不一定会理解，但他们从个人和家庭生活的变化中，真切触摸到了历史的脉搏。

王根生，1941年出生，是一位土生土长的西兴人。

清末的时候，为了躲避战乱，他的祖父携一家老小从上虞搬迁到了西兴。

回忆儿时西兴的盛况，老人说道："我们以前要买东西都找过塘行的，那多方便啊！你是不知道，当年的过塘行比现在的快递还要方便，现在寄个东西还要填快递单，当年只要和店家说一声就好啦，要寄什么要买什么，都给你办好。都是靠信誉在做生意的。"

中华人民共和国成立后，陆路交通的日渐发达，水运地位由此下降，西兴过塘行也随之没落。忆起那时的日子，老人说："那时候买什么都要用票去换，西兴镇上的人们啊，只关心温饱。"

改革开放特别是在90年代以后，西兴成为国内民营经济最发达的地区之一，当地居民的生活也因此发生了翻天覆地的变化。对此，王根生感慨道："改革开放后，生活条件一下子就好起来了，越来越多的高楼和大马路，出行、买东西都很方便。"

然而，城市化的发展也给西兴抛出了新的难题。生活日新月异，人们都开始向往都市的繁华，年轻人尤其看不惯簇新的城市面貌里还留有狭窄、破败的古镇。但王根生老人却认为，"老街上的一砖一瓦、官河上的一桥一墩都是历史和记忆"，都应该完整地保留下来。如何在保留古镇风貌和追求现代生活两种需求中取得平衡，成为新时期留给西兴两代人的重要命题。

2013年初，西兴镇开展了遗址展示、文物修缮、拆迁拆违、河道综保等工程，将河道整治、城中村改造与保护历史文化遗产结合起来。经过四年多的综合整治，古镇的天空及穿镇而过的官河重见清澈。如今，修缮后的古镇仍保留着原来的样貌，但杂乱之处却减少了许多。对于古镇居民而言，生活也有了更深层次的变化。老巷子里的住户说："以前觉得西兴和城里差别很大，现在生活条件和配套设施基本上与城里差不多了，环境上倒还要比城里更加安静舒适。"

不仅仅是人们的生活，如今古镇的历史文化，还与物联网产业、文化创意产业等结合起来了。如"互联网+"西兴竹编灯笼、古镇时装展、家训文化馆等，古镇的未来充满着各种可能。

挥手告别古镇，像是在告别一个时代，又像是迎接一个新的时代。

我仿佛看到西兴2500年的过往从我眼前走过——从繁华，到落寞，到再次觉醒。

这片土地上发生的事情最终都成了历史，而优秀的品格与坚强的意志都被这片土地上的人一代代地传承下来，在光与影的变幻中，沉稳地带领着这片土地走向下一站的幸福生活……

新湾沙地留不住

黄欣怡

手里握着一网兜，潮水来了，便顺着潮水奔跑，跑在潮头前面，看到鱼被潮水翻滚带来，就反身一舀。抓住抓不住都不能停脚，若是跑不过潮水，就不得不把网兜里的鱼扔掉，保命要紧。头潮后便是一阵暂时的平静。

这是抢潮头鱼的场面，惊险！

弄潮，沙地人再熟悉不过的营生，可谓九死一生。

一　抢潮弄潮

潮水的力量把鱼带了来，也可能会把江对岸的东西捎过来。

"贼偷勿算，火烧一半，坍江全完。"这是沙地流传的一句土语。可见钱塘江的坍江，是沙地人的心头之患。

"我们小时候，喏，以前这里都是钱塘江呢"，金水爷爷的脸庞黝黑瘦长，写满思考和沧桑，"到南头，丁坝那呢"。

南沙大堤以外原来皆是钱塘江。

"甚至那条埂也要坍掉的呢，现在坍不掉了。"他说的就是南沙大堤。在老家，同村的金水爷爷以前做过潮水里的营生。他讲述起30多年的前一次涨潮，仿佛还记忆犹新。

"那时候常去抓鳗秧，唯独这一天早上踏出（没赶上），别的小队的都到了，就等我们小队，结果我们全睡过头了，起来听到消息，四队的那些人没了，住外十工段的人给吞去了。"

原来，依照潮汛规律，农历每月初一至初五、十五至二十是大潮汛，在初八，本应该是小潮汛。可那一次，来的是出其不意的满潮，不少抓鳗秧、抢潮头鱼的人葬身在了波涛中。

（清）袁江《观潮图》（97cm×131cm）

金水爷爷回忆着，又给我讲了他们抓鳗秧（鳗苗）的过程。

抓鳗秧的人，大多备有船只，头潮过后到处踩点撒网，很迅速。过不了多久又收网，过滤出鳗秧。抓获的鳗秧过后会卖给收购人、养殖户。

"白沙地的路有些好走、有些难走，有几个沙地有吊脚沙头，就走不快。"

那时鳗秧一条能卖几角钱，已经不便宜了。鳗秧又小又细，像针一样，薄而透明，长大就是成鳗。搜查了一下资料，原来鳗鱼喜欢在清洁、无污染的水域栖身，是世界上最纯净的水中生物。它们生长在陆地的河川中，成熟后洄游到海洋中产卵地产卵，一生只产一次卵，产卵后便死亡。鳗秧，是鳗鱼的仔鱼，体长6厘米左右，体重约0.1千克，形态如同柳叶，于是称为"柳叶鳗"，因其颜色如水般清澈，也可叫为"银鱼"。因为鳗鱼的洄游性，每年十二月到次年三月这段时间，钱塘江里就会有许多鳗秧。

吃过鳗秧蒸蛋，口感滑爽，纯白色的鳗秧肉，只有眼睛两个小黑点，混在浅黄色的水蒸蛋中，观来清新可人，引人食欲大开。成鳗更多见，是鳗苗养殖而来，其形态乌黑肥美，其肉刺少，入口即化。据资料，鳗鱼还有滋补强壮、祛风杀虫、补虚养血、强精壮肾、美容养颜的功效，可治虚弱、贫血、肺结核等疾病。

"看剪刀潮来了，像天亮起来一样。"1993年农历八月十八中午的一次潮灾，便是剪刀潮所致。潮水瞬间冲出堤岸，当时86人被卷入江中，其中19人死亡，27人受伤，40人下落不明。

抢潮头鱼这种营生如同虎口抢食。而在当年，只要有钱赚，沙地人就会搏浪而上。现在很少会有人去捕鳗秧了，一是因为沙地人的经济条件好了起来，二是多了制度方面的要求，如捕鳗秧需专项捕捞许可证，还有"禁渔令"等诸如此类的法律措施，都减少了这样危险营生。

抢潮、弄潮，在当时沙地人是为了生计，放手一搏去冒险。而现在，沙地的这种文化则演化为"勇立潮头，奔竞不息"的沙地精神。沙地人，虽不再会去做弄潮儿，但仍有敢于立足前沿的气概；虽不会再回到贫穷的年代，但仍有经受得住逆境考验的坚韧。

而正是因为江潮的作用，沙地人才受到了磨炼，激发了智慧。江与人是共生的。

二　建闸围堤

去老家前进集镇，往北，每次要横穿过一条路，名叫南堤路。现在我随父母住在新湾一小区里，从小区径直走到南堤路仅需5分钟。途经的镇海殿曾在几年前小经整修，路过便是一道黄墙红瓦的奇特风景。庙堂里汇集众多神明，香火不断，庇佑一方。南堤路实则是一个高高的土埂，是围垦留下来的陡坡，每次骑自行车上坡，必须得铆足了劲。

5公里的路程，驾车20分钟就到了。沿闸口路、盛凌路、南堤路，经三号闸，上江东大道、梅林大道，看见有路标指向前进老集镇。

这次我们有意驾车走了老路，途经三号闸，一定让我爸停下车来，细细看了一会儿。曾经不知道经过多少次，但从未停下来仔细观察过，也不知道这个像堵门一样的东西有何用处，只是评价它：不好看。

江东大道、梅林大道建成之后，我们就不太会选择走老路，也好久没见到这个闸了。现在恍然觉得这件当年留下来的遗迹，是不寻常的，感人的。它竟有这样的沧桑故事！

这次看了，还是觉得并不好看，用一个词形容这个闸就是破旧不堪。长方形的闸，水泥制成，可以看出它原先的表层是黑色的，风雨岁月侵盖，整个变得灰蒙蒙，前面有一道未及膝的水泥坎，可以坐上去，也许它就是一个休息处。往上看，它由三扇木制的大闸门组成，以四根柱子间隔着，墙皮斑驳，漆不整不齐地脱落，定是历经过千万次江流的冲刷。再顺延上去是连起的横向的梁，上面顶着厚厚的檐。像极了一个老者。闸、堤、堤边的庙宇，这些在历史里的命脉相连的物件，以时光为媒介，永久留存。

我想，往日对于这块生长的土地，我也像是见了这个老闸一样，只是不经意地留意到它，又习惯于它的存在。大江东连年发展、用地，丁坝处的一号闸在早几年被拆了，庆幸二号、三号闸、四联闸和四号闸都还未被拆除。道路已浇上柏油，草木兴衰过多少回，人流车流千万次与它擦肩，它依然矗立。但是，这次我终于开始慢慢揭开这道老闸的"真面目"了，他说："我很久以前就扎根在这里了。"脚下这块土地，也变得更亲切起来。

现在的闸，无论脚下有河，或者没有河，都一定目睹当年的沧海。

二号闸在现在的新丰村，三号闸、四联闸、四号闸则间隔一段距离依次向外工段排列，它们当时是为了拦住江流、泄洪而被构筑的，可以随时开关。当然，在别处还有许多的闸。

南堤路因南沙大堤而得名，是它的一部分，一直向西蜿蜒，"九曲十八弯"，通向头蓬。据记载，南沙大堤可见处全长有85公里，有"萧山长城"之称。

但愿老闸、旧堤以及那些镌刻了我们深沉历史的纪念物，能够永远宁静矗立，得到尊重，能够一直守候着这一方土地和它的子民。这一路走来的围垦土地，见证着这一腔热忱的沙地人的成长。

三　围涂围垦

钱塘江江道二次变迁，在"三门"间由南向北移动，南岸萧山的大片沙地由此逐渐形成。以南沙大堤为界，堤外是沙地，堤内是陆地，而沙地的坍失情况极其严重，沙地人也因此受了不少灾害。

早些天，"摩羯"台风来了，令人高兴，闷热天气终于得到缓解，路边的树也东倒西歪地笑着。而在那个时代，台风下雨天气，沙地人个个都将诚惶诚恐，担忧"坍江"，担忧着是否又要搬家。

古有乾隆六下江南、四巡海塘的千古佳话，亦有官员立生死状治江。到中华人民共和国成立后实施了"治江与围涂结合"的方针，才真正得以科学治江。

沙地人出于对美好生活的渴望，要让粗野的江潮收敛起来。围涂，是沙地人的决心。

历经百年，江与地终于渐渐磨合。

在新编《萧山县志》中，从萧山历次围垦的地图上，我了解到了历次围垦的时间和方位。围垦的总方向是随时间总体由西向东开展的，集中在60年代至90年代期间，最开始是从上游的半爿山至美女山围垦，至萧山东片河庄镇、头蓬镇、新湾镇、益农镇、前进和农一、农二场，最后是外围的外工段，它们没有名字，只有编号。

20世纪60年代的"向潮水夺地，向海涂要粮"的围垦事业
(浙江省档案馆：《浙江20世纪图鉴》，中国档案出版社2009年版)

我仔细地观察了一下地图中，时间为1968年7月至12月的这一块围垦，它是现在的河庄镇内的3.6万亩围涂地块，据说是萧山围垦史中难度最大的一处。围下这块地，好比拿下了一场攻坚战。因为这个地块，在当时是西、北、东三面临江的，需三面筑堤，其难度可想而知。而且由于受到气候、资源等多方面限制因素的影响，这一工程必须在短时间内完成。

它，亦是一场突击战。一旦坍江，许多努力就将付之东流。这样铤而走险的围垦，该需要多大的决心！感人的是，后来该块滩涂成功围成。这就犹如在南沙大堤西段筑起一座巨大的"丁坝"，使江流带来的泥沙能在其东部逐步淤涨，形成大片滩涂。仔细从地图上看，对照时间，我发现这块围垦果然横栏大江，勇猛地抵御潮水，起了不可或缺的作用。这恰是贯彻了治江与围涂相结合的科学方针。

虽是一小小的发现，却着实令我感受到沙地人民伟大的智慧。

该块滩涂的淤涨，相当于做好了铺垫，这才有了后来1969年我们的2.7万亩围垦和5.2万亩围垦，即现在的河庄东部、头蓬街道和新湾街道，以及1970年的军民联围10万亩围垦，便是现在的前进、农垦一场和农垦二厂。再次查阅书籍，得知"涂"意思是指"河流或海流夹杂的泥沙在地势较平的河流入海处或海岸附近沉积而成的浅海滩"，即滩涂。围涂主要工程则是在沙滩淤涨到一定高程后，在外围筑起一条高吴淞基点9米左右的大堤，将江潮挡住。这也就明白了围涂筑堤的道理。而"筑堤容易护堤难"，于是沙地人民想尽办法，在筑堤后还大量抛石护堤，通过排灌站引水冲淡土壤，种水稻油菜作物，挖沟渠、引淡水、积农家肥，使土质改良。他们用智慧，用汗水，保护着这千辛万苦围起来的地。

根据资料记载，从中华人民共和国成立后到1995年，有51.82万亩的滩涂毛地，是萧山人民在南沙大堤外围得的。

物资、人力汇集，一次次地努力，像一块块拼图拼凑成如今这方土地。

仅仅是一大串数字，足以令人惊叹，再细究其背后的故事，不禁令人感动。

我的脑海里想象出围垦时期的沙地人屡战屡败、屡败屡战的场面，顿时，胸中一阵波澜壮阔。沿江的沙地，历经半个多世纪，留下了光辉的过往。而沙地的生命也将永不停息，伴随时代的大潮，走向前沿。

四　五代房屋

40多年前的房子，普遍是草舍，主要原因是物资匮乏，"坍江"难测。草舍造价没那么高，潮水频繁，即使冲走了损失也相对小些，并且可以再建。它们主要分为箍桶舍、直头舍、横舍这几种。

如今的沙地已是"广厦千万间","茅屋"实在很少见了。

在沙地,我们的祖辈父辈们,这些亲历过茅屋年代、变革年代的人,记忆中生活的转变尤为丰富多姿。按他们的话说,就是可惜那时候没有相机,要不真想他们拍下来给我们看看。

外观上,三种草舍就是舍如其名。查了查资料,箍桶舍,出现最早,最为简陋,南北向搭建,东西是落地椽子,省去风笆,草苫连同椽子盖起,箍桶舍舍面呈较陡的拱形,因远望似横置的木桶而得名。直头舍,也为南北走向,但是舍身更高大,且东西面有风笆,前有一翻檐,大门开在翻檐下的风笆中,翻檐下通畅,为主要活动场地,南面有一"廊下头",四五米见方,较宽敞,夏天可纳凉、冬天可晒太阳,西边檐头很低,可挡西北风,也可堆杂物,东南角立一柱子,可供出入。横舍的舍脊则是东西向,舍内"东边灶间西边房"。草舍渐渐人性化了。从老照片里看来,不仅草舍的造型别有一番韵味,而且在其四周搭配高树、竹林、田野、土路,犹如一幅水墨山水画。

搭建草舍也不简单。材料上,主要有土竹,用以夹风笆,还有稻草、茅草,来盖舍面,并用杉木或土竹,做椽子,再用毛竹篾青、棕绳绑缚梁柱。搭草舍的步骤,从打地基、编草苫、立舍架、做风笆、盖草苫,再到盖成后盖舍栋、开窗,整体之后做修缮。沙地的草舍,时光里的物件,给人留下挥不去的记忆。相传有一歌谣:"两个儿子一个囡,三间横舍朝东南;门前一个潭,舍后一个园,再加一条小划船。"这便是沙地人向往的生活了。

有次问奶奶以前的饭菜:住草舍的时候,过年招待客人了,一碗元宝鱼端进端出,端个十七二十八回。一桌饭菜里,一碗带鱼冻油豆腐,芦笋烧肉,盘头加加,六个盘头,二盘年糕,二盘粽子,一盘糖沾沾,一盘咸盘弄两下咸头,客人来了给他们吃。今天来了一个客人这样烧,两个客人也这样烧,来几个都这样烧。过会儿还再弄点点心。蛮好,客人来了吃吃,在没有吃的时候,的确好吃的嘛。

不停地听着,我脑子里浮想联翩。仿佛看到草舍,看到草舍下的一幅幅朴实画面。想来想去,只感到真正的贫穷。

看似诗意的草舍,其实极易漏水、失火,这让沙地人苦不堪言。直至改革开放,草舍终于渐渐淡出沙地人的生活,消失在时光里。而自改革开放至 90 年代初，仅 10 多年，沙地却有"五代房屋"之称。70 年代后期，平房、砖瓦房进入人们的视野，80 年代初则出现第二、三代的屋，即两楼两底的小楼屋，第四代高至三四层，第五代更是打起围墙、贴上马赛克。砖瓦房、楼房、小别墅……沙地的屋越来越舒适，甚至越来越讲究气派。

惘然当年草舍，情愫化为追忆。

如今的前进、新湾街道，再加上河庄、义蓬、临江，五个街道早已并在了一块，成为大江东。大江东占萧山将近 1/3 的面积，却几乎全是围垦出来的。"新湾，大江东未来之心脏。"这句墙上的标语，有点震撼，几年前就写上了。"金色沙地，阳光新湾"，沙地人，沙地文化的传承者，面对潮水，勇立潮头、奔腾不息；面对围垦，不怕吃苦、百折不挠、奋勇拼搏。

与盛凌路平行而走的是盛陵湾的水，经"五水共治"等环境整治和美化，当年的一条臭河如今俨然一处宜人景点。清澈的河流绕着洁净的堤岸，绿草坪在水中明晰可见，真是神采奕奕。

大江大河归于大海，土生土长于新湾这个小镇，我想我们的归宿终究还是在家乡啊。

古今重影湘湖水

李轶莹

萧山西山脚下，钱塘江南岸，宁绍平原之上，湘湖坐落于此。

湘湖四围，山清水秀。位于钱塘江、富春江和浦阳江三江交汇口东侧的它，被群山环抱，水系脉连。湘湖两面环山，山脉错落有致。山中植被茂密，层层交错，具有时空的美感。并且湘湖水域广阔，水漾湖、井山湖、白马湖都与其密不可分。

湘湖历史，底蕴丰厚。早在8000年前，独木舟横空出世，跨湖桥遗址、下村遗址展示了其古老性。湘湖还是古越文化的发祥地，越王城遗址的军事堡垒，影印出"卧薪尝胆"的历史典故，无不为其增添了人文色彩。

自然清淡还是人文情深，古蕴深沉还是现代前卫，我不禁惊叹、好奇，湘湖到底是怎样的呢？

一 跨湖桥文化

趁着暑假，时间充裕，何不近距离地了解一下湘湖？

我心里这样想着，毫不犹豫坐上了从学校开出的公交车，搭上了地铁，只身前往让我惊叹又好奇的湘湖。

到了湘湖，惊叹声自然而然地从我口中发出。湘湖之大，实在叫人一眼望不到边。景区的导览示意图上，大大小小的亭子、石桥、文化景观多得叫人数不过来。所幸，我早有准备，按捺下对湘湖碧波浩渺的赞叹，按照预想的计划，尝试着抛开景区规定好的路线，沿时光的脚步追寻先祖的遗迹，以历史发展的脉络来完成这次的湘湖之旅。

"八千年回首"的跨湖桥遗址无疑是湘湖几世纪以来变迁的最好见证者，我的湘湖之旅便是从跨湖双桥开始。

跨湖双桥是一古一今的两座石桥，处在上湘湖与下湘湖的过渡堤坝上。新的跨湖是一座横跨湖面的五孔石拱桥，飞跨南北，桥堤一体，颇如长长的彩虹横卧在水面，显示了古桥的庄严壮丽。除此之外，桥上用于通车，桥下用于通航。这样的现代设计又为其添加了休闲旅游的全新功能。跨湖桥最早建于明朝嘉靖三十三年（1554），曾经是湘湖南北岸之间唯一的陆路通行方式。原本默默无闻的它却在2002年惊现了8000年的"中华第一舟"，发掘出一支全新的跨湖桥文化，跨湖桥之名广闻于世。

远远望去，博物馆宛如一叶扁舟静静地躺在湖面上，像是随时要随着历史的巨轮漂向远方，我一下被其吸引。入馆一览，发现博物馆内共分为四个部分，先是介绍跨湖桥文化诞生的背景和原因，接着着重呈现跨湖桥先人的生产活动，然后是对农业起源的探索，最后把我们的目光汇聚到跨湖桥遗址，引人入胜。

博物馆里的遗迹和遗物大多保存完好，代表了萧山新石器时代早期文化的丰富内涵，展现出其独特面貌。展厅里陈列了大量挖掘出来的石器、陶器、木器、骨角器等生活器具，还有黄土台、灰坑、墙壁残体等堆砌建筑，而最著名的独木舟则采取原址就地保护的方式，让它平静地卧在湘湖水底下6.5米的遗址厅内。

跨湖桥文化的发现，一下子将浙江的文明史推向8000年前的新石器时代早期，甚至比河姆渡文化还早了1000年。它打破了原有新石器时代早期的河姆渡文化、马家浜文化两分的体系，建立起了中国东南沿海地区新石器时代文化由多个源流谱系组成的多元格局。

一路看下来，跨湖桥人先进的生产生活方式让我印象深刻。他们发明了最早的漆弓，掌握了最早的慢轮制陶技术和纺织技术。他们能够用海水制盐，靠人工取火，种植茶叶……那里的文明曾是如此璀璨夺目，却突然销声匿迹。沧海桑田，到底是什么原因导致了它的消失呢？

答案就是海侵。海侵是海平面上升或下降导致海水入侵内陆，造成了对地层的淹没和破坏。海侵对跨湖桥人生活环境的破坏是巨大的。据推测，跨湖桥文化就是随着遗址的淹没而走向了衰落。

缅怀着跨湖桥的消亡历史，我突然想到了之前读到黑格尔《历史哲学》中的这么一句话："中国'并没有分享海洋所赋予的文明'，海洋'没有影响他们的文化'。"想到那躺在湘湖水底的独木舟，我疑惑着，难道独木舟就不是海洋文化之源吗？海侵之前的跨湖桥独木舟足以说明中国有过一段海洋文明时期，只是很快被海水困在水底，输在了人与海洋的第一次博弈中罢了？

走出博物馆我久久没有缓过神来，整理好思绪，我向着下一个地点出发，它是一个类似于跨湖桥文化的遗址——下孙遗址。下孙遗址在距跨湖桥遗址很远的斜对岸，骑了许久的自行车才到。到后才发现这不就是青草上铺了石头吗？与想象中差距颇大。看了介绍，说在这不起眼的绿湖之畔、青草之下，埋藏着一个8000年前的人类原始村落，此时心里得到了些许宽慰，或许它的模样差强人意，但意义到底是深远的。

一路向前，从枕流桥到思魏亭，从卧虹桥到湘湖渔村，经过飞龙桥，就是下孙文化村了。下孙文化村是明清风格建筑群中一个地域风情较为浓郁的文化村落，即使里面的建筑大多是仿古，然而精致的白墙黑瓦，磨砂的石板砖，也能给我一种置身于古代的感觉。

走进一看，下孙文化村有点像河坊街，却不同于河坊街的热闹。村内的孙氏宗祠历经几代的修建，变得更完整。梨园风、映雪堂别具人文风味；湘湖文化展览馆是一个综合性的博物馆，在这里我大致了解了下孙文化的历史；另外，湘湖美术馆、古玩街、静庐、春茗楼同样值得一览。下孙文化村很大，但很安静，充满着古色古香的气息，展示了湘湖悠久的历史面貌、深厚的民俗文化和独特的风土人情。

二　越王城山景

看过了8000年的古遗址和古村落，我顺着马路，前往城山景群。抢先映入我眼帘的是临水祖道亭。

公元前492年5月，越王勾践率着300余人作为人质，前往吴国成为奴隶，来换取越国百姓的生存，其中也包括他自己的妻子、忠臣范蠡等人。行前，群臣送下山，临水祖道，军陈固陵。祭祀路神，祈求皇天佑助。大夫文种致祝词，敬酒饯行，气氛悲壮。亭中的这块临水祖道碑，就是为了纪念这段波澜壮阔的历史而特意修建的。勾践这种为国献身、为百姓服务的精神着实令人佩服，难怪百姓都非常爱戴他。

继续骑车往前，湘湖老八景之一的城山怀古坊矗立在城山广场正中央，散发着浓浓的怀古之情。现在的这座"城山怀古坊"是湘湖保护建设工程中移址重建的，有四柱三门，前后抱鼓。石柱上写着：郁郁固陵一任神驰今古，悠悠越水更容思接瀛寰"。全联紧扣"怀古"而"抚今"，空灵具有气势，读之令人心胸开阔。

转一个身，是素有"周朝胜迹，越代名山"之称的越王城山。它虽然是座小山，但地势独特：正面陡峭险峻，山顶上却是块小台地，中间山谷缝有一条唯一的上山狭道，形成了一个四面高、中间低，宛若高险城堞的天然城堡，军事上易守难攻，也是目前国内保存最为完整的春秋末期的古城堡遗址。

穿过山门，就是城山古道。古道两旁草木茂盛，绿树成荫；山间溪水叮咚，景色宜人。半山腰有古越亭，分上、下两层，供游人休息看景。继续往上走，可见洗马池。洗马池"广二丈，中多鱼"，此处便是当年勾践饮马之地了，据书中的记载，这里还流传着一个馈鱼退敌的故事。

故事大致是：大约在春秋战国时期，吴国军队率10万大军围住兵败的越国城山，并派人送去两条咸鱼，范蠡一看便明其中之意，立即派人回送红色的锦鲤。吴军一看顿悟，知道城山上鱼类、水源、粮食充足，而自己10万大军驻守在山下，光一天的粮草就消耗巨大，于是匆忙撤军。

这个传说最早记载于南朝陈代夏侯曾先的《会稽地志》，嘉泰《会稽志》曾引用过。后来明嘉靖《萧山县志》也云："（城山）去县西九里，其山中卑四高，宛为城堞。吴伐越，次查浦。勾践保此拒吴，名越王城，有名越王台。"馈鱼退敌传说的真假有待考证，而城山地方的隐蔽、物资的丰富却不容置疑。

再往上，就到了越王祠。越王祠主殿内，供奉着越王勾践、范蠡和文种三尊塑像，供人们凭吊。旁边精美的铜雕，以组画的形式，再现了千年前越国从沦亡至复兴的历史。越王祠外面的钟楼是被称为湘湖八景之一的越城晚钟，为原城山寺遗存。据说寺中的钟有万斤重，每当僧尼晚课敲击鸣钟之时，钟声低沉浑厚，气势恢宏，传遍整座城山，使山上的人立即变得肃穆起来。在那个时代，有如此规律的长鸣声，这对当地的百姓来说也是一种享受吧！

经过我的不懈努力，最终登上了城山之巅望湖亭，此处堪称观景的绝佳处。在明清时期，它望湖的作用已发挥到了极致。它当时位于钱塘江的北海塘，较越王城山的距离非常近，差不多就在山脚的白马湖边上，登上城山，湖色美不胜收，一览无余。如今，我站在越王城山之巅，微风轻拂，眺望远方，别有一番滋味。

三 魅力赛西湖

  我从城山之巅一步步往下,累并快乐着。到城山广场之后,我坐在临水祖道亭上,湖面犹如一面没有经过打磨的明镜,波光闪烁蔚蓝天空下掩映着的湖水是那么的湛蓝透彻,内心不禁联想到:早上,趁太阳还没有起来,可以到湖边晨跑锻炼;傍晚,饭后伴着夕阳来湖边散步;夜深了,又可以欣赏到跨湖桥月夜的美景。湘湖,多么宜居啊!

  湘湖被誉为杭州西湖的姐妹湖,又称"赛西湖"。其实,早在很久之前就有许多的文人墨客盛赞湘湖的美景,游客纷至沓来,留下了许多歌咏湘湖的诗词。著名南宋爱国诗人陆游对湘湖可谓情有独钟。

  他常饶有兴致地"小艇湘湖自采蓴"或"携友典采湘湖莼",他是湘湖的老客人,"往来频"。其《剑南诗稿》中关于湘湖的诗就有五六篇,特别是《新晴马上》:"一剑飘然万里身,白头也复走京尘。画楼酒旆滴残雨,绿树莺声催暮春。绝塞勒回勋业梦,流年换尽市朝人。此生安得常强健,小艇湘湖自采蓴。"蓴即莼菜,浮生在水面或潜在水中,嫩叶可食用,口感醇厚,鲜嫩可口。

  湘湖秀丽的风景和新鲜的物产历来被文人雅士所称道,却没有引起大众的注意,颇有点"深在围中无人识"的遗憾。

  张岱在《西湖梦寻·明圣二胡》中曾提到:"余弟毅孺常比西湖为美人,湘湖为隐士,鉴湖为神仙。余不谓然。余以湘湖为处子,眠娗羞涩,犹及见其未嫁之时。"我觉得两个人的说法都有道理,湘湖的蜿蜒曲折,确实像个少女,但我更同意湘湖像个隐士。《萧山湘湖志》载:"昔人云,湘湖犹处女,密不炫人。"湘湖的美景、文韵、故事、历史、文化无论在古代还是现代都是佼佼者,但却极少为人所知晓。湘湖似乎天生就有隐逸的特质,由于一山遮掩,使它虽地处城市边缘却一直保持着相对的安逸和清净的气质,再加上其山水俱佳的天然禀赋,与传统文人隐士寄情山水的精神具有高度的一致性。张岱在《陶庵梦忆》中写到湘湖皆小阜、小墩、小山,乱插水面,四围山趾,棱棱砺砺,濡足入水,尤为奇峭。湘湖独特的山水风景为其增添了无限的神秘色彩。

  隐逸作为一种精神文化,表现为不与功名利禄、荣华富贵同流合污,只追求和维护自身内心世界的秩序,向往简单、朴素、归隐、人与自然和谐相处的田园生活，从而达到更高目标的精神世界。湘湖不管在自然还是精神方面，都是一个隐居的好地方。湘湖无可比拟的魅力，常常隐逸其中，需要我们花点心思去发现。

著名的史学家来新夏便十分向往湘湖的生活。他在给方晨光《湘湖史》写的序中表明：湘湖有着8000年历史的跨湖桥文化的遗迹，有着深厚的文化底蕴，有着历代文人名公的流风余韵，有着丰富充盈的土特物产，有着"山绕湖转，湖傍山走"的美景，更有着说不尽的琐闻故事……作者认为湘湖对他来说是特殊的，是一个别具魅力的地方，是能够与西湖美景相媲美的。

来新夏甚至说到，从童年到如今他依然眷恋着自己的故土湘湖，还想着死后能归葬于湘湖，抑或是在湘湖的荒山野岭立一块"读书人来新夏碑"，也算是落得一个安逸清闲。可见，湘湖那无与伦比的魅力，确实是十分吸引人呐。

四　现代华丽秀

如此在亭子歇息片刻，已经是下午时分。我马不停蹄地赶往湘湖现代的旅游景点，希望能感受到湘湖现在与过去的差距。

如今的湘湖，除了有大自然的馈赠，更有着人为的精密规划和布局。对湘湖的保护和开发，不仅再现了其风土人情，更结合了现代的理念。湘湖的金融小镇、垂钓区、海洋公园、音乐喷泉……尽显当代特色。

从最近的看起，婚庆园粉墙黛瓦，风格仿古，披红挂彩，喜气洋洋，又名燕尔园，是湘湖拍摄婚纱照及举行中式结婚典礼的地方。历史与现实、传统与时尚，就在湖畔山前静静地交流、对话，岁月似乎在此凝固，又似乎飞快地流逝而去。不辞辛苦的我又返回到跨湖桥遗址后面的杭州长乔极地海洋公园，它是目前全国最大的海洋馆、世界最大的内陆海洋馆。至此，湘湖一期的景点我不敢说全部看完，但至少也算浏览了一遍。

接下来就是湘湖二期的音乐喷泉和湖山广场了，响当当必属湘湖水景秀，它是一个融喷泉、水幕、音乐、舞蹈表演为一体的综合演艺项目。音乐喷泉的3D效果，加上灯光、水幕电影的点缀联动，组合成了一场完美表演。时而再融入舞蹈、唱歌、现场解说的形式，就更能吸引游客的注意了。今天，在"水景秀"的现场，它是一部充满激情的舞台戏——"朝

晚秋之宁绍平原（2018 年摄）

阳萧山，八千年的跨湖桥文化"，演员们生动而深情的表演使游览者在欣赏美妙绝伦的视听盛宴之余，脑海中还隐隐浮现湘湖那深邃的历史脉络。

由于时间匆忙、路程跨度大，我草草地走完了剩下的景点。垂钓区、帆船基地、云洲敛翠、青浦问莼、金融小镇等区块都建设得十分好。

这时，已经接近黄昏，夕阳缓缓西下，落日的余晖洒在我的脸上，略微有些刺痛，可这刺痛也恰恰点醒了我：跨湖桥博物馆遗址与其毗邻的海洋公园不就是古代与现代的嫁接吗？跨湖桥最早的独木舟在如今代表的不就是海洋文化吗？它们是人与自然连接的象征，两个看似有点冲突的建筑物放在一起，实际上是对历史与未来的一种传承。

眼下湘湖主推的"慢生活"休闲旅游度假中，比如垂钓区，不正是效仿古代文人墨客的隐逸生活吗？帆船基地，所弘扬的奋斗拼搏，不正是越王勾践在治国的时候所展示出来的励精图治和自强不息吗？湘湖金融小镇的创立，不正是迎合了古代越商的聪明和智慧吗……

都市生活的快节奏，提醒我们要放慢脚步，回到最简单朴实的田园山居生活，净化心灵，学习古人，悠哉游哉。这种"慢生活"的方式在我看来虽是平淡无奇，但也更纯粹、更自然，有一种别样的小资情调。凡此种种，皆说明了湘湖历史与未来的融合。湘湖是历史文化湖，是自然生态湖，更是休闲度假湖，很好地诠释了古与今的重影！天色已晚，我不得不向湘湖说再见。湘湖，历经百千年的世间轮回与历史倒转，它依然没有变。古与今，如交织重叠的影子，随着时间的嘀嗒向前迈进。

最后，我再一次望向了湖面，望向了四周。想到了钱宰的《湘阴草堂记》中对于湘湖的描写："勾践之墟有山焉，曰萧山。有水焉，曰湘湖。山秀而疏，水澄而深。邑之人谓境之胜若潇湘然，因以名之。"

细细体会"潇湘"二字，脑海中就隐隐浮现出一湾湾连绵不断的小山，黛色绝佳，棱砺奇峭；一片片清绿幽深的湖水，微波粼动，悠然澄澈。此刻，这就是我对于湘湖的真实感受！

湘湖，再见！

浦阳江口话渔浦

施界媛

有幸，听到了你的名字。

你说你只是江边打鱼的一个出入口，籍籍无名，而我却知道并非如此。早在4000年前，这里便是虞舜渔耕狩猎的地方，而4000年后，渔浦渡口的鸣浪声依旧十里可闻。

渔浦落日如丹如火，美不胜收，渔浦的诗词咏流千古。有幸，能与你结缘，听你诉说那千年的故事……

一　三江佳地烟火在

"渔浦江山天下稀"，恰逢某年某月，陆放翁先生看了渔浦的山，渔浦的水，渔浦的落日，勃兴而发。

我缓缓地翻开新编《义桥镇志》，看到了里面历史的印记。据书里记载，这里曾是兴盛的活水码头，无数的人来过这儿，有玉带紫衣的大官，有魏晋风流的名士，有黑袍朴素的商人，也有面朝黄土的小农……一群人临岸当风，把酒言欢，起兴时高歌一曲，留诗一首。他们载货而去，带货而归，满船的绫罗绮布，茶叶鱼鲜。无数人都见过渔浦的江山。

"潮声偏惧初来客，海味唯甘久住人。"我知道，这里不仅仅是运转千年的萧山古津渡，还是浙东唐诗之路的起点。我亦相信，哪怕落寞了千年，放翁笔下的"安能移家常住此"也定是不虚。

东傍富春，西连浦阳，上承浦湖，下注钱塘。渔浦，于三江交汇而兴，留骚客印记而名。

渔浦的历史很长，但无论多长仍抵不过时间，抵不过沧海桑田的变化。

钱塘江的潮水起起落落，它随西城湖（湘湖旧称）一起与大海隔绝，最终缩小成了渔浦潭。两晋时期，文字里第一次出现了渔浦的痕迹——"富春东三十里有渔浦"（晋·顾夷《吴地记》）。位于钱塘江和浦阳江交汇口的渔浦，在南朝时期已经是一个相当有名的渔业村寨和交通要津。

同样为人所知的还有渔浦山清水秀的风光。正如今日的渔浦烟光，仍是萧山人心中的八景之一。

二　几度兴衰沉江潮

靠山吃山，靠水吃水。旧时渔浦人家以捕鱼为业，日出划桨而去，日落摇橹而回，是古时萧山西部重要的鱼鲜产地。

南朝梁永嘉太守丘迟就曾在《旦发渔浦潭》中写道："渔潭雾未开，赤亭风已飏。櫂歌发中流，鸣鞞响沓嶂。村童忽相聚，野老时一望。诡怪石异象，崭绝峰殊状。森森荒树齐，析析寒沙涨。藤垂岛易陟，崖倾屿难傍。信是永幽栖，岂徒暂清旷。坐啸昔有委，卧治今可尚。"渔浦山水清丽险峻，不仅有江南水乡的婉约，更有钱江潮赋予的大气勇敢。渔民朴实勤劳，清晨浓雾未开时，便撑船前去捕鱼，也不惧航行中的危险。这养成了现在义桥人民勤劳奋进、敢为人先的优良品质。

由于优越的交通位置，渔浦成了当时重要的中转码头。南朝以降，至隋唐时，渔浦交通码头的功能愈发显著。渔浦借助南朝时建造的南津埭，使外江与内河相通，兴修驿站，成为唐初重要商旅、货物、航船的中转场所，与当时的西兴并列为萧山重镇。

舟来楫往，客去客留，从富春江、钱塘江行来的竹排木筏、官舫商船往往通过渔浦的牛埭前往古代绍兴、诸暨等地。诗仙李白亦是从渔浦通行转西陵走运河向会稽而去，去往那一万八千丈的天台，在天姥吟游。

而自古以来，有码头的地方，往往商业兴盛。渔浦的商人们也形成了自己的商道文化——利缘义取、货真价实，这也是现在义桥人民坚持"一产做精，二产做强，三产做优"原则的源泉。

从宋朝开始，渔浦迎来了它发展的高峰期。自钱塘江溯富春江而上的水路中，渔浦是这交通航道上唯一的停靠码头，商贾旅客熙熙攘攘，多留宿于渔浦，交通的便利使渔浦成为一个著名的水路中转枢纽，造就了渔浦的繁华景象。大多数商旅往往会选择在此留宿一夜，然后第二天再出发北上。久而久之，渔浦就形成了一个商业繁荣昌盛、市场兴旺发达的市镇商埠，也成为官府盐务税收的一个重镇。到了南宋时期，赵氏王朝建都临安，北方人口大量南移，渔浦成为京畿近地，其间往来人口络绎不绝，因此水陆航运更加繁忙。

南宋高宗皇帝赵构对渔浦一带的航道十分重视，亲自下诏任命官员督办渔浦河道修缮，改善水上交通。根据嘉泰《会稽志》记载，这里设有渔浦镇、渔浦寨、渔浦驿、渔浦务、监渔浦使臣廨、渔浦税场、渔浦酒务等众多官府机构。

然而渔浦也是多灾多难的，经历了数次兴盛衰落，最终沉寂于江水之中。

唐代末期，渔浦一侧堤岸受江潮影响，泥沙淤积逐渐变得十分严重，河道中多处出现了江汀、沙洲等阻碍，航道不畅，船只难以通行，也致使渔浦交通要津的地位不断下降。

渔浦的困境一直持续到五代时期，吴越王钱镠修筑了西江塘，借此稳定江道，且恢复了渔浦的水驿功能，恢复了从前的繁荣。但是到了元代，渔浦又受到了浦阳江改道的影响，江水决堤、堤岸坍塌，给当地百姓带来了许多灾难，渔浦的水驿功能也逐渐式微。

明代天顺年间，官府为恢复渔浦驿的功能，命人开凿碛堰山，疏通新江，使浦阳江下游由西小江入海改为与富春江、钱塘江交汇。但是三江交汇后潮水、洪水的冲击力变得更大，经常发生堤塘决口。在成化年间，由于潮水来势汹汹，竟使渔浦新桥及桥南的渔浦镇被冲垮而沉陷于浦阳江中。后来官府又下令在新堤之东，易地更迁复建新的渔浦街。明孝宗朱祐樘于弘治十一年（1498）复设置渔浦巡检司，但之后至清代，渔浦河道一带岸边的渔浦税课局、渔浦巡检司等并不能使渔浦免受江潮的侵蚀。渔浦不断迁址，最终走向没落，失去了千百年来"活水码头"的功能。同时，义桥镇渐渐兴起，渔浦成为义桥镇的一个自然村。

三　文士纵酒叹山水

提到渔浦风光，便不能不讲到渔浦诗。翻开新编《义桥镇志》，里面收录了143首描写渔浦的诗词，开篇第一首便是南朝大文学家谢灵运的《富春渚》。

> 钱塘看潮涌，渔浦观日落。浙江两奇景，亘古称双绝。

公元422年，谢灵运因在政治斗争中失败，被权臣排挤出京，出任永嘉太守，官场的失意令他更加醉心于山水名胜。谢灵运在前往永嘉的路途中经过渔浦，见渔浦风景美不胜收，一时诗兴大发，写下了古往今来第一首歌颂渔浦的诗篇《富春渚》：

> 宵济渔浦潭，旦及富春郭。定山缅云雾，赤亭无淹薄。
> 遡流触惊急，临圻阻参错。亮乏伯昏分，险过吕梁壑。
> 洊至宜便习，兼山贵止托。平生协幽期，沦踬困微弱。
> 久露干禄请，始果远游诺。宿心渐申写，万事俱零落。
> 怀抱既昭旷，外物徒龙蠖。

诗中诗人既写这条水路的轻松便捷，又描写其过渔浦虽有惊但无险。他更是借渔浦景色抒发了自身隐逸不仕、云游四方的心情。自此以后，渔浦也成了历代名家寄情山水的一处好地方，自古以来共有240多首描写渔浦的诗词。渔浦唐诗更是在《全唐诗》中占了一隅之地，有近30位唐朝诗人留下了墨宝。

将《渔浦诗词》（中华书局2010年版）一页页翻阅，昔时渔浦之美，我们只能在诗中窥得一二。不论是孟浩然笔下"卧闻渔浦口，桡声暗相拨。日出气象分，始知江湖阔"的清晨渔浦景色，还是钱起笔下"日入林岛昇，鹤鸣风草间。孤帆泊枉渚，飞雨来前山"的雨中渔浦景色，都是独具特色、美不胜收。特别是斜阳西沉、夜幕降临，渔浦潭上渔火点点，当江上来往的人都陆续地进入梦乡时，唯有诗人看着"村烟和海雾，舟火乱江星"难以入眠，或是"橹摇渔浦苍茫月"的心事重重。

江南多山多水，不似北方平坦辽阔。水路交通是江南最普遍的通行方法，去往浙东的人往往都选择坐船前行。由于独特的地理位置和自然环境，浙东运河吃水量小且河道狭窄，萧山境内的浦阳江和西小江是从杭州通往绍兴最便捷的道路之一。并且渔浦三江交汇，又是钱塘江溯富春江水路中的唯一停靠码头，不论南下还是北上，历代追慕魏晋遗风而前往浙东的文学家、诗人、画家大多要从渔浦经过，例如南朝的谢灵运、江淹，唐代的李白、王维、孟浩然，宋代的苏轼、陆游，清代的毛万龄、王雾楼等人都曾到过渔浦，留下洋洋洒洒百千诗作。

盛唐气象，文学兴盛，唐代共有400多位诗人到过浙东，钱塘江—富春江—新安江这条唐诗之路的航道上，萧山渔浦被誉为浙东唐诗之路的起点之一。渔浦能够成为浙东唐诗之路的起点，不仅仅是因为其三江交汇的地理位置和景象繁荣的商埠码头，还因为其地处富春江水路一带，景色险而丽、危而美，被唐代许多诗人当作意象大量运用到诗中去。

从渔浦出发往浙东风景绝胜处的路途中——水皆缥碧，千丈见底；游鱼细石，直视无碍；急湍甚箭，猛浪若奔，无不暗含着独特的诗意灵性。看到这般清丽奇险的景色，诗人们往往能够渐入佳境，生出柳暗花明的感悟。文人墨客行至渔浦，百无聊赖，唯有斜倚船栏，望江面茫茫，夕阳如梦，引发出无限诗情。

也难怪唐朝大诗人韩翃发出了"早晚重过渔浦宿，遥怜佳句箧中新"的感叹。见了渔浦景色，历代文人往往诗意盎然，下笔有神。

千百年来，除了历代诗人留下的大量优美的诗篇外，许多画家和作家也留下了不少的画作和文章。例如北宋画家李公年的《秋霜渔浦图》、宋迪的《烟岚渔浦图》、许道宁的《晴峰渔浦图》、元代杨维桢的《渔浦新桥记》、明代黄九皋的《论西江塘》等。

四　而今新篇立潮头

千年来，每个地方都有每个地方的新说。

萧山，古镇很多，古迹也很多：西兴、钱清、湘湖水、越王台等。我观过钱江潮水汹涌而去，听过北干松风飒飒作响，但渔浦夕照的浩渺烟波，却是最美。

渔浦，积攒了千年的故事，等着我们去倾听。这片土地见证过尧舜渔猎，活水码头运转千年，浙东唐诗之路绵延不绝……而渔浦世世代代的子孙，又将这千百年的历史文化铭记，最终积淀成义桥人"一包四崇"的精神内涵。

几千年来，位于钱塘江、浦阳江、富春江三江交汇之地的渔浦，见证了滔滔江水合而为一、奔流入海的景象，形成了包罗万象、兼收并蓄的气度与胸怀。而拥有海纳百川宽阔胸怀的义桥人民也积极发挥区位优势，完善交通，协调发展，接轨大都市，大踏步迈向钱江新时代。

义桥人民不会忘记渔浦从前的繁荣昌盛。他们秉承老祖宗们传下来的优秀经商传统，坚持"一产做精，二产做强，三产做优"的原则，大力发展小镇经济，实现民富镇强目标。身为渔浦继承者的义桥，将"义"字当头，待人诚信热情、讲究道义，人与人之间互帮互助、相处融洽、平等友爱，形成了政通人和、民安业兴的美好局面。义桥人民一直口耳相传着江口"石氏四兄弟""孝子鱼"等重节孝的故事，现今镇里也一直积极倡导和践行敬老尊贤、正直不阿的良好美德，努力为义桥镇文明乡风、新农村建设添砖加瓦。

　　最后，渔浦文化积淀深厚，自古人杰地灵，名士荟萃。义桥镇政府也十分重视教育事业发展，一直传承着"笃学慎思、明辨尚行"的良好办学理念。境内的义桥实验学校已有110多年的历史，自建立以来为社会输送了许多有用之才。

　　从2009年起，义桥镇政府确立"三江胜境，义桥渔浦"的文化品牌目标，多次召开座谈会，投入大量资金，着力开发渔浦"千年要津，活水码头"的历史古迹和浙东唐诗之路起点的文化内涵。渔浦老街也成为"寻找义桥记忆，讲述义桥故事"的窗口之一。生活在渔浦这片土地上的人家们，他们是幸运且自豪的，他们会举行"渔浦家书""渔浦杯"书法比赛等文化活动来表达对这深厚历史底蕴的感恩。尽管旧时的渔浦已经随着滔滔江水，沉积于江底之中，我们已找不到它过去的痕迹；曾经活水码头的热闹不复存在，富有诗意的堤岸河畔生活也渐渐远离了渔浦人民的视线，但是那些留存下来的老底子，融进了渔浦的泥土里，芬芳依旧。

　　清代韩慕嵘《渔浦清》云："星火夜随星影乱，浪花晨共日光跃。浮沉于越兴亡事，吞吐之江上下潮。"这是生在长在渔浦边的韩慕嵘，在观江潮上下后有感而发。也正如渔浦千年来的沧海桑田变化，它经历朝代更替，也曾易址新迁；它有兴亦有衰，现如今也重放光芒。每个义桥人都知道，不论渔浦走过了多少个甲子轮回，它留给人们的印记永不磨灭，也好似渔浦不变的夕照，山头日未敧。

第五编
大湾迎海潮

且听海宁潮歌声

鲁雅雯

人生是一场旅行,既然在不停地行走,何不去那向往的地方。

我不知该用怎样的字眼去揣摩江南的脾性,正如我无法用言语描绘海宁。她从遥远的时光中蹒跚而来,岁月使她负重前行,原本青涩稚嫩的脸庞接受了风雨的洗礼。于是,裂缝渐渐爬上原本无染的白墙,苔藓衬着石板小路绵延而前。可老屋仍在,小镇还在。海宁还在生活着,还在呼吸着。那些呼气声带着江南特有的糯糯的湿气,最终凝结为晨曦中的清露,甘甜清凉,那便是海宁特有的味道。妙哉!

终日氤氲在雾气之中,半遮半掩,你好奇得紧了,却越发朦胧,直至一日,你推开被历史堆积的满是尘埃的木门,吱嘎一声,你透到了一丝光明。

"海洪宁静"是统治者对海宁这鱼米之乡深切的期望。"八月涛声吼地来,头高数丈触山回。须臾却入海门去,卷起沙堆似雪堆。"唐刘禹锡《浪淘沙》中钱塘江大潮给平静安逸的海宁带去了壮观的潮水景致,于江南水乡的淡淡水墨画卷中涂上了浓厚的色彩。

一 海潮

门前的阿婆总说海宁的好,说着便笑弯了腰,眼中的光芒遮也遮不住。老一辈儿的人将一生都托付给了海宁这片江南水乡。初遇江南,心头只念着她的妙,温温柔柔,江南独有的妩媚若有若无,看不见摸不着,却打心里头欢喜。可海宁并非娇弱不堪的大家闺秀,恼了也只是红了脸,支支吾吾说不出一字。海宁,更像是柔中带刚的铿锵玫瑰,平日娇艳欲滴,战时无所畏惧。人道:"海宁配海潮,绝配。"

若没有潮水,海宁总是安安静静,不气不恼。也许她会向西塘叨扰,探究依水而建、傍水而居的奥妙；也许她会向南浔请教，深挖纵横交错、相映成趣的记号。西塘、南浔、乌镇……她们不谙世事，终日对镜贴花黄，软着身子迎接金色的太阳。海宁温柔，却也坚强，是水乡，更带着海潮，是女中豪杰，更英姿飒爽。

海宁是水做的，只是多添了一些料，有了潮。

余亚飞在《观钱塘江潮》中写道："钱塘一望浪波连，顷刻狂澜横眼前。看似平常江水里，蕴藏能量可惊天。"那华丽的辞藻是无论如何也无法描绘这钱塘大潮的，满脑的想法在潮涌来的刹那，散去。那一霎时，你早已忘却言辞，只得静静，呆呆地伫立，脑中思绪万千，也被这潮磨去了脾性，待缓过来时，想说些什么却不知从何而起。从汉魏起，观潮之风逐渐兴起，唐宋年间盛行，于今已有2000余年了，大潮刻入了海宁的灵魂，水养的脾性带了刚，天时与地利，造就了她的独特。

农历八月十六日至十八日，太阳、月球、地球几乎在一条直线上，所以这天海水遭到的引潮力最大。钱塘江口状似喇叭，潮水易进难退。典型的亚热带季风气候，夏季的东南风更是助长了潮水的态势。白居易、苏东坡等历代文人墨客为之倾倒，在目睹这天下奇观后留下了千余首颂潮之诗词。在他们的笔下，潮水是有灵气的，气势磅礴，不怒自威，即便只是远远地瞥见，震撼不减，涌潮的美感是从灵魂中感受到的。白居易《樟亭》："月明何处见，潮水白茫茫。"苏东坡因景感怀："鲲鹏击水三千里，组练长驱十万夫；红旗青盖互明灭，黑沙白浪相吞屠。"（《催试官考较戏作》）就算不曾见过这浩荡大潮，读着诗词，闭上眼，钱塘江潮，浩浩汤汤。海宁与海潮，小小的一隅乡土，却将满腹情怀收下。他们将历史糅进诗中，期待后人重拾，展平。阿婆总是坐在门前，看着这座小城人儿来往，她总是笑，眼眸慈祥。潮水伴着阿婆长大，时间不是流逝，是积淀。

阿婆说，每到观潮的时候，海宁就会变得热闹，原本静谧的小镇涌来了人们，他们步履轻快，看到她总会慢下脚步，打着招呼向其询问大潮的历史。在海宁，观潮是有讲究的，不同的潮名字也不同。其中回头潮、交叉潮和一线潮享有盛名。

数点连一线，便可以将海潮的千姿百态一览而尽。人们喜欢观潮，喜欢大自然的赠予。你也许会感慨，时间之短暂，人物之渺小，在这巨大的碰撞之中，天崩地坼，唯潮依旧。

从海宁的丁桥镇出发，是观十字交叉潮的最佳地点，泥沙淤积，岁月流逝，沙洲逐渐形成，当潮波涌来被其分离，东潮和南潮在绕过沙洲后，如百年树枝交叉相抱，形成变化多端、声势浩大的交叉潮。两潮在相碰的瞬间，突地激起参天水柱，澎湃飞扬。待到水柱落回江面，交叉点似雪崩般迅速朝北转移，直挺挺地撞在顺直的海塘上，激起一团巨大的水花，跌落在塘顶上。

交叉潮的余韵还未散去，我们赶紧驱车到盐官。这时，惊心动魄的一线潮即将上演。未见潮影，先闻潮声。江面波澜壮阔，清澈依旧，一阵寂静后，耳边忽传来轰隆隆的巨响，由轻渐重，原本平缓的心跳逐渐加急加快，似要跳出这拘束的空间，去远方，去追寻。响声如千雷轰鸣，如万鼓齐擂，震耳欲聋。远处，朦朦胧胧间，海天一线的江面出现一条银白的细线，迅速西移，犹如"素练横江，漫漫平沙起白虹"。再近，白线变成了一堵水墙，逐渐升高，"欲识潮头高几许，越山横在浪花中"。巨大的水墙以雷霆万钧之势向前推移，顷刻间向观客逼近，有万马奔腾之势，海涌波澜。

巨大的心灵震撼使我久久无法动弹，待回神，沿着盐官逆流而上的潮水，将到达老盐仓。也许只有在，也只能在老盐仓，才能看到气势恢宏的回头潮。老盐仓与盐官不一样，盐官河道顺直，潮水可以肆无忌惮地向前推进，而老盐仓出于围垦和保护海塘的需要，建有一条长达660米的拦河丁坝。在那里，呼啸着疯狂奔来的潮水遇到障碍后将被反射折回，它如海啸般猛烈撞击对面的堤坝，以泰山压顶之势翻滚，回头落到西进的急流上，风驰电掣地向东回奔，声如狮吼，惊天动地。

若不曾亲见，无法亲历。有些景色，只有亲临，才能感受。

钱塘江潮于海宁而言，是赠予，更是天赋。

二　潮神

在所有有关海宁的故事里，海潮是永恒的话题，她总是泛着金色而神秘的光芒。传说在那个地方，大海每天要来朝拜两次，似乎是要把海宁的历史全部清洗一遍。风平浪静的海宁人将潮神作为他们的信仰，期盼浙海之神带给海宁的是温柔善良。

吴根越角之地，从来战事频繁。料想吴越之百姓，对于战争总是有着复杂的感情。相传伍子胥助吴王俘虏了越王，却因多次劝谏吴王夫差杀勾践，遭其嫌隙。后夫差听信太宰伯嚭谗言，被吴王赐"属镂"剑令其自刎。伍子胥自杀前曾诅咒吴国，并发誓要亲眼看着吴国灭亡。从此，这怨气冲天的鬼魂就在钱塘江上兴风作浪。八月十五日是伍子胥的祭日，更是潮高浪急，惊险万分。后来，人们称他为潮神，在钱塘江边建了潮神庙、胥子庙，祈盼百姓的虔诚跪拜能消了他的怒气。

这个故事，阿婆说了很多次了。故事说久了，倒也显得真实。来此的游客每每听此传奇，无不感慨世事难料，却又意犹未尽，总想再多听一些。可惜，阿婆不愿再说，多少有些遗憾，但也无法，只能摇摇头，继续赶路。我未曾亲耳听见，感慨之余便想，所谓的伍子胥的怨恨，兴许是百姓对于潮灾的合理化解释吧。

海神庙又称为"庙宫"，始建于公元1730年，距今已有289年历史了，海神庙便是专门祭祀"浙海之神"的。无人考证出这浙海之神究竟是何方神圣，从何而来又往何去。在中国南方，皇家式建筑总是不被允许私自建造的，皇权不容挑衅。但奇怪的是，海神庙建筑群，均作明清宫殿式，多由优质的汉白玉石所筑，殿宇内的绘画也多仿照皇室专用的传统图案绘制，尽显神圣而深沉的寓意。

古代中国，敬天保民，神是理所当然的存在。同时，百姓也十分看重精神的力量，神灵与人是可以沟通的，人无法改变自然，但神灵可以。因此，想要海宁安宁，就需要一位专门的神灵。百姓与钱塘江、大潮的沟通媒介便是这"浙海之神"。海神无所不能，镇守一方，保护百姓安宁，他能决定生死，能自如地掌控潮水。正是古代这种鬼神的传统思想，促成了海神庙的建造。如今，透过海神庙，我们是否能推测过去呢？

游客三三两两，有白发苍苍的老人，也有青春焕发的少年，他们的眼神总是带着憧憬、带着敬畏，那敬畏被生生地放大，以致眼眸微湿，泛着泪光。

对海宁这座城来说潮总是特殊的，潮水带给海宁的是富庶也是灾难。可海宁人舍弃不了潮水，于旧时百姓而言，幸抑或不幸。

三 异潮

海潮是海宁人亘古不变谈论的话题，海宁与潮，哪里说得清。而海宁与潮的斗争也已持续了千年之久。历史从来不是一帆风顺的，海宁温柔，因而当来势汹汹的潮水袭来，涌潮总是吓坏了这片土地。薄弱的防卫被一击即中，于是潮水涌入，潮灾带着蔑视将海宁包围。

看着这平静闲适的江面，你想象不到潮水会发狂、会叫嚣，一夜之间满载戾气，发泄似的向海宁涌来。据记载，8世纪到20世纪中叶，钱塘江流域发生过230余次的大潮灾，平均5年就有一次。明崇祯元年（1628）海宁潮冲进海塘，淹没村庄田地，沿江死亡人口17000多人。清乾隆三十五年（1770）的大潮，你幻想过，你感慨过，却未曾经历过。海塘大决口，10000多人顷刻间溺水死亡。

你是否听过齐唐的《观潮》："何意滔天苦作威，狂驱海若走冯夷。因看平地波翻起，知是沧浪鼎沸时。初似长平万瓦震，忽如员峤立鳌移。直应待得澄如练，会有安流往济时。"

你可曾感受过潮水的滔天怒火，无情地宣泄。古时人们虽然害怕，却也无可奈何。他们敬畏上苍，认为涌潮乃是上苍所为，神灵所致，只得修建海神庙，期盼着安宁。在抗拒涌潮危害的斗争中，人们开始在两岸修筑海塘。尽管如此，还是不断出现潮水破堤毁塘的现象。

盐官的古海塘始建于1700多年前，海宁这座城与海塘总是密不可分的，海塘镇守一方，守护着海宁。沿着盐官海塘行走，不必着急，也不必急于奔跑。微风徐徐，左看水光浮动，右看风叶转动，大地运动不歇。阿婆如今走不动了，起身走两步都微微带喘，可她总念叨着海塘，激动后又是一阵静默，海潮带给海宁这座城的是幸福也是灾难，可海宁离不开潮水。

雍正年间，潮患又一次猖獗，古海塘无法承受，轰然坍塌，潮水肆虐。面对脆弱的海宁，受苦的百姓和毁坏的海塘，雍正皇帝决定将所有的草塘改建成鱼鳞石塘。如此决心，实属不易，将古海塘改造为堆砌叠加的鱼鳞石塘，于当时之水平，耗时耗力。当地的人们每每说起海塘，总是嘴角不由自主地上扬，也是，海塘乃是海宁人智慧的结晶，也是不屈不挠、敢于斗争的海宁精神。据阿婆所说，海塘所用的条石必须宽度、长度、高度统一，不能有半点误差，只有严格的标准才能带来长久的安宁。要不然，海塘就会因受力不均被潮水冲塌。长六至八尺的条石，需一块块平行放置，中间填满瓦砾，粘上糯米汁，打上铁锭。条石稀缺，来源不易，必须从太湖、湖州的山上运来，古时运船空间狭小，巨大的条石一次只可搬运三条。如此的艰难环境，并没有减低人们的决心，团队合作与奉献精神在修筑海塘的过程中被激发,海宁,在这个神秘的地方,海宁的人儿,创造了海塘精神!

海塘于康熙五十二年(1713)重筑,当时称为"捍海塘",希望这是能够保护海岸平安的一条堤坝,所以又取名"太平塘",人们将安稳和太平深深地寄托于海塘之中。雍正八年(1730),鱼鳞海塘终于修筑成功。

四 爱潮

人们爱潮也爱这海塘,爱这大自然创造的伟大宝藏,也珍惜这一方海塘。我想,这就是海宁自身的力量,敢为人先、自强不息的人文情怀随着海塘传承了下来,一点点积淀,汇成山川河流,生生不息。

海宁乡村一角

老一辈的人儿特别喜欢沿着海塘漫步,轻轻悠悠,仿佛时间随着长长的海塘静止了。极目远眺,微风掠过,江面泛起点点波澜,安安静静的海宁带着江南特有的咸甜味道,浓浓的。阿婆老了一些,背也无法再挺直,家人总是劝她好生休息,她却说自己既然固执,就要固执一辈子。暖暖的午后,她坐在门前的竹凳上,舒服地笑着。待到了傍晚时分,阿婆总想到海塘边走走,无人陪伴也罢,她只想着再去走走。我不知道海潮对于阿婆来说有着怎样的特殊意义。我只看着，心头微涨，眼眶微湿。

每一座城总有属于他自己的故事。海宁的故事里，海潮总是主角，我们对其震撼、对其感动、对其敬畏、对其恐惧，最终化为沉甸甸的情愫，说不清，道不明，却又离不开。

执的笔起了又落，海宁伴着海潮，千年而过，这厚重的时光把笔压下，无法用言语表达，便亲自去海宁走走吧。海塘仍在，守护着海宁；海神庙还在，带着人们的期盼；海潮自在，等着你来。

潮起潮落漫尖山

赵斯瑶

儿时夏天的记忆，全由一个个席卷而过的台风构成。记得沿江海风里那栋矗立的灰色老屋，窗户是一个个朝外推的小格子。台风呼啸，窗户和窗樘就磕磕碰碰呜咽。江面的风越大，浪越凶，老屋的呜咽就越嘶哑。

来到潮起之处——尖山塔山塘的这一天，江风吹动江水拍打堤坝，发出沉闷的声音。偶然的一个弯腰，我拾起了一段儿时的回忆。

一　潮是灾

小时候最爱也最怕这样的台风天。

天空压得很低，几乎与江面相接。由于广阔，快速移动的"强盗云"会在江面留下完整的倒影。天上的云和水里的云一起随风飘动，是我20年来不曾在别处目睹的风景。

政府部门的警报也往往会在这样的天气里拉响。台风过境时钱塘江边无疑是禁区。江潮的形成依靠地月引力、江底泥沙的阻隔，再加上风的助力，大潮与大风大浪总结伴出行，威胁着沿江沿岸的生机。

我和父辈的记忆中并无钱塘江潮灾。资料显示，自20世纪60年代以来，钱塘江两岸的主塘均未发生过溃决。然而小规模的涌潮危害仍有耳闻，邻里街坊间，"钱塘江脚下的谁谁谁家，前几天一个浪头翻过来，进了一屋子水"是最有热度的话题之一。真实性我们无从考证，但钱塘江边的人民对江潮的敬畏可见一斑。

纵观古往今来描绘钱塘江的诗篇，多是如《浪淘沙》中"卷起沙堆似雪堆"的赞美之词，或是明代《观潮歌》"君不见胡马营沙人有待，潮乎此时信何在。徒劳日后来不休，万古莫洗钱唐羞"的借潮叹史之作。诗词里承载的情绪总是宏大、沉重的，而江跟人似乎显得格外疏离。

江边警示牌

这样的印象也不无道理。

钱塘江2/3的水量由兰江提供，兰江平均只有300米的宽度，只可通行1000吨级船只。杭州段的江面平均宽度能达到2000米，通航能力大幅提升。但新安江、富春江两座大坝建成后，水量拦截、泥沙淤积加重，进一步限制了钱塘江的通航能力。我们总说"水性使人通"，而航道条件不佳，江水过分汹涌的钱塘江显然是特殊的。在沟通方面，它并没有尽到一条江河泽被四方的义务。而澎湃的江潮，是现世的奇观，在往日却也意味着灾难。

宋代女词人朱淑贞的这首《海上记事》"飓风拔木浪如山，振荡乾坤顷刻间。临海人家千万户，漂流不见一人还"，描绘的就是潮灾来临时排山倒海的破坏力。海宁民间附会乾隆帝下江南四至海宁乃是探望亲生父亲陈元龙之说，实际上都是心知肚明，这哪是探亲，只是来探望这方保卫杭嘉湖平原的石塘罢了。历朝历代的县志里，修筑海塘都是极其重要的国家工程。人与江的斗争从古至今，从无间断。人们把江视作广阔的"海"，又对此寄寓了安宁的愿望，这才有了我们"海宁"。

二　塔山塘

清朝的海宁人孙清写道："行舟无数趁长风，塔山塘前浪千重。"如今的钱塘江面除了一江流水，已经不见片帆。我搜遍儿时关于钱塘江的记忆，也始终不见孤帆片影。清人与今人的记忆，在岁月的时间轴里出现了落差。

伸入江心的尖山余脉

翻阅部分史籍和今人著述，鲜有提及钱塘江下游航运的景象。我也疑心清人疏漏，殊不知是自己搞错了船头风向。想当然以为"孤帆远影碧空尽，唯见长江天际流"是自西向东流，却忘了眼前旧称"罗刹"的这一段江流不是运输的动脉，而是其中的结石。船头在此并不顺流或逆流向东西方向前进，而是横穿整个江面沟通南北。

塔山塘北30公里的市区中心，是海宁最初的城区——硖石镇。这个两山夹一水的市镇不仅孕育了浪漫至上的新月派诗人徐志摩，在近现代还形成过与省城杭州的湖墅米市比肩的硖石米市。而海宁这座小城市，自古以来的命运是同眼前的这条"罗刹"捆绑在一起的，米市的形成也不例外。

由于江浙富庶，资本主义萌芽出现较早，因而棉花等经济作物早早地取代粮食作物成了地里田间的主角。加之钱塘江南岸为江水沉积形成的沙地，再南则多为山地、丘陵，土壤不够肥沃，因此在近现代时期整个浙江的粮食有赖于从湖南等地输入。在粮食南运的过程中，汹涌的钱塘江水就成了一道"天堑"。粮船需在海宁碛石暂停、修整，再从江面较窄的盐官运送过江，米行、米市就在这修整的过程中应运而生。

一艘艘航船南北往来，挑战着大自然的威严。千百年来，滚滚钱江潮每日两次奔涌而来，对沿岸人民"耀武扬威"。可在这同时，它又偷偷撒下繁荣的机遇，而智慧的人民也总能像掌握潮信一样，牢牢把握住了这些机遇。

我脚下所踏的这条堤坝，就是古人来尖山观潮的首选之地——塔山塘。这片尖山余脉由人工加固形成一道平直的堤坝，直指江心。东侧受潮水冲击，坝上已有碎石陨落，西侧江面裸露出一截山体，千百年来日日聆听潮音。这已经不是一块单纯的石头，更是历史留存的最天然、最无言的纪念碑！

脚下是由现代化技术垒砌修缮而成的堤坝，而实心石塔矗立在伸入江心的堤坝尽头。整条堤坝建立在尖山余脉之上，在此地古与今似乎是实现了交汇。乾隆帝曾亲临此地并留下了《塔山志事》《视塔山志事碑文》等文字，慨叹"尖山、塔山之间旧有石坝，朕今亲临阅视，见其横截海中，直逼大溜，犹河工之挑水大坝，实海塘扼涛卫激，保护匪易"！我思及沿岸人民与江水斗争的艰辛，又念及如今它给我们带来的勃兴，内心一如江面，泛起涟漪。

三　观音殿

跟随乾隆帝当年的脚步，我走上了与塔山相望的尖山。山上有寺观，名曰"观音寺"。寺庙很新，重修过的痕迹仍在，但底蕴却深远。文化就是这样，客观的载体或许早已泯灭，但是它的精神内核却百年千年地保留了下来。

观音寺原名"观音庙"，始建于清雍正十三年（1735），距今已有284

塔山塘堤坝，尽头即为塔山

年的历史。乾隆《海宁县志》中有一篇《御制登尖山礼大士作》，即乾隆帝在视察完海塘后来到观音寺礼大士时所写。乾隆帝还御题殿额"补陀应现"，写下十八字对联："耳观海潮音非彼非此，心源甘露品大慈大悲。"时隔三年，乾隆重游观音寺，又御题观海阁匾额"海阔天空"四个大字，并"台临上下空无际，舟织往来波不兴"的十四字柱联，赞叹钱江海湾美景。

可惜的是，沧海桑田的进程在这条喜怒无定的江边尤为快速。如今，昔日繁华庙宇早已消失，观音寺原址所在的小尖山也已被采石所毁。现在我们眼前的这座观音寺是随着尖山新区的开发带动新修起来的。

因为由祖母带大，我自小就常出入寺庙，对这种新修的、无历史气息的寺庙并不喜爱。比较特殊的是，这座寺庙建在山顶，在上山的道路两旁竖立着佛像，倒多添几分朝圣的意味。虽然山的海拔不高，但终究是个脱离地面、俯视钱塘江的视角，况若遇上台风天且降小雨，转着转着实有几分云雾缭绕的仙境之意。爬至山顶，游客稀疏，却见庙宇外矗立着一尊观世音像，睥睨钱江，与东南佛国普陀山的那尊观世音像隔海相望。

水边相比于其他地方似乎更容易滋生特殊的、小众的信仰，如萧山信仰宋朝时带领民众筑堤捍海的官员张夏，闽粤台等沿海地区则信仰妈祖。然而等我翻阅了相关文献，并与海宁人交流了解后发现，许是因为本身地域不大而缺乏坚守传统的土壤，市场经济浪潮又加快了文化的新陈代谢，海宁的信仰并不多、根基也谈不上多深，唯独对观音菩萨称得上情有独钟。海宁的每座寺庙几乎都供奉观音，儿时常跟随奶奶去烧香的一位太婆家还把毛主席和观音娘娘一起供奉着。我暗自揣测，也许这种观音信仰与我时常听到的那个传说不无关系。

在跟尖山当地民众交谈的过程中，我发现较为年长的几乎都听过观音借地的故事，只是细节上略有不同。相传，曾经的钱塘江入海口还在杭州富阳一带，这一点有史可稽。经过了上万年的演变，钱塘江的入海口不断外移，钱塘江潮也从宋元时期的"杭州最盛"演变成明清时期的"海宁潮"。

在曾是一片汪洋的平湖、海盐、海宁等地，暴怒的钱塘江使两岸生灵涂炭。观音路过此地见此情景，便借口向东海龙王借地歇脚，一箭从东海射到了杭州六和塔下，这一箭之遥的地域便由沧海变成了桑田。在传说里，海宁的形成正是得益于观音的恩泽，这也许就是"观音情结"最初的来源。

四　山巅骋怀

人们总羡慕小城慢生活，而实际上，自从有了人类活动的参与，哪里不是沧海桑田的巨变？海宁建置可追溯至秦朝，历史算得上非常悠久。然而具有历史特色的建筑、习俗、传统等实际上并没留下许多。站在尖山之巅，我所看到的围垦而成的开阔平原、沿江排列的风力发电风车和雨雾里若隐若现的嘉绍大桥都只不过短短历史。

1997年4月26日，海宁市治江围垦工程动工典礼在小尖山山脚举行。至2005年，尖山外总计完成6.3万亩围涂任务，围垦工程共计投资5.7亿元。从此以后，尖山这片"蛮荒之地"迅速崛起，尖山新区的建设让这个曾经无人问津的海隅摇身一变成为经济要地。

在政府的支持下，新区开发从农业、工业、服务业、基础设施四个角度入手。黄梅时节鼎鼎有名的"尖山杨梅"就是得益于围垦政策、新区建设才有了知名度。打开地图，所见的平直方正的道路、占据大块面积的工厂，也都是新区建设的产物。新区以"生态立区、工业兴区、综合开发"为发展定位，逐步建设成为一座以制造业为主导的兼具旅游、休闲

远处江边的风力发电设施

等功能的现代化综合性生态型滨海新城。

我们常常用"日新月异"一词形容发展速度之快，而这尖山速度又远不止如此，尖山人对"变化""发展"这些词的体验也比我们大多数人更深刻。

因为旅游业、采摘业的发展，到尖山的人流量明显增多。曾经出行等车需要耗费大量时间，且通常只有一条线路的小山村如今也享受着接近城区的公交待遇。我们常常感叹"坐公交越来越方便了"，但这变化始于交通，又岂止于交通呢？

2013年7月19日，嘉绍大桥通车，杭州湾上形成了第二个跨海的交通闭合圈，交通"末端"摇身一变成了"通途"，到上海港、宁波港、乍浦港等港口以及虹桥、浦东、萧山等机场的时间都大幅缩短，大大提升了尖山新区区位优势，也给尖山新区经济发展带来了红利，尖山新区由此进入了"大桥经济时代"。

大量高新技术产业入驻新区，这背后也离不开各项政府政策的支持。

海宁市政府始终坚持"生态立区、工业兴区、综合开发"的思路，针对蜂拥而来的各地投资商，政府对进入尖山新区的企业制定了较为严格的准入条件，逐步确立起以装备制造、汽车及关键零部件、新材料、新能源四大产业为主导的新兴工业格局。

  位于尖山前面的钱塘江在没有潮信时显得那么宁静祥和,而潮起处——海宁尖山,发展之势猛进如潮。这千万年来从不曾停歇的江潮啊,它带来的灾难锻炼了人们进取斗争的勇气,而沿岸人民又利用化腐朽为神奇的劳动智慧,艰苦奋斗、自力更生,创造出了一个个的历史机遇、发展硕果。

  观音殿上,我凝望钱塘江,嗅到"敬业奉献,猛进如潮"的海宁气质。

  塔山塘边,不曾经历人工围垦的滩涂正在一点一点沉积,青草、螃蟹、鸟类在此相聚。这里少了人工干预,要使沧海变作桑田仍需漫长岁月。而与岸上围垦而成的新区相比,仿佛成了两个世界。

塔山塘边天然沉积形成的滩涂

  尖山的围垦工程和治江工程是紧密结合在一起的。一边是利用促淤围涂的手段来缩窄江道达到治江的目的,一边则在治江的同时获得宝贵的土地资源。江潮依旧滚滚,西进又东流,沿海的滩涂飞禽翔集,对岸的山中果树茂密。人类进步到了如今的程度,似乎终于和代表大自然的汹涌钱江达成了和解。

  吹着江风,我不禁想起了这片尖山土地所隶属的小镇的名字——黄湾。有了蓬勃发展的尖山新区的黄湾，道尽了"湾"字的柔情。尖山这片从钱塘江中取得的土地，向人呈现的是新型的发展模式，提供的是人与自然和谐相处的港湾！

悠悠钱江，奔腾咆哮，更见柔情。

因海因盐话海盐

虞天添

我常常在想,该怎样形容一个古老城市历尽沧桑的气质。

"江海汇冲处,春秋博弈地",一个坐落于钱塘江口,向着太平洋吹奏了数千年潮音的老城,海岸线几度张弛,王朝轮番更替,为"海"与"盐"所牵动的历史脉络寸寸埋进海盐的土壤,每每提起都带着亚热带季风吹来的阵阵潮润与咸腥。

老城不像老人,老城的印记不似斑痕或是皱纹那样显而易见。尤其是现代化狂飙突进的当代,它深重的苦难和深厚的爱不表现在面目上,只会在某个不经意间,当你吱呀推开一扇落满蓬尘,磨旧了雕花的木门时,突然好像被光阴的密码击中。

你隐约闻到水汽的霉味,历史和现实被糅合成墙角毛茸茸的青苔。时间就这样悄无声息地生长,蔓延:一个白发苍苍的老人走了,一个蹒跚学步的小儿又来了。

你把这叫作香火,又把香火叫作传承。

一 海塘伴潮

海盐所在之地,有一个读来口齿生香的名字——江南。

古往今来,江南是多少文人墨客魂梦深处的温柔乡。我们提到江南的山,总是绵延起伏没有一个棱角的;提到江南的水,总是狭长安静的河道,温情脉脉的湖泊;提到江南的物产,总是甘甜喝不醉的米酒,纤秀得让人心疼的苏绣;提到江南的人,总是浣纱的西施,钟情的苏小小。

初见海盐,它向我们展露出一派唇红齿白的江南女儿相,但我总能感觉到别样的风情。海盐的温柔里是透着硬朗的,就算是女儿,也是戎马沙场的花木兰,绝非绣阁里闭门不出的大家闺秀。

且不说苏杭，单论嘉兴、桐乡、南浔、平湖这些江南小城，名字也大多风雅，这中间夹进"海盐"这样一个略显生硬的，甚至教人联想起海水咸涩滋味的名字，本就是件耐人寻味的事。

深究下去，海盐不只拥有南北湖和绮园这样的小景，这个千年盐都也曾"海滨互斥，盐田相望"；也不只有顾况、张元济、张乐平这样的文人，这座矗立于大洋大陆亿万年对峙的风口浪尖的小城也曾有黄光升为它筑起五横五纵的鱼鳞石塘。

看过翻滚的潮头我们才会恍然大悟，原来清浅的江南也是有海的，温婉的江南也堆砌着白盐黑铁。无论来自海洋的原始力量还是人类自身的南征北战，都曾将海盐高高推向历史的潮头。

大风驾潮，海水倒灌，海盐的历史在城和塘之间变迁。憔悴的人类对抗无情的海是海盐城亘古不变的主题。

南宋咸淳年间，传说海盐人曾为一位名叫常懋的两浙转运使设立祠庙，专门祭祀纪念。常懋是海盐人的恩公，"海晏塘"便得益于他。虽然声名不如青史垂名的伟人那般响亮，业绩也并非叹为观止，然观其留下的数行史话，我却道他极有性情，颇为有趣。

读书人出身，官至监察御史，常懋的性格跟许多文人一样，是那种天真的硬骨。这个耿直而忧心忡忡的人偏偏喜好多事，且事无巨细，上至皇室的立储纷争，下至权臣的家长里短，眼见之处无不发表些自己的好恶，上奏天听。于是乎，朝臣对他不待见，皇帝瞧他也犯怵，得了，您不是好管事儿么，那您不如去当两浙转运使，南来北往全归您管！

天可怜见，连年海患的海盐正是尸骨相枕，颗粒无收，这次上下联合的贬谪竟机缘巧合地为海盐城降下一颗救星。即使贬了常懋的官，朝廷之上依然没少了他的声音，就像孙悟空终究逃不过唐僧的苦口婆心。海盐的海潮泛滥和民不聊生，全由这位操碎了心的官员三番两次地呈报朝堂。

由于身兼转运使和掌两浙赋税二职，得到皇帝准允后，常懋第一时间开仓赈灾，放粮济贫，为海难做了补救。据说在组织修建3625丈的"海晏塘"时，他还劳心劳力拿出了自己大半辈子的积蓄。

"青苗白屋随奔流，红颜皓首尸横丘。一身虽寸六亲尽，至今乱骨无人收。"在不容违拗的自然神力面前，生命的尺度变得微渺，但是着眼于人的自身，即使再粗砺的生存状态，每一口气息的轮换都弥足珍贵。

钱塘江海塘全长300多公里，从两晋到前清1000多年的修修补补，滩涂泥泞上留下深深浅浅的脚印，精瘦的肩膀上扁担弯曲如绷紧的长弓，每一团泥每一块石头都曾听到过修塘劳役老牛般吃力喘息。

海塘是一条为了生存而拉起的战线，从空间到时间都趋近无限。日久年深，我们已经难以辨认常懋修的"海晏塘"是这长堤的哪一段，如今站在这条素面朝天又斑驳破碎的长堤上，看钱塘江轰隆隆奔流，混浊的潮头以大自然的原力扑打黝黑的石块，摔得粉身碎骨，成了一堆泥沙和泡沫。但总会有一霎那，听见脚下——砌于石缝间的——古老的血泪和悲欢应和着潮汐的起落日夜骚动，继而感怀往事如烟。依稀可见隐没于时光深处的无名氏，他们是历史真正的英雄。

二　晒盐

与海同居的海盐有着说不完的故事，海在对生命施以暴行的同时也哺育生命，它给人以"盐"。

从厨房舀出一勺洁白细密的食盐，小心翼翼地抖进咕嘟冒泡的汤汁。越是精致的生活越是讲究恰到好处，所以我们习惯性地在餐桌上指手画脚，这个咸了，那个淡了。然而当你真正看到刚从海边捞回，未经工厂"接风洗尘"的粗盐时，也许会忘记那些吹毛求疵的论调。

粗盐是盐民的儿子，长着盐民的样子，粗糙，尖锐，大小不一，像一堆未经打磨的石子，露着风沙似的土黄色。

晒盐并非一个浪头打来，教太阳蒸干，然后拿铲子一撬那么简单。就海引潮，担灰入淋，然后摊晒，接着取卤、打卤、上卤，最后捞晒撩盐，需要绕上好大一圈才算初步做成了食盐。

盐民大多贫苦，运泥、担水、贮卤，数道工序皆靠肩挑背扛，默默承受着和盐巴同样的风吹日晒。不是所有人家都有盐灶或灶股，他们大都是给人做工，将自己收来的卤水卖给"灶董"。本就收入微薄，又要添置器具，缴纳赋税，所以时常一年到头空忙一场，恓惶地跌进新年无所适从的深冬里去。"遍身罗绮者，不是养蚕人"所讲的也是这个道理。

然而生活的贫穷并不能真正打败一个人。盐，当它被叫作氯化钠的时候，是作为维系生命的物质，但所有人都称之为"盐"，因为这是个更近人情的名字。在淡而无味的日子里，只有它能给予味蕾一些额外的安慰。一代又一代盐民便是仰仗着这点咸味的慰藉，坚韧地在这片土地上落地生根，甚至爱上了自己的苦难。

从某种意义上来说，对味觉要求奇高的我们未必比那些因菜汤里一丝咸味而深感幸福的人们更知晓"盐"的滋味。

在古代，贩卖私盐遭到明令禁止。然而传说中，吴越王钱镠便是只身一人从临安走到澉浦鲍郎盐场，以一头羊换一担盐，凭贩盐白手起家的。说来还有些赖皮，后来我们都知"钱王射潮"，说的便是此人天生神力，常人担一担盐最多只得百斤，哪知钱镠却一肩挑走了800斤！才说起盐民疾苦，不禁要动些恻隐之心，怪罪姓钱这小子真不是个东西。然而这不过是民间的演义罢了，更多体现的是海盐人对钱王的景仰，情节倒不必全然当真。

吴越王在海盐兴水利修海塘，保境安民，扶助农桑，其统治之下，混战的五代十国中，教江南这小片土地独得一方安定。百姓对此无不感恩戴德。

海盐的吴越王庙在南北湖上几度拆迁又几度重建，每年的农历八月十一还要举办庙会，烟火缭绕地祭祀三日。

三 清明时节

我不曾逛过任何一场庙会，但是听老人说，那时候，庙会是一个盛大的节日。大殿中的香火，戏台上的歌舞，庙市张灯结彩，各式商贩就地铺排，非凡的红火热闹。

在纸醉金迷、物欲横流的时代，我们用纯粹的文学、音乐、美术来抵抗消费主义的异化。在贫乏的年代里，人们往往有意无意地用一个又一个节日来安抚荒芜日常之下内心对美与爱的渴望。

自古人民都在饥寒交迫的夹缝中艰难求生，饥馑、瘟疫、战争、劳役、死亡，薄脆的生命随悲辛鞭策前行，纤绳深深勒进他们赤裸的肩背，缄默地拉出一条历史的高船。物质匮乏，精神更加贫瘠，人们饥肠辘辘望着太阳在窗前起落，那万物的影子都被拉扯成瘦骨嶙峋的模样。每个日头都那么长，长得望不到头。于是代表着团圆和美的节日便成为这深重苦难中为数不多的亮色，叫人在听到枕边的妻子说"再过两天就是中秋了"之时，心生一丝祈望。日复一日年复一年，日子始终是有盼头的。

对于节日，老一辈的人儿似乎有着更深的感触，而我们更多的是在听闻和遗忘。

> 年初一，长辈面前拜个揖。二月二，吃个萝卜解油腻。
> 三月三，要吃鲈鱼上河滩。四月四，采桑养蚕作茧子。
> 五月五，家家门前荡菖蒲。六月六，猫狗众牲澡个浴。
> 七月七，新麦馄饨真好吃。八月八，海宁塘上等潮发。
> 九月九，新白糯米菊花酒。十月朝，姐妹相会在今朝。
> 十一月里正冬至。大年底，冻煞一堆叫花子。

太奶奶念这些句子的时候，老成一条缝隙的嘴巴还一张一翕尝着滋味，嘴巴啧啧有声。很难说科技和物质的进步蚕食了多少古老朴拙的温爱，但的确，只有经历过灰色岁月的人们才更明白那些桑间濮上暧昧民歌的味道，更懂得清明碧绿的荠菜，端午青翠的艾叶，五彩的花绳，重阳火红的茱萸这些风物的色彩意蕴。

安慰过千百代中国人的天然染料的色泽放诸红灯绿酒的今朝，无疑显得寡淡，我们也吃月饼、煮元宵，然而程式化的过节总像例行公事，我们不再把"节"当作生活的盼望，"节"真正的况味荡然无存。

若说唯一仍饱含深情的节日，就我个人而言，或许还剩一个清明。

海盐是最原汁原味的江南水乡，多桥多水，青瓦白墙的屋舍慵懒而舒展地斜下一小片檐角，滴答声中漏下点点清明雨，珠帘似的，最是风致多情。

2018年春天雨水多，豆绿的河水淹过岸上低垂的柳梢，湿漉漉地泅绿了屋檐。房顶的老玉兰一夜间开成了粉红，晕开在水啊柳啊天啊清一色的绿里。往树上看去是女儿家初露的一瓣唇色，映在河里是打翻的一盒胭脂。脚踏在粗砺的青石板上，反光的小水洼好像一只只会哭会笑的小眼睛。

早在很多天前，外婆已经采好了"棉青"，择去根茎，留取嫩叶，趁着天井里的晴日子，把它们铺在竹匾上晒干。棉青是要赶着清明节做"草头团子"的。

晒好的棉青碾成齑粉，再混入糯米粉揉匀。随着一双起伏的手，面团慢慢变得柔韧，鼓鼓囊囊地从指缝间挤出来，面上还泛着翠玉般的光泽，未及蒸熟便已隐隐生香。粉团搓成长条后，分作一个个油桃大小的剂子，嵌进小虾米、青笋丁和腌咸菜拌的馅料，搓圆再摊扁，最后用筷子头在顶上点一圆圆的红点就算完成。蒸时，每个团子都需要垫上半张箬叶，然后小心将它们摆进笼屉。

"香"不只存在于人类的鼻腔与食道，没有人说得清"香"产生的生理机制，有些香气甚至会在你脑海深处轰鸣。我想它更多的是依靠一种感觉，甚至是一种被情感修改过的记忆。

草头团子最"香"的一刹那，便是空着肚子徘徊等待半日后，外婆挑着一根竹棍一把揭开笼屉的盖子，白色的雾气仿佛团子的生命，"轰"地一记闷响弥漫整个灶间。白雾散去，晶莹剔透的一个个扁圆形团子安睡在竹条上，咸的，润的，真是令人难以忘却。

靠海的城市终年潮湿温暖，宜于新鲜食材的生长，但又使时鲜不易保存。海盐人的先祖凭借着经验积累起智慧，他们将新摘的菜和易得的盐放在一起，使这些食物以另一种滋味得以长时间久存。

事实上正是腌咸菜的"香"代表了海盐清明最浓郁的气味。它是海盐人舌尖千年不曾变动过的味道，是一代代人对往日的追忆。我们家每年的咸菜都是外婆用当地的盐和当地的菜自己手工腌制的。一开年外婆就将新春的芥菜揉上盐巴封进乌黑的瓦坛里，吃时便取出一点，一坛子咸菜够一家人吃上一整年。这也是季风带来的习俗。

小孩挤在灶间的门槛上，像一群吐着长长舌头的小狗，馋得眼里明晃晃的。老底子，没有"祭"过的团子是不能吃的，现在规矩小些，小孩趁热吃掉几团新鲜的，剩下等放凉了仍旧要去先人灵前"供祭"的。

所谓"听风听雨过清明"，前天夜里落了点小雨，浸湿了通往老太公旧坟的土路。草露沾衣，湿淋淋的空气中仍有一丝凉意。

生者吃的清明团子，逝者也要分到，以此来表明时空背面的老人仍旧以某种形式活在这个家里，分享着属于整个家族的喜怒哀乐，并将他的祝福与勉励降在这些青油油的团子上，最终由胃至心通往子子孙孙的灵魂。

墓前的松树一年比一年高，计算着亲人远去的年头。拔去坟头杂草，给坟山盖一层新土，犹如修葺旧宅。无论生死，人都要和和美美，讲求一个体面。清理齐整后，在墓前献上一束黄白菊花，伫立，凝望，鞠躬。整个过程下来，属于清明的愁思已然在心间涨落数回，最后沉淀下去，亦如给心底某个位置盖上薄土，一年一层，累积得越来越深厚。

清明是对生命最坦诚的节日，它的一头联结着死亡，一头联结着生长。亡者的节日偏偏要定在莺飞草长的春日，这是古人对生命形态最怀有深意的直觉——向死而生。

生与死、喜与悲、轻盈与沉重交叠于某个时刻，牵动情思，百转千回，被回暖空气里凉飕飕的雨水冲刷出生命的本质：从一只子宫到一个坟包，交接那个薪火相传的秘密。生命究竟以何种形态更替，是轮回的那个圆，还是接力的那条直线，我们仍将永恒地探索下去。

土路旁高高低低的杂草间夹满了星星点点的野花，时而不知从何处传来几声啁啾鸟啼。去往坟前的路上，一行人肃穆而缄默，而回来时，却已是一张张春意盎然的脸。他们真正走入这个氤氲的节气里去了，我看到新的种子正在他们脸上发芽。

嗯，是春的味道。

海潮与盐曾深深牵连着海盐人的命运，物换星移，即使钢筋水泥覆盖了海盐的滩涂和泥土，太平洋的海风仍然日日夜夜吹向这里，沿着呼吸的轨迹深入人们的灵魂和梦境。

在某个深秋的黄昏，我穿过海盐的一条小巷，老墙的影子被夕阳拉得斜长。巷子口常年摆着一张马扎，一位老婆婆抱手弓腰坐在上面，一动不动地好像睡着了。当人们一走近她，她就会醒来，等着他们花几块钱买她脚边瓦罐里封着的腌大头菜。

我注意到这位老婆婆是由于她头上扎着的玫红草绿相间的拷花头巾。她头发灰白，脸色黝黑，每一寸皮肤都刻上了被海风海水吹刮过的痕迹，一如海滩上的礁石。他们说盐可以固色，或许正是长年累月吸收了海盐空气里的咸意，才让这块头巾常年色泽鲜亮。

车水马龙熙来攘往的城市里，终于找到了混凝土浇不住的死角。路过老婆婆时，我忽然觉得自己看见了海盐的气韵，又莫名觉得悲哀。她是海盐的泥土，是老海盐的一缕幽魄，从昏暗的角落仰望着新海盐的高楼和霓虹，她不敢直视都市化的阳光，却又是那么倔强，不声不响地在土地上日复一日地显形。

一座城市的气质是不会死去的，就像海潮与盐会将"海盐"这两个字像腌大头菜一样腌进海盐人的骨头里。你看大头菜老婆婆，苦难是她的印记，沉默是她的言语，她将柔软与温情，揉进盐里，藏在心底，却因为一块花头巾露了马脚。海盐也是这样,温驯、善良却不善言辞,从不显示自己的苦难和温柔。

  我还是在思考该怎样形容海盐这座老城的气质——它深重的苦难和深厚的爱,我本想为它写更多更多,可当我快要切实地遇见它时,却被它沉甸甸的历史压住了笔。

城有目兮唤若耶

李 霖

绍兴之古可追及大禹。大禹一生行迹中的四件大事——封禅、娶亲、计功、归葬，都与绍兴会稽有关。据《越绝书》载："禹始也，忧民救水，到大越，上茅山，大会计，爵有德，封有功，更名茅山曰会稽。"这便是会稽山名之由来。

大禹殒身会稽后，留下如今尚存的禹陵村及姒姓一族，并格外赋予了这方水土眼不可见的天地气运。此后，绍兴确乎沾染了圣王之气，地灵人杰，引文人墨客纷纷踏足，给这方土地以山水之外平添几许人文意趣。

古城历经千年盛衰流转，如今许多过往已不可追溯，唯有大禹整治下的流水依旧，眼见许多。城有目兮，吾唤若耶。

一 水之源

相传，若耶溪七十二支流自平水而北，会三十六溪之水，流经龙舌，汇于禹陵。

这眼生之处极好。现若耶溪的源头是1964年建成的平水江水库，库区鱼鸥成群，微风徐徐，溪水清冽。远望时，若耶溪就像一块颀长的蓝宝石，镶嵌在群山的怀抱里。若遇红日初升，则万道金光普照水面，如镜的水面立刻点点金鳞，闪闪跃动，加之微风吹拂，群山皆在波澜里起舞，真真是山因水而动，水因山而清。

2000多年前的一个炎炎夏日，名匠欧冶子夫妇跋山涉水途经此处。汲水解渴之余，夫妇二人在溪畔举目远眺，只见不远处赤堇山的云雾开处峰峦叠翠，又有山溪流水潺潺，遂驻此搭棚"破赤堇而取锡，涸若耶而取铜"，日夜铸剑。一时间，若耶溪畔，赤堇山麓，锤声震天，炉火兴旺，剑气直冲云霄，湛卢、巨阙、盛邪、鱼肠、纯钧五大名剑就此亮相，

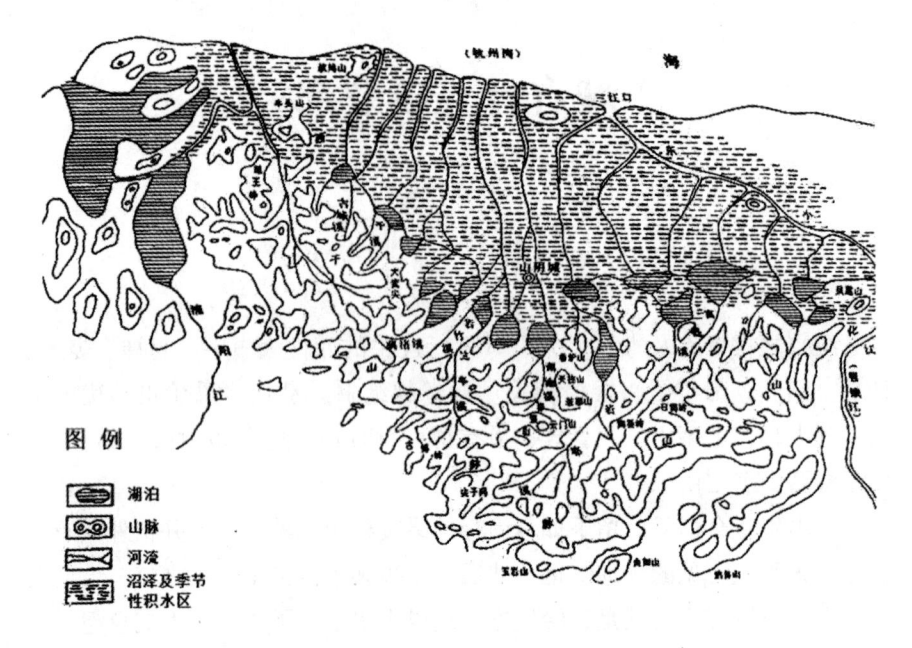

古代绍兴地区自然环境示意图

(陈桥驿：《绍兴史话》，上海人民出版社 1987 年版)

自此刺破多少浓墨重彩的历史华章。

  公元前 473 年的一个清晨，勾践出师伐吴，顺若耶溪水而发，两岸越中乡民献酒壮行。勾践将酒倾入溪水，激昂士气，众士卒振奋，战气百倍，席卷一身若耶溪水晨雾与绍酒芬香便吞没了吴国……

  坐在平水一户人家院中，一位八旬老人向我讲述了这段过去。老人分明已口干舌燥，却仍不愿停下口舌斩断传奇。来时见桌上有一茶壶，又见老人无暇斟茶，便执壶为其添盏。沉闷在壶肚整夜的茶香一经侧倾便顺着壶嘴倾泻，这是隔夜的茶了，茶汤有些浑浊，但满面扑鼻的醇甘味道还是令我十分惊艳。

  这茶也是大有名头，算得上绍兴一绝。

  老人的故事中，欧冶子在此日夜铸剑，水与火、石与剑的磋磨好不热闹。而这派响动旁竟悄悄长出了几株爱好清幽的茶苗。此茶也不知是何时落户在此，偷闲生长，面对新邻居的喧杂闷声不响，只顾发展我方势力，待到火灭声销时竟已"茶"多势众，长成一片茶园。茶叶受若耶溪水的滋养，养的也如这一汪清水般窈窕柔美，宛如一位美人。经过独特的杀青、摊凉、揉捻、干燥等工序，成品作为绍兴独家创制的绿茶产品，外形圆紧，身骨重实，落杯有声，如同珍珠，故得名"珠茶"。

平水珠茶作为中国最早出口的商品之一，在18世纪时就以"贡熙茶"风靡世界茶坛，售价之高不亚于珠宝，有"绿色珍珠"之称。现今，柯桥区炒制的珠茶出口量约占到全国珠茶总出口量的3/5，几近全国绿茶出口量的30%，行销40多个国家和地区，仍在向世界讲述着神奇的"东方树叶"的故事。

又说茶之芽叶如窈窕美人娇柔，而这绍兴若耶溪畔又久传美人西施的故事，细细想来，两者确有许多相合之处。

那初生平水的嫩芽儿在揉捻炒制前还没沾上宝气，只在熟悉的山水里透露几分稚气，一如未入吴前的西施，巧笑倩兮，顾盼生辉，浑身充斥着山野的清香。不久，经过一番杀青揉捻，美人已洗练一身风骨，转眼成了吴越江山的一枰棋，滋味内敛，却升发诱人魅力。洗净杯盏，在罐中抓起一小撮，撒入茶壶，粒粒珠茶争相跃入，与瓷茶壶一顿"叮咚"声响。又将煮沸的溪水倒入，茶叶舒展着身姿，在水中上下沉浮，恰似西施入吴宫后的一系列辗转，情状已是难追，却不知沁出的琥珀色是香汗还是血泪。珠茶汤色清透，香味馥郁，滋味甘醇，几粒就能俘虏了味蕾，一如西施三分娇弱便引了夫差的怜惜。可当时机到了，味道淡了，美人也如茶叶渣滓般，被人弃了，被人忘了……

置身此中，耳畔依稀能听到溪畔作坊里欧冶子铸剑的敲击声，再细细辨识，却是眼前珠茶入壶的一声脆响。品味这支铁血与香茶的传奇，我从溪水倒映里看到勾践手握湛卢，携同三千越甲吞没吴国，而火光冲天里，美人西施戴着一张或哭或笑的脸，连其踪迹也成了谜。叹一声红颜误国自古美人计，若耶溪畔，白云依依，有人轻唱不如归去……

二　溪上风

沿着溪面拂过的这风也不简单，当地人称其"郑公风"，也称"樵风"，连带着这山间河网地带也得名"樵风泾"。泾上建一樵风祠，门两侧有对联题云："灵箭已随仙客去，樵风犹归郑公来。"想必这就是名字的由来了。

孔灵符《会稽记》载："射的山南，水中有白鹤山。鹤为仙人取箭，曾刮壤寻索，遂成此山。"这是山名"射的"出处，最早是原若耶溪北的九岗山。接着又载："汉太尉郑弘，少贫贱，以采薪为业。尝于山中得一遗箭。羽镞异常，心甚怪之。顷之，有人觅箭。弘还之。问何所欲。弘识其神人也，曰：'患若邪溪载薪为难，愿旦南风暮北风。'后果然。"此则交代了郑公与这奇怪溪风的渊源，果真奇异怪诞，足以传说至今。

事实上，山是此山，郑弘也确有此人，但"仙人"却是没有的。所谓"朝为南风，暮为北风"，不过是因东汉时马臻在此处所建水库——回涌湖，由昼夜温差变化下引起水汽蒸发联动所产生。至于为何偏是将郑公攥入传说，就又要在传说里寻找答案了。

江南水乡风情风貌保存最为"原汁原味"的古镇——绍兴安昌镇
（2016年，丁镠音摄）

此地的人多以砍柴为生，每日需经过若耶溪到山上砍柴，少年郑弘也是如此。传说中，郑弘十分勤奋，就算打柴也比别人早些，某日归家途中拾得一漂亮箭镞。他立马察觉有异，第二念头则是找寻失主，可见其聪慧正直。而之后仙人问其愿望，他也是感怀乡民生活不易，愿得山风相助，这就与历史上郑公为官时爱民如子的美誉相对应。

可见，民间传说其实都是一种民间创作，或贬或褒，都体现着民心民意。民心是秤，孰善孰恶，孰优孰劣，他们心里都有一本明白账。而今，既已探得风源，那么还当努力使这"若耶溪风"长犹在罢。

三 水石景

随若耶溪出了山麓，往东边一眼望去甚是清爽，童年经典剧作83版《西游记》女儿国的取景地便是此处。

绍兴东湖最初不过是一座青石山。相传，2000多年前秦始皇东巡南下至此，曾用这山上的箬草饲喂其马，由此，这不起眼的青石山便得一名"箬山"。汉代时，当地民工相继在此开山凿石，直至隋朝年间，越国公杨素为了扩建绍兴古城，大规模地开山取石。此后，历代工匠胼手胝足，取石不已，后来地下水涌出，采石场就废弃了，剩下这一人工湖泊。无怪乎人称东湖不过是"残山剩水"了。

直至清末，绍兴著名书法家、学者、诗人陶濬宣来到此处，就算是"残山剩水"，也被雕琢成了现今的"水石盆景"。

陶濬宣是个诗人，这可追寻至他的《遂初堂诗草》（其稿现存上海图书馆），而且他又书宗北魏，是浙东的著名书法家，曾为苏州寒山寺书"寒山寺"三字大额，而现东湖石壁所镌联额，斗方大字亦为他自撰自书。

陶濬宣晚年居住东湖，上海古籍出版社的《艺风堂友朋书札》中有濬宣致缪荃孙书信若干，其中他写道："遂东湖之山泉，割鉴水之一曲，经营布置，建设学堂；齐舍临虚，面面环水，花本竞爽，不染一尘。"这是至今可见最早绍兴有"东湖"文字的记载。后又云"已办普通中学八年，颇多造就"，所以据他创办学堂的时间推算可知，东湖之经营才不过百年。而后民国，为纪念陶成章，东湖重予修葺，东湖之名始为外省人知。到了杭甬铁路成，钱江南北连成一线，特别是近些年，国内外游人凡在饱览杭州西湖之后，必会来绍兴一睹东湖风采。

而此处确有不同于西湖开阔的美。由于曾是一个采石场，两岸采石留下的陡峭山崖被山泉冲刷出一道道斑斓的色彩，窄窄的石洞有的仅容一艘船经过。东湖的水又比绍兴市区的河道清澈许多，此处也就成了游客乘乌篷船游玩的最佳场所，船只穿行其间逸趣横生。

坐上乌篷船，划船的师傅便展现一身技艺。绍兴乌篷需手脚并用，右

雪中安昌古镇仁昌酱园（2018 年冬摄）

脚的橹是发动装置，一蹬便能滑出好些距离，前行的动力源于此，而左右双桨则用于掌握方向，才好叫船灵活穿梭。船头脑们都是老绍兴人，终年的藏青色工装，常备是一顶乌毡帽，帽檐上别着支烟，午餐或是一碗霉干菜扣肉或干菜汤，抿上一口绍兴老酒，"绍三乌"这就齐活了。

而身畔穿行而过的东湖诸洞中最奇的还属陶公洞与仙桃洞。若你站在岸上看，仙桃洞不过是一座简单的石框门，当乘船靠近时，石门与倒影组合在一起，才能看到一巨大仙桃形状的洞口。陶公洞的入口处虽仅容一艘小船通行，但进了洞内之后却是另有洞天。在洞底仰望头顶小片天空，整个洞就像一口天然巨井，颇有几分坐井观天的韵味。

熊东遨编著的《忆雪堂选评当代诗词》中曾写道："雨过青山秀，邀余归去兮。新篁簇璎珞，柔橹碎琉璃。倚醉调唐韵，和春下越溪。哥哥行不得，到处鹧鸪啼。"雨后的东湖涤荡一身尘灰，船橹过处搅碎一汪清水，两岸竹林新篁初冒，三两鹧鸪在其间啼鸣。和春三月的越溪显得格外迷人，勾得多少骚客在此寄情潇洒，留下不计其数的爱慕诗文，而溪水却是自顾高冷，一如往昔。

四　桥上弄

　　溪水绕城，目睹人事千万流转，今又绘一幅小桥流水人家。绍兴的故事多发生在水畔、桥上、弄堂里。坐在老街的茶馆，一边是越剧婉转，一边是水声吟哦，溪水倒映中可以望见古城的盛衰经年。

　　永和九年农历三月初三，天朗气清，惠风和畅，绍兴会稽山阴之兰亭高朋满座，41 人分坐溪水两旁，玩一出"曲水流觞"。王羲之有感于斯怀，挥毫写作"天下第一行书"——《兰亭集序》。

　　作罢掷笔，毛笔攒着墨飞向城中一小巷，这里在 1500 多年后仍飘逸出王氏遗风。只见一小小少年在此笔飞墨舞勤读不辍，将"不苟行，不妄言"的谨训牢记心中，后创"中西学堂"，引领中国教育改革，蔡元培三字在近代史上落地有声。

　　"南冥者，天池也。"（庄子《逍遥游》）市井深处一青藤小院，少年徐文长正品读《逍遥游》，顿挫间瞥见窗外小院一水井，提笔名其"天池"。而又在某年某月某日，才子迟暮，于此"天池"眼见自己斑驳容颜，抬眼望去，青藤枯瘦，明朝的天空被窗棂分割如补丁，叹而落联："世间无一事不可求，无一事不可舍，闲打混也是快乐。"人情有万样当如此，有万样当如彼，道理都懂，可要打心底里洒脱又能有几人呢？

　　上大路的泰生酒店里，鲁迅正与范爱农小酌。窗外天色正变，冬日格外寒冷，锅里狗头煮烂，把酒论当世，微醺自沉沦。而那古轩亭口，鉴湖女侠秋瑾已然"一腔热血勤珍重，洒去犹能化碧涛"（秋瑾《对酒》）。

　　正神伤，纠缠着的思绪被沿河此起彼伏的吆喝声打断，眼耳口鼻很快挤满了扯白糖的黏甜、年糕的糯软、糖葫芦的脆香。古城小巷长长，台门深深，水乡的日子恬淡如梦。溪水倒映出的岁月惹人惆怅，而水桥两边暮霭中的人家正乌篷橹声欸乃，顺着青石板河埠曲折蜿蜒向自家台门。

　　河水倒影里的岁月似浪花泡影，细想时竟有些恍惚。溪水顺流而过，化石淘沙，水底有多少沉下，而河面上，一座座石桥如古城的肩膀，担起的是这处平静、细碎、温暖的小桥流水人家。

五　酿作酒

鉴湖酒，自古始。

绍兴人将水酿作酒液，喝一口，酒气酒香就奔腾喧嚣在喉咙和血液里。唐宋时，时任越州刺史的元稹和时任杭州刺史的白居易一水之隔，竹筒酬唱，写下"老大那能更争竞，任君投募醉乡人"（元稹《酬乐天喜邻郡》）的名句，自此"醉乡"也成了绍兴的美誉。直至今日，每年立冬，绍兴的酒头脑们就照例祭拜酒神，开始冬酿。一时间，湖水里、空气里，步里行间都是浓浓酒香，真是无愧"醉乡"之名。

绍酒之魅力一在水。清代梁章钜在《浪迹续淡》中说道："今绍兴通行海内，可谓酒之正宗。盖山阴，会稽之间，水为最宜，易地则不能为良。"鉴湖之水量不算太多，但股股灵动，散发出绝佳的精神气儿。沿着鉴湖又有水门69座，用以放水溉田。湖面高出北面农田丈余，农田又高出其北面的杭州湾海面丈余，故旱可引湖水灌田，涝可溢湖水入江，泄田水入海，使9000余顷农田旱涝保收。也有赖绍地富产精白米，绍兴人才能使劲折腾，于酒一道颇得章法。

绍酒之魅力二在人。老绍兴的味出于酒里，而酒味又出在绍兴人的手里。

童年记忆里的立冬，湖上晨雾浓得抹不开，家中冬酿场景却是印象深刻。酿酒是件蛮考究的事，需要花费的时间和精力也多。算好酿酒的日子后，先要把上等的精白米淘洗干净、过筛，倒进大陶缸内，再加鉴湖水浸渍整晚。灶间是冬日的最好去处，我窝在一旁，见着爷爷一边抽烟，一边往大灶添柴点火，等到火烧旺了就上锅蒸米。不久，一人环抱不过的大红漆木桶里就升腾出米饭的香甜气味，爷爷说这是幸福的味道。接着把蒸熟的饭在大竹簟上"摊冷"，与麦曲、酒娘拌匀，兑点水一起落缸，在中间窝出个口子，隔夜就能积攒不少酒浆。接下来的几天，米饭就在七石缸里发酵，我附耳上前，缸里面传来"沙沙"的声响，这是数以亿计的微生物正在举行它们的饕餮盛宴。之后就是黄酒酿造最关键的一步——开耙。

开耙师傅又叫"酒头脑"，如何翻搅，何时翻搅，一日搅动几回，全掌握在一人手中。把控对了酿的就是老酒，错了便成一缸酸水。如今城里几位手艺出众的老师傅都是中华人民共和国成立前十四五岁时便在小作坊里做小学徒，他们和酒打了一辈子交道，出手几乎坛坛佳酿。

开耙后又经过大约90天的发酵，就能用木榨子榨得生酒，再把生酒灭菌煎酒，最后灌坛封口。封口也不简单，得先蒙上一张四方油纸，附上今夏湖塘里新收的干荷叶，再铺上整整三层箬壳，最后用一旁搅拌好的泥严严实实抹了酒坛口子，"人事"才算做毕，接下来就是时间的"天事"了。

绍酒之魅力所在。一指酿造时间之久远，二指酒乡文化之源远。

早在吴越春秋，绍兴便已兴酒。关于范蠡有"凡生子奖二壶酒，一只狗，凡生女奖二壶酒，一头猪"的行令记载，也有关于勾践伐吴也留下"投醪劳师"的故事。至于汉时，《汉书·食货志》所记"粗米两斛，曲一斛，或得酒六斛之斗"之古法，今天仍在酿酒时使用。

至于酒文化，简直烙在绍兴人的一生当中。

东晋嵇含在《南方草木状》中曾说道："南人有女，数岁即大酿酒，置酒罂中，窖固其土，女将嫁，乃发陂取酒，以供宾客，谓是女酒，其味绝美。"其实不仅是女儿酒，每个绍兴人的生死都在酒里起始：初生宴客是谓剃头酒和满月酒，长大成人喜结连理要摆喜酒，新屋落成免不了一顿上梁酒，垂暮老矣要做寿酒，驾鹤西去后则是丧酒、祭酒……

一张八仙桌配几条长板凳，斜阳酒旗黄，老者们毡帽旧衫，仍是壶中日月，微醺于盐煮笋、茴香豆等"沽酒配"间。古镇的腊月便在穿行于河道的吱呀橹声中，在一串串被高高挂起的腊肠酱货里，在大红灯笼迎风晃着的背景里缓缓展开。河上一队乌篷难得点上浓烈颜色，在一片声乐齐奏里载着新娘出嫁，船上载得顶要紧的便是几坛女儿红。沿河酒铺中，鲁迅的族叔也曾在这坊口开过一爿酒店。他从《易经·坤卦》中捡出"咸亨"两字，意欲"群贤毕至，少长咸集，万事亨通，财源顺达"。老秀才的酒店虽不过三年就惨淡挂牌，但其中"当街一个曲尺形大柜台，柜里时刻准备着热水，可以随时温酒"的格局落入鲁迅小说《孔乙己》的创作，却成为外乡人对绍兴城最深刻的模样。

水上船头喝酒摇橹的桨声过处，那倒影里的古镇人依然过着春秋日夜、四时八节。在黄酒浸润的会稽之地，在更广阔的土地和更悠长的岁月里，黄酒就是以这样醇厚芬芳的姿态，在绍兴人的时光和生命脉络里流淌……

若耶溪源于会稽山，圣王大禹长眠此处，带来文明开化初光，自此山水不凡；溪水出谷，这里有茶与美人，一曲铁血柔情交织成一部古越春秋；"樵风泾"上风来朝南暮北，轻诉着射的仙人与郑公还箭的传说；东面一支流过阳春三月，惹来多少文人骚客爱慕；西面一支环城一周，见惯盛世荣华光景，也挨过不少刀光剑影，最终沉淀下一片平静、细碎与温暖；而余下的溪水悉数漏入鉴湖，酿成酒汁，畅走在绍城人的七经八脉。

城有兮唤若耶，绍兴风流尽在此中。

曹娥江头孝德情

王诗怡

浩浩娥江，铁面横波。源出天台山脉，汇入钱塘大湾。立塘而瞰，一派虞地风光。曹娥江曾有许多不同的名称，古称"上虞江"，后因孝女曹娥投江寻父的故事而得名。

这条因孝女曹娥而得名的浙东河流，全长193公里，在上虞境内，流经巍峨壮丽的覆卮山、龙山、东山和兰穹山，纳有清隽秀丽的隐潭溪、下管溪、范阳江和小舜江。积奔流汇海之气势，渐波澜壮阔之浩大。

曹娥江昼夜不息地奔流，虞地人才亦不断涌现：传奇舜帝、孝女曹娥、名臣谢安和大哲王充等人，都在曹娥江畔画上了浓墨重彩的一笔。过往史书工笔，一切兴衰荣辱，皆拓影水面……

一 孝女曹娥

曹娥，东汉时期上虞曹家堡人。据虞预的《会稽典录》记载："孝女曹娥者，上虞人，父盱，能抚节按歌，婆娑乐神，以五月五日迎伍神，为水所淹，不见其尸。"曹娥的父亲曹盱是个巫祝，在舜江中迎潮神伍君时，不幸掉入江中，生死未卜。

《后汉书·列女传》记载："孝女曹娥者，会稽上虞人也。父盱，能弦歌，为巫祝。汉安二年五月五日，于县江溯涛婆娑迎神，溺死，不得尸骸。娥年十四，乃沿江号哭，昼夜不绝声，旬有七日，遂投江而死。"

史书上寥寥几笔，纵有诸多文人墨客为其歌功颂德，直至今日所知晓的信息终究还是略少，因此我们只能就着现存的文献碑刻勾勒她的形象。

可能因为早逝，正史和诗文中都没有谈及曹娥的母亲，而父亲在一次祭祀中被曹娥江的潮水卷去，孤苦无依的曹娥当时才14岁。古人对神灵总是敬重乃至畏惧的，何况是祭祀这样隆重的时刻。身为巫祝的父亲被冰

曹娥庙（2014年摄）

冷的江水淹没，这许是凶年饥岁的预示，抑或是潮神伍子胥对凡间鄙夫的惩罚。

恶浪滔滔。

孤独，恐惧，绝望。

号哭数日，嗓子都哑了。"昼夜不绝声"虽然夸张，但此时悲苦无依的曹娥已在崩溃的边缘。江面始终没有上浮的尸体，也许父亲抓住了渺茫的生机，也许是被冲到了下游。身心俱疲、孑然一身的曹娥，为了找到父亲，选择纵身跳入江中。

一腔孤勇，满腹凄凉。

万里长江水，千年孝女名。

后人为纪念她的孝行，改舜江为曹娥江。元嘉元年（151），上虞县令度尚改葬娥于江南道旁，刻石立碑，以彰孝烈。

曹娥庙于元嘉元年修建，宋元祐八年（1093）移址，民国23年（1934）重建。

在这2000多年的漫长时光中，无数文人墨客吟咏碑碣，凭吊怀古。王羲之、韩愈、宋高宗和蔡卞前后都和曹娥碑有着不解之缘。

蔡卞的碑书被当作镇庙之宝。行楷灵动，韵致婉润，堪称宋朝书法瑰宝，历经千年，万般风采凝于笔画间，风雅纵逸。

除了书法，曹娥庙的雕刻也是一绝。按材质可分为木雕、石雕、砖雕，按雕刻技法可分为圆雕、透雕、浮雕。槛窗木质的板壁上雕刻着《封神榜》《红楼梦》《三国演义》的片段，暖阁的屏门雕透花板刻有《西厢记》等传奇故事。

和木雕一样刻画人物故事的，还有民国时期的壁画。曹娥庙的壁画以连环画的方法详细介绍了曹娥投江及后人为其立碑建庙、吟咏赞颂之事。画面简洁明了，笔触浓墨相宜，线条饱满圆润，内容简单易懂，观者易于理解。

细细品味庙中的艺术，方知这里竟有如此之多的珍贵的名家真迹和精美绝伦的雕刻艺术。"江南第一庙"的赞誉，当之无愧。

正值暑期出游高峰，曹娥江畔的曹娥庙却算不上热闹。至少这天中午，偌大的曹娥庙很是冷清，游客寥寥无几，湛蓝无云的天空和郁郁葱葱的墙头树更衬得这片乌墙黛瓦几分清冷。

在巷子里闲逛的老人告诉我："本地人对曹娥庙太熟悉，习以为常就不会经常过来；孝女曹娥虽然流芳百世，却不算闻名天下，外地游客较少，所以这里一直很冷清。"

确实，孝女曹娥的故事广为流传，在上虞亦是妇孺皆知。可历代都没有特别大范围地宣扬，当然也不会有游客蜂拥而至的场面出现。

不过即使没有游人交织、门庭若市的场面，我们亦始终坚持口耳相传着她的故事，为其建庙立碑、歌功颂德。这种根植在灵魂深处的"曹娥"情结，让上虞的孝德风尚万古长青、生生不息。

这种孝德风尚流传至今，曹娥庙旁的中华孝德园便是现代孝德精神的外化。

二　中华孝德园

中华孝德园包括舜耕群雕、大舜庙、虞舜宗祠、中国孝德馆、般若寺等建筑群，以"孝感动天"的远古圣君虞舜和"投江救父"的东汉孝女曹娥为主要纪念人物。作为亚洲最大群雕石像的舜耕群雕气势宏大，仿两汉风格的大舜庙粗犷古朴，雕刻着二十四孝故事的虞舜宗祠细腻典雅。而在这之中，最具现代科技气息的就是中华孝德馆了。

现代科技日新月异。中国孝德馆的 4D 多媒体技术还原了虞舜时期人们渔猎的劳动状态和繁衍活动。通过"时光隧道"，让人回到了孝德文化发源的虞舜时代。

追根溯源，原始社会末期便已产生"孝"的观念。父母与子女血脉相融，这是最亲密的关系。子女对父母生育之恩，多怀反哺之情，随后便逐渐衍生为追孝、孝享、孝祀的观念。

感之于情，形之于礼。由爱而生，反哺事亲，此为孝行。

在如何"孝"的问题上，儒家圣贤孔子已经给出了答案："今之孝者，是谓能养。至于犬马，皆能有养；不敬，何以别乎。"父母含辛茹苦地将子女养大，子女奉养父母是责任。但除了物质赡养，精神关怀也是必不可少的。物质上的奉养并非真正的"孝"，而"敬"——发自本心、有诚意甚至带些谨慎意味的态度才诠释了"孝"的真谛。

"色难。有事，弟子服其劳，有酒食，先生馔，曾是以为孝乎？"保持和颜悦色的面色最难，因为面色表情发自人的内心，难以掩饰。只有怀有诚恳的敬爱之心，才能面对父母保持温和孝敬的态度。

先哲的教诲犹在耳边，可惜当下"啃老族"势头渐长，一个成年人的物质生活都需要父母维持，何谈反哺父母、敬重父母？当然也有许多人恪守着赡养父母的准则，但"空巢老人"的大批出现，却用现实给了我们一记响亮的耳光：纸上谈"孝"容易，亲身践行太难。很多时候，我们以爱之名希望对方接受自己的意见，但年龄的代沟往往导致互相的误解，继而反复争吵、产生隔阂、慢慢疏离。我们就是这样，和父母渐行渐远。现今应当如何真正做到"孝"，值得我们深思和探讨。

当然，"孝"的内涵远不止孝顺父母，"孝"还包括了报效祖国。中华孝德园展馆中央的"舜帝·曹娥"大型浮雕古朴厚重，而室外"家国天下"的孝德文化主题浮雕亦大气恢宏。

古有"修身、齐家、治国、平天下"，这是世代儒者的理想。而今天经常谈论的"家国情怀"，亦是将孝德延伸到了国的层面。敬父母之孝，报国家之忠。爱家、爱乡、爱国，三者相辅相成，互为表里。不论千年前的士儒名将，还是 21 世纪的国人，皆应如此。

自上古虞舜以"孝感动天"的孝行树立炎黄子孙的孝德楷模以来，数千年间，上达皇帝大夫、仕宦贵胄，中及名士学儒、商贾乡绅，下至贩夫走卒、黎民百姓，围绕"奉养、敬亲、侍疾、立身、谏诤、善终"

这尽孝六行，诸如男、女《二十四孝》的无数孝德人物和事迹广为传颂。

上虞作为"中国孝德文化之乡"，展馆中收录了本地民间族谱中的孝子孝女代表、现存的孝德遗迹和景观。如现代孝女曹秋芳，背母上学十余载，感人至深。曹娥江畔的孝男孝女如此之多，以致族谱上罗列了好几页的孝子姓名，这些名字的背后都有着平凡又感人的故事，粗略翻看便深觉上虞孝德底蕴之深厚。

三　崇孝节庆

虽然名人逸事已是旧闻，但世代传承的"民俗之孝"依然在历史的长河里熠熠生辉。敬亲爱老、善事父母的崇孝风俗，作为优秀的民俗文化代表，其传承群体地域之广泛，其表现形态方法之丰富，其教化熏陶作用之鲜明，是其他民俗文化难以企及的。

而其中以崇孝为主要内涵的节日民俗尤见一斑。

嘉泰《会稽志》曾记载："元旦男女夙兴，家主设酒果以奠，男女序拜。"除夕羹饭祭祖，祭请亡故的父母及列祖列宗，以示不忘先人之意。新年扫墓，亦称"拜坟岁"，正月初一上坟要点香、放炮仗，以示不忘父母之恩。

清明祭祖则起源于古代帝王将相"墓祭"之礼，民间历代沿袭成固定风俗。清明上坟要整理坟墓四周，清除杂草，称"扫墓"。上虞还有些信仰佛教、自己念经做"金元宝"的老人，清明当天，许多人会携带上"金元宝"焚烧给祖先，祈望祖宗保佑平安康乐。

中秋团圆，享天伦之乐，则是对老人最大的孝敬。远游在外的子女，在这一天必须回家看父母亲，敬献美酒月饼，承欢于父母膝下。

每年农历九月初九是重阳节。"九九"和"久久"同音，九在个位中是最大的数字，因此重阳含有希望长辈长寿的美好祝愿，重阳节也逐渐演变为以敬老为主的节日。

万历《绍兴府志》曾记载："冬至祀先以馄饨，抑或宴饮，然不拜贺。"此处可以窥见当时越地以馄饨祭祀祖先，可惜时至今日，这一习俗在上虞已不复存在。

四　孝德风俗

除了以上固定的传统节日，还有一些不拘于特定时间的孝德风俗在曹娥江畔流传已久。

生日年年有，寿诞六十首。寿诞礼，俗称"做寿"，即小辈对长辈庆生、行孝道。一般到60岁以后且逢整岁才做。60岁做寿称"花甲寿"，70岁称"古稀寿"，80岁称"伞寿"，90岁称"杂寿"。"做寿"是小辈向长辈表孝心的好机会，一般由小辈携寿礼祝福长辈，视为孝行。

六十六，阎罗大王要吃肉。早前在江南一带，父母到了66岁，儿女要烧66块肉（一说66个饺子）端给父母吃。既是保佑父母安康，又以此报答父母养育之恩。这一习俗在上虞仍然存在。

守孝，亦称服丧、丁忧。古时父母去世，儿子必须在家，不得婚嫁，不参加吉庆，不踏进寺庙，以示哀思，一般三年。现在的守孝之俗已经不这么严格，一般在长辈死后"做七"期间行为比较谨慎。

庙会是民间祭祀的最佳展示舞台。元嘉元年（151）上虞县令度尚改葬曹娥于江南道旁，报奏朝廷表为孝女，为其立碑建庙，尊为孝女娘娘。日后每到曹娥救父这日（五月廿二日），人们便聚于曹娥庙，祭奠孝女曹娥。久而久之，成为定俗，便发展为颇具地方特色的曹娥庙会。

很多百姓都来到曹娥庙中烧香，虔诚地请求曹娥娘娘赐福，善男信女济济一堂。除了祭奠孝女曹娥，庙会期间，宁绍商贾云集，往来不息。还有戏台和露天空地以供本土音舞与外来的戏曲、杂耍争奇斗艳。

曹娥庙会自东汉延绵至今，已有1800余载。来自绍兴、嵊县等地的商贩兜售着香烛佛珠和黄袋木鱼。曹娥庙内香火旺盛，在曹娥江畔长大的上虞民众沐浴在曹娥娘娘的光辉下，请求赐福。2000多年来，古今香客虔诚跪拜的背影是那样的相似，曹娥孝德风尚将永世留存。

逛完中华孝德园，已是薄暮，却仍意犹未尽。

橘黄的景观灯光在江滩和桥梁边亮起，伴着轻柔的音乐和清爽的晚风，在微澜的江面上起舞，如金色丝绸般柔滑熨帖。

历经沧桑的曹娥江从古老的传说中缓缓走来，徜徉在孝德的风尚里，它见证着虞舜大地的兴衰变迁，还将在未来焕发无限生机。

海塘守护成乐土

黎 宁

在未真正踏上慈溪最边缘的地带之前，海塘在我脑中只有一个刻板的印象：它似乎只意味着挡潮堤坝，或是作为沿海地带的重要屏障。可事实总是超乎人们的想象，海塘不仅仅是一段简单的海潮防御线，它同样意味深长。

漫步于海塘之上，不同的人会得到独属于自己的特别的触动。但只要踏上过这片土地，心中便会自然明悟——海塘之于慈溪，是多么的难解难分。

一 一段海塘一段情

你能想到一个可以代表地方特色的存在吗？

它不光是一种恢宏大气的自然景观，也不单是一种匠气十足的人造景观。它是自然与人文的巧妙相遇，并由此孕育出自身独特的文化，在那之外，又衍生出与之息息相关的附属文化。

你能想象得到，一条海岸线就能让人体验到透古通今的感觉吗？

在慈溪最北部，有一条绵延78.5公里的海岸线，无论是围垦文化、移民文化、青瓷文化还是慈商文化、美食文化，都在这里一一体现。驰骋于这条海塘公路上，两岸各色风景映入眼帘，给人以视觉上的巨大冲击。

这条海塘公路，就是慈溪当地一个特殊的存在。它建造在慈溪原有海塘的基础上，并与之交相呼应，共同组成了慈溪海塘文化的重要组成部分。

海塘是一项对抗风暴潮灾害的海岸防御工程。在杭州湾南岸的海塘通称为浙东海塘，自萧山至镇海，总长257公里。而慈溪海塘便位于其中，并与镇海海塘、余姚海塘一起构成了浙东海塘宁波段。

慈溪位居三北平原，由于钱塘江入江口的变化，人为因素以及地球自转等原因，造成2000多年来三北平原北岸逐渐淤积，海岸线不断北推，海塘逐渐北筑，最终使慈溪横亘数十条海塘。

千百年来，随着海塘一条条北筑，卤地日渐北移，旧盐场便自成良田。在海涂不断北却的过程中，岸内按上述规律嬗递演变。新塘筑，则塘南成一片沃土，再北筑，则此塘与新塘之间又成一片膏腴之地，历史就这样不断地循环往复。慈溪所辖之地也大都由"海涨涂浮、围海建塘"而成。

有了泥沙淤积，才有了这秀美丰沃的慈溪。

海塘是这之中的大功臣。临岸时，它忠心守卫，为三北大地带来庇护；废置后，它默默矗立，给三北大地提供濡养。正是这年复一年的守护，慈溪才能从穷山恶水之地蜕变为人民能够安居乐业的乐土。

这一转变可不容易，特别是在筑塘初期。在古代因为工程能力有限，修筑海塘就更显艰辛。而且杭州湾是著名的强潮河口，潮位高、潮差大、潮流急，当天文大潮与台风引起的风暴潮叠加时，就会造成更巨大的破坏力。筑塘过程中，海塘建了毁、毁了又建是常事。但为了让家园不被自然摧毁，当时的百姓齐心协力、众志成城，在北宋余姚县令谢景初的带领下建起大古塘。自此，人们把建海塘当作自己的使命，因而才有了后来的二塘、三塘……

故而，海塘既是人工修建的挡潮堤坝，也是人与自然和谐相处的历史见证者，更是人类千百年来顺应自然、改造自然、利用自然的宝贵经验。

慈溪，就是在这一条条海塘的修筑过程中，在三北人民辛勤勇敢的劳作中不断壮大的。这简简单单的一条石塘，或者土塘，虽然看起来不起眼，却有着如此巨大的力量和价值，真是令人难以置信。

当前，包含围垦文化、移民文化、青瓷文化及海防文化在内的海塘文化已经成为浙东地区独特的文化符号与特征，并对研究浙东沿海地区历史变迁、御潮防汛、古代军事防御设施构筑等具有重要意义。

当面对新时代新挑战，慈溪海塘在人们的努力下，仍散发出其独特光芒。

临岸的海塘，代表着21世纪的海塘，又是最早的海塘的象征。它告诉我们什么是自强不息，提醒我们牢记先辈和历史。

陆地的海塘，代表着早期的海塘，却又不断被赋予新的时代内容。它给予我们富饶的土地，滋养着在陆地上的我们。

这就是三北的海塘，这就是慈溪的海塘。

二　水天一色十一塘

去海塘公路之前，我在网络上寻找了海塘公路的介绍和图片。

有着"慈溪十条最美公路"美称的海塘公路（十一塘），它的美不可名状——大片的风车林位于路边，10多根六七十米高的白色立柱依次排开，或成队列，或成方阵，风叶迎着海风转动，壮观又美丽；碧海青空的海岸风景中，有蓝天白云，有碧波渔船，有日出日落，一切风景都时刻地展示着黄金海岸线的独有魅力。

我骑着单车，照着网上指引的路线前行，在柏油马路上转了几个弯后，远处那一片巨大的白色风车映入我的眼帘。

海风吹过，水面泛起阵阵涟漪。扶着单车走在此处，朝左看是水光浮动，朝右看是风叶转动，脚踩的是运动不歇的大地，头顶的是变幻莫测的天空。一切事物都处于运动变化之中，但此时我的内心竟是前所未有的平静，仿佛时间特意为我放慢了脚步。

也不知是在什么时候停下的，回过神时，我已经站在原地有一会儿了。静静地注视海塘公路，我的脑海中瞬间闪过了很多东西，那是被这人与自然的交织交融所引发的共鸣和联想，一瞬竟又成了一片空白，或许是那一刹那心中只存有这片天地了。

沿岸边走边看，实地景物给人的视觉冲击远没有网上图片来得强，甚至因人烟稀少，映入眼帘的更多是一些杂草乱石。

但当你真正置身于此地此景时，连这杂草乱石，都成为令这海塘公路变得朴实且厚重的一部分了。它没有大气磅礴的声势，也没有气吞山河的气魄，有的仅是那一份默默驻守的孤勇，夹杂着一丝百折不挠的坚毅，像是天地间最后的守卫者。

慈溪海塘百年如一日地镇守着海岸线，它拥抱肥沃的淤积，推开汹涌的波涛，默默反哺大地。不过，这所有的一切都要归功于勤劳勇敢的当地人民，是他们顽强又争先，是他们迎风踏浪、勇立潮头，是他们百折不挠、顽强拼搏，是他们众志成城、团结协作，是他们敢为人先、开拓进取，才能在与海搏斗时不落下风，才能成功地顺应自然、改造自然和利用自然。

远处迎面走来的一对夫妻，他们大概和我有着相同的目的，所以彼此的目光都未曾离开过这一方天地。

或许是海塘给身在此处的我们渲染上了同样的颜色，或许是此情此景下能够轻易打破人与人之间那堵无形的墙，我们简单攀谈了几句。

这对夫妻虽是慈溪本地人，但也是第一次来十一塘。他们同我一样，沉醉在海塘公路的景色中，不过比我多了几分感触——海塘北侧的滩涂唤醒了夫妻俩脑海中尘封多年的记忆。

在他们年幼时，家边上的海塘外围便是这样的黄泥滩，那上面承载了他们太多的回忆，如今看到熟悉的滩涂，不禁触景生情。小时候站在海塘上，目光越过黄泥滩，向往着真正的大海；如今走在岸边的海塘上，目光透过这片海，回想起儿时的快乐。

三　焕然一新是七塘

顺着公路往回走就是七塘了。

慈溪至今共有数十条海塘，它们按历史的早晚，由南至北地置于慈溪大地上。最早修筑的大古塘（一塘），工程浩大，有东西两线，分于不同时期完成。西线部分在王安石的《海堤记》中有记载，为北宋庆历七年（1047），由时任余姚县令的谢景初组织建成，"东起上林，西至云柯，长二万八千尺"。东线部分则从明洪武二十年（1387）开始修建，由观海卫东山头延伸至龙山龙头场。

其后是明永乐初筑的新塘，明弘治二年（1489）筑的以地方长官姓氏命名的周塘，明成化七年（1471）筑的新御潮塘（简称潮塘）。此外还有二塘——二新潮塘，又名坎塘，明末筑；三塘——榆柳塘，清雍正二年（1724）始筑；四塘——利济塘，清雍正十二年（1734）按丁捐筑。

清乾隆中后期，随着钱塘江入海江道北迁，杭州湾南岸沙嘴向北偏转，慈溪北部淤涨速度越快，遂形成整个慈溪海岸线呈弧形向北突出于杭州湾之形。于是当地政府在这一时期中组织建造了许多海塘，主要有五塘（晏海塘）、六塘（永清塘）、七塘（澄清塘、胜利塘、解放塘）、八塘、九塘、十塘、十一塘和十二塘。

七塘从清光绪年间开始修筑，到1947年贯通东西，1949年被大潮侵袭冲垮，第二年又重建。曾经的七塘没有水泥路，没有自来水，生活极其不便，还处在慈溪版图上的交通末端，因此常常将"七塘后"与落后、贫穷画上等号。

如今走在七塘上，早已看不出旧时的海塘模样了——它变宽了，变新了，变得富有现代气息了。七塘公路横贯东西，平整的柏油路，高大挺拔的防护林，满眼的社会新气象。听当地人讲，因为七塘现存最完整，人们对其生产生活的依赖度最高，所以获得了人们更多的关注，而今又得益于新区开发，之后的发展只会越来越好。在谈起始终相伴的七塘时，当地人毫不吝啬自己的赞美之词，语气中满含了对家乡海塘的自豪感，以及对未来美好生活的信心。

得益于保存完好的七塘，人们又过上了好日子。当七塘不再具备御潮防汛的功能后，它选择以另外一种方式，继续守候着这片土地和土地上的生命。虽然它以一个新面貌出现在人们的眼前，但其仍是那个静静守卫的石塘，这一点是永远不会变的。

浙东运河上的余姚市大隐镇

这海塘和好日子，可都是当地人民自己创造出来的啊！是人们不断向上、不断努力、不断拼搏，积极用双手创造财富、用心维护海塘遗存，才为海塘反哺提供了条件，给海塘文化注入了新的内容，才有了如今焕然一新的七塘面貌。

在这一刻，古时先民奋斗在筑塘第一线的身影浮现在我的眼前，与脑海中七塘人民努力向上，为美好生活拼搏的身影重合，他们竟是如此的相似。

海塘文化中蕴含的顽强又争先的人文精神，继续在这片土地上延续着、传扬着。

四　被遗忘的大古塘

地名作为一种文化现象，有其地方历史文化的独特传承。一个能流传下去的地名，总会有一定的文化底蕴。慈溪因海岸线北延、海塘北筑而逐渐成陆，故与之相关的地名，自然如繁星一般密密匝匝。

沿途走来，看到了很多与海塘有关的地名。有乡名，有村名，甚至连江河也有以塘来命名的。简单些的就是直接套用海塘的名字或别名，如海塘村、七塘村、六塘村、赖水塘村、五塘江、四塘江等；繁琐些的则是根据海塘名而派生的地名，如腰塘（村在新浦乡，位居六塘与七塘间）、半塘（东山头乡，村在三塘与四塘之间）、塘后庵（周巷精忠乡，村居潮塘后，村中原有庵）、塘角钳（在观海卫师桥镇，村居大古塘转角处，地形如张开之钳）等。

历史便是如此有迹可循。

可这有时却又算不上一件好事，比如一路上见到的那些被过度开发的围垦区，里面有大量的养殖塘和建筑用地，而草地、裸地等数量极少，所占比重呈逐年下降的趋势。从某种意义上说，人类活动和人类行为似乎常伴随着"得寸进尺"这四个字，既褒又贬。譬如江海在人们百折不挠，敢于拼搏的精神中逐渐被征服，又譬如正在慢慢被侵蚀吞噬的草地、裸地。

在观海卫镇桃园东路北侧的新城区域，有一段乡间再平常不过的土路。谁能想到，它就是历史上全长160里的大古塘原始遗存，是整个老三北地区仅保留的一段原始遗存。

这段遗迹在当地历来被称为"大塘"或"老塘"。20世纪五六十年代,"大塘"的路面和东侧还铺有条石和石板,宽度与高度也都比现在多出近1米。可遗存的材质基本上决定了它的保存现状。由于古代慈溪先民筑塘时受技术条件限制,筑成的石塘主体实际上还是夯实的土塘,需要在潮水来袭的一侧和塘路上再铺上条石和石板。因此到了七八十年代,表面覆盖的石料已经消失,整个塘路就成了一条再平常不过的土路。

此外,相对能够体现大古塘历史规模的遗迹就只剩下白沙路和周巷的两处凉亭了。观海卫新城的这段大古塘遗存,不仅长度较短,附属设施亦无,从规模和完整性上看也不能算是理想的海塘代表,实在难以让公众直观领略到三北大古塘的风采魅力。

但作为仅有的大古塘遗存,其历史文化价值是毋庸置疑的。它不仅见证了三北大地在几百年历史长河中的沉浮,也是慈溪海塘文化的物质载体。同时,海塘文化又孕育了围垦文化和移民文化。因此,它还是慈溪围垦文化与移民文化的重要物质载体之一。

可随着观海卫新城规划及新大塘河的建设,它正面临着巨大的破坏和威胁,这对本就破旧斑驳的大古塘来说无疑是雪上加霜。

自然因素和人文因素均给大古塘遗存带来了严峻的考验。其实不只是大古塘遗存,慈溪其他海塘遗存的保护也都应引起我们的重视。它们代表的是海塘文化,因而它们的危急也昭示着海塘文化的岌岌可危。

若古海塘消失在慈溪的土地上,先辈们为生活而奋斗努力的痕迹也将随之消失,人与自然和谐相处的故事会被忘却,那么后人如何能明白他们脚下踩着的是什么?又如何能够保留顽强而又争先的人文精神呢?

当慈溪大地上只剩下最外围的海塘,当地人们便很难再引起共鸣,也很难再从海塘中汲取精神力量,甚至会因越发减少的共同记忆而缺乏地方归属感和凝聚力。

我们即将失去的不是古海塘,而是整个海塘文化啊!

从十一塘到七塘再到大古塘,从远到近,或者说是从近到远,每一个塘都有自己独特的使命。十一塘有,七塘也有,中间的许许多多的塘它们都有,最古老、最重要的大古塘更有!我们要做的就是"挖掘"这些海塘的使命和它们的文化价值。

若能有越来越多的目光注视在慈溪海塘上,那么,海塘文化这颗遗珠定能被擦拭得更加透亮。

奔流到海的回响

胡译匀　李　霖

新安富春江，钱塘东入海。

钱塘江水从西边涌来，于奇峰秀谷间走出一条山水长廊；路经平川，一面滋养，一面叫嚣，钱塘潮头堆雪青烟；奔至江海交接处，那里渔家正忙，打鱼晒盐，结网修船；最后翻滚扑腾入海，是寻见了仙山，还是误入了龙宫？

千百年来，钱塘江水多姿多情，沿岸江海文化沉沉累累。未及入海，钱塘江沿岸便已孕育了钱塘江文化，而江与海相交的地方，更是衍生出独特的钱江潮文化。江水东流入海，海洋文化又在沿岸渔民们的吃、穿、住、行里萌生。

听，那江水奔流的声音是钱塘儿女生命里永奏的回响，教人至今魂牵梦萦……

一　钱塘潮头

越地西来万山北拱，江水源头落在安徽省休宁县境内，流经各处时的叫法又有所不同。上游称作新安江，在梅城与兰江汇合后唤作富春江，待流经桐庐、富阳来至杭州后才称钱塘江。之后一汪江水向东流，先到了海盐长山东南嘴与余姚慈溪边界的西三闸连线处，再到杭州湾，最后便一路向东奔腾，入了海。

钱塘江是一条著名的潮汐河流，故能在河口处形成这类十分独特的自然景观——钱塘潮。

唐人李白曾写下《横江词》："海神东过恶风回，浪打天门石壁开。浙江八月何如此，涛如连山喷雪来。"每年农历八月十八，是观赏钱江大潮的最佳时间。乾隆二十三年（1758）钱塘江改道后，原本的最佳观潮点由杭州转移到海宁，之后在海宁形成了融商贸、民俗活动为一体的海宁潮习俗，直至今日，八月十八海宁盐官观潮依然是江浙一带的传统习俗。

辉常月海

康熙手迹

康熙题舟山

潮水虽有磅礴之势，却也凶恶难测，潮水常常会冲毁堤岸，给沿岸居民带来各种灾难。人们不免胆怯和敬畏，后来便有了祭祀潮神的风俗习惯。

祭祀仪式一般于每年农历八月十八，在海神庙举行。人们需事先择一良辰吉时，搭设祭台，备好香烛、祭品、供礼等。待吉时一到，大典即开始，首先由司仪掌礼，贡献祭品，再由主祭颂诵祭文，众人叩拜潮神，恭请潮神上塘出迎巡游，接着就是一串儿舞龙、舞灯、打莲响等精彩表演。等大潮到达镇海塔后，将香烛祭品等投入江中，待大潮西去，潮神归位，仪式结束。整个仪式冗杂而庄严，足以见出老百姓们对潮神又敬又畏的复杂感情。

后来，先民们决定改变这样一种悲惨现状。他们认为与其祈请于天不如冀望于己，于是决定通过修筑鱼鳞塘来抵御海潮的侵袭。因此，筑堤防潮的大业就这样开始。

这是一段浸满血泪的历史，是一个今人难以想象的传奇。潮水拍打声中，遥远齐整的塘工号子还在飘荡，那高昂激越的曲调、稳重有力的节拍，以及百般变化的旋律，是筑堤工人勇斗恶波时的战歌，也是钱塘潮头两岸那段最深刻岁月的回响。

二　海上神仙

　　长久以来，人们对江水所怀有的复杂感情还赋予了江水一种神秘的魅力。随着江水一路向东，留下了许多绮丽的传说。

　　从海宁沿着钱塘江往东走，首先听到的是徐福东渡的传说。传说中，公元前210年，徐福受秦始皇派遣入海求仙，找寻长生不老之药，他与数千童男童女及数百工匠、士兵经由慈溪到达了蓬山（一说象山蓬莱山）。

　　传说缥缈不可追，但对徐福的冒险家形象追根溯源，不正是源于先民探索未知世界的强烈愿望吗？而长生不老药的设定不也正是世人对灼灼年华的孜孜以求吗？

　　在普陀山一带，传布着的是观音的传说。舟山各地流传观音神话已有上千年的历史，舟山群岛东隅的普陀洛迦山是佛教四大名山之一，也是观音道场所在地。

　　千百年来，观世音作为佛法无边的菩萨，在舟山民间以及浙江沿海一带得到了普遍信奉，并且观音信仰也早已远超种族和国界，形成了一种劝人向善的观音文化。

　　同时，普陀地区还存在着东海龙王的信俗。传说中，普陀是东海龙王的故乡，而龙王也一直是普陀百姓的精神支柱，几乎支配了他们的整个生命活动。渔民在渔业生产和社会生活中的一些祭祀活动，如桃花岛的桃花会、虾峙的祭海、展茅的请龙降雨、勾山的三月半会等，都会供龙王，请龙旗，然后择定吉日进行全岛的海祭。

　　普陀地区还是妈祖信俗的信源地，距今已有1000多年的历史了，它影响的地域十分广泛。在信徒们眼中，妈祖不仅是海上的保护神，还是生儿育女、驱除妖魔的万能之神。

　　温州苍南就有着深厚的妈祖信俗文化。2010年苍南文化部门对全县各地妈祖宫庙与信徒进行了普查，此外，当地还成立了苍南妈祖文化交流协会，以便更好地保护和宣传妈祖信俗文化。

　　象山石浦的妈祖信俗则与迎亲习俗紧密结合在一起，主要由原始习俗和省亲迎亲习俗两个部分组成，由此还催生海上平安孝神——如意娘娘的信仰。

　　至于温州洞头县，此地的东沙妈祖宫是浙江目前尚存规模最大、构建最完整的妈祖庙。洞头渔民每建造新船,都要在船舱中设神龛供奉妈祖。每年农历三月廿三和九月初九,各地妈祖庙都会举行妈祖祭典,主要有祭拜、做供、巡游、迎火鼎、做戏等流程。每年渔汛开始和结束的时候,渔民也都会到妈祖庙去祭拜。

总之,或是有迹可考,或是想象发挥,各种传说及祭祀信仰都在江水的滋养中生长和成长。不仅成为了岸上渔家言传身教的共识,更成为了当地独特的一种文化标志。

沈家门渔港即景(叶浅予)

三 靠海吃海

俗话说,靠山吃山,靠海吃海。海洋是孕育生命的摇篮,也是人类文明的滥觞之地。在漫长的历史岁月中,沿海居民临海而居,行舟楫之便,兴渔盐之利。由此留下了丰富多彩的文化遗产,也创造了包容博大的海洋文化。

浙东沿海一带普遍有着晒制海盐的传统。

晒盐是一门古老的技艺，纯手工，共计操办十几道工序。简单些讲，就是以海水为原料，利用海边滩涂和咸泥为晒场，经过风吹日晒，再以淋、泼等方法制成盐卤，再过一道曝晒或火煎，使盐卤自然结晶，成为原盐。在慈溪、象山、路桥、岱山等地，都有着这门悠久的晒盐手艺。

晒制海盐的传统在代代相承中不断进步，以象山的海盐晒制工艺为例，可见近千年中国海盐传统生产技艺的缩影。象山晒盐可追溯到《新唐书·地理志》的记载，到了元代制盐技艺得到进一步提高，刮泥淋卤和泼灰制卤法逐渐被采用。清嘉庆以后，象山引进板晒结晶和缸坦晒结晶的方法，实现了制盐工艺的巨大跨越。20世纪60年代以后，平摊晒法试验成功，象山的海盐生产开始采用新技术，机器生产逐渐代替了手工劳作，但仍保留了部分海盐晒制的传统技艺。

靠海吃海，渔船是渔民安身立命的基础，是沿海人民生活、生产和出行的重要工具。

象山渔民尊称渔船为"木龙"，望木龙可保年年有鱼，岁岁丰收。小小渔船，寄托的却是渔民驾船闯海、四时平安的深深希冀。

也是在这样的期望下，沿岸渔民掌握了独特的渔船制造技艺，千百年来产生了无数修造船舶的能工巧匠，著名的岑氏木船作坊便是其中之一。

岑氏造船的工艺十分烦冗，设计、放样、放龙筋、制配底壳等十几个基本环节，配以造船用的龙锯、拉缝锯、长短锤等工具。除了"硬件制造"技术高超，象山等地在海船装饰方面也颇有特色。从船头、船眼、船旗、船舷、船桅、船尾，再到船舱、神龛、驾驶台、淡水舱，各个部位如何油漆、颜色如何搭配，都有着一种约定俗成的规矩。因此，象山出品的木帆船不但航行速度快、安全性能好，还具有很高的艺术价值。

出海捕鱼，自然少不了渔网和绳索。

渔民一般会自制渔网，打结法、绞拈法、经编法都是渔家人的熟练手艺。打结法是最传统的渔网制作方法，由经线和梭子里的纬线套结而成；绞拈法较之进步些，是由机械同时绞拈两组纱线，在结点处相互穿心交结成网；经编法比较麻烦，需借由拉舍尔经编机将经纱成圈连接成网，但这一结法的渔网也更平坦耐磨、结构稳定，被广泛运用于海上捕鱼。渔用绳结则可分为渔船生产用结和日常生活用结，最大优点是易打易解，无论如何受力都不会变成死结，从而大大提高了渔民在船上作业的效率。

"吃海"，顾名思义当指海鲜。

舟山桃花岛安期峰俯瞰（2015年夏摄）

为了保鲜和保存的需要，渔民通常会将捕获的各种海产品进行一定的处理。岱山位于舟山渔场的中部，有丰富的海鱼资源，岱山渔民贯会对新鲜的鱼货进行加工处理。经过抱盐、腌制，或是风晒、糟、醉，这里出产的大、小黄鱼鲞、风鳗、鱼烤、糟鱼、醉鱼口味独特，工艺讲究，又易于保存，也成了远游人在千里之外时，对家乡、家人的情之所系。

四　渔家技艺

在丰富的生产、生活实践中，舟山渔民还总结出了独具特色的渔业谚语，与"塘工号子"如出一辙的"渔民号子"，以及刚健遒劲的船拳文化。

渔业谚语是用于指导渔民生产、观天测海的传世经典，也是渔民驾驭海洋、掌握天象的一种本领。

"上山靠健，落洋靠韧""北洋潮急，南洋礁多""老大好做，西堠门难过""浪叫有礁，鸟叫山到"等，是渔民海洋航行的经验之谈；"蜻蜓成群绕天空，勿过三日雨蒙蒙""蜜蜂出巢天放晴，鸡不入窝雨来临""缸穿裙，雨来临"等，则是人们自测天气的一种简易方法。这些以物候预测气象的谚语，在旧时的渔村是一种朴素的经验之谈，但也是最凝练的生活智慧。

渔民号子是渔民们的另一种独特技艺，包括了传统渔业生产中的渔民号子和海洋运输业中的船工号子，主要传布在沿海地区，以海洋劳作为主要内容。号子的演唱者一般是驾船、捕捞的渔民，通常发声于划船、撑篙、背纤、拉篷、起锚、拉网等过程中。

舟山渔民号子是诸多沿海地区劳动号子中的一个代表。与浙江其他沿海地区的渔民号子相比，舟山渔民号子种类齐全、曲调优美，体现着鲜明的海洋文化特征，且具有独特的海洋民俗价值。象山的石浦、爵溪一带也流传着渔民号子，各类号子之间还可互相灵活通用。

起　　锚

小　号

浙江　舟山·普陀　汉族　中速

（领）哦　嗬,（合）也　嗬，来!（领）哦　嗬,（合）也　嗬　来!
（领）啊家　哩啦（合）啊嗨!　（领）啊　左来,（合）也　左　来!

舟山渔民号子曲谱

（王世康主编：《音乐欣赏·中国部分》，西南师范大学出版社 2010 年版）

台州玉环的玉环渔民号子则用闽南方言演唱，有强号与轻号之分，一般由一人领唱，其余人应和。在出海拉船上帆、捕鱼上网或遇到风浪时，就唱那旋律短促、力度强劲的强号；在回港或岸上整网时，则多唱速度较慢、起伏不大的轻号。总的来说，号子的旋律流畅粗犷，个性鲜明独特。

此外，在历史发展的过程中，舟山还形成了独特的船拳文化。

舟山船拳起源于明朝中期，共分四段、二十八式，体用兼备、内外兼修、刚健遒劲、神形合一，是舟山渔民在戚继光的带领下操练而成的。它兼收各派之长自成一脉，形成了似南拳又非南拳的独特风格，拳式更是体现出舟山渔民信奉佛教的特色。比如,第一招式是拜见观音,双手合十,虔诚拜佛;第二式是开门见海,双掌里外翻转,宛如波澜起伏……其他拳种是没有这些招式的。这种船拳在奋勇抗倭之后曾代代相传,中华人民共和国成立后生活于太平盛世,渔民渐渐淡化习练,船拳继而逐步失传。

1984年,经过舟山市体委船拳调查研究小组反复调查、研究、整理,舟山特有的拳种——舟山船拳又重新"回家"。如今的船拳不再是战争中的主要战术,经过保留与改编,主要用于反映以往渔船上的生活与劳作,此外船拳更凝结着渔业文化,并且变成了舟山广大民众强身健体的一种锻炼方式。

五 祭祀庙会

海水幽深,是肉眼难以预见的凶险,出海讨生活比地里刨食危险太多,渔民的每一次平安归来,都是大海的庇佑,由此便要举办谢洋、开洋的祭祀庙会。

开洋节是当地渔民在渔船出海时举行的一种祈祷平安、盼望丰收的民俗活动。每逢渔汛,开洋、谢洋时节都要举行祭海仪式,渔民称之为"谢龙水酒"或"行文书"。主要是开展祭祀活动和一些民间文艺表演。

其中,岱山祭海仪式最是讲究,程序也最完整。岱山祭海有开捕祭、谢洋祭、庆丰祭、新船祭等种类,其中又以开捕祭最为隆重。一到开捕那天,全岛渔船集中,举行祭海活动。先是欢送渔民出海开捕,祭祀流程从供龙王、请龙旗、读祭文,到结缘放生,再请船老大、渔民敬酒饯行。终于,在敲锣打鼓与鞭炮噼啪声中,在《八仙序》抑或《渔家乐》的闹腾调子里,渔船扬帆出海。

此外,沿海等地的祭典还少不了各种乡间庙会,石浦就是其中一个典型代表。

每年"三月三"石浦庙会,周边地区的男女老少纷纷来到宋皇城沙滩,载歌载舞,听潮观涛,尽情娱乐。各式各样的东海龙、渔家灯在滩头挥舞,各类抬阁、民间长号在滩头回旋。

再到了"六月六",渔汛已告一段落,出海捕鱼的船只陆续回港,空闲下来的渔民为了祈求风调雨顺,鱼米满仓,都会向戚老爷祈福。庙会当天,由六月六匾牌和长、矮菩萨开道,仪仗队护送着戚老爷坐像出巡。龙灯队、马灯队、鱼灯队、船鼓队、兵器队、抬阁等在后一溜排开，一路锣鼓震天，能惊着港湾里不少的鱼！

除了祭祀和庙会，渔民还通过体育竞技来交流娱乐。旧时渔民竞技活动一般在捕捞空闲期和渔船进港休息的时候进行，后来演变成在举行重大海祭、庆典或庙会时进行。

竞技活动也是五花八门，有爬桅杆、拔蓬、摇橹、抛缆、攀缆的船上功夫，也有游泳、跳水、潜水的水下功夫，更有如滑泥马、搬酒埕、织网等手上的功夫。总的来说是偏重于体力与技能的较量，这就要求渔家汉子们，不仅要拥有强健的体魄，更需要练就一副沉着的心思和过人的胆识。

钱塘江自西向东，从潺流到入海，从清洌到腥咸，一江水盛两味，一味是悠久的江文化，一味是浩瀚的海文化。两种滋味交织，令每个钱塘儿女魂牵梦萦。

后　　记

2017年7月，在杭州市委十二届四次（扩大）会议上，杭州市委、市政府决策部署了杭州"六大行动"，第一行动、就是"拥江发展"。随后又陆续出台了系列指导意见。2018年6月，时任杭州师范大学党委宣传部常务副部长沈威说，杭州市委、市政府力推"拥江发展"，我们当代大学生能在中间做些什么？"拥江发展"与我们当代大学生的关联是什么？因此，团队接受了"拥江发展"项目的任务。当然，参与项目的师生，也多是喝浙江的母亲河——钱塘江水长大的。

在前述"拥江发展"的远期目标中，我们将完成的时间点调整设置为2049年，主要是因为中华人民共和国成立100周年。到2049年，恰恰将是中国社会发展最快的新时代。参与实地调查的同学们，也将到达50岁年龄。这30年中，他们才是中国社会最重要的建设者。尽管现在还在求学之中，但是在制定这一宏伟蓝图的过程中，也应是参与者。

从夏日炎炎，到秋露沾沾，经茫茫白雪，及至春蕾初绽，在大半年的时间里，40多位学习历史学、人文教育、汉语言文学的同学，在教师团队的带领与指导下，对钱塘江流域的历史文化进行了实地调查、口述访谈、采集图像，到各地"四馆（图书馆、档案馆、博物馆、文化馆）三办（方志办、文史办、党史办）"深入发掘、收集材料，在青山绿水、大江大河中，倾听民众对"三江两岸"发展、日常生活变迁的真实感受。并结合所学的专业知识，探寻答案。进而认真进行文本整理，以"大散文"的形式作为呈现方式，夹叙夹议，既有实地调查又有文献支撑，既有史实又有理论升华。在强调学术性的基础上，能注重历史文化史实与实地调查、考察体验的结合。最终撰写完成了《拥江发展：钱塘江历史文化散纪》。在实地调研、文献研读过程中，大家对钱塘江流域的美好未来充满了畅想：相信，再过30年，在党和政府的正确领导下，在我们的共同努力参与下，以文化为底色、以拥江为主轴的杭州，将最终成为一个因拥江而美丽的中国样本!

  在调研过程中,得到了周晶、王域明、方侬、桂毅、李龙、张舒曼、李海伟、吴于挺、陈骏、章倩、申屠银洪、许子春、章琦锋、陈锡铭、程国胜、许珏明、许吉甫、朱水潮、金阿七、徐佳波、鲁华等同志的大力帮助;在书稿整理、校对过程中,曹岚、张兑雨、胡译匀、王添翃、陈竹、李霖、鲁雅雯、许智清、李志光等,付出了大量的时间与精力,借此表示感谢!

  本著从计划到出版,得到杭州师范大学宣传部、教务处、团委、学生处、科学研究院、人文学院,浙江省民国浙江史研究中心,共青团杭州市委员会、杭州市学生联合会,杭州师范大学浙江省"十三五"优势专业(历史学)、浙江省一流学科(中国史)、浙江省重点学科(中国近现代史),特别是浙江省"十三五"师范教育创新工程项目(文史专业卓越教师的养成途径)等部门、平台、项目的大力支持。感谢中国社会科学出版社的编、校老师,尤其是宫京蕾老师,在出版过程中所付出的高效而辛勤的劳动。

编 者
2019 年 2 月 27 日